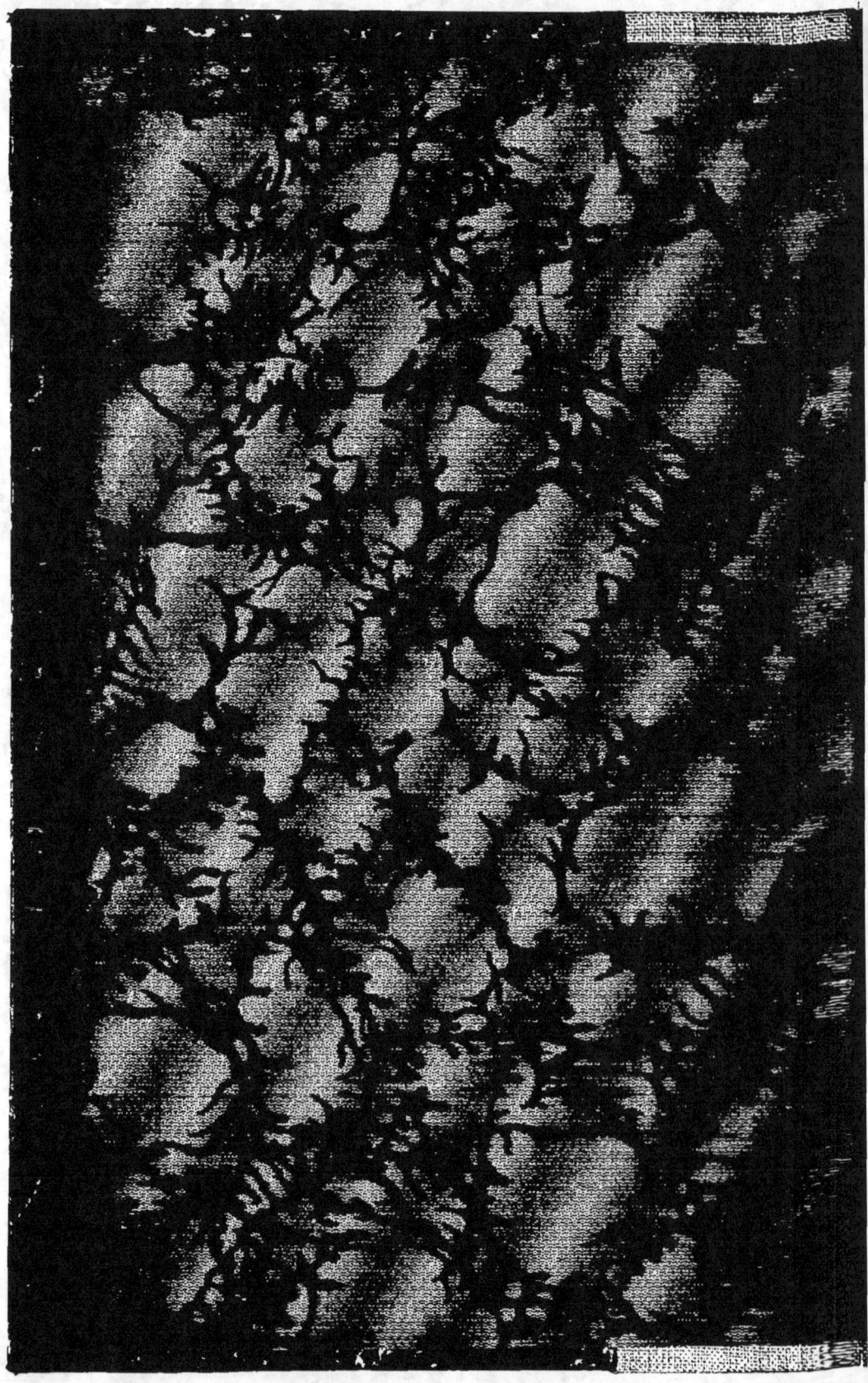

SAINTE COLETTE

PARIS. — IMP. G. TÉQUI, RUE DE VAUGIRARD, 92.

SAINTE COLETTE

SA VIE, SES ŒUVRES, SON CULTE, SON INFLUENCE.

OUVRAGE

COMPOSÉ SUR LES DOCUMENTS PRIMITIFS LES PLUS AUTHENTIQUES
IMPRIMÉS ET MANUSCRITS
QUELQUES-UNS INCONNUS JUSQU'A CE JOUR

Enrichi de plusieurs Lettres de la Sainte encore inédites,
mis en rapport avec les événements du XVe siècle

PAR L'ABBÉ DOUILLET

Chanoine honoraire de la Cathédrale d'Amiens,
Curé-Doyen de Corbie, (Somme)

*Nouvelle édition, vraiment revue, corrigée et augmentée,
précédée d'une lettre de Monseigneur* FREPPEL *à l'auteur.*

PARIS

G. TÉQUI LIBRAIRE-ÉDITEUR

85, RUE DE RENNES, 85.

1884

APPROBATIONS

ÉVÊCHÉ D'ANGERS.

Mon cher Curé,

Vous avez consacré vos efforts et votre talent à la glorification de sainte Colette, et je ne saurais trop vous en féliciter. Car il me semble, comme à vous, que la vierge de Corbie n'occupe pas dans l'admiration publique toute la place qui lui est due. Votre livre si intéressant et si plein d'érudition, aura-t-il la bonne fortune d'appeler l'attention sur cette grande mémoire? Je le désire vivement, et ce serait pour moi une bien douce satisfaction de pouvoir contribuer au succès de votre noble entreprise.

Oui, je comprends votre pieux enthousiasme pour cette humble fille du peuple à laquelle il a été donné de remplir l'une des missions les plus merveilleuses dont l'histoire de l'Eglise ait gardé le souvenir. Quelle pure et ravissante apparition à travers les désordres et les souillures du quinzième siècle. Dans ce pays de France, déchiré par les factions et devenu la proie de l'étranger, se peut-il rien imaginer de plus émouvant que le spectacle de cette enfant sortie d'une petite ville de la Picardie pour travailler à la réforme d'un grand ordre religieux, et par là au relèvement de la société tout entière ? Rien ne l'arrête dans son dessein de reprendre l'œuvre de saint François d'Assise et de sainte Claire, ni les contradictions de toute sorte, ni les calomnies elles-mêmes. Restaurer la vie religieuse au fond des cloîtres, pour restaurer la vie chrétienne sur la scène du monde, voilà le but qu'elle poursuit à travers mille obstacles, et pour l'atteindre, elle n'attend que de la grâce divine ses lumières et ses moyens d'action.

A peine a-t-elle reçu le voile de Benoît XIII, qu'elle se met à l'œuvre pour rétablir dans toute leur sévérité les règles de perfection tracées par le séraphique patriarche d'Assise. Besançon, Auxonne, Dôle, Poligny, vingt autres villes voient se former ou se reconstituer au milieu d'elles autant de communautés devenues pour un siècle dépravé la plus haute et la plus salutaire des leçons. Là où le zèle de sainte Colette ne parvint pas à se déployer dans de nouvelles fondations, sa puissante initiative ranima la piété au fond des couvents déjà établis ; et c'est à la grande Famille franciscaine tout entière que s'étend une action réformatrice dont les heureux effets se sont prolongés jusqu'à nous.

Faut-il s'étonner de l'ascendant exercé par des vertus si héroïques sur une époque où malgré tant de vices, la foi était restée au fond des âmes ? C'est bien dans « cette petite Ancelle du Seigneur » comme l'appelle son premier historien, Pierre de Vaux, que l'on voit éclater la puissance surnaturelle dont Dieu se plaît à revêtir les Saints. Elle qui ne cherche que la solitude et l'effacement, voit les plus illustres de ses contemporains venir à elle pour recourir à ses lumières et demander son appui. Saint Vincent-Ferrier, le grand thaumaturge du XVᵉ siècle, entreprendra le voyage de Poligny pour conférer avec la servante de Dieu sur les moyens de rendre la paix à l'Eglise troublée par le schisme d'Occident, et les évêques, assemblés au concile de Constance, accueilleront avec joie la lettre que leur adresseront de concert, le célèbre dominicain et l'humble fille de Saint-François d'Assise. C'est encore avec elle que saint Jean de Capistran, ce missionnaire si puissant en œuvre et en parole, échangera ses vues pour la restauration de l'état religieux.

Rien n'est touchant comme la lettre dans laquelle le cardinal de Saint-Ange, président du concile de Bâle, recommande aux prières de la vénérable abbesse, les travaux de cette assemblée qui allait se rendre si tristement célèbre. S'agit-il de faire renoncer le duc de Savoie, Amédée VIII, à la tiare qu'il venait d'usurper sous le nom de Félix V ? La pauvre Clarisse trouva un langage plein de feu pour conjurer un schisme funeste à l'Eglise. Ce n'est pas avec moins d'admiration qu'on la suit au milieu des discordes civiles, intercédant auprès de Jean sans Peur, duc de Bourgogne, pour le détourner d'une lutte fratricide, s'efforçant de réconcilier les partis, et travaillant à la pacification de la France, avec cette ardeur que la charité la plus pure sait inspirer aux âmes d'élite.

Le rapprochement entre sainte Colette et Jeanne d'Arc, son illustre contemporaine, devait se présenter tout naturellement à votre esprit et j'aime à constater qu'il a été pour vous l'occasion d'écrire des pages éloquentes. La vierge de Corbie et la vierge de Dorémy se sont-elles rencontrées dans le cours de leur mission ? Vous le pensez non sans quelque motif; mais peu importe. Ce qu'il y a de certain c'est qu'elles ont travaillé toutes deux à l'œuvre de Dieu, chacune suivant le don qui leur avait été départi. Pendant que Jeanne d'Arc ramène la victoire sous le drapeau de la France, sainte Colette relève l'étendard de la pénitence et du détachement évangélique, l'une fait resplendir l'image de la piété au milieu des camps ; l'autre prépare au fond des cloîtres les vertus dont l'influence devra se répandre sur la société tout entière. L'imagination est peut-être plus saisie par le souvenir de l'héroïque jeune fille qui pour sauver son pays affronte la mort dans vingt combats; mais je ne sais si l'on n'éprouve pas une égale émotion en suivant pas à pas cette héroïne d'un autre genre qui, pendant près d'un demi-siècle, lutte contre le relâchement des mœurs, fait accepter les livrées du sacrifice aux plus fières princesses de son temps, et entraîne sur ses pas des milliers d'âmes dans les voies de l'abnégation et de l'humilité. Toujours est-il que dans les deux pauvres filles sorties des derniers rangs du peuple et appelées vers le même temps à de si hautes destinées, le surnaturel éclate avec une évidence irrésistible.

Oui, le surnaturel. Car il faudrait fermer les yeux à la lumière pour ne pas voir le doigt de Dieu dans des carrières aussi merveilleuses. Je vous sais gré, mon cher curé, d'avoir compris la vraie tâche de l'hagiographe en ne dissimulant aucun des miracles dont la vie de sainte Colette est remplie. C'est dans les quatre années de réclusion extraordinaire à laquelle s'était condamnée la vierge de Corbie avant de commencer son œuvre, c'est dans ses effrayantes austérités récompensées par tant de dons surnaturels, c'est dans le commerce intime de cette âme privilégiée avec Dieu, qu'il faut chercher le secret d'une puissance humainement inexplicable.

Telle est la pensée qu'exprimait Pie VII lorsque, au fort de la tempête soulevée contre l'Église dans les premières années de ce siècle, il proclamait solennellement l'héroïque sainteté de l'humble religieuse dont le nom comme celui de sainte Catherine de Sienne rappelle toute une vie employée à ramener dans les esprits la paix et l'unité. Il ne reste plus qu'à enrichir d'un dernier fleuron la couronne de la réformatrice de l'ordre séraphique. C'est le vœu que je formais naguère avec un très grand nombre de mes vénérés collègues de France, de Belgique, d'Angleterre et d'Espagne, etc. en priant le souverain pontife d'étendre à toute l'Eglise le culte de sainte Colette. Quel que puisse être le résultat de cette supplique, vous aurez contribué pour une large part à faire revivre la mémoire de celle qui est restée l'honneur et la gloire de vos paroissiens. Ce qui fait le mérite de votre œuvre où se révèle d'ailleurs un véritable talent littéraire, c'est qu'elle ajoute au sérieux d'une étude historique le charme d'un livre de piété. Je la recommande à ce double titre à tous ceux qui voudront s'instruire et s'édifier au récit d'une telle vie. Les vertus des saints forment la meilleure portion du patrimoine national ; et l'on ne saurait rendre de plus grand service à nos contemporains qu'en les appelant à contempler les serviteurs de Dieu dans lesquels la religion et la patrie saluent de concert les plus belles figures de leur histoire.

Agréez, mon cher curé, avec mes remerciements et mes félicitations l'assurance de mon affectueux dévouement.

Ch. Emile, Ev. d'Angers.

Angers, le 8 mai 1884.

ARCHEVÊCHÉ DE BORDEAUX.

Cher Monsieur le Doyen,

Sur le rapport favorable qui m'a été fait par M. l'abbé Foellières mon vicaire général, de la nouvelle édition que vous avez l'intention de publier de votre ouvrage sur sainte Colette, je suis heureux de vous donner mon approbation. Non seulement vous avez accueilli avec empressement les observations, même les critiques faites à votre premier travail, mais vous avez su en profiter et d'un livre qui déjà était très bon vous avez fait un livre excellent.

Je vous en félicite bien sincèrement et je vous prie de recevoir l'expression de mon affectueux dévouement.

A. V. F. archevêque de Bordeaux.

Bordeaux 6 Mars 1884.

AVERTISSEMENT

SUR CETTE NOUVELLE ÉDITION

Depuis la publication de son travail, l'auteur a recueilli avec empressement les observations, les critiques et aussi les éloges et les encouragements qui lui ont été adressés. Il lui a paru facile de faire droit aux premières, fortifié qu'il était par les autres. D'ailleurs de ces observations et de ces critiques quelques-unes ne portaient que sur des points bien secondaires et accessoires de la vie de Ste. Colette. Ainsi la Revue des questions historiques (1ᵉʳ octobre 72) qui paraissait plus sévère, n'avait en réalité à reprocher à l'auteur qu'une confusion de noms dans la généalogie des Bourbons et une insuffisante exposition des événements au milieu desquels s'accomplit la mission de la réformatrice. Sur le premier point le reproche était fondé. C'était une confiance encore trop grande dans les historiens précédents qui avait trompé l'auteur. La correction était facile. Quant au second reproche l'auteur avait craint et craint encore de surcharger une vie particulière du récit des faits qui lui sont étrangers. Cependant dans cette édition il a fait droit à cette observation dans une certaine mesure. D'autres critiques étaient contradictoires, il n'a pas pu en tenir compte.

Une nouvelle étude des documents historiques, la lecture des historiens récents qui se sont occupés spécialement du xve siècle, a suggéré des considérations nouvelles, et sous ce rapport, il est nécessaire de rendre un hommage particulier à M. Siméon Luce pour son étude publiée dans la *Revue des deux Mondes*, (1er mai 1881.) Bien qu'il paraisse évident que cet infatigable chercheur, cet ami sincère de la vérité historique, ait exagéré certaines choses, erré sur certains points, dont il tire des conclusions forcées, cependant il est incontestablement dans le vrai quand il montre les ordres religieux contribuant dans une large mesure au réveil du patriotisme et préparant la mission libératrice de Jeanne d'Arc.

Au sujet de cette héroïne, M. Luce rend à l'auteur un service éminent. Dans la première édition, une entrevue de sainte Colette et de Jeanne d'Arc avait été indiquée comme probable, et cette supposition avait été critiquée. L'écrivain de la *Revue* vient prouver que l'historien de sainte Colette avait eu un juste et légitime pressentiment ; il donne la preuve cherchée, comme on le verra en son lieu.

Quelques omissions secondaires ont été réparées, notamment dans la reproduction des lettres de sainte Colette.

Quelques retranchements aussi ont été opérés par ex: dans les discours prêtés à sainte Colette. Enfin les erreurs des historiens précédents ont dû être réfutées plus nettement afin qu'on n'ose plus les reproduire comme il est arrivé depuis la première publication de l'ouvrage. Voilà les améliorations de cette nouvelle édition.

INTRODUCTION.

La célébrité des hommes, des saints surtout, n'égale pas toujours leurs œuvres. Que d'éminentes vertus, que de nobles cœurs sont ensevelis dans l'oubli ou dans une demi-obscurité plus regrettable ! En effet, à ceux qui sont connus, mais imparfaitement, la postérité accorde difficilement une révision de son jugement. L'amour-propre, l'ignorance, la science superficielle conspirent ensemble pour imposer cet arrêt comme définitif. Au contraire, pour les victimes d'un oubli total, d'heureuses circonstances, l'attrait de la nouveauté et de l'inconnu peuvent, en faisant tout à coup briller leurs œuvres aux regards étonnés, produire une réparation complète.

Tel n'est point le but de cet ouvrage. Sainte Colette n'est pas complètement ignorée. Il s'en faut. La Belgique lui a voué une vénération fervente. Les saints sont plus en honneur où ils meurent que là où ils naissent. L'Eglise appelle leur trépas une nativité. Le culte de la séraphique vierge a franchi l'Océan. Les Espagnols l'ont porté sur les plages du Nouveau-Monde. Plusieurs provinces de France honorent aussi la célèbre enfant de la Picardie. Mais il est vrai de dire que nulle part elle n'est au rang qu'elle mérite. Dans beaucoup de contrées, les fidèles ne semblent pas avoir entendu la grande voix de l'Eglise qui l'a tant exaltée. Tandis que les noms des fondatrices ou réformatrices d'ordres sont sur les lèvres de tous les chrétiens instruits, aussi bien que ceux des fondateurs et des réformateurs ; celle qui releva dans une grande partie de la chrétienté les trois ordres de Saint-François presque entièrement déchus ; celle qui reçut en partage le double esprit du patriarche d'Assise et de sainte Claire, est inconnue même à un grand nombre de fidèles, d'ailleurs savants ! Comment cela peut-il se comprendre ? Sa vie n'a-t-elle pas eu assez d'importance ? Son action sur la société n'a-t-elle pas été assez profonde pour lui assurer après sa mort, parmi les enfants de Dieu, cette célébrité, cette confiante vénération qui n'est pas la gloire humaine, mais un reflet des splendeurs du ciel ? En effet, si le nom de sainte Claire est indissolublement lié à celui de saint François d'Assise, n'en doit-il pas être de même, à plus forte raison, de sainte Colette ?

Que ceux qui seraient tentés de nous accuser

d'exagération, méditent ces lignes tracées par la plume non pas d'un mystique, mais d'un écrivain de la *Revue des deux Mondes* (1er mai 1881). M. Siméon Luce qui a fait du 15e siècle une étude aussi approfondie que consciencieuse s'exprime ainsi :

« Nous avons peine aujourd'hui à nous faire
« une idée de l'enthousiasme que cette extati-
« que (sainte Colette) sut inspirer à ses contem-
« porains. C'est que nulle religieuse francis-
« caine, pas même sainte Claire, ne ressembla
« davantage au fondateur presque divin de l'or-
« dre séraphique et moralement ne l'approcha
« de plus près. Pour Colette comme pour Fran-
« çois d'Assise, la pauvreté volontaire était
« l'idéal de la vie chrétienne, le fondement
« même de la perfection morale et, comme elle
« se plaisait à le répéter, une vertu toute divine.
« ..... Colette imitait le saint qu'elle avait pris
« pour modèle, non seulement dans ses austé-
« rités effrayantes, dans ses jeûnes surhumains,
« mais encore dans son infinie douceur et sa
« tendresse fraternelle pour certains animaux...
« De sa bouche, ainsi que d'un soleil, jaillissaient
« des rayons de flammes. Elle parlait toutes les
« langues, elle lisait dans l'avenir, elle mettait
« en fuite les démons, elle rendait la santé aux
« malades, elle ressuscitait les morts. Au nom
« du seigneur Jésus, saint Jean était venu l'é-
« pouser pendant qu'elle priait et lui avait passé

« au doigt un anneau d'or, gage matériel de
« cette union mystique. »

L'illustre Claire n'eut qu'à suivre les enseignements de son séraphique initiateur pour former cette communauté de Saint-Damien qui devint la pépinière des Clarisses ; mais sainte Colette dut reprendre l'œuvre de saint François et de sainte Claire. Les règles étaient oubliées, méconnues, violées. Les déviations étaient revêtues du prestige de l'autorité. Après une expérience de près de deux siècles, les premières constitutions étaient pratiquement déclarées impossibles. Des habitudes, des coutumes déjà anciennes semblaient former un courant irrésistible. N'était-il pas impossible de le remonter ? Les éminents cardinaux qui furent appelés à délibérer les premiers sur cette entreprise, la crurent inexécutable. Telle ne fut pas la pensée de la jeune vierge de Corbie. Avec un cœur magnanime, elle se mit résolûment à l'œuvre, et seule, elle entreprit de relever les ruines de l'édifice construit par saint François. Si elle n'en forma point le projet, — cette pensée si grande vient du Très-Haut,— du moins elle opéra cette œuvre ardue, ou plutôt le Seigneur l'accomplit par son ministère.

La réforme fut si complète et si sage, les développements que sainte Colette donna à la règle primitive, étaient inspirés par une telle prudence, que cette œuvre subsiste depuis quatre siècles ; une nouvelle restauration n'a pas été nécessaire. L'esprit tout-puissant de sainte Colette a traversé les âges, la corruption des siècles et les flots destructeurs des révolutions.

Quelques-uns taxeront peut-être d'exagération cette proposition, que sainte Colette réforma les trois ordres de Saint-François. Qu'elle ait réformé les Clarisses, point d'objection ; mais le premier ordre, les Franciscains, tous ne l'admettent pas. Cependant, rien n'est plus certain. D'abord, il faut s'entendre sur ce mot *réforme*. Il a été dénaturé dans son application au protestantisme qui n'est qu'une corruption du christianisme. On nous permettra d'éloigner ce sens abusif et odieux.

La réforme est une œuvre éminente. La rédemption n'est autre chose qu'une réforme et l'Eglise est la grande réformatrice du genre humain. Elle a seule une mission pour cela et elle l'accomplit incessamment.

Dans le sens exact du mot, il y a deux sortes de réforme : celle qui, ajoutant à l'œuvre première, en retranche aussi ce qui est mauvais et dangereux, c'est l'œuvre de l'Eglise sur l'homme; et celle qui s'inspirant pleinement de l'idée première, sans rien retrancher de sa primitive manifestation, la développe plus complètement, la fortifie et en prévient l'altération. C'est dans ce second sens qu'on peut et qu'on doit appliquer le mot réforme à l'action que sainte Colette a exercée sur l'œuvre du patriarche d'Assise. Ce qui portait au XVe siècle le nom d'ordres de

Saint-François, n'était pas l'œuvre intacte du grand fondateur. Il y avait des excroissances postérieures, des abus criants. Sainte Colette a retranché ces éléments étrangers, corrupteurs. S'inspirant de la pensée, des sentiments, des désirs du patriarche d'Assise, elle n'eut qu'à les faire revivre dans toute leur pureté, les développer conformément au plan primitif et, par de sages règlements, prévenir les défaillances et les trahisons de la faiblesse humaine. Elle ralluma dans les cœurs l'amour presque éteint de la pauvreté, des souffrances et des humiliations. On ne peut pas lui ravir le titre de réformatrice des trois ordres que ses contemporains lui ont décerné et que ses œuvres lui méritent. En effet, comme on le verra plus loin, le cardinal de la cour de Benoît XIII, qui fit le rapport sur les demandes adressées au Saint-Père par sainte Colette, y trouva formellement le dessein de travailler à la réforme des trois ordres.

Le premier historien de la Sainte proclame hautement que telle était sa mission. Ne l'aurait-elle pas accomplie? Pour le prétendre, il faudrait oublier Dole et tous les couvents qui furent fondés par les religieux sortis de ce monastère. C'est sur ce point surtout que l'auteur croit avoir restitué à sainte Colette une partie de la gloire qui lui a été injustement ravie (1). Sans doute, le nom de Colettins et de Colettines a disparu presque complètement, mais l'œuvre

(1) Voir les preuves aux ch. XVIII, XLVIII.

demeure dans l'exacte observance de la Règle de saint François. Aussi, le docteur Josse Clithou, au commencement du XVIe siècle, célèbre sainte Colette comme la réformatrice des trois ordres. Le P. Sylvère, auteur de la meilleure histoire de sainte Colette l'appelle réformatrice des trois ordres, en 1628. Le cardinal Bona dans les leçons approuvées par le Saint-Siège pour l'office de notre sainte, nous la présente comme envoyée de Dieu pour réformer l'ordre du séraphique François presque ruiné : ad reformandum séraphici Francisci pene collapsum ordinem. Wading lui-même, est contraint de l'appeler réformatrix Clarissarum et ordinis sancti Francisci. Enfin la bulle de canonisation déclare expressément que Colette était appelée par le Saint-Esprit à la réforme des ordres de Saint-François. Voilà ce qui doit clore toute contestation.

Veut-on maintenant connaître l'immensité de cette œuvre? Il faut, pour cela, considérer le développement prodigieux des ordres de Saint-François. On se rappelle que quelques années après leur fondation, les Franciscains se réunirent au nombre de cinq mille autour de leur patriarche. Ce mouvement si extraordinaire ne se ralentit guère, et, au XIVe siècle, les enfants de Saint-François couvraient toute l'Europe et parcouraient toutes les contrées de la terre habitée. Alors ils se comptaient par centaines de mille. Aussi Wading, dans ses *Annales Minorum* indique pour l'an 1400, 1,556 maisons et 212 custodies. Le tiers-ordre était innombrable. D'autres nombreuses familles religieuses, quoique portant d'autres noms, suivaient la même règle et puisaient leurs inspirations dans l'esprit séraphique. C'est sur cette immense société que la vierge de Corbie exerça une action puissante, régénératrice. Elle lui infusa de nouveau le pur esprit de saint François, et la préserva du malheur de le perdre à l'avenir. Comme réformatrice, sainte Colette a donc le droit de s'asseoir au premier rang parmi les fondateurs ou les restaurateurs de ces grandes sociétés qui sont la gloire et une des forces les plus puissantes de l'Eglise.

Une influence si grande sur la société religieuse ne pouvait pas être sans action sur la société civile. Par l'exemple de ses sublimes vertus, par la régénération des couvents et le rétablissement de la régularité dans le tiers-ordre, par les relations qu'elle entretint dans les différents partis qui alors ensanglantaient la patrie, elle travailla efficacement à la pacification de la France. Ecoutons encore M. Siméon Luce en le résumant : « Marchant sur « les traces de Catherine de Sienne, Colette « Boylet se vit bientôt consultée comme un « oracle, et les plus fiers potentats durent comp- « ter avec elle..... Vincent Ferrier ne voulut « pas laisser ignorer que le but principal de son « voyage était de la visiter... Elle délivrait des

« sauf-conduits et assurait ainsi une protection
« efficace à certains voyageurs, les princesses du
« plus haut rang se faisaient un titre de gloire
« d'être appelées ses filles... Les Pères du con-
« cile de Bâle inauguraient leurs délibérations
« en se recommandant à ses prières... Un fait à
« noter c'est que Colette, malgré son zèle de
« propagande, ne fonda jamais aucun couvent
« dans la partie de la France occupée par les
« Anglais ; mais après avoir obtenu l'assenti-
« ment de la duchesse de Bourgogne sa pre-
« mière protectrice, elle se lie avec la duchesse
« de Bourbon et deux ans à peine après le meur-
« tre de Montereau, les deux duchesses furent
« ainsi mises indirectement en relations.....
« Exerçant un égal ascendant sur ces deux
« princesses, il ne lui fut pas difficile de leur
« inspirer des sentiments d'estime et d'affection
« mutuelle. Par le rôle d'intermédiaire qu'elle
« a joué entre la cour de Bourgogne et les di-
« verses branches de la maison de France pen-
« dant la période la plus critique du règne de
« Charles VII, Colette de Corbie mérite au plus
« haut degré d'attirer l'attention des historiens
« et l'on peut dire qu'elle n'a pas été sans in-
« fluence sur les destinées de notre pays. Enfin
« elle a préparé et facilité le mariage du fils du
« duc de Bourbon avec une fille de la duchesse
« de Bourgogne comme un acheminement au
« célèbre traité du 21 septembre 1435. » Que
peut-on désirer de plus expressif que cette appré-

ciation si élogieuse dans la bouche d'un homme compétent ?

A un autre point de vue, la gloire de la séraphique vierge n'est pas moindre. Dans ce temps malheureux où elle vécut, la division, au sein de l'Eglise, engendrait des maux incalculables. Suscitée de Dieu non seulement pour restaurer l'œuvre de saint François, mais pour soutenir comme lui et rasseoir sur ses bases l'Eglise de Latran ébranlée, sainte Colette réussit complètement dans sa mission. Après une longue vie de prières, de macérations, d'exhortations, de conseils donnés même aux plus grands personnages, elle quitte la terre quand la paix est rendue à l'Eglise et à l'heure où est élu le Pontife qui doit soumettre à l'autorité légitime le dernier antipape.

Il est deux noms familiers à tous les chrétiens instruits ; ce sont ceux de sainte Catherine de Sienne et de sainte Thérèse. L'une, par ses lettres, ses ambassades, pour prévenir le schisme; l'autre, par sa réforme du Carmel et ses écrits immortels, ont mérité d'être glorifiées par toutes les bouches chrétiennes. Sainte Colette réunit sur sa tête la couronne de l'une et de l'autre. Comme la première, elle s'est dévouée à la pacification de l'Eglise et au triomphe de la chaire de Saint-Pierre, et, plus heureuse, elle a vu sa mission couronnée du plus heureux succès. Comme la vierge d'Avila, elle a rendu à un ordre déchu sa primitive splendeur (1). Si cet ordre est moins ancien que le Carmel, il est bien plus nombreux, et son influence sur la société bien plus considérable. Sainte Colette, par ses rapports avec les conciles, par ses révélations sur ces grandes assises de la chrétienté, par l'influence qu'elle exerça dans ces assemblées, imprime à son nom un éclat au moins égal à celui que valurent à sainte Catherine de Sienne ses grandes ambassades.

Il est vrai que la vierge française n'a point laissé d'écrits comme la noble castillane et la célèbre enfant de Sienne ; mais c'est que son humilité a triomphé de la libéralité divine. Des révélations plus hautes que toutes celles dont elle fut favorisée, des lumières célestes lui étaient offertes, elle demanda à en être préservée. Au reste, les règles par elle tracées et gravées dans le cœur de ses innombrables disciples, redisent à tous les siècles l'élévation de son esprit, la grandeur de sa vertu et la sagesse avec laquelle elle pouvait diriger les âmes dans les plus hautes régions de la vie surnaturelle. Elle peut à juste titre être appelée la grande mystique de France.

Thaumaturge, sainte Colette a marqué tous ses pas dans le monde, de prodiges et de miracles éclatants. A sa voix, toutes les infirmités

(1) Ceci était écrit lorsque nous avons trouvé la même pensée dans l'*Histoire de saint François*, par Chalippe, liv. IV.

humaines étaient guéries, et des morts de tout âge étaient arrachés au tombeau et à l'enfer. Il est difficile de trouver un saint que Dieu ait glorifié par de plus étonnantes merveilles.

Si donc sainte Colette n'est pas plus connue et plus célébrée, ce ne sont pas les titres à l'admiration des hommes qui lui manquent, c'est un historien qui lui a toujours fait défaut. Il eût été à désirer qu'une plume plus éloquente vînt orner cet admirable sujet de toutes les beautés littéraires dont il est susceptible. A défaut du talent supérieur de l'écrivain, l'auteur assure à ses lecteurs une exactitude scrupuleuse dans le récit et des efforts persévérants pour être complet et concis en même temps. Le fond est assez vaste et assez riche pour valoir par lui-même, malgré la simplicité de l'exposition. C'est sans doute ce qui a valu à la première édition des suffrages très précieux qui ne peuvent manquer à celle-ci, améliorée et augmentée comme elle l'est. Puisse-t-elle continuer le bien qu'a produit cette première édition pour la gloire de Dieu, le bien des âmes et la glorification temporelle de sainte Colette.

Voici les sources où ont été puisés tous les éléments de cette histoire.

1° Une *Petite extraction de la très parfaite et sainte Vie de très vénérable et dévote religieuse et de mémoire glorieuse sœur Colette,* par le P. Pierre de Vaux, autrement dit de Reims, confesseur de sainte Colette pendant la seconde partie de sa vie. Après la mort de la servante de Dieu, ce vénérable religieux recueillit ses souvenirs, ceux des compagnes de la réformatrice et composa une biographie en 20 chapitres. Il suffit d'en lire quelques pages pour se laisser convaincre par ce pieux narrateur; son humilité, sa simplicité, sa droiture, sa délicatesse, son attention même dans les plus petites choses, l'appel qu'il fait souvent aux témoins encore vivants des faits qu'il raconte, commandent la confiance du lecteur. Il donna d'ailleurs à son écrit le caractère le plus solennel de véracité. Lorsque son travail fut achevé, il le présenta à Olivier de Langhe, prieur de Saint-Bavon de Gand; en présence de témoins, après la célébration de la sainte messe et la main sur la poitrine comme sur le corps de N.-S. J.-C., et par son sacerdoce, il jura solennellement qu'il n'avait rien écrit que d'exactement conforme à ce qu'il avait vu et entendu lui-même ou appris de témoins dignes de foi. Il ajouta qu'il avait encore omis beaucoup d'autres traits de perfection de la vénérable servante de Dieu. De cette présentation solennelle il fut dressé un acte public.

Olivier de Langhe persuadé par ce serment solennel, entreprit aussitôt la traduction flamande de cet écrit et il fut récompensé de son travail par une apparition de sainte Colette.

Cette biographie fut traduite en latin par Étienne Juliaque, docteur de Sorbonne, de l'ordre de Saint-François et abrégée par Surius pour la faire entrer dans les *Vies des Saints*. Nous avons eu constamment sous les yeux une copie de cet écrit de Pierre de Vaux encore munie des sceaux qui y furent apposés en 1494. Elle appartient aux Clarisses d'Amiens. Cette œuvre est aussi désignée sous le nom de *Grande légende de Gand*.

2° Les *Dépositions de sœur Perrine de la Balme*. Nièce du vénérable Henri de la Balme, qui vint chercher sainte Colette à Corbie, compagne de la sainte abbesse pendant trente ans, elle fut obligée de raconter les merveilles dont elle avait été le témoin privilégié ; son écrit en huit chapitres a la forme de dépositions juridiques. L'auteur renouvelle souvent ses protestations et fait appel aux témoins encore vivants qu'il nomme. Sœur Perrine écrivait à Hesdin, où elle finit ses jours. Sur son lit de mort, on l'entendit protester solennellement qu'elle n'avait exprimé que l'exacte vérité, la diminuant plutôt que l'augmentant. En 1494, il existait encore à Hesdin plusieurs sœurs qui avaient connu la réformatrice. A la prière de Guillemette Chrétienne, l'une d'elles et abbesse de ce couvent, elles attestèrent solennellement la véracité et l'authenticité de l'écrit de sœur Perrine. Au XVIe ou au XVIIe siècle, on a fait des copies de l'œuvre de Pierre de Vaux dans lesquelles on a intercalé des extraits de sœur Perrine sur les événements dont ne parlait pas le premier biographe. C'est une de ces copies augmentées qu'a reproduite dans son *Hagiographie diocésaine d'Amiens*, le savant et habile écrivain dont la Picardie s'honore, M. l'abbé Corblet.

3° Le *Témoignage authentique de quatre bourgeois de Corbie*. En 1471, vingt-quatre ans après la mort de l'illustre enfant de Corbie, il se trouvait encore dans sa patrie quatre vénérables vieillards qui avaient parfaitement connu la pieuse vierge. L'un d'eux, Jacques Guyot, frère du confesseur de la recluse, avait reçu d'elle des leçons de lecture. Lorsqu'il fit sa déposition, il avait soixante-seize ans. Agnès de Vaudemont, âgée de quatre-vingt-quatre ans, Guillaume et Roberte de Baizieu, âgés, l'un de quatre-vingt-quatre ans, l'autre de soixante-dix-huit, joignirent leurs affirmations à celles de Jacques Guyot, et ainsi fut rédigé un acte d'une valeur incontestable.

4° Philippe Courault, d'une famille de Poligny, qui reçut des faveurs signalées de la vénérable abbesse, abbé démissionnaire de Saint-Pierre, auprès de Gand, écrivait aussi, en 1471, un récit abrégé de toutes les grâces accordées à sa famille par l'illustre réformatrice. Il donna à son écrit la forme et toute la valeur d'un acte juridique.

5° Les Bollandistes, ces illustres hagiographes, reproduisent en latin les documents primitifs qui viennent d'être indiqués et les éclaircissent de notes très importantes. Ils y ont ajouté le récit d'un grand nombre de miracles opérés par sainte Colette après sa mort. Ces miracles sont racontés d'après les informations qui furent faites à diverses époques. Voici l'appréciation de ces documents par les savants critiques. « Nulle part, en Belgique, on ne « trouve sur aucun saint des monuments plus « remarquables qu'à Gand sur sainte Colette, « et ces écrits sont revêtus de la plus grande « authenticité, *maxime authenticis.* » Après ce jugement porté par de tels hommes on peut étudier, sans crainte de se tromper, l'histoire de sainte Colette dans des sources si pures.

6° Il faut joindre à ces documents les dépositions de sœur Elisabeth de Bavière, compagne de la sainte pendant onze ans. Les Bollandistes ne les ont pas pu reproduire, et on n'en a plus aujourd'hui une copie bien authentique; mais ils sont souvent cités par les biographes de sainte Colette du XVII° et XVIII° siècles.

7° Les *Mémoires des monastères.* Les deux premiers biographes ont plutôt tracé un tableau des vertus de sainte Colette qu'écrit sa vie. Ils n'ont qu'incidemment nommé les lieux qu'elle a habités. D'ailleurs, ils déclarent qu'ils ont omis beaucoup de choses intéressantes. Il y avait donc encore une moisson abondante à recueillir dans chaque monastère; c'est ce qui fut fait à diverses époques. En 1628, des copies de tous ces mémoires furent réunies au monastère des Clarisses d'Amiens pour la poursuite de la canonisation. Les révérendes Mères de ce couvent ont bien voulu laisser ces papiers précieux très longtemps entre nos mains.

Après ces sources si pures, il est bon d'indiquer ceux qui y ont puisé les premiers et ont travaillé à coordonner les éléments de la Vie de sainte Colette. Inutile de rappeler Etienne Juliaque qui, comme on l'a vu, n'a fait que traduire en latin, comme Olivier de Langhe en flamand, l'œuvre de Pierre de Vaux. Surius n'a pas plus d'importance, car il ne fait qu'abréger un peu Etienne Juliaque. Lippelloo, abréviateur de Surius, ne peut offrir aucun intérêt. Evidemment ce n'est point dans ces abréviateurs qu'il faut puiser les éléments d'une Vie de saint quand on a entre les mains les monuments primitifs. On goûte d'ailleurs bien plus agréablement les choses dans l'original de Pierre de Vaux. Le même jugement doit être porté sur Michel Notel, bénédictin de l'abbaye de Femy, qui a traduit Surius en 1594. Gazet, curé de Sainte-Madeleine d'Arras, cité aussi quelquefois par les derniers historiens de sainte Colette, n'a donné au public, vers 1616, qu'un abrégé bien court de la vie de notre Sainte dans divers ouvrages. Ce n'est pas évidemment une autorité d'un grand poids. Avant lui, Josse Clithou, docteur de Sorbonne, chanoine de Chartres, avait fait un travail sérieux sur la vie de sainte Colette. Ce n'est malheureusement encore qu'un abrégé intitulé : *Brevis legenda Beatæ Virginis sororis Coletæ, reformatricis ordinis sanctæ Claræ* ; courte légende de la bienheureuse vierge sœur Colette, réformatrice de l'ordre de Sainte-Claire. Mais en vingt-quatre pages d'un style très concis, l'auteur a admirablement résumé la vie de la vénérable abbesse. Une traduction en a été publiée à Amiens, chez Lambert-Caron, et à Paris, chez Wattelier, 1867.

Le franciscain Fodéré, outre la *Narration historique et topographique des monastères de la province de Saint-Bonaventure*, où il parle des fondations de sainte Colette, a publié des *Vies de saintes vierges et martyres*, parmi lesquelles il a justement rangé la réformatrice, Lyon, 1609, et quatrième édition 1638. Mais il ne consacre à sainte Colette que trente-et-une pages où il se montre très incomplet et inexact.

Enfin, en 1628, l'*Histoire chronologique de la bienheureuse Colette*, réformatrice des trois ordres du séraphique P. saint François... divisée en six livres, fut publiée par V. P. S., prédicateur capucin. Ces initiales désignaient le Révérend Père Sylvère Boutard, né à Abbeville, demeurant au couvent des Capucins d'Amiens. Quelques-uns l'ont nommé Séraphin, d'autres Sylvestre. C'est une erreur, comme le prouvent les procès-verbaux d'informations canoniques dressés alors et conservés au monastère des Clarisses d'Amiens. Dans son vieux style et sa naïveté, cet auteur est lu avec plaisir. C'est le plus complet sur la vie de sainte Colette et le plus exact. Chose étonnante cependant, il ne paraît point avoir reconnu l'identité si évidente de la légende de Gand, avec l'ouvrage de Pierre de Vaux et la traduction de cet écrit par Etienne Juliaque.

Bzovius, dominicain polonais, a inséré dans ses nombreux écrits la vie de sainte Colette, mais son défaut de critique et ses inexactitudes ôtent toute autorité à sa parole. Pierre Collet, théologien et écrivain de la congrégation de Saint-Lazare, composa aussi une *Histoire abrégée de la bienheureuse Colette Boellet*, qu'il fit suivre d'une histoire de la vertueuse Philippe de Gueldres, duchesse de Lorraine et morte clarisse à Pont-à-Mousson, le dernier monastère fondé par sainte Colette. Son travail ne parut qu'en 1771 après avoir été revu et corrigé par M. de Montis, censeur royal. Des recherches persévérantes nous ont donné des preuves incontestables que c'est bien à Collet qu'il faut attribuer cet ouvrage publié par de Montis.

Vers le même temps un travail nouveau fut entrepris à Besançon sur tous les documents rassemblés des différents monastères, mais il demeura manuscrit et l'auteur n'est connu que sous le nom d'abbé de Saint-Laurent. Quel est-il ? Une note datée de 1783 par l'abbé Lacerneux dont il va être question, dit que ce serait « M. l'ab-« bé Tharin d'une rare piété et qui est mort en

« odeur de sainteté à Besançon. Voilà ce que j'ai
« pu conjecturer sur ce que m'a dit l'abbesse de
« ce couvent. » M. l'abbé Dartois, vicaire général de son éminence le cardinal Mathieu, écrivait récemment à l'auteur que le vénérable M. Tharin était d'une ancienne famille de robe et d'église, dont il reste plusieurs membres et à laquelle appartenait Mgr Tharin, évêque de Strasbourg et précepteur du duc de Bordeaux.

Quoi qu'il en soit, ce manuscrit a donné naissance à un ouvrage imprimé sous ce titre : *Vie de sainte Colette, réformatrice de l'ordre de Sainte-Claire faite sur les manuscrits de l'abbé de Saint-Laurent.* Une copie manuscrite de ce dernier ouvrage conservée au monastère de Gand, porte une approbation du vicaire général de Besançon où est nommé le P. Dunaud comme auteur de l'écrit. Il est qualifié jésuite ; c'est une erreur sans doute. Il n'existe aucun auteur de la compagnie de Jésus ayant porté ce nom. L'ouvrage doit d'ailleurs avoir été publié lorsque la célèbre société était supprimée. Il s'agit sans doute du père Dunaud, capucin, qui eut dans ce temps l'honneur de siéger à l'Académie de Besançon. Cette vie a été réimprimée à Lyon en 1835.

Or, pour peu qu'on examine cet ouvrage on ne tarde pas à y trouver des défauts graves : erreurs, contradictions, noms dénaturés, etc., etc. Si l'on juge par là de la valeur des manuscrits de l'abbé de Saint-Laurent, on ne peut que récuser complètement leur autorité. En effet, après avoir souvent découvert des erreurs graves dans un auteur, peut-on sur son seul témoignage admettre un fait quelconque ? Evidemment non. Aussi dans la vie présente de sainte Colette n'a-t-on raconté, sans en prévenir le lecteur, aucune circonstance sur la seule autorité de ces manuscrits ou des auteurs qui ne s'appuient que sur eux pour prouver ce qu'ils avancent. Au reste, il nous a été impossible de savoir ce que sont devenus ces mémoires. Ils ont sans doute péri dans la tourmente révolutionnaire, et nous ne les connaissons que par l'ouvrage imprimé qui vient d'être indiqué et par le suivant.

En 1783, l'abbé Lacerneux, curé de Belmont, dans le Jura, dédia à Madame Louise de France, religieuse carmélite, une vie de sainte Colette qui est restée manuscrite au couvent de Poligny. Cet auteur a étudié sérieusement le sujet qu'il traite et sur plus d'une question il a fait preuve d'une saine critique ; mais il a eu trop de confiance aux manuscrits de l'abbé de Saint-Laurent et il est loin d'être complet. Une copie de cet ouvrage appartenant à M. le baron de Caix de Saint-Aymour de si regrettable mémoire, ainsi que les pièces originales reproduites à la suite, ont été utiles à l'auteur pour contrôler l'exactitude des documents recueillis ailleurs.

Le vénérable P. Sellier de la compagnie de Jésus, dans son extrême vieillesse, entreprit, ou même, pourrait-on dire plus exactement, fit faire sous sa direction une *Vie de sainte Colette*, exacte en général mais surchargée de longueurs et de discours supposés. Cette œuvre, dans certaines circonstances, s'appuie trop sur l'autorité si fragile de l'abbé de Saint-Laurent. Nous nous sommes contentés d'indiquer ainsi dans la première édition le peu d'autorité de la Vie composée par le P. Sellier. Nous n'avons pas été compris, puisque des écrivains récents se sont encore appuyés sur cet auteur si peu digne de leur confiance. Malgré le respect que nous professons pour ce vénérable religieux, nous sommes obligés de relever plus nettement les graves défauts de l'historien. Outre son erreur sur la réclusion, il a brodé sur le canevas fourni par l'abbé de Saint-Laurent et c'est ainsi que nous avons eu une sorte de procès jugé par l'évêque d'Amiens à propos des conférences de sainte Colette. Or, les documents primitifs ne nous donnent aucun indice de ces circonstances. Il faut les retrancher de l'histoire et traiter de même les discours empruntés à l'abbé de Saint-Laurent ou composés par le P. Sellier lui-même. Sa narration du miracle de Décize n'est pas moins inadmissible. Ses anachronismes, ses confusions de personnages sont nombreux.

Depuis notre première édition, une histoire de sainte Colette a été publiée en anglais par Mrs Parsons. Nous remercions l'auteur des éloges qu'il veut bien donner à notre travail, mais notre conscience d'historien nous oblige à lui dire qu'il s'est laissé induire en erreur par le P. Sellier ; qu'il a trop donné à son imagination, particulièrement, ch. 4 et ch. 20, et qu'il n'a pas mis assez en évidence des faits importants.

Nous devons aussi mentionner un travail très intéressant sur les monastères d'Auxonne et de Seurre, et la vie de sainte Colette dans ces deux maisons par M. Bizouard, aumônier de l'hôpital d'Auxonne. Il serait bien à désirer qu'un travail semblable fût fait sur chacune des fondations de la réformatrice.

Il est inutile de prolonger cette liste en y ajoutant des titres d'ouvrages sans nulle valeur pour ceux qui ont tant soit peu étudié la vie de sainte Colette ; encore moins serait-il convenable de l'augmenter, comme un auteur récent l'a fait, en désignant deux ou trois fois le même ouvrage ou le même auteur sous des titres différents.

A ces œuvres où la vie de sainte Colette est traitée isolément, il faut ajouter celles où elle entre comme partie dans un cadre plus vaste. Ainsi Wading, dans ses *Annales Minorum*, a fondu l'œuvre de Surius avec son récit des faits concernant l'ordre de Saint-François. Sous ce rapport, il n'apprend rien. Mais des documents plus précieux qu'il fournit, ce sont des détails très importants dans leur brièveté sur la fondation des nouveaux monastères. Assez souvent il fait connaître le couvent d'où ont été appelés les religieux ou les religieuses qui devaient prendre la direction de la nouvelle communauté. C'est en le lisant et le relisant, c'est en le scrutant, que nous avons pu établir la généalogie d'un grand nombre de maisons de Réformés de l'un et de l'autre sexe et restituer à sainte Colette une partie de sa gloire.

Marc de Lisbonne, dans ses *Chroniques de l'ordre*, Gonzague dans son ouvrage de l'*Origine de l'ordre de Saint-François*, ne donnent ni de plus abondantes ni de meilleures notions sur l'œuvre de sainte Colette.

Les sources sont bien importantes, mais les dispositions, les sentiments avec lesquels on y puise ne le sont pas moins. Or, en cette matière, un principe évident et incontestable, c'est que l'hagiographe, esclave de la vérité, doit avant tout scruter et méditer les premiers biographes et tous les autres monuments certains qui concernent le Saint dont il veut écrire la vie. Il n'a point à se demander si les faits, les œuvres plairont à ses contemporains. Il ne *fait* pas la vie du saint, c'est Dieu qui l'a faite avec la coopération du libre arbitre de l'homme. L'historien la raconte. Elle ne doit pas être calquée sur les goûts actuels, mais elle est une leçon pour les générations qui se succèdent. Il ne peut pas élaguer, changer, mais recueillir pieusement ce qui a été transmis par des canaux sûrs. Il faut prendre l'œuvre de Dieu telle qu'il l'a faite et la manifester au monde sous son vrai jour, pour l'instruction des âmes intelligentes et des cœurs droits. Tout autre procédé serait un mensonge historique et une injure à la divinité et aux saints. Dans ce travail il faut de la critique sans doute, afin d'écarter ce qui n'aurait point de valeur historique, ce qui serait le jeu de l'imagination d'un écrivain antérieur trop peu consciencieux ; mais il faut aussi recevoir avec docilité et confiance ce qui est appuyé sur des témoignages sérieux. Enfin le narrateur doit s'efforcer de saisir le vrai sens des faits surnaturels aussi bien que des faits naturels et telle est la pensée qui a constamment dirigé l'auteur dans son étude ; il peut se rendre le témoignage de n'avoir rien écrit sans s'être assuré de l'exactitude de ce qu'il racontait et de la gravité des témoignages sur lesquels le fait était appuyé. Après cette déclaration et l'indication si ample des sources, il a cru inutile et même ennuyeux pour le plus grand nombre des lecteurs, de leur présenter chaque page chargée de notes et de renvois.

Il reste maintenant à faire connaître en peu de mots l'état de l'Eglise et de la France à la fin du XIVe siècle et au commencement du XVe, ainsi que la ville de Corbie, qui a eu l'honneur d'être le berceau de sainte Colette.

Il y avait longtemps qu'aux papes, fatigués de l'esprit de révolte et de rapine des Romains, saint Bernard avait dit : « S'ils ne profitent point de vos avertissements, sortez d'Ur, de la cité chaldéenne, vous ne vous repentirez point de l'exil ; vous échangerez la Ville pour l'univers. » Cette menace s'accomplit enfin. Dieu se servit d'autres crimes pour châtier quelque temps les fautes des Romains. Après les malheurs de Boniface VIII et le trop court pontificat de Benoît VII, les intrigues de Philippe le Bel, roi de France, parvinrent à faire asseoir sur la chaire de Saint-Pierre, Berthrand de Got, archevêque de Bordeaux, qui vint fixer son séjour à Avignon, principauté appartenant aux papes (1305). Ainsi commença ce que les Romains ont appelé avec raison la captivité de Babylone. Pendant soixante-dix ans, Rome, privée de son pontife, apprit ce qu'elle deviendrait sans le vicaire de Jésus-Christ. Déserte, tombant en ruines, elle n'était plus que l'habitation de la pauvreté et de la misère, une ombre lugubre d'elle-même. Les bêtes sauvages commençaient à y pénétrer. La leçon paraît oubliée par quelques Romains de notre temps, mais alors elle fut sentie par tous, et il n'y eut qu'une voix dans Rome pour réclamer le retour du Pontife. L'Eglise elle-même souffrait. C'est pourquoi sainte Catherine de Sienne eut une mission du ciel d'avertir le chef de l'Eglise de revenir à son siége. Grégoire XI se rendit enfin aux avertissements célestes et aux avis des plus sages enfants de l'Eglise ; mais il mourut peu de temps après son retour à Rome (1378).

Les Romains, qui avaient ressenti si vivement les maux causés par l'absence de leur pasteur, entourèrent le conclave demandant un Pape italien, et l'archevêque de Bari fut élu presque à l'unanimité. Il prit le nom d'Urbain VI. Il y avait beaucoup à réformer dans la cour pontificale. Une sévérité peut-être nécessaire, mais que ceux qui en furent l'objet trouvèrent excessive, indisposa bientôt les esprits contre le nouveau Pontife. D'ailleurs les cardinaux étaient la plupart français, et regrettaient le séjour de leur patrie. Ils voulaient encore y ramener le Pape. Enfin, sous l'influence du mécontentement et de l'ennui, ils eurent le tort de contester l'élection d'Urbain VI, après l'avoir reconnu pendant six mois ; et treize rebelles commirent le crime d'élire Robert de Genève, qui prit le nom de Clément VII. Le grand schisme d'Occident était commencé (20 septembre 1378).

La cour de France, qui avait fait tous ses efforts pour conserver le Pape à Avignon, sous son influence directe, reconnut cependant d'abord Urbain VI ; mais, trompé ensuite par les rapports des cardinaux français rebelles, le sage Charles V eut le tort de se laisser entraîner dans le parti de Clément VII. Assurément, toutes les circonstances de cette déplorable division ne furent point aussi bien connues des contempo- que des siècles suivants. L'ignorance des faits produisit la bonne foi, et c'est pourquoi il y eut de vénérables personnages, des saints même, dans chacune des deux obédiences. A Clément VII succéda Pierre de Lune, sous le nom de Benoît XIII, dont il sera parlé dans l'histoire de sainte Colette.

Il est facile de comprendre les maux engendrés par le schisme : le relâchement de la discipline dans tous les états, l'autorité la plus sacrée presque annulée et déshonorée par les concessions que chaque prétendant à la tiare se voyait obligé de faire pour soutenir son parti. C'est la plus grande épreuve que l'Eglise ait jamais traversée, et elle devait y périr si elle n'était divine. Dans cette malheureuse contestation sur les personnes, il n'y eut cependant point de division, ni sur le dogme, ni sur la morale, ni sur les rites sacrés. L'unité de croyance régnait encore dans les esprits. Tout se réduisait à une question de personnes dont les effets cependant étaient lamentables.

Pendant ce temps, les attentats de Philippe le Bel contre le Vicaire de Jésus-Christ, les intrigues de ses successeurs dans l'élection du chef de l'Eglise pesaient lourdement sur la France et ses souverains.

Les quatre fils du monarque sacrilège n'avaient fait que passer sur le trône, pour transmettre la couronne de leur père à une autre branche de la famille royale, celle des Valois. Après les désastres de Crécy et de Poitiers, la sagesse de Charles V cicatrisa les plaies de la

France. Mais ce prince trop fidèle aux inspirations d'une politique étroite voulait nationaliser en France le père des rois et des peuples, et s'en faire un moyen de prépondérance sur l'Europe. Que nous sommes loin de la grande politique de Charlemagne. Au lieu d'assurer avec le glaive le respect et la sécurité du Vicaire de Jésus-Christ, le roi de France s'efforce de s'approprier la papauté et de se l'attacher par des liens d'iniquité. Charles V meurt jeune (1380), et la folie de son successeur rejette le royaume dans des troubles et des déchirements sanglants. Les princes pillent le trésor royal, se disputent le pouvoir, se trahissent, s'assassinent et allument la soif du sang dans leurs factions. Armagnacs et Bourguignons font couler des flots de sang dans Paris et les provinces. Pendant ces luttes fratricides, la patrie, mal défendue par les uns et trahie par les autres, devient la proie de l'étranger. L'Anglais fait des progrès continuels et ose se mettre sur la tête la couronne des lys. Henri V pour soutenir ses audacieuses prétentions fait une descente en France avec une puissante armée dont il perd une grande partie dans le long siège d'Harfleur. Mais les vices de ses adversaires, leurs divisions, leur fougue imprudente lui permettent de moissonner la chevalerie française à Azincourt (25 oct. 1415). C'en est fait, ce semble, du royaume de Clovis et de Charlemagne. Bientôt un honteux traité (Troyes), conclu au nom d'un roi en démence par une mère aussi dénaturée qu'épouse infâme, cède le trône à l'étranger envahisseur. Pendant ce temps, le désordre croît sans cesse et la misère fait partout sentir ses aiguillons les plus vifs.

Il ne faut pas croire cependant qu'il n'y eût encore de grandes vertus. Au milieu de ces chevaliers souvent cruels, que de nobles figures, dignes élèves d'un Duguesclin et compagnons de Boucicaut. Celui-ci avait entendu de son père dédaigneux de la richesse, cette noble parole : si mes fils sont prud'hommes, ils auront toujours assez ; s'ils ne le sont pas, ils auront encore trop. Elle fut la règle de cette glorieuse vie qui se termina dans la captivité. La bourgeoisie produisait aussi de nobles caractères, comme Juvénal des Ursins, père de l'historien. Par ses vertus, il conquiert l'estime, la confiance, l'amour de ses concitoyens et de son souverain. Quand un complot Bourguignon, produit devant le roi un mémoire calomnieux contre lui, ce grand citoyen est accompagné au tribunal par 300 ou 400 bourgeois de Paris, et le roi, alors en santé, lui témoigne une estime inaltérable. Grand chrétien, Juvénal dédaigne de se venger, mais le Vendredi Saint suivant, de grand matin, il voit à sa porte, les trente coupables lui demandant pardon dans l'attitude la plus humble. Au tribunal de la pénitence, leur avait été imposée cette réparation. Voilà dans ces temps troublés et malheureux de grands, d'admirables spectacles que notre civilisation corrompue ne nous présentera plus, à moins qu'elle n'en demande le secret aux vérités de la foi.

Les intrigues du duc de Bourgogne, l'or des Anglais, les faveurs qu'ils distribuaient affaiblissent, en quelques années, le sens moral dans la capitale envahie, et bientôt elle se montrera Anglaise acharnée, ennemie obstinée de celui qui personnifie la nationalité française. Sous ce rapport, les provinces qui subirent le joug de l'étranger furent moins coupables et plus fidèles à la patrie.

La société Française paraissait donc blessée à mort dans tous ses organes essentiels, Royauté, clergé, noblesse, bourgeoisie.

« La mission du grand peuple qui a enfanté
« la chevalerie, les croisades, la poésie, les arts
« du moyen-âge; qui a été durant des siècles le
« lien de la république chrétienne, l'initiateur du
« mouvement européen, cette mission va-t-elle
« expirer! Le rôle de la France est-il fini? L'an-
« gleterre le proclame, et l'Europe commence à
« le croire. D'où viendrait en effet le secours ?
« quelle puissance inconnue fera ce que n'ont
« pu faire la royauté, la noblesse, la bourgeoi-
« sie ? Ce sera la puissance qui fit sortir les ré-
« générateurs de la terre de Bethléem et de Gé-
« nésareth ; la puissance qui évoque le salut
« des dernières profondeurs quand les sommi-
« tés s'écroulent. La raison et la réflexion en

« peuvent plus rien, n'entrevoient même plus
« rien ; cette puissance saura trouver de ces su-
« blimes folies qui sauvent le monde (H. Mar-
« tin). »

En effet, au moment même où les crimes de la société française produisaient cet enchaînement lamentable de désordres et de catastrophes, la Providence dans sa miséricorde, préparait dans l'obscurité les âmes qui devaient par leurs prières, leurs macérations, leurs exemples faire accepter par la justice, les expiations publiques et obtenir un secours extraordinaire du ciel. Le schisme commence en 1378. Charles V meurt en 1380. Colette qui devait être le modèle et la personnification la plus noble de la vie de réparation naît en 1381 et elle ira préparer son armée pacificatrice dans une contrée plus calme, moins exposée aux maux de la guerre. Pendant que la société religieuse tue l'hydre du schisme à Constance, la société française s'enfonce de plus en plus dans l'abîme, sous le poids de ses crimes et les coups de l'étranger. Mais l'esprit religieux ranimé au foyer de l'unité, travaille au réveil du patriotisme. Les ordres religieux retrouvent la paix, rétablissent la régularité dans leur sein, sentent leur zèle se ranimer, multiplient les missions. « Une ardente fermentation religieuse
« agitait le pays et quelque chose de la vie primi-
« tive s'était réveillé dans les ordres mendants. »
(H. Martin). Dieu écoutant les prières de ses

serviteurs, leur envoie un secours unique dans les annales du genre humain. Ces rapprochements sont éloquents.

Il ne nous reste plus qu'à faire connaître en quelques mots la petite ville où commença cette existence si grande dans l'ordre providentiel.

QUELQUES MOTS SUR CORBIE.

« Quelle fut parmi les anciens la noblesse de
« Corbie ; si nous nous taisons, les pierres le
« proclameront, crieront non seulement aux
« oreilles, mais aux yeux de la postérité. Il y a
« trois églises principales dans lesquelles les
« cœurs des fidèles s'unissent dans la confes-
« sion de la sainte Trinité. La première offre à
« la vénération Pierre le pêcheur ; la seconde
« conduit ceux qui ont été prêchés, à saint Jean
« l'évangéliste ; et la troisième, ceux qui ont été
« évangélisés, à saint Etienne, le premier mar-
« tyr. Ordre admirable établi par Dieu. Je ne
« dirai point que c'est sainte Bathilde qui a
« fondé ces temples ; mais c'est la grâce de
« l'Esprit-Saint qui lui a inspiré cette pensée.
« Le site de la ville est très beau et salubre,
« et il s'embellit de tous les avantages qu'il
« procure. Il est très approprié à la vie monas-
« tique ; c'est pour cela qu'on l'a recherché et
« préféré. D'un côté coule la Somme ; la Corbie,

« précipitant son filet d'eau de l'autre côté, a
« donné son nom à la ville. Mais bientôt se je-
« tant dans la Somme, elle donne ses eaux et
« perd son nom. Des prés, des eaux, des champs
« s'étendent au loin de toutes parts. »

Ainsi parlait de sa patrie, à la fin du XIe siècle, saint Gérard qui, formé à la vie religieuse dans la célèbre abbaye, alla fonder la Sauve-Majeure dans l'Aquitaine, et fut le patriarche d'une nombreuse et glorieuse postérité (*Vie et miracles de saint Adhélard*). Le saint abbé dit que la petite rivière qui se jette dans la Somme, auprès de Corbie, a donné son nom à la ville. D'autres font dériver ce nom de Corbé, capitaine des Beauvaisins, pendant l'invasion de Jules César, ou de Corbon, seigneur qui aurait possédé comme fief viager le château-fort qui commandait le cours de la Somme au VIIe siècle. On pourrait aussi tirer cette étymologie du latin *corvus*, corbeau, à cause de la multitude de corbeaux qui se rassemblent encore et se rassemblaient sans doute plus nombreux autrefois en cet endroit. Aussi les armes de Corbie portent trois corbeaux.

Quoi qu'il en soit, sainte Bathilde, régente pendant la minorité de Clotaire III, son fils, fit expédier, en 657, le premier diplôme pour la fondation de cette abbaye qui devait devenir si célèbre. Le fief militaire établi en ce lieu ayant fait retour à la couronne par la mort du titulaire, cette sage princesse crut, et avec raison, travailler plus efficacement à la civilisation et au bonheur de ces contrées, en donnant à défricher aux moines ces terres en grande partie incultes. Elle appela donc des religieux de Luxeuil, qui suivaient la règle de saint Colomban. Plus tard l'abbaye embrassa la règle de saint Benoît. La régente accorda au nouveau monastère tous les droits de justice et de seigneurie sur un immense territoire se développant à de grandes distances des deux côtés de la Somme. Aux faveurs du pouvoir civil se joignirent les privilèges de l'autorité ecclésiastique. Les évêques de la province accordèrent à l'abbaye une complète exemption, plusieurs fois confirmée dans la suite par des conciles provinciaux.

L'abbé Théofride, qui eut les labeurs et la gloire de cette fondation, devint évêque d'Amiens ; il est appelé saint, sans avoir aucun culte public. Dans le VIIIe siècle, l'abbaye eut encore la gloire de produire saint Martin, confesseur de Charles Martel, et patron de Saint-Priest, où il est mort. Mais c'est surtout un descendant du vainqueur des Sarrazins qui devait donner à l'abbaye de Corbie un éclat incomparable. Jeune encore, Adhélard, cousin de Charlemagne, fuyait les scandales et les dangers de la cour et venait se cacher dans le monastère de Corbie, où il cultiva le jardin pendant un an. Son mérite le révéla bientôt et le fit mettre à la tête de la nombreuse communauté. Sous la direction de cet esprit supérieur, de ce cœur noble et profondément chrétien, le monastère devint une école pour les savants et une pépinière de saints et d'apôtres. Saint Paschase Ratbert enseignait et formait des disciples tels que saint Anschaire et ses compagnons, qui implantèrent la foi dans trois royaumes du Nord. Peu de temps auparavant avait été fondée la nouvelle Corbie, dans la Saxe à peine pacifiée.

La disgrâce d'Adhélard et de son frère Vala ne détruisit pas tout le bien qu'ils avaient fait. Après eux, Ratramne soutint l'honneur de l'école de Corbie, et, plus tard, Ordeger, avec saint Dunstan et saint Etherwold, acquittent à l'Angleterre la dette contractée par la France. L'Anglais Alcuin nous avait apporté la science; les moines de Corbie en reportèrent le flambeau en Angleterre avec les règles monastiques.

Le XIe siècle n'est pas moins glorieux. Saint Gérard ou Geraud naît à l'ombre de la célèbre abbaye, et, formé dans son sein à la pratique des plus éminentes vertus, il est appelé à gouverner un monastère de Laon. Mais, peu satisfait de ses religieux, il les quitte, et, avec quelques fervents disciples, il va fonder la Sauve-Majeure, d'où doivent sortir de saints évêques, des fondateurs d'abbayes et des restaurateurs de l'ordre monastique. Il serait trop long d'indiquer ici seulement les sages abbés, les évêques choisis dans le monastère de Corbie pour gouverner les abbayes, les églises des provinces voisines. Ils étaient nombreux alors, les cœurs généreux qui sacrifiaient tous les liens temporels pour se ranger sous la règle de saint Benoît. Dans certains temps le nombre des religieux s'éleva jusqu'à 600 et plus, et pendant plusieurs siècles un chant perpétuel la nuit comme le jour célébrait les louanges du Créateur et du Rédempteur. Divisés en trois chœurs, les religieux se succédaient au pied des autels du Très-Haut. C'est ce qu'on appelait le *laus perennis*, la louange perpétuelle.

Ces longues prières n'empêchaient point les bénédictins de travailler, de défricher le sol et d'enseigner le peuple à demi-barbare. Leur action s'étendait au loin. L'abbaye avait des granges ou des fermes dans lesquelles se rendaient quelques religieux pour donner l'exemple et les principes du travail. Ceux qui recueillent aujourd'hui de riches moissons dans des terres fertiles, ne pensent guère que ces terres ne sont si fécondes que parce qu'elles ont été primitivement arrosées et engraissées par la sueur des moines.

L'œuvre de ces infatigables pionniers de la civilisation fut souvent ou interrompue ou contrariée par le malheur des temps et l'ambition de puissants voisins. Corbie subit les dévastations des Normands et contre eux l'abbé Francon la protégea par de fortes murailles. Les seigneurs de Boves, d'Encre, d'autres ambitieux ne lui furent pas moins funestes que les barbares du Nord. Que pouvait contre ces fiers guerriers l'abbé avec sa crosse ? Prier, protester, en appeler au roi son suzerain. Les ruines furent toujours relevées avec un nouveau courage.

L'abbaye de Corbie a encore eu l'honneur d'établir une des premières communes de France 1123. Cette fondation libérale ne subsista, il est vrai, que près de deux siècles. L'esprit de révolte, soufflant dans les bourgeois de Corbie, de déplorables contestations, des malentendus entre cette commune et l'abbaye amenèrent sa suppression par un compromis en 1310. Mais enfin l'abbé de Corbie fut un de ces généreux initiateurs qui émancipèrent le peuple français.

Jusqu'au XVe siècle, l'abbé de Corbie n'avait relevé directement que du roi et comme tel marchait l'égal des grands vassaux de la couronne. Par le traité d'Arras en 1435, la ville de Corbie passa pour quelque temps sous la suzeraineté du duc de Bourgogne avec les autres villes de la vallée de la Somme. C'est pourquoi nous verrons en 1445 le trop puissant vassal du roi de France intervenir dans une affaire dont le récit appartient à l'histoire de sainte Colette.

Telle fut la ville de Corbie dans ces siècles reculés. C'est par ces vertus, ces nobles labeurs qu'elle se disposait, autant qu'il est possible à l'homme, à recevoir du ciel une faveur incomparable, celle de produire et de donner au monde, à l'Eglise, à la France un lis d'une pureté angélique, une âme, grande, généreuse, puissante auprès de Dieu et des hommes, capable d'exécuter les œuvres les plus difficiles, sainte Coeette réformatrice des trois ordres de Saint-François et de la société tout entière.

SAINTE COLETTE

SA VIE. — SES ŒUVRES. — SON INFLUENCE.
SON CULTE.

CHAPITRE PREMIER.

Naissance de sainte Colette. — Son enfance. — Son éducation humaine et divine. — Premières faveurs célestes.

Dans la seconde moitié du XIVe siècle, vivait à Corbie un modeste artisan que sa probité, son habileté dans son métier avaient fait choisir pour maître charpentier de l'abbaye. Il s'appelait Robert Boellet. Il avait épousé Marguerite Moyon, qui était veuve. Stérile dans un premier mariage elle le fut dans le second. C'était le plus grand chagrin de ces époux chrétiens. Ils s'adressèrent au ciel et eurent recours à l'intercession de saint Nicolas qui, enfant de bénédiction, est devenu le consolateur des époux stériles. On sait qu'il a obtenu à un grand nombre de chrétiens une postérité bénie de Dieu. Ainsi saint Nicolas de Tolentino lui doit la vie et la sainteté.

Les prières de Robert et de sa femme n'étaient cependant point exaucées. Marguerite arrivait à la vieillesse ; elle allait avoir soixante ans et son foyer était toujours désert. Enfin nouvelle Sara, mais plus confiante et priant toujours, elle fut récompensée de sa foi. Elle mit au monde une fille le 13 janvier 1381 (1). C'était un dimanche. L'enfant baptisée sans délai reçut le nom de Colette ou petite Nicole en témoignage de la reconnaissance de ses parents envers le Saint auquel ils s'étaient adressés.

Une naissance si extraordinaire présageait de grandes destinées. « Ces enfants miraculeux de femmes stériles, dit Bossuet (*Elév.* 11e), sont des enfants de grâces et de prières. » Nos Livres saints, les annales de l'Eglise nous montrent que la grâce plus que la nature a formé ces êtres bénis, et déposé dans leur cœur le germe fécond des grandes vertus. Tels furent les Isaac, les Samuel, les Jean-Baptiste, etc.

L'étonnement fut grand à Corbie à la nouvelle de cette merveille et plus d'un chrétien se

---

(1) Des auteurs, et la bulle de canonisation elle-même, ont dit 1380. C'est qu'à cette époque l'usage de commencer l'année à Pâques était encore en vigueur.

La rue où est née sainte Colette s'appelait alors, et encore longtemps après; rue de la Chaussée, aujourd'hui rue Saint-Albin. Elle ne devrait pas porter d'autre nom que celui de Sainte-Colette. La maison sanctifiée par les vertus de notre Sainte, convertie en chapelle jusqu'au commencement de ce siècle, puis souillée par des usages profanes, est redevenue un oratoire depuis 1881.

rappela alors ce mot prononcé à la naissance du Précurseur : *Quis putas, puer iste erit ?* Quel sera, pensez-vous cet enfant ? Mais surtout Robert Boellet et sa pieuse compagne furent pénétrés de la plus vive reconnaissance, et, pour la témoigner à Dieu, ils s'appliquèrent avec une nouvelle ferveur aux exercices de la piété et de la charité chrétiennes. L'un devint le pacificateur de tous les différends qui s'élevaient entre ses concitoyens : s'il apprenait que la discorde troublât les familles ou les voisins, il quittait tout pour travailler à rétablir la paix, et il ne revenait qu'après avoir réconcilié les ennemis ; ses paroles persuasives et bénies de Dieu triomphaient de toute opiniâtreté. Non content de cette œuvre, il entreprit de retirer du désordre les femmes égarées, et il eut le bonheur d'en recueillir plusieurs dans une maison qu'il leur abandonna.

Marguerite se montra digne de son époux qu'elle secondait de ses prières et de ses bonnes œuvres. Elle s'appliqua avec un nouveau zèle à la méditation quotidienne de la passion de N-S. Jésus-Christ. Au milieu des soins empressés prodigués à son enfant elle trouvait le temps de se confesser au moins une fois chaque semaine et de faire plusieurs communions ferventes. Dans ces pratiques puisant toujours une nouvelle force et une nouvelle ardeur spirituelle, elle fit de rapides progrès dans l'union avec Dieu et devint de plus en plus digne de coopérer à l'éducation d'une sainte. La jeune Colette se formait aux pratiques de la piété chrétienne en regardant ces vénérables vieillards. C'est sur les genoux de sa mère qu'elle apprit à bégayer ses premières prières et à méditer la passion de Jésus-Christ.

Mais il semble évident que Dieu n'a point laissé uniquement au soin des hommes l'éducation de celle qu'il avait choisie pour l'instrument de ses grands desseins. Une faveur évidemment merveilleuse lui fut accordée. A quatre ans, elle avait déjà de son Créateur une connaissance très haute qui ne pouvait venir des hommes. Son esprit était presque continuellement élevé et uni à Dieu. Enfin dès l'âge de sept ans, elle commença à faire au moins une heure d'oraison chaque jour. Elle suivait docilement les mouvements du Saint-Esprit qui selon l'expression du P. Sylvère « régentait en cette « créature si tendrelette. » Du cœur de leur enfant il rayonnait sur ses heureux parents qui par leurs œuvres excellentes, leur ferventes prières obtenaient à leur fille des dons merveilleux de grâces et de vertus. Ils la virent avec bonheur se développer et grandir mais surtout manifester avec les premières lueurs de la raison les élans d'une piété précoce. Ainsi l'âme de Colette comme un sol riche et fécond, ayant reçu le premier germe déposé par le baptême, échauffée par les feux de l'Esprit-Saint, cultivée avec amour par la pieuse sollicitude de ses parents, produisit bientôt une admirable floraison de vertus dont la vue ravit d'admiration tous les habitants de l'antique cité abbatiale.

Dans la prière elle était tellement recueillie qu'on l'eût prise pour un ange adorateur descendu du ciel. Une vue vive et profonde de la grandeur de Dieu et de la petitesse de l'homme enchaînait tous ses sens et lui faisait trouver dans l'oraison des joies ineffables au lieu de l'ennui que le commun des hommes y rencontre. Aussi les exercices de la piété étaient ses jeux, ses récréations, son repos. Cependant elle était si aimable que ses compagnes la recherchaient avec empressement ; c'était pour la jeune Colette un sujet d'ennui. Il lui était agréable sans doute, de se prêter aux désirs de ses jeunes amies, mais un attrait supérieur l'entraînait ailleurs. Son intelligence comprenait la place que Dieu doit occuper dans une vie humaine. C'est pourquoi, pour se soustraire à la dissipation de jeux bruyants et échapper à la recherche de ses compagnes, elle s'enfermait, se cachait même sous son lit, et, dès que les visiteuses importunes étaient parties, elle s'abandonnait à toute l'ardeur de sa piété.

Sa charité n'était pas moins admirable. La commisération semblait née avec elle. La vue des pauvres la faisait tressaillir. Ses parents s'étaient plu à charger ses petites mains de leurs aumônes. Dès qu'elle put agir seule, elle n'attendit plus d'être appelée pour voler au secours de l'indigent. Survenait-il un pauvre pendant le repas, autant qu'il lui était permis, la tendre enfant choisissait ce qu'il y avait de meilleur pour le lui offrir. Souvent elle se privait des aliments qui lui étaient destinés, pour les donner en aumônes. C'est ce qu'elle faisait surtout en allant à l'école. Plus tard elle montra une grande intelligence pour rendre toutes sortes de services aux pauvres du bon Dieu : quand il lui fut possible, elle les lava, les réchauffa, même les lépreux, au foyer paternel.

La charité lui inspirait des sacrifices. Ce n'étaient pas les seuls que cette âme généreuse offrait à Dieu. Déjà les exemples, les maximes de Jésus crucifié lui avaient fait comprendre la doctrine de la mortification. Elle ne quittait pas l'école à midi et ne retournait pas chez ses parents, afin de n'être pas contrainte de manger. Une précoce habileté lui enseignait les moyens de macérer son jeune corps. Elle mettait dans son lit pour le rendre dur et pénible des copeaux ou des branches d'arbre; ses reins étaient ceints de cordes rudes, comme d'un cilice. Qui lui enseignait tout cela dans un âge aussi tendre? Evidemment le Saint-Esprit seul lui inspirait et ces pensées et le courage de les mettre à exécution. La sagesse humaine condamnera peut-être ces mortifications si précoces. Sans doute, cette conduite extraordinaire, ces attraits supérieurs ne peuvent pas être la règle des âmes communes ; mais ce serait une témérité de les réprouver dans les âmes privilégiées. L'Esprit-Saint les inspire à ceux qu'il choisit pour une haute mission, afin que leurs exemples réagissent contre les tendances corruptrices de la nature humaine. C'est ce que la sagesse de ce monde ne veut pas comprendre ; mais elle approuve qu'on flatte dans un enfant la sensualité, qu'on lui accorde tout ce que demandent des appétits grossiers. C'est ainsi qu'on prépare des abaissements honteux et des dégradations lamentables. L'éducation actuelle, même dans les familles chrétiennes, se ressent trop de ces égarements du monde. Une sage austérité préparerait des âmes viriles et des corps sains.

Que dire encore de la docilité de Colette ? son obéissance ne connut jamais ni délais ni observations. Elle fut toujours respectueuse et prompte.

Une enfance ainsi sanctifiée était une admirable préparation à la sainte Communion, objet depuis longtemps des désirs ardents de l'angélique jeune fille. Ses premiers biographes ont remarqué qu'elle trouvait un charme particulier à rester auprès de sa mère les jours où celle-ci avait eu le bonheur de communier. Un parfum céleste l'attirait alors et cet avant-goût de la Communion rendait ses désirs de l'aliment divin et plus ardents et plus profonds. Enfin elle put suivre sa mère à la table sainte et manger le Pain des forts. Dès ce moment, ses progrès dans la vie surnaturelle furent bien plus rapides encore.

Dans les années de son enfance, il lui arriva un accident grave. La cognée de son père, qu'elle tenait dans les mains, lui échappa et dans sa chute lui coupa la jambe. La blessure était profonde, la partie coupée ne tenait plus que par un peu de peau. L'enfant, sans s'effrayer du sang qui coulait, lia elle-même sa jambe avec son mouchoir et, chose étonnante, elle put marcher. Un peu après ayant enlevé cet appareil si simple, elle trouva la plaie complètement guérie. Par là et par tant d'autres faveurs, Dieu préparait la thaumaturge à son grand rôle et aux opérations les plus hautes de la grâce.

Un don bien plus merveilleux lui fut encore accordé. Elle assura elle-même plus tard que dès l'âge de huit à neuf ans elle avait eu une connaissance complète de l'ordre de Saint-François et de son esprit de pauvreté et de sacrifices. C'était une première touche de la grâce qui lui indiquait sa vocation.

CHAPITRE II.

Première jeunesse de sainte Colette. — Opérations merveilleuses de la grâce en elle. — Ses conférences spirituelles.

La piété de la merveilleuse enfant ne trouvait plus un aliment suffisant dans les pratiques religieuses qu'elle accomplissait avec sa mère. Destinée à de plus grandes choses, appelée à un développement spirituel immense, Colette avait besoin d'une nourriture plus abondante. Dans la cité natale elle trouvait un moyen facile et pour elle plein de charmes, de satisfaire cet insatiable besoin de prières. Sans doute ce n'était plus comme dans les premiers siècles de l'abbaye, où des centaines de religieux divisés en plusieurs chœurs faisaient sans interruption retentir sous les voûtes sacrées les louanges du Très-Haut; cet usage, appelé le *laus perennis*, avait cessé. Mais l'office canonial, célébré avec la gravité bénédictine, occupait une grande partie de la nuit et du jour. Colette aimait à unir dans le silence de la nuit sa prière à ces chants solennels. Elle s'y rendait en compagnie de quelques personnes graves aussi souvent qu'elle pouvait en obtenir la permission de ses parents. Mais l'esprit du monde, beaucoup moins sévère pour ceux qui s'usent dans les plaisirs et s'épuisent dans la débauche, s'attaqua à cette ferveur qu'il ne comprenait pas. C'était disait-on, un excès dangereux pour la santé de l'enfant; ses parents étaient coupables de lui permettre ces veillées fréquentes. Robert Boellet fut contrarié de ces critiques, et, pour les faire cesser, il voulut en retrancher le motif. Son enfant eut défense de quitter le soir la maison paternelle et, afin de prévenir toute infraction, il la fit coucher dans une chambre haute d'où elle ne pouvait sortir sans traverser l'appartement où il reposait lui-même.

Un voisin nommé Adam Mannier avait déjà, par ses complaisances, favorisé la ferveur naissante de la jeune Colette. Il lui avait fourni de petites cordes pour son cilice. L'enfant désolée se plaignit à lui de sa privation. Cet homme simple mais intelligent dans les choses de Dieu, reconnaissant l'action de l'Esprit-Saint dans cette âme, lui offrit son secours pour échapper à cette espèce d'emprisonnement et l'engagea fortement à profiter de son offre sans crainte d'offenser Dieu. Elle consentit. Le soir il lui fit parvenir une corde par laquelle il la sortit de sa cellule, puis lui présenta ses épaules, ses bras comme un solide escalier sur lequel elle pouvait se reposer, et ensemble ils allèrent s'unir à la prière publique. Cette conduite étrange était si évidemment inspirée par un esprit supérieur que quand Robert Boellet s'en aperçut, loin d se fâcher, il l'approuva et se fit naturellement le défenseur de sa fille. En effet, Adam Mannier lui fit comprendre qu'il n'était pas sage de s'opposer aux inspirations de l'Esprit-Saint, qui certainement guidait cette enfant extraordinaire. Désormais Colette fut libre de suivre son attrait. Quand les mondains critiquaient encore la conduite de sa fille, Boellet répondait fermement : Colette est si sage qu'elle ne fera assurément jamais rien qui soit digne de blâme. Entrant complétement dans ses goûts surnaturels, il lui fit dans sa maison un petit oratoire particulier. Que de pures et ferventes prières s'élevèrent au ciel de ce lieu béni !

Cependant, si l'esprit et le cœur de Colette grandissaient, son corps demeurait petit. Il semblait usé par l'hôte qui l'habitait et épuisé par les élans surnaturels de l'âme. La famille et les amis remarquaient avec peine cet arrêt du développement naturel de l'enfant. Ils en exprimèrent tout haut leurs regrets et leurs sentiments de compassion pour les vieillards qui ne pouvaient recevoir de leur fille les secours dont ils commençaient à avoir besoin. Ceux-ci bien que ravis des merveilles de grâce qu'ils contemplaient dans leur enfant, ne purent cependant se défendre d'un sentiment de tristesse ; l'amour filial de Colette comprit l'affliction paternelle.

Elle obtint de faire un court pèlerinage au sanctuaire vénéré de quelques saints, dit Pierre de Vaux, peut-être à Notre-Dame de Brebières,

à la bourgade d'Ancre, aujourd'hui Albert. Là, elle épanche son cœur, s'adresse à la Consolatrice des affligés, à son divin Fils, « humble-
« ment et dévotement lui dit : Hélas, sire, vous
« plaît-il que je demeure ainsi petite ? Et incon-
« tinent l'oraison terminée elle trouva qu'elle
« était *accrue* et qu'elle était plus grande au
« retourner qu'elle n'avait été au venir (1). »
Dès lors, dit très bien un historien moderne (2):
« Tout fut grand en elle, la personne, la stature,
« le génie, les sentiments, les inclinations, les
« desseins, les entreprises, et, ce qui est plus
« important encore, la piété et l'oraison y pri-
« rent un tel accroissement qu'elles l'ont élevée
« à la fin à la plus haute sainteté. »

Ce changement merveilleux ne fut pas remarqué d'elle seule. Il consola et réjouit ses parents, excita l'étonnement de toute la cité et mérita à la jeune personne un respect qui n'eût jamais dû se démentir; mais, hélas ! les hommes oublient si vite les plus grandes choses, les œuvres divines surtout !

Un jeune libertin ne partagea point le respect universel. Il eut à s'en repentir. Dominé par des pensées toutes charnelles et ne pouvant rencontrer Colette sur les places publiques, il forma le coupable projet de l'aborder à l'église. Pendant que, plongée dans une dévote oraison, elle se baignait dans l'océan de la pureté divine,

(1) Pierre de Vaux.
(2) L'abbé de Saint-Laurent.

ce jeune homme roulait dans son cœur des sentiments tout contraires. S'avançant auprès de la pieuse servante de Dieu, il lui adresse quelques propos inconvenants, dans lesquels, sans doute, il avait cru, comme les hommes dominés par ces instincts, mêler un compliment très flatteur. Seules, les jeunes personnes qui ont le cœur déjà malade, peuvent se complaire dans ces paroles impures, fussent-elles pleines de louanges. Colette, passant tout à coup de la vue de la lumière divine à celle des ténèbres impures, de la contemplation de la pureté céleste à l'aspect rebutant des ignominies du vice, sentit dans son cœur un immense dégoût et une profonde horreur. Avec un accent inexprimabe elle répondit : « Que le Seigneur vous fasse la grâce « de comprendre ce que vous dites. » Cette parole porta le trouble dans le cœur du jeune libertin. C'était aussi une prière ; elle fut exaucée aussitôt. Le coupable veut sortir du lieu saint ; il ne trouve plus la porte. Il est obligé de venir se prosterner auprès de Colette pour demander pardon à Dieu et à sa servante. Ce pardon lui fut accordé immédiatement. Mais le cœur de sainte Colette fut longtemps rempli d'une amertume profonde, d'une crainte bien vive. Elle aperçut en soi, pour les autres et pour elle-même, des dangers jusque-là ignorés. Triomphant de ce sentiment de vanité dont une piété isncère d'ailleurs ne délivre pas toujours des âmes ordinaires, elle eut recours à la prière et comme sainte Agnès, elle dit (1) : « Périssent « des charmes, un corps, qui peuvent être aimés « par ceux que je ne veux pas ». Sa chaste et humble prière fut exaucée immédiatement. Les couleurs vermeilles s'éteignirent sur son visage. Elle eut dès lors un teint pâle et uniforme. Il lui resta une beauté sévère produite par la pureté des formes et la proportion harmonieuse des parties ; son port noble et majestueux, son air grave et doux relevait encore ces qualités naturelles ; aussi, elle captivait les âmes, inspirait le respect et commandait la réserve.

Enfant, elle avait exercé une attraction irrésistible sur ses jeunes compagnes. Adulte, favorisée de plusieurs grâces merveilleuses, elle produisit une impression plus vive sur les personnes qui eurent le bonheur de la connaître. Son cœur était comme un foyer embrasé qui rayonne et échauffe tout ce qui s'en approche. Le feu de sa charité ranimait dans les âmes la vertu défaillante. Sans art, sous le souffle de l'Esprit-Saint qui l'animait, elle trouvait le mot, la pensée qui convenait à chacun. Elle parlait de l'abondance du cœur. Ses paroles étaient assaisonnées de tant de bonté, de prévenances, que les jeunes personnes recherchaient sa société, ses entretiens sérieux, plus que les vains amusements ou les conversations frivoles. « Elle les « entretenait de Dieu et de ses perfections, de « la très profonde humilité de notre Sauveur

(1) *Office de sainte Agnès*, bréviaire romain.

« Jésus, de sa très angoisseuse mort et pas-
« sion, de l'obligation de le servir diligemment
« et dévotement,... de se garder de l'offenser
« mortellement (1). » L'effet de ses entretiens
fut très grand. Les femmes même les plus
avancées en âge, voulurent recevoir les leçons
de sagesse de celle qui n'était auprès d'elles
qu'une enfant. Beaucoup se convertirent ; plusieurs, libres encore, renoncèrent au monde ; celles qui étaient engagées dans un état de vie, le réglèrent selon les préceptes de l'Evangile. C'est ainsi que Colette préludait à sa haute mission. Elle s'annonçait comme l'abeille industrieuse destinée à former au Sauveur des ruches fécondes ou comme la colombe parfumée qui attire les autres à sa demeure. D'après certains historiens modernes, sainte Colette aurait été troublée dans cette œuvre et même obligée de comparaître devant l'évêque d'Amiens. Nous croyons que c'est une invention de l'abbé de saint Laurent suivi par le P. Sellier. Rien dans les premières chroniques, rien dans le P. Sylvère ne vient à l'appui de ce récit. Ce que Pierre de Vaux raconte des persécutions de certains ecclésiastiques contre sainte Colette a évidemment trait à une autre époque de sa vie, alors que déjà elle avait commencé sa réforme et ses fondations.

---

(1) Pierre de Vaux.

CHAPITRE III.

Mort des parents de sainte Colette. — Premières délibérations sur sa vocation.

Au milieu des exercices d'une parfaite piété et d'une charité inaltérable, une douleur bien vive avait atteint le cœur de Colette et l'avait invitée à redoubler ses prières. Sa vénérable mère s'était éteinte doucement dans la paix du Seigneur. La foi ne mit point la jeune servante de Dieu à l'abri de toutes les douleurs de cette séparation. Elle chercha sa consolation dans des prières ferventes pour cette âme qui lui était si chère. Quelques années plus tard, à Noël 1399 la plaie de son cœur se rouvrit plus profonde. Elle vit mourir son père. Robert Boellet eut l'honneur de recevoir, dans sa dernière maladie, la visite de l'abbé de Corbie. La célèbre abbaye était gouvernée depuis 1491 par D. Raoul de Roye. C'était un grand personnage non seulement par sa dignité abbatiale qui le faisait l'égal des plus puissants seigneurs, mais par son origine. Il était de la grande famille de Roye qui alors jouait un rôle très important. Un de ses frères, Guy de Roye ne possédait pas moins que trois archevêchés : Reims, Sens et Tours. Un autre Regnault de Roye était un guer-

PREMIÈRES DÉLIBÉRATIONS SUR SA VOCATION 61

rier célèbre, en 1490 il soutint lui, deuxième, une lutte mémorable contre deux Anglais entre Calais et Boulogne, et le soir les champions, après avoir, admirateurs mutuels de leur valeur, offert leur armure à N.-D. de Boulogne, soupaient joyeusement ensemble.

Ces grands personnages n'étaient pas si hautains que certains historiens le prétendent. Raoul de Roye visita avec une tendresse paternelle le maître charpentier de l'abbaye. Celui-ci en profita pour lui recommander sa fille. Désolé de laisser sa chère enfant si jeune encore, seule et isolée dans le monde, il demanda au R. P. abbé de vouloir bien être le tuteur de sa fille ; ce qui lui fut accordé en récompense de ses bons et loyaux services. Tranquillisé par cette promesse, il s'endormit paisiblement dans le Seigneur.

La première faveur que la jeune pupille sollicita de son tuteur fut la permission de se dépouiller de tout ce que ses parents lui avaient laissé. Elle n'obtint point immédiatement l'autorisation de faire un tel sacrifice.

Vers le même temps le Père céleste avait procuré à sa fille un appui plus fort, un guide plus sûr que celui qu'avait choisi la sollicitude de Robert Boellet. Les Célestins fondés en 1254 par Pierre de Mouron, depuis pape sous le nom de Célestin V, formèrent en 1392 leur premier établissement à Amiens. Ce fut le P. Bassand ou Bassadan qui fut chargé de cette fondation. Il était originaire de Besançon. La Providence en le plaçant sur la voie de sainte Colette, préparait sans doute déjà l'œuvre qui devait être accomplie dans la capitale de la Franche-Comté. Homme d'une haute spiritualité, très instruit des voies de Dieu, il avait toutes les qualités nécessaires pour être le directeur de cette âme d'élite. Elle le connut avant la mort de son père et dès lors elle se conduisit d'après ses conseils. Le P. Sylvère a lu dans un manuscrit des Célestins, qu'à son inspiration elle fit vœu de chasteté perpétuelle.

N'étant plus retenue par ce qu'elle devait à ses parents, elle se fixa quelque temps à Amiens pour communiquer plus facilement avec ce sage directeur. Ces deux âmes se comprirent si bien qu'elles demeurèrent toujours en communication. Quand le P. Bassand mourut, deux ans avant sainte Colette, elle eut révélation de sa mort et des magnifiques funérailles par lesquelles les habitants d'Aquila honoraient sa sainteté bien connue. Oh! que les affections surnaturelles formées dans le cœur de Jésus sont bien plus stables que les funestes amitiés du monde! Combien les mondains ont tort d'accuser les Saints de ne pas aimer! Ceux-ci ne s'attachent pas au corps qui doit mourir, mais à l'âme qui est immortelle.

Sous un si habile maître, la jeune vierge fit de rapides progrès. Elle mit plus d'ordre et de mesure dans tous ses exercices et guidée par de sages avis elle avança rapidement dans l'union avec Dieu. La grande question qu'elle traita surtout avec cet habile directeur, fut celle de sa vocation. Après de longues prières et de mûres réflexions, ils reconnurent sans hésitation que Colette était appelée à la vie religieuse. Mais dans quel Ordre devait-elle entrer ? Ils restèrent dans l'obscurité sur ce point, et la question fut laissée indécise. Ici vont commencer pour notre Sainte des épreuves douloureuses qui iront toujours croissant. Elles ne cesseront quelques instants que pour la ressaisir avec plus de violence. C'est ce qui peut nous faire comprendre la perfection à laquelle elle était déjà élevée. Dieu ne soumet à ces assauts que les grandes âmes déjà affermies et capables de s'immoler pour le salut de leurs frères.

Sainte Colette était appelée à la vie religieuse. Elle le sentait elle-même et d'ailleurs une parole pleine d'autorité le lui avait dit. Mais son tuteur avait d'autres pensées. Pendant qu'elle était à Amiens, il lui avait trouvé un parti convenable. Il la presse de l'accepter ; elle refuse constamment. Plusieurs jeunes gens des premières familles de Corbie sont successivement proposés et écartés. Enfin, sans se départir du respect qu'elle avait pour l'abbé de Corbie, elle lui parla avec tant de force, lui exprima des sentiments si élevés qu'il dut reconnaître en elle une de ces âmes privilégiées dont parle Jésus-Christ, qui, par un don spécial de Dieu, ont compris la mystérieuse beauté de la vie angélique sur la terre. Apprenant qu'elle était unie déjà à l'Epoux céleste par un engagement sacré, il dut renoncer pour elle à tout projet d'union humaine. C'est alors qu'il accéda à ses désirs de se dépouiller de tout l'héritage paternel. Dans la distribution de ses biens, elle se sentit plus heureuse que les indigents qui les reçurent de ses mains.

Mais que fera cette jeune orpheline, pauvre volontaire? Elle ne voit aucune communauté religieuse qui s'approche de l'idéal qu'elle a entrevu et qui puisse rassasier son grand cœur d'humilité, de pauvreté et de sacrifices. En attendant les lumières d'en-Haut, elle se réfugie chez le Béguines.

Ces religieuses dont quelques-uns font remonter l'origine et le nom jusqu'à Begga, fille de Pépin de Landen au VIIe siècle, les autres à Lambert Begg, prêtre de Liège, qui les aurait établies en 1172, s'étaient multipliées beaucoup en Belgique, en Picardie, et dans la Lorraine. Elles ont encore plusieurs maisons florissantes en Belgique. La plus considérable est à Gand, auprès du couvent des Clarisses.

Soumises dans une certaine mesure à une supérieure après le noviciat, ces femmes retirées du monde vivent ordinairement en particulier où quelques-unes ensemble dans des maisons contiguës. Mais ces maisons sont renfermées dans une enceinte qu'il ne leur est pas permis de franchir sans la permission de la supérieure.

Quelques-unes tombées dans des erreurs graves, méritèrent les sévérités de Clément V au commencement du XIV° siècle ; mais son successeur Jean XXII encouragea les communautés fidèles. Il en existait une à Corbie dans la rue de la Boulangerie près du Pont-Neuf. Longtemps après la suppression de cet établissement une ruelle qui y aboutissait en portait encore le nom (1). C'est là que la jeune Colette chercha un refuge, trouvant dans la règle la liberté de suivre son attrait vers une haute perfection. Elle y mérita l'éloge suivant que, 70 ans plus tard, quatre vieillards qui l'avaient connue lui décernèrent dans leur déposition juridique.
« Désirant (Colette) mener une vie plus parfaite
« pour éviter les dangers du monde et se mettre
« à l'abri de sa corruption, craignant d'y con-
« tracter quelque souillure, elle se transporta à
« la maison des Béguines où menant une vie et
« une conduite édifiantes, fréquentant les églises,
« visitant les lieux de piété, entendant tous les
« jours autant de messes qu'elle pouvait et
« assistant aux services divins, elle demeura
« l'espace d'un an. Durant ce temps plusieurs
« bourgeois et autres personnes dévotes frappés
« de la réputation que lui attiraient ses rares
« vertus, examinaient soigneusement la sain-
« teté de sa conduite. » Colette n'était point satisfaite cependant. Elle ne trouvait pas le repos de son âme. Elle n'avait pas assez de sa-

(1) V. les *Mémoires* de Dom Grenier.

crifces à faire, pas assez de dénuement, pas assez d'humiliations. Le Seigneur lui fit comprendre que ce n'était point là qu'il la voulait, et après un an d'essai elle se retira. Ce fut pour entrer dans un couvent de Bénédictines. Elle y était déjà admise, dit sœur Perrine, lorsque, priant devant un autel où était une image de saint François, elle vit clairement que le Saint lui faisait signe de s'en aller. Elle obéit à cet avertissement céleste et se retira. Sœur Perrine ne désigne pas expressément la communauté dont il s'agit ; il est probable que c'était celle des Bénédictines qui gouvernaient alors l'hospice de Corbie.

Nous l'avons vu, dès l'âge de huit ans elle avait été instruite surnaturellement de tout ce qui concerne l'ordre de Saint-François. C'était une première et évidente indication de sa vocation. Aussi ses pensées, ses aspirations se tournaient naturellement vers cet ordre héroïque. Ayant appris qu'il y avait à Pont-Sainte-Maxence un couvent de Clarisses, elle alla s'offrir pour les servir ; car son humilité ne lui permettait pas d'aspirer à quelque chose de plus élevé. Mais ces Clarisses étaient des Urbanistes ; il n'en existait plus d'autres alors. On les appelait ainsi parce qu'elles avaient adopté les adoucissements à la règle permis par le pape Urbain IV. Ces mitigations portaient principalement sur le droit de propriété. Elles n'auraient pas empêché les âmes de s'élever à une haute vertu, mais une institution qui dévie de son esprit primitif se met sur le penchant de sa ruine. Une concession en entraîne une autre et bientôt des vertus primitives il ne reste presque plus que le souvenir. C'est ainsi que les Urbanistes avaient promptement dégénéré et perdu l'esprit séraphique. Colette ne tarda pas à s'en apercevoir. Elle voulait n'être que la servante des pauvres Clarisses, mais elle voulait les suivre généreusement dans la pratique de toutes les vertus. La croix dans toute sa rigueur et son austérité pouvait seule satisfaire son noble cœur. Déçue de ce côté, elle revint triste et désolée.

Pauvre colombe errante, où trouvera-t-elle un asile ? Sur cette terre couverte de la vase des péchés des hommes elle ne sait où poser le pied. Quelle sera l'arche de salut qui la recueillera dans ses flancs ? Le monde ne l'épargnait pas. Inconstance, légèreté, singularité, esprit inquiet, humeur chagrine, tout lui était imputé. Ces mépris l'eussent consolée si elle avait pu l'être, car déjà elle pouvait dire comme saint Paul: « En « Jésus-Christ le monde est pour moi crucifié « et je suis crucifié pour le monde (1). » Mais l'obscurité spirituelle dans laquelle elle marchait, les ténèbres qui l'enveloppaient de toutes parts, le malaise profond qu'elle ressentait, des désirs immenses toujours trompés, devenaient pour elle des douleurs poignantes. Au milieu de ses ennuis et de sa détresse, le Ciel semblait

---

(1) Galat., vi, 14,

sourd à sa prière. Les douceurs de la piété avaient fui et plus de directeur pour la guider, la raffermir, la consoler. Le P. Bassand était depuis longtemps parti en Italie. Les prêtres qu'elle pouvait rencontrer comprenaient à peine une âme aussi élevée et, par leurs sentiments trop humains, l'arrêtaient dans ses élans vers la perfection. D'ailleurs, nul ne pouvait lui donner ce qui n'existait plus sur la terre, une maison où régnât dans toute sa vivacité l'esprit de saint François et de sainte Claire.

Voilà de grandes épreuves. La plus pénible et la plus dangereuse fut la tentation du découragement. Qui ne se fût laissé abattre par tant d'essais inutiles ? La jeune vierge porta courageusement ce lourd fardeau. Elle n'était qu'au commencement de ces sept années de tentatives infructueuses, d'attraits déçus, de dégoûts amers, d'entreprises avortées, qui la préparaient à sa grande mission. Elle souffrit, mais ne se laissa point abattre, et, comme dit le Psalmiste (1), « elle attendit le Seigneur ; elle agit virilement; « elle réconforta son cœur et supporta les délais « de la Providence. » C'est ainsi que Dieu commençait à tremper dans l'amertume cette âme qui devait être si forte.

Mais si Dieu se cache quelquefois, il est toujours très près de nous pour nous soutenir. Il se montre quand tout paraît perdu, pourvu qu'on mérite par une confiance inébranlable ces nou-

(1) Ps. xxxiv, 14.

velles manifestations de sa miséricorde. Après ces premières épreuves, au jour marqué, le Seigneur envoya à sa servante une grande lumière, un vrai fils de saint François qui devait lui donner un moment de repos et de paix. Sous la direction de ce nouveau guide, elle trouvera bientôt dans le désert qu'elle parcourt, une oasis où elle goûtera pendant quelque temps un rafraîchissement céleste et réparera ses forces pour de nouvelles angoisses et de nouveaux combats.

CHAPITRE IV

Sainte Colette entre en réclusion.

Il y avait deux siècles que saint François d'Assise avait relevé l'étendard dédaigné de la pauvreté. Plein de ce feu que Jésus-Christ a apporté à la terre, il avait entraîné à sa suite d'innombrables phalanges d'âmes héroïques et les avait élevées avec lui jusqu'aux sommets de la perfection. Bientôt cependant il y eut jusque parmi ses premiers disciples quelque défaillance, et après sa mort il s'opéra une première scission entre les observateurs exacts de la règle et les partisans d'un adoucissement. Saint Bonaventure rétablit plus tard l'unité et assura pour un temps le triomphe de la pauvreté absolue. Mais après le grand docteur, l'infirmité humaine succomba presque partout et abandonna les voies sublimes tracées par le patriarche d'Assise. L'esprit séraphique ne se conserva que dans quelques âmes d'élite qui gémissaient de la défaillance universelle et travaillaient à préserver leurs frères des conséquences les plus fâcheuses que pouvait produire l'abandon partiel de la règle primitive. Un de ces hommes vénérables fut le R. P. Pinet gardien du couvent d'Hesdin et custode de Picardie. Cette province, en mettant à sa tête un véritable zélateur de la règle, s'honorait et prouvait que malgré le relâchement, les Frères Mineurs pratiquaient encore des vertus solides. Pour le P. Pinet, ne pouvant pas faire triompher complètement la règle dans ses frères appuyés sur les dispenses obtenues, ou des coutumes abusives, il la pratiquait personnellement dans toute sa rigueur. Ses exhortations, ses exemples, sa sollicitude active prévenaient des abus plus graves et conservaient sous la cendre les restes du feu sacré.

Dans l'accomplissement des devoirs de sa charge, la Providence le conduisit à Corbie. Il y vit sainte Colette et bientôt il reconnut en elle une véritable fille de saint François, qui comme lui souffrait de ne pas trouver de maisons où régnât complétement l'esprit de sacrifice. Ces deux âmes se comprirent promptement. L'une fut heureuse de trouver un messager divin, un guide envoyé par la Providence ; l'autre, consolé de rencontrer un cœur généreux qu'il fallait diriger dans les voies de la sainteté héroïque à laquelle Dieu l'appelait évidemment.

Le P. Pinet ne savait que trop qu'il n'existait pas alors de couvent de Clarisses capable de satisfaire les insatiables désirs de perfection qui tourmentaient le cœur de Colette. Cette persuasion régla sa conduite envers elle. Sans lui faire connaître d'abord toute sa pensée, pour apporter aux décisions à prendre toute la maturité convenable, il lui donna quelques conseils, l'encouragea, lui enjoignit des prières spéciales afin d'obtenir la manifestation de la volonté divine. L'ayant ainsi consolée et fortifiée, il calma ses inquiétudes pour l'avenir par la promesse d'un prompt retour.

Il connaissait trop le prix de la perfection d'une âme, pour ne pas revenir bientôt. Il eût négligé, s'il l'eût fallu, quelques âmes vulgaires afin de cultiver avec soin celle qui était déjà élevée si haut et se préparait à des ascensions plus sublimes. Trouvant toujours Colette dans les mêmes dispositions et fidèle aux conseils qu'il lui avait donnés, il lui fit connaître les lumières dont le Seigneur avait eu la bonté de l'éclairer lui-même. Elle ne pouvait trouver dans aucune maison religieuse l'héroïque abnégation qu'elle voulait embrasser ; il ne restait plus qu'un parti à prendre, c'était de vivre seule.

Alors il n'était pas rare de rencontrer dans le monde chrétien des solitaires au milieu des villes les plus tumultueuses. Leur vie était plus pénible que celle des habitants des déserts qui avaient, en compensation de leur isolement, l'immensité du ciel, l'air pur, la splendeur des nuits et le spectacle de la nature. Ces captifs de Jésus-Christ, renfermés dans d'étroites cellules, s'interdisaient souvent toute communication avec les hommes, n'avaient nulle consolation naturelle. On les appelle reclus, recluses (1). Ce nom réveille dans les esprits superficiels de ce siècle comme une pensée de mépris. Sans doute, une hypocrite vanité, spéculant sur la vénération qui entourait ces victimes volontaires, a plus d'une fois trompé les hommes. L'histoire de sainte Colette en offre un exemple que nous verrons en son lieu, mais pour un esprit sérieux et élevé, cette vie d'immolation et d'adoration continuelle sera toujours l'objet d'un profond respect et d'une sincère admiration.

Voilà la vie que le P. Pinet osa proposer à la

(1) Les premiers biographes de sainte Colette appellent son habitation *reclusaige*; plus tard, on a dit *recluserie*. Nous emploierons le mot *reclusion* qui semble plus conforme au caractère actuel de la langue. Il est vrai qu'il a un autre sens que nul lecteur ne lui attribuera ici ; le mot ancien avait aussi le même inconvénient. Les dictionnaires modernes nous autorisent à parler ainsi.

jeune Colette avec la règle du tiers-ordre de St-François. Ce fut comme une révélation pour elle. Ces inspirations, ces avertissements mystérieux reçus dans son enfance, ces lumières extraordinaires sur l'ordre séraphique, ces attraits de sa jeunesse, ces tentatives avortées, ces déceptions, tout s'expliquait. A la vue des sacrifices à consommer, son cœur se dilata et et surabonda d'une joie qu'il n'avait pas goûtée depuis longtemps. Elle fut sans doute dès lors admise au noviciat du tiers-ordre.

Cependant l'entrée en réclusion rencontrait une difficulté. L'abbé de Corbie était tout à la fois le tuteur de sainte Colette et son seigneur temporel. Il y avait auprès d'une des églises paroissiales de Corbie un petit recoin qu'elle trouvait très convenable pour s'y cacher comme un passereau solitaire. C'était l'angle formé du côté de l'épître par l'abside et le transept de l'église, primitivement Notre-Dame de Corbie, plus tard appelée Saint-Etienne (1). Ce sanctuaire, l'un des trois premiers de l'abbaye, était devenu une église paroissiale. Il avait été doté en 1107 de quarante chapellenies. L'insuf-

(1) Voir aux notes un plan des lieux et les preuves de ce qui est ici affirmé. Cette église, profanée à la Révolution, a été convertie en chapelle de Sainte-Colette, à l'usage d'un orphelinat, le 22 septembre 1867. L'autel a été consacré par Mgr Boudinet, évêque d'Amiens. Monseigneur Valerga, patriarche de Jérusalem, y a célébré pontificalement tous les offices. On voit dans cette chapelle, à l'endroit même que sainte Colette a sanctifié, une image de la Sainte et un simulacre de sa réclusion.

fisance des revenus les avait avait fait réduire à vingt en 1248. Il s'y célébrait donc encore un grand nombre de messes et c'est un des motifs qui attiraient Colette. Mais pour bâtir en ce lieu sa modeste habitation, il fallait le consentement de son tuteur et du seigneur temporel. Celui-ci ne paraissait pas disposé à l'accorder. La première proposition ne fut pas accueillie favorablement. Il était bien juste d'éprouver une résolution si hardie et d'imposer à une jeune personne une mûre délibération avant de la laisser s'engager dans une vie toute d'immolation et de sacrifices. Elle ne se rebuta pas et revint plusieurs fois à la charge ; mais toujours en vain. Le temps s'écoulait, les ennuis augmentaient. Elle résolut de tenter un suprême et dernier effort. Une fête de l'abbaye lui en fournit l'occasion.

Le R. P. Raoul avait réuni à sa table un certain nombre d'amis, seigneurs, vassaux, dignitaires ecclésiastiques. Surmontant sa timidité naturelle, la jeune fille du charpentier de Corbie se présente au milieu de cette noble assemblée, se prosterne aux pieds de l'abbé, le prie, le conjure, demande l'appui des convives, répond par les maximes évangéliques et l'exemple de Notre-Seigneur Jésus-Christ à toutes les objections qu'on veut lui faire. Enfin, par ses larmes, par l'invocation de la passion et du sang de notre Sauveur, elle arrache le consentement de l'abbé. Libre de s'immoler, elle était plus heureuse en sortant que les convives assis à la table du festin (1).

Déjà pauvre volontaire elle dut solliciter et obtint promptement le secours de la charité chrétienne pour préparer son ermitage. Damoiselle Guillemette Gameline veuve de Jean Le Sénéchal, prévôt de Corbie, y contribua largement. Le R. P. abbé lui-même mérita cet éloge de sœur Perrine : « Il fit, dit elle, un « petit lieu de retraite le plus consolatif qu'il « pût pour celle qui désirait se renfermer ».

Or cette habitation était ainsi disposée. De son oratoire, par une petite ouverture fermée de barreaux de fer en croix, la recluse pouvait voir l'autel où résidait le Saint-Sacrement. En levant de bas en haut une trappe mobile dans ses coulisses, elle fermait la partie supérieure et pouvait recevoir en dessous la sainte Communion. Cette petite croisée avec ses barreaux et sa trappe est conservée au monastère des Colettines de Bruges. A côté de son oratoire était un petit appartement pour son repos et ses repas. De là elle pouvait entendre à travers une grille les personnes qui avaient besoin de lui parler et qui étaient reçues dans un étroit vestibule. Au-dessous et s'enfonçant jusqu'à six pieds plus bas que le niveau de l'église, une autre pièce humide lui servait de décharge et de dépôt pour les objets indispensables à son usage.

Le temple et l'autel du sacrifice étaient prêts.

(1) Voir note II la permission de l'abbé de Corbie.

La victime appelait de toute l'ardeur de son âme le moment de commencer son immolation ; il arriva enfin. Plusieurs circonstances indiquent que ce fut très probablement le 17 septembre fête des Stigmates de St. François d'Assise (1). La cérémonie de l'introduction de la recluse dans son étroite demeure attira un concours considérable. Elle fut présidée par le R. P. Raoul et le P. Pinet prêcha. Toute la communauté des Bénédictins était présente. L'abbé avait voulu ainsi honorer sa pupille et donner plus de solennité à ce grand acte, peu fréquent, même dans ces siècles de foi. D'ailleurs, quel spectacle plus édifiant que celui-là et plus propre à encourager des religieux dans la pratique des conseils évangéliques ? La parole humaine était presque inutile. La vue de Colette était le discours le plus saisissant sur la vanité du monde, la nécessité de la mortification et de l'abnégation ; c'était le plus puissant encouragement à l'amour de Dieu et à la vertu. L'assistance, émue jusqu'aux larmes, ne pouvait se rassasier de contempler cette jeune personne, qui, dans la fleur de l'âge (elle avait 21 ans et huit mois), se séquestrait volontairement du monde et se condamnait à une prison perpétuelle. Ni le miracle accordé à son amour de la pureté, ni ses austérités n'avaient détruit complètement les charmes de la nature. Ses traits habituellement pâles étaient animés par une

(1) Voir note III.

ardeur incompréhensible. Ses yeux, modestement baissés, laissaient comme échapper des flammes à travers quelques larmes de bonheur. Sa voix fut vibrante, forte et assurée dans sa modestie, quand elle répondit aux questions de l'abbé et prononça ses engagements éternels. Après la messe, elle fut conduite au lieu de son repos. Sa marche était vive, presque impatiente. S'il lui avait été permis, elle eût devancé les autres comme son divin Maître allant à Jérusalem pour y souffrir, heureuse aussi d'échapper plus tôt à cette nombreuse assistance, à ces regards également pénibles à son humilité et à sa modestie. Son port, sa démarche étaient majestueux et imposants. L'humilité intérieure ne pouvait lui enlever l'air de distinction, de noblesse, que lui avait donné la nature. Avec une allégresse inexprimable elle mit le pied dans l'étroite demeure dont elle ne devait plus sortir. Elle entendit avec bonheur la porte se fermer sur ses pas ; le bruit des clefs fut pour elle comme une douce harmonie, tandis qu'il portait le frisson dans l'âme des spectateurs. Enfin on apposa sur la porte le sceau de l'abbé de Corbie. La foule se retira partagée entre l'admiration et la crainte. Des chrétiens, d'ailleurs fervents, se sentaient atterrés par le sacrifice de Colette et ne savaient que penser. Mesurant son courage d'après leur faiblesse personnelle, ils redoutaient pour elle l'ennui, le dégoût, le découragement, enfin un échec humiliant.

Le Seigneur ne se laissa pas vaincre en générosité. La jeune Corbéïenne goûta bientôt les charmes surnaturels du sacrifice. Restée seule, elle sentit son âme inondée d'une joie céleste. Ses désirs sont enfin accomplis. Son vol vers Dieu ne sera plus arrêté par aucun lien naturel. Sa vie tout entière se passera dans les douceurs de la contemplation et les austères délices de la mortification. Quel bonheur! Elle s'immolera dans le secret de sa solitude pour la gloire de Dieu et le salut de ses frères. Toute la suite de son histoire nous la montre en effet comme une hostie volontaire; c'est là sa gloire, la gloire qui rejaillit du Calvaire sur cette victime associée par Jésus-Christ à son sacrifice. Maintenant fidèle à l'esprit de sa vocation, elle ne croit pas pouvoir mieux atteindre son but que par sa vie de recluse, et, dans la joie de posséder enfin ce qu'elle a si longtemps désiré, elle s'écrie : C'est ici le lieu de mon repos et j'y demeurerai parce que je l'ai choisi. Dans les sentiments de la reconnaissance et d'une profonde adoration, elle baisa le sol de sa demeure ; elle bénit le Dieu qui daignait lui accorder un asile auprès de son sanctuaire, lui promit d'être une lampe vivante toujours allumée et de se consumer pour lui seul.

CHAPITRE V.

Sainte Colette dans sa réclusion.

Voici comment ses premiers biographes nous la représentent dans sa cellule :

« Elle livrait son corps à dure et austère vie
« et continuelle pénitence, couchant sur des
« asselles (sarments); sous son chef une pièce de
« bois, et autour de son corps elle avait ceint
« un très rude cercle de fer qui l'étraindait si
« fort qu'il entrait dans sa digne chair si avant
« qu'elle croissait par dessus. Elle avait encore
« deux grosses chaînes de fer, lesquelles elle
« croisait par devant sa poitrine, qui moult
« blessaient son innocente chair; sans les au-
« tres pénitences comme jeûnes, veilles et orai-
« sons qu'elle faisait continuellement. »

La nature frémit à ce tableau et non seulement les mondains, mais de vrais chrétiens diront peut-être : c'était un excès déraisonnable ; pourquoi toutes ces rigueurs et ces supplices ? C'est une espèce de suicide ; Dieu est-il honoré par toutes les tortures de sa créature ?

Colette ne s'est pas tuée par cette austérité qui a duré toute sa vie. Elle a atteint un âge auquel beaucoup, non seulement d'hommes sensuels, mais de modérés, de sages, n'arrivent pas. Réservez toutes vos censures pour ceux qui creusent leur tombe par les excès et les plaisirs, ce sera toujours le plus grand nombre. Les âmes généreuses, passionnées pour la mortification, seront toujours trop peu nombreuses pour relever par leurs exemples les hommes de leurs abaissements.

Mais cette vie austère et si douloureuse est-elle donc déraisonnable ? L'homme est composé de deux substances, l'esprit et la chair. Quelle que soit la beauté de son organisme matériel, il tire toute sa grandeur de l'esprit qui habite, qui vivifie, qui doit régir le corps. Dans l'état présent, il y a lutte entre ces deux éléments. C'est un fait d'expérience quotidienne. « La chair a « des concupiscences contraires à l'esprit et l'esprit des aspirations contraires à la chair (1). » Que la chair l'emporte, voilà une intelligence dégradée et mise au service des inclinations les plus basses. On verra alors des ignominies, des turpitudes inconnues à la brute elle-même. L'homme s'animalise complètement; l'esprit est abaissé ; c'est une dégradation lamentable. Quand l'esprit domine, il travaille à se dégager peu à peu des appesantissements de la chair et à réprimer ses révoltes flatteuses. Il ménage les transitions qui pourraient devenir funestes à l'être tout entier. Mais, par un progrès lent et continu, il tend à réduire la matière à sa plus simple expression. L'esprit dégagé, plus libre,

(1) Galat., v. 17.

plane au-dessus du monde et agit avec une noble indépendance. Son empire, s'exerçant plus librement, transforme le corps lui-même et le spiritualise. Celui-ci, devenu docile à l'âme, participe à sa grandeur, il obéit à ses moindres impulsions, et quelquefois se produisent dans les saints des phénomènes toujours miraculeux sans doute, mais qui semblent préparés par leur prodigieuse mortification. C'est ainsi que l'âme, dans ses élans, triomphe des lois de la pesanteur ou semble quelquefois rompre son union avec la matière qu'elle anime. Tantôt elle laisse le corps insensible et presque inanimé pour suivre un attrait supérieur et jouir des douceurs d'un entretien divin, ou bien elle l'emporte avec elle pour s'enivrer ensemble de l'avant-goût des délices éternelles. Ainsi parmi les hommes, les uns abrutissent l'esprit ; les autres spiritualisent la chair.

On dira peut-être : nous désirons aussi que l'âme s'élève ; mais pourquoi ces douleurs, ces tortures, ces instruments de supplices ? Hélas ! cette transformation si noble ne peut s'opérer qu'à ce prix. Ce n'est pas seulement le jeûne qui est nécessaire ; la douleur est l'aiguillon de l'esprit. La chair est comme un animal indompté qui doit être réduit et maté par la souffrance. L'âme qui comprend cette loi et qui est assez forte pour la suivre, déploie toute son énergie pour s'imposer à elle-même et à son compagnon de vie des douleurs vivifiantes. Elle puise tous

5.

les jours une vie nouvelle dans ses privations et renouvelle sa force dans ses souffrances. C'est ainsi qu'elle conquiert un empire complet dans le petit royaume où existaient naguère tant de rebelles. Par la douleur, la paix est solidement rétablie dans la nature humaine. Ainsi l'esprit libre peut se tourner tout entier vers les nouveaux horizons qui s'entr'ouvrent pour lui et, plus heureux que l'astronome et l'aéronaute, dégagé des entraves des sens, l'œil épuré et fortifié, sous le souffle de l'Esprit-Saint, il a le bonheur de pénétrer les cieux et les cieux des cieux.

Ce travail ne peut se faire sans le concours d'une grâce puissante qui ne sera accordée qu'à une âme purifiée. Or les souillures de toute nature humaine ne peuvent être enlevées que par la douleur.

On s'enthousiasme devant une œuvre d'art inanimée, devant la perfection du dessin et du coloris d'un tableau, devant le modèle parfait d'une statue, et on reste indifférent devant une âme relevée de sa déchéance, restaurée, ennoblie, transfigurée! Un artiste, tout entier à l'idée qu'il veut reproduire, s'emprisonne volontairement ; il s'isole de toute société ; on ne s'en étonne pas, et la solitude du saint révolte. Mais lui aussi est un artiste et un artiste divin. Avec un compas céleste et un pinceau trempé dans le sang de Jésus-Christ, il reproduit en lui l'image divine, les traits de la Beauté suprême.

Sainte Colette n'avait pas besoin de tous ces raisonnements pour légitimer sa conduite. Devant ses yeux étaient continuellement la science abrégée, la sagesse pratique. Dans son réduit elle avait placé la Croix; elle contemplait sans cesse ce résumé complet de la vie d'un Dieu fait homme, qui commence dans les privations et les douleurs, se continue dans les travaux et l'indigence pour finir dans les tortures et le supplice. Elle trouvait là toute la doctrine de la mortification; sang pour sang; douleurs pour douleurs. Ceux qui combattent les austérités s'attaquent à la Croix. C'est pour cela que les épicuriens de nos jours, ceux qui n'ont pas honte de vouloir réhabiliter la chair, c'est-à-dire déchaîner les passions ignominieuses de l'homme, renversent les croix et voudraient brûler l'Évangile.

L'humble Colette ne pouvait dès lors entrevoir toute la grandeur de sa mission. Mais l'Esprit-Saint qui la dirigeait, lui faisait faire tout ce qui était conforme à sa vocation, et la préparait à son insu au grand rôle qu'elle devait remplir.

Au milieu des désordres du xve siècle, des affadissements, qui sont peut-être plus funestes que les crimes, elle devait contribuer puissamment au salut de la société, y déposer un germe de vie encore vigoureux après quatre siècles : non seulement elle devait restaurer dans toute sa pureté la règle primitive de Saint-François, mais la faire rayonner puissamment dans le monde et ranimer la vie chrétienne. Elle devait être le sel de la terre, une image vivante de Jésus-Christ, un canal par où la vie divine devait être de nouveau infusée dans le monde. Pour cette sublime mission, pour représenter dignement Celui qui est la source de la vie, il fallait qu'elle pût dire avec saint Paul : « *Sem-* « *per mortificationem Jesu in corpore nostro cir-* « *cumferentes ut et vita Jesu manifestetur in cor-* « *poribus nostris.* Nous portons partout dans « notre corps la mortification de Jésus-Christ « pour que la vie de Jésus se manifeste dans « nos corps (1). » Il en a été ainsi de tous les grands saints par lesquels Dieu a agi plus puissamment sur le monde. Ils n'ont dû leur puissance, l'énergie de l'attraction qu'ils exerçaient, qu'à l'immolation continuelle d'eux-mêmes. Ils ont dominé le monde en proportion de la domination qu'ils ont exercée sur eux-mêmes.

Leur immolation était aussi une réparation. Le genre humain est une grande famille. Jésus-Christ son chef l'a racheté par la souffrance. Les membres les plus éminents de cette famille doivent concourir avec le Chef à l'œuvre de cette rédemption. C'est pourquoi saint Paul dit, et tous les saints doivent répéter avec lui : « *Adimpleo ea quæ desunt passionum Christi in* « *carne mea pro corpore ejus quod est ecclesia.* « J'accomplis dans ma chair ce qui manque à « la passion du Christ pour son corps qui est

(1) II Cor., iv, 10.

« l'Église. » Que le lecteur veuille bien ne pas oublier ces principes ; il comprendra mieux un des faits surnaturels les plus remarquables de la vie de sainte Colette qui lui sera raconté tout à l'heure. Il connaîtra le motif de cette manifestation saisissante faite à la recluse de tous les désordres du monde.

Ces réflexions étaient nécessaires pour faire comprendre l'esprit qui anima sainte Colette pendant toute sa vie. Le catholique très instruit exprimerait mieux que nous des pensées plus profondes sur ce sujet si imposant. Qu'il tolère ce que nous avons dit en faveur de ceux qui sont moins initiés à cette doctrine. L'immolation la plus complète étant le caractère persévérant de la vie de notre héroïne, il fallait essayer d'écarter de l'esprit du lecteur des difficultés qui viendraient sans cesse le troubler et peut-être enchaîner son admiration pour un héroïsme si glorieux.

Achevons maintenant d'exposer la vie de la recluse de Corbie. La plus grande partie de la nuit était employée à la récitation de l'office canonial et à d'autres oraisons. Après un repos qui ne pouvait être long sur une couche comme la sienne, elle reprenait ses méditations, sa contemplation et l'adoration de Jésus dans le sacrement de son amour. En présence du Créateur que sa miséricorde a rendu solitaire et reclus dans nos temples, sa solitude lui paraissait délicieuse. Oh ! quels élans d'amour vers le prisonnier de nos autels ! Quelles plaintes amères de le voir si peu connu, si peu aimé ! Dans le jour elle joignait à la prière le travail manuel inspiré par la charité pour les pauvres. Habituée dès son enfance aux jeûnes et aux privations, elle devint plus sévère encore pour elle-même. Deux amies dévouées, Jacquette Legrand (1) et Marie Sénéchal, s'étaient engagées à lui porter ce qui lui serait nécessaire. Elles étaient fidèles à leur promesse, mais la recluse ne consommait presque rien. D'un potage maigre et très commun, de quelques légumes grossiers et d'un petit morceau de pain, elle ne prenait qu'une très minime quantité, et ses amies se demandaient avec raison comment elle pouvait vivre avec si peu d'aliments. A une vie qui était un jeûne continuel elle trouvait encore le moyen d'ajouter des privations extraordinaires dans les temps de pénitence prescrits par l'Eglise.

Contrainte de recevoir quelques services extérieurs, elle était obligée de condescendre aux désirs des personnes charitables qui l'assistaient et qui désiraient, en échange de leurs soins, quelques bons conseils, quelques paroles embrasées comme son cœur en laissait échapper. Dans les courts instants marqués par sa règle

(1) Ce sont ces services rendus par Jacquette Legrand qui ont fait dire à quelques historiens qu'elle avait été avec Colette dans sa réclusion; c'est une erreur ou tout au moins une exagération. Elle ne faisait que lui apporter ce qui lui était nécessaire. Ayant plus tard suivi son amie, elle mourut à Vevay, en Savoie.

particulière pour ces sortes d'audiences, son petit vestibule se remplissait et elle reprenait, sans s'en apercevoir, le ministère de sa première jeunesse. Elle faisait de nouveau des conférences, et même des hommes de toute condition s'empressaient de recevoir de sa bouche persuasive la doctrine du salut. Ses avis, ses exhortations fortifiaient les justes dans la vertu, retiraient les pécheurs du vice. Elle insistait sur la nécessité d'observer les commandements de Dieu et de l'Eglise et d'obéir aux supérieurs. Mais ce qui animait surtout son zèle, c'est la sanctification des dimanches et des fêtes. Elle pressait vivement tous ceux qu'elle voyait, de travailler à procurer sur ce point la gloire de Dieu. Elle adressait également ses exhortations aux prêtres et aux laïques. Aux uns elle demandait des prédications véhémentes ; aux autres, le bon exemple, l'action des bons conseils et l'influence de leur pouvoir s'ils étaient constitués en dignité. Elle continua toute sa vie cette œuvre de zèle. Sa sagesse en apercevait facilement l'importance. Sans l'observation des jours du Seigneur, il n'y a plus de religion, et le désordre, la ruine de la société ne sont pas éloignés. Oh! qui nous donnera une Colette puissante pour faire comprendre cette vérité à la génération actuelle !

Parmi les nombreux fidèles qui eurent le bonheur d'entendre sainte Colette dans sa réclusion, un de ceux qui en profitèrent le plus fut

Jacques Guyot. C'était le frère de Jean Guyot, curé de Saint-Martin (1), confesseur ordinaire de la recluse. Ce prêtre, appréciant le mérite de sa pénitente, s'édifiant souvent auprès d'elle, lui envoyait cet enfant pour qu'elle l'instruisît dans la science des saints et la pratique de la religion. Elle lui apprit aussi la récitation du psautier. Plus tard, en 1471, à l'âge de 76 ans, Jacques Guyot, devenu clerc de la Cour spirituelle de Corbie et notaire public, rendit, avec trois autres vieillards de Corbie, un témoignage solennel à celle qui l'avait initié à la vie spirituelle.

Bien que la recluse eût le curé de Saint-Martin pour confesseur ordinaire, le R. P. Pinet n'avait pas abandonné la culture de cette plante si belle et si rare dans le parterre de l'Eglise. Il revint peu après la cérémonie de la réclusion, et ensuite de temps en temps, pour diriger, encourager, éclairer celle qui n'avait dans ses voies si sublimes d'autre guide que lui. Il l'aidait de ses lumières et de son expérience, il la modérait dans ce qui aurait pu être excessif. Mais en même temps, dans ses communications avec cette âme séraphique, il puisait avec bon-

(1) Le P. Sellier s'est trompé en prétendant qu'il n'y avait pas d'église Saint-Martin à Corbie. Sans invoquer d'autres preuves nombreuses, la déposition des quatre bourgeois de Corbie qu'il a dû lire, suffit pleinement à prouver l'existence de cette église. En 1567, cette paroisse fut supprimée et réunie à la paroisse de Saint-Etienne, elle était située entre cette paroisse et le chemin de fer sur le canal dérivé de l'Ancre. V. cette déposition note ix.

heur cette eau mystérieuse qui jaillit jusqu'à la vie éternelle. Un mot peut nous peindre et les sentiments du directeur et la perfection de celle qu'il dirigeait. Dans une de ses apparitions annuelles, dont nous parlerons plus loin : — « Colette, Colette, lui dit-il, où est cette ferveur que vous avez eue au commencement de votre réclusion ? » — Il lui parlait ainsi, lorsque la servante de Dieu, par des vertus héroïques, par les plus généreux sacrifices, avait mérité les plus hautes faveurs du ciel. Elle n'était point déchue, tant s'en faut. Mais si, pour la fortifier dans l'humilité et stimuler ses progrès, il put lui tenir ce langage, qu'était-elle donc ? à quelle perfection s'était-elle élevée dans les premiers temps de sa réclusion ?

CHAPITRE VI.

Visions, Extases, Révélations.

Jusqu'ici il a fallu presque dissimuler quelque chose des faits merveilleux arrivés à sainte Colette, pour ne pas provoquer dans l'esprit du lecteur des objections auxquelles ce n'était pas encore le lieu de répondre. Maintenant que l'intervention surnaturelle va éclater presque à chaque page, il n'est plus possible de différer. Dans notre siècle, beaucoup d'esprits sont encore plus prévenus contre les prodiges dans l'ordre intellectuel que contre les miracles opérés dans l'ordre matériel. Il est nécessaire de dire quelques mots sur ce sujet et de rappeler quelques vérités incontestables.

Pour satisfaire certains rationalistes modernes, il faudrait que Dieu eût abdiqué son pouvoir de créateur, lancé sa créature dans l'espace et dans le temps, l'abandonnant ainsi à elle-même, et renonçant à toute action directe sur elle. Ce n'est certes pas ce que la Sagesse divine a fait. Toutes les pages de l'histoire protestent contre cette supposition injurieuse à la Divinité. En régissant le monde d'après des lois générales, le Créateur s'est réservé une action plus solennelle parce qu'elle est plus extraordinaire, pour réveiller les hommes du sommeil et de l'oubli où les plonge la constance de l'ordre établi. Dieu agit quelquefois directement par une interversion ou une suspension partielle des lois qu'il a lui-même portées. Dans d'autres circonstances, il laisse ou il fait agir des intermédiaires. Il gouverne en effet le monde par l'action des esprits administrateurs, de ces esprits appelés messagers ou anges. Dès leur création, ils ont reçu un pouvoir, une fonction, une mission. La prévarication de quelques-uns ne les a pas privés complétement de tout pouvoir. Il est limité, mais réel.

Qui pourrait raisonnablement nier la possibilité de l'action d'un esprit sur un autre esprit, de la communication des esprits entre eux? Les corps agissent sur les corps, et même notre corps réagit sur l'esprit qui l'anime, et les esprits seraient isolés, sans communication directe possible! Qui pourrait admettre une anomalie si peu raisonnable? Qu'on n'invoque pas notre double nature pour contredire cette induction dans son application à l'homme. Bien qu'uni à un corps, notre esprit ne demeure pas moins un esprit. S'il est moins libre dans son action, il ne peut pas perdre les qualités inhérentes à sa nature. Les esprits, quels qu'ils soient, peuvent donc être en communication directe sous la main de Dieu. Dans l'ordre actuel de ce bas monde, l'homme ne communique avec l'homme que par ses organes physiques. Mais qu'il est facile de comprendre que Dieu peut lever ces obstacles, briser ces entraves et mettre facilement même des esprits humains en rapport direct entre eux ou avec de purs esprits. Dès lors il devient facile d'admettre, et les révélations que le Seigneur fait de lui-même directement à ses serviteurs, et la communication avec les anges bons ou mauvais, et la vue directe de l'intérieur de l'homme; toutes faveurs qu'il plaît quelquefois au Seigneur d'accorder à ceux auxquels il confie une haute mission, afin de leur en faciliter l'accomplissement. Il n'y a plus pour un homme de sens droit qu'une question à se poser : ces faits, tout extraordinaires qu'ils soient, sont-ils appuyés sur des preuves solides ?

Sans doute, l'illusion est ici facile et voisine de la réalité. Ce sont des dons difficiles à porter. Mais les saints ne sont pas crédules, nous en verrons tout à l'heure des preuves en sainte Colette. Ce ne sont pas des illuminés dans le mauvais sens du mot. Si ceux qui leur jettent comme une injure le nom de visionnaires éprouvaient seulement une faible partie des opérations surnaturelles qui s'accomplissent dans quelques saints, ils s'enorgueilleraient bientôt et se croiraient des prophètes. Dieu ménage la faiblesse humaine et n'accorde pas à tous des dons extraordinaires. Ils sont achetés très cher, au prix de grandes douleurs, par ceux qui les reçoivent, non pas pour eux, mais pour le bien de tous les enfants de l'Eglise.

Sans vouloir faire un cours de haute spiritualité, il faut dire qu'entre toutes les marques auxquelles on peut distinguer la réalité de l'illusion et les faveurs divines des influences mauvaises, il n'en est pas de plus sûre que l'humilité et cette marque est infaillible.

Ainsi, à quatre ans, l'enfant de Boellet est favorisée d'une connaissance très haute de la Divinité, mais son humilité croît avec la connaissance de Dieu ; elle en est le fruit naturel ; elle ne se dément jamais. Il est certain dès lors que cette lumière extraordinaire n'est pas la lueur trompeuse d'un mauvais ange transformé en ange de lumière.

Cette petite enfant d'ouvriers ne recevait qu'une instruction très ordinaire. Ses biographes ne manquent pas de faire remarquer qu'elle n'avait que peu de savoir acquis par les voies ordinaires. Cependant, dès l'âge de neuf ans, elle possède une connaissance parfaite de l'ordre de Saint-François, de son essence, de ses règles, de ce qu'il était, de ce qu'il devait être, de cette espèce d'éclipse qu'il subissait alors, et, dit la sœur Perrine, elle m'a assuré qu'à trente et à quarante ans, elle ne l'avait pas mieux connu que dans son enfance. Cette faveur ne servit qu'à lui inspirer le désir d'être la servante des vraies filles de Sainte-Claire, qu'elle chercha partout inutilement. Assez forte pour porter si jeune ce secret que Dieu lui avait confié, elle n'en fut pas moins réservée et plus modeste avec ses compagnes, et n'eut que plus d'ardeur pour fuir leurs vaines dissipations.

Maintenant, ensevelie dans la solitude et dans un silence rarement interrompu, travaillant comme nous l'avons vu à délivrer son âme de toutes les chaînes des sens et des inclinations désordonnées, purifiant de plus en plus son cœur, ou plutôt l'ornant, l'enrichissant tous les jours des trésors et des splendeurs de la vertu, pour le rendre digne de l'habitation de la divinité, elle reçut de nouveaux dons plus excellents que les premiers.

Enfant, elle avait eu sous les yeux sa mère qui ne passait aucun jour sans méditer la passion de Notre-Seigneur Jésus-Christ. Elle avait entendu les soupirs, les sanglots que la compassion tirait du cœur de cette sainte femme pendant ses ferventes oraisons à Jésus crucifié. Aussitôt qu'elle put, la jeune enfant s'unit à ces pratiques si conformes à ses goûts. La dévotion à la Passion était un patrimoine de famille dont elle se garda bien de se dépouiller ; au contraire, elle l'accrut.

Dans sa réclusion, les douleurs de Notre-Seigneur étaient le sujet le plus ordinaire de ses méditations. Le divin Maître voulut récompenser cette piété et l'enflammer en même temps. Après une de ces ardentes contemplations, il se montra à elle tel qu'il était dans sa passion et son crucifiement, daignant lui expliquer familièrement la mesure de ses douleurs et la manière dont il les avait supportées. S'il ne l'avait en même temps fortifiée, elle eût expiré de douleur et d'émotion à ce spectacle. La vue des souffrances de Notre-Seigneur est tout à la fois une épée qui transperce le cœur et un cordial vivifiant qui le réconforte. Elle conserva toujours vive et profonde l'impression alors ressentie. Au souvenir des souffrances du Sauveur, elle demeurait comme transie et insensible, ce sont les expressions de P. de Vaux. « Et « si vivement tenait en sa pensée la recorda- « tion (souvenir) de la douloureuse souffrance,

« que tout son cœur et son corps en étaient
« douloureusement navrés ; tellement que plu-
« sieurs fois en ses mains, pieds et côté, elle
« sentait une si grande douleur et ardeur qu'il
« semblait qu'elle avait été percée des clous et
« de la lance. »

Une autre vision, en remplissant son cœur d'une immense désolation, lui indiqua confusément le but de sa vie. La division dans l'Eglise, les dispenses abusives, la simonie, les exactions cléricales imitant les exactions civiles, l'immoralité trônant à la cour et dominant les grands pour pénétrer même dans le sanctuaire etc.... Voilà en abrégé un tableau capable de désoler une âme commune. Que dut éprouver celle de Colette en voyant le monde tel qu'il était ? Dieu lui fit connaître en détail les divers états dans la hiérarchie ecclésiastique et civile depuis le plus humble jusqu'au plus grand, les défauts, les vices qui y régnaient, les crimes qui s'y commettaient et surtout assurément les déchirements dans l'exercice de l'autorité spirituelle et les malheurs qui en étaient la suite. Elle aperçut les âmes qui tombaient en foule dans les abîmes éternels, emportées par leurs iniquités comme les flocons de neige dans les tempêtes de l'hiver. Cette extase dura huit jours, dit P. de Vaux. La pauvre recluse plongea à satiété son regard épouvanté dans les gouffres éternels pour y mesurer et apprécier les tourments infligés à chacun des coupables. Il lui semblait que penchée sur le bord de cet abîme béant, elle allait y être précipitée. Enfin, elle revint un peu à elle-même, mais si terrifiée, qu'apercevant le barreau de fer de sa croisée, elle le saisit d'une main convulsive et s'y cramponna de toute sa force. Sa main fut comme adhérente au métal ; elle y était tellement crispée que pendant un assez long temps elle ne put la retirer. Déjà sa vie était consacrée au salut, à la conversion des pécheurs. Depuis ce temps elle redoubla de ferveur, et en souvenir de cette effrayante révélation, pour renouveler son intention et sa ferveur, elle ajouta toujours à ses heures canoniales quelques prières pour les pécheurs.

L'esprit de ténèbres ne pouvait voir sans frémir les progrès de cette âme dans les voies de la sainteté la plus éminente. Il apercevait en elle une ennemie redoutable qui devait lui arracher bien des victimes.

Nous allons exciter des sentiments bien différents dans nos lecteurs. Les uns croiront facilement parce qu'ils sont initiés à la connaissance de la vie mystique. L'histoire de sainte Colette n'est pas la première biographie complète d'un saint qui leur tombe entre les mains. Quelques-uns, d'ailleurs aussi croyants que nous, nous blâmeront de mettre en évidence dans un siècle railleur, de tels faits qu'il ne veut pas admettre. Pour nous, partisans de la vérité complète, suivant en cela des autorités très graves, nous croirions falsifier l'histoire, diminuer la gloire de notre chère Sainte et l'outrager en dissimulant des faits solidement attestés. Les vaines protestations de quelques esprits prévenus, insuffisamment instruits, ne détruiront pas les monuments de l'histoire, ne changeront rien aux lois qui régissent ce monde. C'est trahir les intérêts de la société catholique que de ne pas lui apprendre par l'histoire, contre quels ennemis elle a continuellement à lutter.

En entendant le récit des assauts livrés à sainte Colette par le démon, de petits esprits vont peut-être s'effrayer : qu'ils se rassurent ; ils ne sont pas assez saints pour être exposés à ces grandes luttes. Le démon n'est pas tellement hors de leur cœur ; ils ne le combattent pas assez avantageusement, pour qu'il croie avoir besoin de recourir contre eux à ces grands moyens. Il gagne plus en se cachant sous les vanités, les sensualités du monde et les caprices de l'amour-propre. Ils ne sont pas non plus assez forts pour que Dieu les expose à ces terribles assauts : *Non patietur vos tentari supra id quod potestis.* Il ne permettra pas que vous soyez tentés au-dessus de vos forces. D'autres lecteurs accueilleront ces faits avec un sourire dédaigneux et déjà ils sont près de fermer le livre ; qu'ils veuillent bien se rappeler les quelques principes exposés au commencement de ce chapitre. La seule question à se poser maintenant est celle-ci : Dieu peut-il permettre que le démon tourmente sensiblement ses serviteurs, et quelquefois par des agents sensibles ? Il le peut, puisqu'il l'a fait. C'est conforme à sa sagesse et aux vues de sa providence. Pour le nier, il faudrait supprimer l'Evangile, toutes les vies de saints et toute l'histoire de l'Eglise. Mais les faits de cette nature dans la vie de sainte Colette sont-ils appuyés sur des témoignages sûrs ? On n'en peut exiger de plus solides.

Il semble, d'après les faits connus, que le démon ait principalement le pouvoir d'agir sur les corps dans deux états extrêmes : la sainteté ou le crime.

Quand il est totalement exclu du cœur d'un homme, qu'il y est vaincu complètement, qu'il est même banni d'un corps purifié et parfaitement soumis à une âme pure, il l'attaque du dehors, il le maltraite, il essaie de porter ainsi le trouble dans un intérieur où il n'a plus de complices ni d'espions. Il est le même aujourd'hui que toujours. Il s'est montré à l'égard du curé d'Ars à peu près tel en réalité qu'envers l'illustre saint Antoine.

Quand le crime a totalement souillé un être, alors quelquefois Dieu permet au maître que l'homme s'est choisi, de se manifester tel qu'il est et de châtier le coupable en lui faisant sentir son empire. Notre société, qui voulait douter de l'existence de cet esprit mauvais, devient le jouet et la victime de ces prestiges ridicules et méchants. Bientôt peut-être aura-t-elle à rougir d'avoir emprunté au paganisme ses oracles menteurs et les turpitudes du culte des divinités infernales. Déjà le nombre des aliénés par les *mediums*, les tables tournantes, etc.... ; disons mieux, le nombre des possédés devient alarmant.

On dira peut-être que nous rapportons des traits d'une petitesse indigne de cet esprit surhumain. C'est manquer de logique que de juger cet esprit dévoyé avec le reste de sagesse que nous avons. En lui il doit y avoir grandeur et bassesse, intelligence et folie, la haine l'aveugle. C'est l'effet de sa chute des splendeurs des cieux, de son orgueil et de l'envie qui le dévore. Pour lui, rien n'est petit de ce qui peut nuire, empêcher le bien et produire quelque mal.

Il n'est donc pas étonnant, et c'est un fait bien attesté, que Colette ait entendu souvent dès son enfance un mauvais esprit produire auprès d'elle un bruit effrayant, des plaintes, des lamentations pour la troubler dans ses dévotes oraisons. Mais jeune d'âge, elle était ancienne de courage et de sagesse, dit P. de Vaux. Pleine de confiance en Dieu, elle ne redoutait rien. Elle ne laissait pas même apercevoir à l'ennemi un signe de déplaisir et il se retirait confus.

Il continua dans sa réclusion ; mais ses efforts furent aussi vains. Il la battit et la meurtrit de coups tellement violents qu'elle en porta les marques pendant plusieurs jours. Dieu, pour la gloire et la consolation de sa servante, lui permit une autre attaque. Il s'introduisit dans sa cellule par la cheminée et sortit en faisant à la muraille une ouverture suffisante pour le passage d'un homme. Il voulait sans doute compromettre aux yeux du public la jeune recluse. Colette, sans se troubler, décroche une image de la sainte Vierge qui ornait son réduit et place ce tableau de manière à fermer cette issue indiscrète. Peu après, ayant ôté l'image, elle trouva la muraille parfaitement rétablie sans aucune trace d'effraction. Elle rendit grâces à Dieu pour une protection si visible et se reposa avec plus de bonheur que jamais dans une confiance filiale en la Providence divine.

CHAPITRE VII.

Humilité de sainte Colette.

Tant d'événements merveilleux devaient, ce semble, ou nourrir ou ressusciter l'amour-propre dans l'âme de Colette. Les persécutions de l'enfer pouvaient tout aussi bien que les faveurs divines enfler son cœur et la perdre par l'orgueil. Il n'en fut rien, et son humilité loin de s'affaiblir en reçut des accroissements admirables. C'est cette vertu de notre Sainte qu'il nous faut dès maintenant considérer pour comprendre les luttes, les troubles dans lesquels nous allons la contempler tout à l'heure.

Elle fut toujours petite à ses propres yeux. Les dons, les faveurs célestes produisirent en elle ce sentiment d'humilité. Douée dès son enfance d'une connaissance extraordinaire de la souveraine grandeur de Dieu, elle vit son néant en présence de l'Etre éternel. Toute confondue, écrasée par la majesté suprême, elle dit avec le Psalmiste : Mon être est comme un néant devant vous. Croissant toujours dans la connaissance des perfections divines, de son regard épuré et plus vif, elle pénètre plus profondément dans ces deux abîmes de la grandeur de Dieu et du néant de la créature. Elle poursuit la vérité qu'elle aime par-dessus tout. Elle contemple dans un ravissement toujours plus grand l'immensité, l'infinie perfection de l'Etre souverain, puis se retournant sur elle-même, elle cherche à s'étreindre par le regard de son intelligence et elle ne saisit rien ou presque rien ; elle n'aperçoit que le vide comme celui qui a voulu serrer dans sa main une vapeur : *Vapor est ad modicum parens.* La vie de l'homme est comme une vapeur qui obéit au moindre souffle. Elle voit cette vérité avec une telle évidence, elle la pénètre si profondément que toute trace d'estime personnelle disparaît pour toujours.

Ainsi abîmée dans la contemplation de son

6.

néant et des perfections divines, elle ne peut se rassasier d'énumérer les bienfaits de Dieu et d'en mesurer avec attendrissement la grandeur. Plus elle a reçu d'une majesté si haute, elle, être si faible, plus elle s'abaisse en sa présence. Elle voit que dans cette chaîne de la libéralité divine, elle n'a tissé que la trame impure de ses ingratitudes et de ses fautes quotidiennes. C'est ce qui l'abat et l'ensevelit dans un mépris d'elle-même qui ne se démentira jamais. Plus le Seigneur a été généreux envers elle, plus lui apparaissent grandes ses négligences et ses fautes. Ce qui ne manque pas de vérité ; car la gravité d'une faute est toujours proportionnée à la grandeur des dons reçus par le coupable. Dans cette vive lumière qui éclaire l'âme de Colette, dans cette pureté éclatante qui l'enveloppe et la pénètre, la moindre obscurité, la plus petite tache lui apparaît monstrueuse. Une proportion inconnue au commun des hommes s'établit pour elle entre tous les objets ; elle les apprécie avec cette lumière supérieure où elle habite. Elle les pèse au poids du sanctuaire éternel et de la justice divine.

De là ces expressions incompréhensibles. Elle se proclame en toutes occasions (1): Vile et abominable, digne des plus grands châtiments et telle que l'enfer n'est pas suffisant pour la punir équitablement. Ecoutons-la dans une de ses lettres au R. P. Pierre de Vaux : « Mon très cher

(1) Pierre de Vaux, chap. II.

« et bien aimé Père en Dieu, je vous recom-
« mande ma pauvre âme, la plus pauvre de
« toutes. Hélas! que ferai-je et que deviendrai-
« je devant le souverain Juge. Certes, je n'ose
« penser à mes horribles offenses, car j'aurais
« cause de toute désespérance »... C'est partout
la même expression, le même sentiment.

Entend-elle raconter les crimes qui se commettent dans le monde, elle se trouve plus méprisable que les plus grands pécheurs. Elle ne
se porte jamais d'elle-même à ces comparai-
sons ; loin de là. Concentrant sa vue sur sa
conscience, elle est tellement pénétrée du mépris de soi-même, que cette vue incidente des
crimes d'autrui ne modifie point ses sentiments.
D'ailleurs, dans son jugement, elle tient compte d'un immense inconnu, la différence des grâces reçues de part et d'autre, et l'abus qui a pu
en être fait. Elle trouve là un motif plausible
pour se tenir toujours au dernier rang.

Aussi, quand Dieu lui offre de nouveaux dons,
surtout de ceux qui doivent donner un certain
éclat dans le monde, elle les refuse, et dans
cette circonstance son humilité l'emporte. « Moult
« de grandes connaissances, Dieu lui présen-
« tait à donner ; mais elle refusait pleinement
« en disant : Sire, je ne veux fors que vous
« connaître et mes défauts et péchés, et s'il
« vous plaît me faire quelques grâces, que vous
« me donniez pardon et rémission d'iceux (1). »

(1) Pierre de Vaux, chap. II.

Ces sentiments sont la vraie sagesse. Car, qu'est-ce que l'homme si on le compare à son Créateur ? C'est aussi la source de la force et de la puissance, car les âmes humbles s'approchent plus près du principe de leur être et y puisent sans cesse un renouvellement de vigueur et de jeunesse. De là la puissante action exercée par les humbles, par l'humble François et l'humble Colette. O sublime petitesse ! ô humilité victorieuse et triomphante !

Il était nécessaire de faire connaître, en partie du moins, cette vertu de sainte Colette pour donner l'intelligence des faits qui vont suivre. Nous allons, en effet, assister à une lutte merveilleuse entre le Seigneur et l'humilité de sa servante. Ce combat aura ses péripéties et un intérêt plus grand que d'autres au récit desquels la vanité des hommes accorde toujours une attention émue.

CHAPITRE VIII.

Dieu manifeste à sainte Colette sa véritable vocation.

Le mépris et la défiance de soi-même sont les sentiments les plus justes du cœur humain. Mais ils pourraient devenir un obstacle invincible au bien, s'ils n'étaient accompagnés et dirigés par une autre vertu non moins nécessaire, l'obéissance. Malgré leur ressemblance, leurs points de contact, leur commune origine, l'identité des motifs qui les produisent, ces sentiments se heurtent quelquefois et le cœur humain devient le théâtre douloureux de leur choc. En voici un grand exemple.

Après cette effrayante vision qui lui fit connaître l'état lamentable du monde, Colette fut favorisée d'une autre révélation qui était comme la suite de la première. Ses prières étaient ardentes. Passereau solitaire, elle gémissait nuit et jour sur les désordres qu'elle connaissait si bien. La première faveur que Dieu accorda à ses supplications fut de lui révéler qu'enfin ses désirs seraient accomplis ; qu'un remède serait apporté à tant de maux par la réformation des ordres de Saint-François ; ce fut un grand sujet de joie pour son cœur.

Une autre fois elle vit le Juge souverain des hommes, prenant en main trois flèches qu'il était prêt à lancer contre la terre pour la détruire à cause de ses vices. Marie le conjurait pour les pécheurs et lui présentait saint François et saint Dominique comme les chefs de la milice qui devait combattre les trois vices régnants : l'orgueil, la luxure et l'avarice. Saint François présentait au Seigneur l'humble Colette et la demandait instamment pour opérer la réforme de ses trois ordres. Cette requête apaisait le souverain Juge et était accordée. Une telle révélation jeta le trouble dans le cœur de la pauvre solitaire. Son humilité repoussa cette pensée. La crainte d'une illusion lui fit éloigner vivement le souvenir de ce qu'elle avait vu ; c'était en vain. Dans ses oraisons une voix importune se faisait toujours entendre : Il en doit être ainsi ; c'est la volonté de Dieu. Plus inquiète alors, elle se répondait à elle-même : Quoi, une simple fille qui ne sait rien, pour une œuvre semblable ! Un autre fois, la pensée de son vœu la fortifiait dans sa résistance et la délivrait un instant de ses anxiétés. L'engagement solennellement contracté de demeurer dans son étroite cellule lui rendait le repos ; mais quand elle avait ainsi repris un calme superficiel, une nouvelle opération divine venait la précipiter dans des perplexités plus profondes.

Un jour, ravie en extase, elle se trouva au pied du trône de la Majesté divine et de la Reine des Anges ; d'un côté, se tenaient saint François et sainte Claire ; de l'autre, saint Jean-Baptiste et sainte Marie-Madeleine(1). Les premiers la demandaient pour réformer leur ordre ; les seconds solitaires eux-mêmes la réclamaient pour la vie érémitique et contemplative. Jésus-Christ remit la décision à sa Mère qui demanda que Colette fût accordée à saint François et il en fut ainsi.

(1) Sœur Elizabeth de Bavière.

Ses perplexités devinrent plus profondes et plus poignantes. Elle voulait se défendre contre la conviction intime, profonde, de la vérité de ses révélations, et se persuader que c'étaient des illusions. Vains efforts ; la réalité s'imprimait plus profondément dans son âme. Elle regardait les murs de sa prison volontaire et ils semblaient la rassurer ; mais non, la lumière était trop vive et cependant comment cela pourra-t-il se faire : *Quomodo fiet istud*?

Il est bien difficile d'exprimer les douleurs qu'elle ressentit dans ces longues agitations. Le R. P. Pinet n'était plus là pour l'éclairer, et d'ailleurs il ne l'eût guère rassurée. Averti dans une vision, il l'avait en effet prévenue qu'elle aurait à subir de grandes peines, de rudes travaux et d'excessives douleurs pour la gloire de Dieu et le salut des âmes : « Il avait vu une
« jeune vierge moult belle et moult plaisante
« qui travaillait péniblement et avec douleur
« à cultiver une vigne, arrachant les herbes et
« les pieds mauvais et palissadant les jeunes
« plantes. Il lui fut dit que cette vigne c'était
« la vie religieuse et que cette vierge c'était
« Colette (1). Il eut ainsi la consolation de connaître avant sa mort la haute mission de cette âme qui lui était confiée. Aussi voulait-il mourir auprès d'elle. Malade, il était venu à Corbie espérant jouir, à ses derniers moments, des exhortations de sa fille spirituelle. La servante de

(1) Pierre de Vaux, chap. III.

Dieu lui fit comprendre qu'il ne convenait pas qu'un religieux mourût hors de son couvent et elle lui obtint une voiture pour le reconduire à Hesdin. Quelque temps après, Colette dit aux femmes qui lui apportaient sa chétive pitance : « Hélas ! mon bon P. Pinet est mort ; à l'heure même j'ai vu son âme glorieuse monter au ciel ». La mort ne rompt pas les affections spirituelles commencées sur la terre. Tous les ans, au jour anniversaire de sa mort, le P. Pinet venait visiter sa fille, l'encourager, la consoler, lui apporter quelques grâces de Dieu.

Il n'était donc plus à sa disposition pour répondre à ses questions, résoudre ses doutes et lui dicter avec autorité la conduite à tenir. Colette s'adressa à toutes les personnes vertueuses, prudentes, instruites, qu'elle put consulter. Elle réclama le secours des prières de tous, les avis, les conseils de quelques-uns seulement, de ceux qui unissaient la science à la vertu. Les maîtres qu'elle consulta conclurent tous unanimement qu'il y avait là des avertissements réels du ciel, une véritable révélation et qu'elle devait s'y soumettre. Son humilité se révoltait à la pensée de l'autorité à exercer, de la direction à donner aux autres. « Moi, pauvre petite créature, j'irais commander ; je ne sais pas me conduire moi-même et je serais chargée de diriger les autres. Ce n'est pas possible.... ! » Et le doute revenait dans son âme avec des craintes et des désolations inexprimables. « Si cependant je résistais à Dieu... » Cette pensée la faisait frémir... « Hélas ! que je suis malheureuse ! »

Elle résistait toujours, luttant contre l'évidence de ses révélations. Le Seigneur la frappa de mutisme, comme Zacharie, le père de celui qu'elle imitait si bien par ses austérités et sa solitude au milieu du monde. Pendant trois jours, elle ne put parler. Recueillie en elle-même, plongée dans une prière qui devenait une longue plainte, elle entendait toujours le même appel. Mais les appréhensions, les révoltes de son humilité devenaient plus grandes. Son hésitation durait toujours. La crainte d'une illusion du démon et de l'amour-propre bouleversait son esprit. Elle fut frappée d'aveuglement. Pendant trois jours encore ses yeux furent éteints en même temps que sa langue paralysée.

Dans cette solitude plus profonde, la voix de Dieu se fit entendre au fond de son cœur avec une force nouvelle. Les avertissements innombrables qu'elle avait reçus, les révélations de son enfance, ses visions plus récentes, les prières des saints, les avis des sages qu'elle avait consultés, les lumières si vives qui avaient éclairé son âme, tout lui fut remis devant les yeux. Le Seigneur semblait s'irriter d'une si longue résistance qui cependant lui était agréable. L'humilité ne peut pas allumer son courroux. Si elle lui résiste, elle opère ensuite son œuvre avec une suprême perfection. L'âme humble devient dans la main de Dieu l'instrument le plus docile et le plus puissant. Colette ne pouvait plus se défendre contre l'évidence de tant de signes. Elle promit d'obéir, et aussitôt la parole et la vue lui furent rendues.

Toutefois, ce consentement obtenu par la force était plus superficiel que profond. Toutes les facultés de l'âme n'étaient pas encore purifiées des ténèbres du doute, ni la volonté complètement remise de ses troubles et de ses résistances. Le Seigneur pour opérer dans sa servante une soumission parfaite eut recours à des images plus douces.

Dans son étroite demeure elle vit apparaître soudain un arbre principal et une multitude de petits arbustes. Ils étaient d'une grande beauté, couverts d'un abondant feuillage frais, vert. Des fleurs brillantes comme de l'or répandaient un parfum délicieux et vivifiant. Colette les aperçoit. Craignant un piège de l'ennemi, elle les arrache et les jette dehors. Mais à peine a-t-elle fini que sa cellule est remplie de nouveaux arbustes. Elle ne pouvait dissiper cette apparition par un fervent signe de croix comme elle avait fait tant de fois pour des fantômes. Ces gracieux arbisseaux ne la redoutaient pas comme l'esprit mauvais; au contraire, comme des amis familiers, ils se transportaient dans sa chambre d'un lieu à un autre. Elle était vaincue. Il lui fut dit que l'arbre principal, c'était elle-même et que la multitude des arbustes représentait les âmes qui en grand nombre viendraient s'abriter auprès d'elle et se former à son école. Ces arbres se transportaient en divers endroits parce qu'elle et ses sœurs devaient produire des fruits abondants en diverses régions.

Repassant alors dans son esprit tant de signes manifestes de la volonté divine, recueillant dans sa mémoire les avis des sages conseillers à qui elle s'était adressée, et au jugement desquels elle soumit encore cette dernière vision, éclairée par la grâce divine qui lui faisait voir clairement la vérité, elle acquiesça pleinement à ce qu'elle croyait être la volonté divine. Comme la Reine des vierges elle dit à Dieu : *Ecce ancilla.* Voici votre servante, votre petite ancelle. Dieu agréa cette parole et adopta ce nom. Souvent, dans ses visions, elle fut appelée la petite ancelle du Seigneur. C'est pourquoi Pierre de Vaux la désigne ordinairement sous ce nom si gracieux. Toutefois, elle fit en elle-même une réserve pour consoler son humilité : c'est qu'elle ne serait pas la première dans cette entreprise. Elle s'offrait seulement pour être la servante des âmes d'élite qui allaient faire revivre les vertus de sainte Claire et de saint François, restaurer la vie chrétienne dans l'Eglise et sauver le monde. Malgré cette réserve, son consentement fut plein, profond, complet ; la suite nous le prouvera.

Cette soumission était héroïque, malgré les signes extraordinaires qui l'avaient obtenue. Car qu'allait faire cette jeune personne sans appui dans le monde ? Comment sortir de cette demeure dans laquelle un vœu l'enchaîne ? Sortie, que deviendra-t-elle et comment entreprendre la fondation de nouveaux monastères ? Colette avait entrevu depuis longtemps toutes ces difficultés, disons mieux, ces impossibilités. Mais se confiant à Dieu qui l'appelait, elle avait soumis ses pensées à la volonté divine. Aussitôt qu'elle eut donné ce consentement plein et entier, le Seigneur la récompensa en dissipant toutes ces incertitudes pour l'avenir. Il lui donna une claire connaissance de tout ce qu'il lui fallait faire pour exécuter ses ordres. Elle en écrivit immédiatement une note abrégée qui lui fut comme un mémorial. C'est ainsi qu'elle acquit le droit de dire et de répéter souvent dans la suite avec une extrême vérité, que son œuvre n'était pas l'œuvre du P. Henri ni de sœur Colette, mais l'œuvre de Dieu.

CHAPITRE IX.

Sainte Colette sort de sa réclusion.

Depuis longtemps les habitants du Corbie n'étaient plus seuls à visiter la recluse, à demander ses avis et à réclamer le puissant secours de ses prières. Des villages voisins venaient des âmes avides de s'abreuver à cette source nouvelle, et la renommée racontant les faveurs obtenues et la vie extraordinaire de la servante de Dieu, lui avait attiré des visiteurs des extrémités de la Picardie et même des provinces voisines. Aussi ne s'étonnait-on plus de la présence fréquente d'étrangers demandant la faveur de voir et d'entretenir un moment l'humble fille du charpentier.

Cependant, vers le milieu du mois de juillet 1406, le peuple s'émut de l'arrivée d'une pieuse caravane guidée par un vénérable religieux de Saint-François et par une dame dont l'air, les manières et la suite annonçaient la haute condition. Le langage de ses serviteurs, tout différent de celui de la Picardie, faisait connaître l'immense distance qu'ils avaient franchie pour arriver à la pauvre cellule d'une jeune fille, et on se demandait quels pouvaient être ces personnages. Conduits au curé de Saint-Martin, confesseur et supérieur de la recluse, ils furent reconnus. Le vénérable Jean Guyot leur dit que la recluse les attendait. Certains d'accomplir une mission divine, ils ne s'en étonnèrent pas. Ces deux personnages étaient le R. P. Henri de Balme ou de la Baume, et la baronne de Brisay. Le premier, originaire des États du duc de Savoie, né au château dont il portait le nom (1), était un de ces rares disciples de saint François qui avaient conservé à peu près intact l'esprit du saint Patriarche, « homme d'une grande « perfection aimant et doubtant (craignant) Dieu « dès son enfance, ignorant les choses transi- « toires et temporelles, mais saige et prudent « ès choses spirituelles (2) ». Par la fidèle observation des règles de l'état religieux, il s'était élevé très haut dans la vie surnaturelle et connaissait par expérience les dons célestes, les communications divines, les extases, les révélations. On lui attribue plusieurs miracles, des guérisons opérées par le signe de la croix. Un

(1) C'est très probablement le village de La Balme à 17 kil. de Nantua, canton de Poncin, poste de Cordon (Ain). Il n'y a que cette localité à laquelle puisse convenir le mot de P. de Vaux : « de la Balme du pays de Genevois ». Il y eut, en effet, à la fin du XIVe siècle, et au commencement du XVe siècle une famille puissante du nom de la Baume. Ils étaient sept frères, ils élevèrent trois châteaux dont les ruines curieuses se voient encore aujourd'hui. Jacques et Jean de la Balme accompagnaient le duc de Bourgogne à Montereau, où il fut tué. C'étaient sans doute des membres de cette famille.

(2) Pierre de Vaux.

tel homme devait gémir du relâchement trop général et des divisions qui désolaient l'Église. Pour échapper à ce triste spectacle et en solliciter plus instamment la fin, il voulait aller prier au tombeau de Jésus-Christ, et se dirigeait vers Marseille pour s'embarquer.

Arrivé à Avignon, il va se recommander aux prières d'une pieuse recluse, Marion Amente qui lui déclare que le Seigneur loin de le vouloir à Jérusalem, l'envoie en Picardie, à Corbie, auprès d'une jeune servante de Dieu dont il doit être le soutien et par laquelle le Seigneur veut opérer de grandes choses pour le salut du monde. L'excellent religieux, docte et instruit dans les voies de Dieu, se croit obligé d'examiner cet avertissement; il consulte, il prie, il reconnaît l'obligation d'obéir à l'ordre qui lui est donné, et il revient sur ses pas. Quelques jours après, il demandait l'hospitalité à Blanche de Savoie, comtesse de Genève, nièce de Clément VII, premier antipape d'Avignon. Cette pieuse princesse à qui il avait fait ses adieux en partant pour la Terre sainte, étonnée de le revoir sitôt, écouta avec admiration le récit des circonstances qui motivaient son retour; elle s'intéressa vivement à cette affaire, et voulant procurer au P. Henri quelque assistance dans la mission qu'il avait à remplir, elle l'adressa à une pieuse veuve, son amie, Isabeau de Rochechouart, baronne de Brisay (1). Les auteurs modernes supposent qu'elle

(1) Les copies du manuscrit de sœur Perrine, co m m

habitait Besançon, mais les anciennes chroniques gardent le silence sur ce point. Elle sanctifiait son veuvage par toutes sortes de bonnes œuvres. Dès qu'elle eut entendu le P. Henri, elle s'empressa de se mettre tout entière, elle et ses serviteurs, à sa disposition pour accomplir la mission qu'il avait reçue. Ils partirent promptement pour Corbie.

Un jour, saint François et saint Dominique, qui ne s'étaient jamais vus, se rencontrèrent à Rome. Ils se jetèrent dans les bras l'un de l'autre sans rien dire, épanchant leur cœur dans un silence plus expressif que des paroles toujours impuissantes. Ainsi fit saint Louis, roi de France, avec l'humble frère Junipère que la Majesté Royale avait été chercher au prix des fatigues d'un long voyage. Ces âmes plongées en Dieu se fondirent ensemble, se pénétrèrent, se comprirent pleinement. Telle fut la première entrevue de sainte Colette et de ces vénérables personnages. Dieu les avait révélés les uns aux autres. Ils portaient chacun dans leur candeur et dans les voies merveilleuses qui les réunis-

---

de celui du P. Pierre de Vaux, la traduction latine de ces mêmes écrits publiés par les Bollandistes disent bien Rochechouart et condamnent les historiens modernes qui ont fait Thouart de la Roche. Quant à la baronnie de Brisay, c'est un hameau du Poitou. Alliée d'abord à la famille de Chanac, puis à celle de Brisay, Isabeau de Rochechouart vit le siège archiépiscopal de Bourges occupé successivement par des parents, Bertrand de Chanac et Jean de Rochechouart tous deux cardinaux du Pape d'Avignon.

saient, leurs lettres de créance. Ils sentaient la main de Dieu qui les dirigeait. Sous les ailes de l'Esprit-Saint qui planait sur eux comme sur un monde nouveau, tout pénétrés de reconnaissance et de piété, ils racontèrent les opérations divines, les circonstances surnaturelles par lesquelles le Seigneur leur avait manifesté si clairement sa volonté. Le P. Henri et la baronne de Brisay virent encore sur la pierre et la croisée de la réclusion un des arbustes miraculeux qui avait jusque-là résisté aux efforts de l'humble recluse (1). Il demeurait là comme un témoin irréfragable de toutes les merveilles qui avaient arraché à sainte Colette son consentement pour l'œuvre de la réforme. Ils bénirent Dieu de ses desseins de miséricorde sur le monde, lui exprimèrent leur humble étonnement d'être choisis pour instrument, d'une œuvre si grande, leur confiance dans le secours divin. « Ils eurent, dit « P. de Vaux, moult de saintes collations tou- « chant la très-parfaite amour de Dieu et le « salut de leur âme ». Selon le manuscrit de Besançon, durant ces entretiens, Colette serait tombée dans une sorte d'extase, et, embrasée des sentiments de la plus fervente dévotion, elle aurait adressé à Dieu une prière dont le P. Henri aurait conservé la substance.

L'abbé de St.-Laurent qui nous affirme cela aurait mieux fait de nous conserver le texte du P. Henri que de composer lui-même un discours

(1) Sœur Perrine.

qui ne nous paraît pas digne d'être reproduit.

Cependant il fallait aviser au moyen d'exécuter la volonté divine. L'abbé de Corbie ne devait pas être favorable au changement d'état de son ancienne pupille, surtout pour se mettre sous la direction d'un religieux d'un autre ordre. Il était prudent de prévenir par la diligence les oppositions qui pouvaient entraver l'entreprise. Il fallait d'abord obtenir de l'autorité suprême dans l'Église la dispense de clôture perpétuelle. C'est à cette autorité que doivent être soumises les révélations particulières comme les demandes de dispense des vœux solennels.

Dans l'état de division où était la chrétienté c'était une règle acceptée par les plus sages et les plus saints d'entre les catholiques, qu'il fallait se soumettre au Pontife dans l'obédience duquel on habitait. Or depuis 1394, Pierre de Lune sous le nom de Benoît XIII avait succédé à Clément VII, d'abord reconnu par la France. Les grands corps de l'État, l'Université de Paris elle-même, après, avait un moment refusé à Benoît XIII leur obéissance, l'avaient de nouveau reconnu en 1403 et il avait envoyé le cardinal Antoine de Chaland comme son légat à la cour de France. C'est à lui que le P. Henri alla s'adresser pour obtenir la dispense nécessaire

Le 23 juillet le légat donna pouvoir à l'évêque d'Amiens Jean de Boissy de dispenser de la clôture perpétuelle. Voici les parties essentielles de cette pièce remarquable...... « De la part de

« notre chère fille en Jésus-Christ, Colette Boi-
« lette, nous a été présentée une demande qui
« contenait ce qui suit : Enflammée depuis long-
« temps du zèle de la dévotion elle a fait vœu
« de mener la vie solitaire...... Mais pour cer-
« taines et raisonnables causes, après être de-
« meurée presque quatre ans dans le lieu
« qu'elle avait choisi, elle ne peut plus y goû-
« ter le repos de l'esprit et la paix de la cons-
« cience, c'est pourquoi elle désire servir le Sei-
« gneur des vertus avec des femmes religieu-
« ses consacrées au Seigneur dans un ordre
« approuvé par le Siège Apostolique. En consé-
« quence elle demande humblement que nous
« pourvoyons au salut de son âme, mais com-
« me nous ne pouvons par nous-même avoir de
« ces choses une connaissance certaine nous
« vous chargeons et nous vous mandons de
« faire ce que vous jugerez utile au salut de
« l'âme de Colette. »

L'évêque d'Amiens envoya son vicaire général s'assurer de la vérité des motifs allégués, et
sur son rapport, prononça le 1er août, dispense
pour Colette du vœu et de la promesse faite
entre les mains de l'abbé de Corbie et lui permit
de sortir de sa clôture et de la ville pour entrer
dans un couvent de bénédictines ou de clarisses.
Cette alternative avait évidemment pour but de
calmer le mécontentement des Bénédictins de
l'abbaye. Cette dispense signée le 1er août ne
put être évidemment signifiée et exécutée à Cor-

bie que le 2 ou le 3. C'est une coïncidence bien remarquable. Le 2 août l'ordre de St.-François tout entier multipliait ses prières pour gagner l'indulgence de la Portioncule. Dans des supplications il intercédait pour l'Eglise et pour la patrie ; et le Seigneur lui accorde celle qui doit renouveler son antique ferveur et par là contribuer puissamment au salut de la société civile et religieuse.

Les serviteurs de Dieu pour ne pas s'exposer à de nouvelles difficultés ne tardèrent pas à quitter Corbie.

Combien douloureuse fut la sortie de Colette de sa chère solitude ! En entrant dans sa réclusion elle avait dit : « C'est là le lieu de mon repos et j'y habiterai à jamais parce que je l'ai choisi «, et maintenant il faut rentrer dans le monde et se jeter dans les agitations. Douce colombe, réfugiée dans le trou de la pierre, reprends ton vol ! Ne crains pas les éperviers ; Celui qui t'appelle enchaînera leur cruauté.

CHAPITRE X

Sainte Colette aux pieds du Souverain Pontife (1).

Sortir de sa réclusion c'était pour Colette la moindre difficulté à vaincre. Pour entreprendre

(1) Voir note V.

l'œuvre qui lui était commandée il fallait au moins la permission du chef de l'Église. Benoît XIII résidait alors à Gênes. C'était donc vers cette ville si éloignée qu'il fallait se diriger en traversant toute la France au milieu des dangers créés par la guerre et les factions. La guerre civile n'avait pas encore commencé ses ravages, cependant bien des hommes d'armes aussi dangereux pour ceux qu'ils prétendaient défendre que pour leurs ennemis sillonnaient les provinces pour soutenir les intrigues des princes.

D'ailleurs la lutte contre les Anglais quoique ralentie continuait toujours. Cette année même on organisait deux armées pour les attaquer dans la Guyenne et à Calais. C'est au milieu de ces troubles et de ces mouvements belliqueux que la sainte caravane devait traverser la France. L'Ange du Seigneur veillait sur elle et la conduisit heureusement à sa destination. La Baronne de Brisay, de plus en plus édifiée de ce qu'elle voyait dans la servante de Dieu, se chargea de tous les frais du voyage.

Voici comment Pierre de Vaux nous présente nos pieux voyageurs. « En icelui voyage Dieu
« les conserva et conforta et furent tous gran-
« dement consolés d'être en la compaignie de
« la glorieuse ancelle de Notre-Seigneur, la-
« quelle leur estoit comme l'exemplaire de toute
« sainteté et souvent leur monstroit bonne et belle
« doctrine pour les enflammer pour Dieu par-

« faitement amer, à le servir, craindre et doubter,
« à péchié fuyr et ses saints commandements
« garder. Et si estoit de si beau maintieng et de
« honneste conversation entre eulx, qu'il leur
« sembloit que che fust un Angèle qui fust des-
« cendu du chiel. Aulcune fois par pitié et com-
« passion pour tant qu'elle étoit josne et tendre,
« ils la mettaient sur la beste, et comme jamais
« n'était oyseuse, ainsi toudis (toujours) se oc-
« cupoit à penser ou à parler à Notre-Seigneur,
« incontinent qu'elle étoit sur la beste, elle
« mettoit si vivement son cœur à penser à Dieu
« qu'il sembloit qu'elle fust toute ravie et trans-
« figurée en ly ; ne elle ne savoit que on disoit
« ne que on faisoit auprès d'elle et néantmoins
« elle se tenoit sy ferme sans vachiller d'ung
« côté ni d'aultre qu'il sambloit que les angèles
« le tenissent. Aulcune fois quand elle alloit
« à pieds et quand elle estoit en fort et difficile
« chemin et plain de pierres, plusieurs fois il
« sembloit qu'elle ne touchoit point à terre.
« Aulcune fois qu'elle volast ou qu'elle fust éle-
« vée en l'air, et aussy à petit d'espace elle
« faisoit si grand chemin que nul tant fust fort
« et bon chemineulx ne le povoit poursuivre. »

A Paris, les pieux voyageurs présentèrent leurs hommages au Légat et réclamèrent sa protection. De là ils se rendirent en Bourgogne, où les avait précédés le bruit des merveilles que le Seigneur opérait en leurs personnes. Aussi les grands briguaient-ils l'honneur de les loger.

Cette faveur fut accordée au jeune duc de Savoie Amédée VIII qui résidait alors à Bourg-en-Bresse. C'est de ce moment que datent le respect, la vénération et la générosité de ce prince pour la fille du charpentier de Corbie.

De là ils se rendirent à Rumilly, au château de Blanche de Savoie, comtesse de Genève. Instruite par le P. Henri et des avertissements célestes qu'il avait reçus lui-même et des opérations merveilleuses de l'Esprit-Saint dans l'humble Colette, la princesse accueillit la servante de Dieu avec les marques du respect le plus profond. Celle-ci complètement dominée par le sentiment de sa petitesse, profondément recueillie en elle-même et en la présence de son Dieu, voyait à peine les démonstrations qui eussent été pour elle un tourment, et avec une pieuse habileté elle sut alors comme toujours, dans ses autres voyages, se retirer dans le plus humble appartement. Sa modestie et sa candeur gagnaient les cœurs, persuadaient les esprits et tous se disaient en la voyant: « Le doigt de Dieu est là. »

La comtesse de Genève, nièce du prédécesseur de Benoît XIII, avait conservé des relations avec la Cour pontificale et avec le Pape lui-même. Elle donna donc au P. Henri des lettres de recommandation qui lui devaient être très utiles. Elle chargea de plus une dame de sa petite cour d'accompagner les voyageurs et même de les devancer pour leur préparer à Nice un accueil favorable. Cette noble dame fut atteinte, en approchant de la ville d'un mal étrange. Elle perdit le sens et même la pudeur. Ses discours, ses actions, son maintien, manifestaient une véritable possession. Le démon voulait déshonorer une entreprise qui lui déplaisait si fort et la faire avorter avant qu'elle fût commencée. Dans sa folie cette infortunée ne cessait pas cependant de demander d'être présentée au Pape. La présence à Nice de cette extravagante, ses folies, ses instantes prières de voir le souverain Pontife, firent quelque bruit et parvinrent jusqu'aux oreilles de Benoît XIII. Le Pontife, animé de l'esprit du Vicaire de Jésus-Christ, eut pitié de cette malheureuse femme ; il la fit admettre en sa présence. Aussitôt elle fut délivrée et s'acquitta très bien de sa commission. Dans son égarement, elle n'avait point perdu les lettres qui lui avaient été confiées. Benoît XIII ayant pris connaissance de ce que lui écrivaient et la comtesse de Genève et son légat à Paris, Antoine de Chaland, donna des ordres pour faire recevoir convenablement dans une maison religieuse celle qu'il regardait déjà comme une grande servante de Dieu et il fixa le jour où il l'admettrait à son audience. Sur le point de paraître devant la première majesté de la terre, majesté plus divine qu'humaine, et de traiter avec elle d'intérêts si élevés, « la « glorieuse ancelle de Notre-Seigneur retourna « au sacrifice de sainte oraison comme elle avait

« accoutumé en toutes ses affaires, et à Dieu
« elle et son fait recommanda ; puis s'en alla en
« bonne simpleté, confidence et grant humilité,
« les yeulx en bas et le cuer en hault élevé à
« Dieu et le vénérable Père et noble dame (ba-
« ronne de Brisay, sans doute) et plusieurs
« autres notables personnes avecque elle. Quand
« elle parvint jusques à la présence du Saint-
« Père, ainsy comme il levait ses yeulx pour la
« doulcement regarder et bénignement saluer,
« une chose de grant admiration advint, car
« devant la dite ancelle de Notre-Seigneur du
« haut de la dite chayre où il étoit assis, il chut
« à terre, dont elle eut en son cuer ugne grant
« freieur ; et ainsi comme il cheoit, Dieu lui
« donna clère congnoissance qui elle étoit et
« et que elle demandoit ; dont il fut grandement
« conforté, et incontinent qu'il fust relevé, de
« son propre mouvement il se avancha et prit
« une petite boursette pendant à sa corroye, où
« elle avait mis ce petit rollet qu'elle avoit escrit
« en son renclusage, des choses que Dieu par
« grâce lui avoit manifestées et qui lui estoient
« nécessaires (1). »

Après que le Pape eut pris connaissance de cet écrit, elle ajouta de vive voix quelques explications. Elle lui ouvrit son cœur et précisa encore ses demandes qui se réduisaient à deux : 1° qu'elle pût prendre l'état et la vie évangéliques, c'est-à-dire qu'elle pût entrer au second

(1) Pierre de Vaux.

ordre que Mgr saint François institua et dont Mme sainte Claire fut la première ; 2° la seconde chose qu'elle demanda, fut la réparation et la réformation des ordres que Mgr saint François institua (1). Ces demandes paraissaient justes et raisonnables ; le Pontife était disposé à les accorder. Mais, avec la prudence et la maturité qui dirigent toujours l'Église dans les affaires si graves, pour disposer et éclairer les esprits des cardinaux qui devaient être les soutiens de l'œuvre, il remit sa réponse à un autre jour. En effet, le conseil du Pape n'avait pas reçu les lumières qui l'avaient éclairé lui-même. Dans ce temps de relâchement, les meilleurs esprits étaient stupéfaits de la proposition de faire revivre une règle si austère. L'œuvre était entreprise par une jeune fille inconnue, d'une extrême simplicité. La prudence humaine semblait défendre de se confier à un instrument si faible, pour opérer de si grandes choses. Beaucoup de conseillers du Pape raisonnaient ainsi. Pour lui, il entretint encore plusieurs fois l'humble vierge et il trouva toujours en elle une prudence, une sagesse, une discrétion, un esprit tout débordant de la sève évangélique. C'est pourquoi il se confirma dans son premier jugement, et se persuada que les lumières qui lui avaient été communiquées à lui-même étaient vraiment divines. Il attendait que ses conseillers reconnussent la vérité. Bientôt une peste violente

(1) **Pierre de Vaux.**

éclata à Nice et emporta plusieurs des plus opposés à l'œuvre de sainte Colette. La mort frappait avec une sorte d'intelligence qui persuada à des esprits sérieux que le doigt de Dieu était là. Dans une dernière assemblée, un des cardinaux représenta que refuser les demandes faites, c'était s'opposer à la pratique parfaite de l'Évangile. L'opposition se tut et tous les conseillers du Pape opinèrent en faveur de Colette.

Grande fut la joie de l'humble vierge à cette nouvelle. Ses vœux allaient être comblés. Son âme était inondée d'une consolation toute céleste. Ce fut surtout aux pieds de Jésus qu'elle exprima son allégresse par un nouvel élan de ferveur. Elle employa le peu de temps qui lui restait à se préparer à la profession qu'elle allait faire. Le souverain pontife, en effet, libre de suivre ses inspirations et ses sentiments de vénération pour la servante de Dieu, la dispensait d'un noviciat régulier, amplement suppléé par sa vie antérieure, et voulut faire lui-même la cérémonie de la profession.

Après une allocution pleine de tendresse paternelle sur la vie qu'elle embrassait, il lui imposa le voile et la ceignit du cordon séraphique. Pour elle, toute absorbée dans sa dévotion, elle voyait et entendait à peine ce qu'on faisait et accomplissait auprès d'elle et sur elle. Le Pontife, après la profession, procéda aux cérémonies pour la bénédiction d'une abbesse, lui conférant en même temps l'autorité sur toutes celles qui embrasseraient la réforme. De plus, d'après les témoignages les plus graves (1), dépassant de beaucoup les désirs de Colette, il lui accorda la faculté de se choisir un confesseur qui pourrait admettre à la profession de la règle primitive de Saint-François les frères mineurs qui voudraient l'imiter. Ceux-ci seraient toujours d'ailleurs sous la direction de l'abbesse Colette. Le ministre général de l'Ordre de Saint-François était présent et lui donna aussi les pouvoirs de vicaire pour recevoir ceux et celles qui voudraient entrer dans la réforme. Le Pape lui permit même de faire consacrer les églises des monastères qu'elle fonderait, par un évêque étranger si l'évêque diocésain s'y refusait. Le Pontife, recevant une effusion de la grâce surabondante répandue sur la jeune professe, accomplissait tous ces actes avec une ferveur, un respect inaccoutumés. Les spectateurs, les cardinaux eux-mêmes étaient touchés. Il leur paraissait un ange, dirent-ils ; ils ne l'avaient jamais vu ni si majestueux ni si rayonnant de piété. Colette dans son recueillement et sa ferveur paraissait plutôt un ange qu'une créature humaine.

Le Pontife adressa encore à la nouvelle religieuse une allocution pour l'encourager, et lui offrit son appui et son secours. Il l'engageait à se fixer dans l'Aragon, dont il était originaire, parce qu'il pourrait là plus facilement pourvoir à tous ses besoins. Puis, l'ayant recommandée

(1) Différentes bulles, Wadding, etc.

à son confesseur, il dit en baisant l'épaule du P. Henri : « Épaules bénites qui porteront le pain « à une personne si sainte ! que ne suis-je digne « moi-même de mendier pour elle le pain quoti- « dien ! »

Enfin, il donna les ordres pour l'expédition des bulles renfermant les pouvoirs indiqués plus haut. Elles sont datées du 17 des kalendes de novembre, 13ᵉ année du pontificat de Benoît XIII, c'est-à-dire du 14 octobre 1406.

Ce grand événement accompli, la jeune abbesse et son directeur quittèrent Nice. Colette ne s'était pas bien rendu compte de la seconde partie de la cérémonie accomplie par le Pape. A peine en voyage, elle entend retentir à ses oreilles le nom de mère, d'abbesse. Elle voit des respects, des honneurs nouveaux rendus à sa personne. Elle ne peut croire d'abord que ces titres, ces hommages s'adressent à elle-même. Enfin, elle demande des explications et apprend qu'elle est instituée abbesse. Sa joie se change en amertume. Aux consolations succèdent le trouble et l'ennui le plus profond. Elle envoya un exprès au Pape pour le conjurer de la délivrer de ce fardeau. Elle n'a demandé que le bonheur de servir dans leurs maisons les vraies filles de sainte Claire. Le Pontife édifié de tant d'humité répondit : « Ce qui est fait est fait, et demeurera. » et pour essayer de la consoler, il lui envoya un bréviaire magnifique sur vélin, orné de miniatures, qui est encore conservé au couvent de Poligny. Le P. Henri s'efforça de dissiper ce trouble, mais il ne put entièrement guérir la blessure faite à l'humilité de sainte Colette. Elle ne prit jamais le titre d'abbesse et ne voulut pas même qu'on lui adressât jamais le nom de mère. Parlant d'elle-même, elle se servit toujours de ces expressions : « Pauvre sœur Colette, indigne serviteresse de Dieu: » Conformant sa conduite à ses paroles, partout et toujours elle choisit la dernière place.

CHAPITRE XI.

Nouvelles épreuves. — Persécution à Corbie.

La pieuse caravane cheminait péniblement dans une saison déjà difficile. Colette, fatiguée par tant d'émotions, de luttes et de combats, était accablée par la charge qui lui était imposée. La nature parut sur le point de succomber. Une fièvre violente saisit la jeune abbesse et la réduisit en très peu de temps à l'extrémité. Sa bouche était complétement desséchée sous l'action du feu intérieur qui la dévorait ; sa langue retirée avait presque disparu de la bouche ; elle ne pouvait plus parler ni prier oralement. Le P. Henri et la baronne de Brisay étaient auprès de son lit, dans la désolation, croyant voir à chaque instant disparaître le fondement de leurs espérances pour le salut de la chrétienté. Tout à coup se présente auprès de la malade une jeune dame d'une grande beauté, d'un port majestueux, pleine de douceur et de modestie; ayant considéré quelques instants la malade avec compassion, elle demande deux jaunes d'œuf, ouvre d'une main la bouche de la mourante, et de l'autre les y introduit en ramenant autant que possible la langue à sa place naturelle, puis elle baise affectueusement ce visage sur lequel étaient déjà imprimés les signes d'une mort prochaine, et elle disparaît. Aussitôt la malade se leva parfaitement guérie. Au témoignage de sœur Perrine, ni sainte Colette ni le P. Henri ne doutèrent point que ce fût la sainte Vierge qui était venue la guérir.

Les voyageurs revirent la comtesse de Genève pour la remercier de ses bons offices. Elle voulait les retenir dans la ville de Rumilly. Amédée VIII sollicitait la même faveur pour Bourg-en-Bresse. Mais Colette, inspirée par l'amour de sa patrie et par son humilité, voulait s'enfermer dans une profonde retraite sur le sol natal ou dans les provinces voisines. Aussi n'avait-elle demandé et obtenu que la faculté de s'établir dans un des trois diocèses d'Amiens, de Noyon ou de Paris. C'est pourquoi elle résista à ces puissantes sollicitations et continua sa route vers la Picardie le plus promptement possible, pour échapper aux honneurs qui lui étaient rendus. Elle ne prévoyait guère les tribulations qui l'attendaient ; mais Dieu en avait ainsi disposé afin que ce pur froment, agité, séparé de tout mélange impur et semé au loin, produisît une plus abondante moisson.

A Corbie, on avait vu avec peine le départ de la recluse. L'amour-propre, l'intérêt s'unirent bientôt pour interpréter défavorablement la démarche de Colette. Les Bénédictins voyaient avec dépit un disciple de Saint-François devenir le directeur d'une jeune personne qui leur avait autrefois donné de grandes espérances. Les habitants avaient perdu un secours dans leurs peines et quelques avantages temporels procurés par les visiteurs étrangers. Les accusations d'inconstances et d'autres plus graves s'étaient renouvelées depuis que Colette était sortie de sa réclusion. Quand la jeune abbesse reparut avec le P. Henri, les esprits étaient donc changés à son égard, ils lui étaient même devenus hostiles. Les Bénédictins, seigneurs temporels et spirituels, entendant parler de l'établissement d'un couvent de l'ordre de Saint-François, s'émurent. S'ils n'inspirèrent pas des actes coupables, ils ne firent rien de ce qu'ils étaient obligés de faire pour protéger la faiblesse, l'innocence, la vertu. Ils laissèrent Colette sans défense, en butte aux avanies, aux insultes, aux calomnies les plus injustes, les plus révoltantes. Nous verrons plus loin une étrange punition infligée à l'abbé Raoul de Roye. La discrétion, la modération des premiers biographes qui mentionnent ces circonstances avec une charité toute évangélique, sont vraiment admirables. C'étaient les amis, les disciples de sainte Colette ; ils étaient inspirés par son esprit de mansuétude et de patience. Ce n'est qu'en pesant bien leurs expressions et en les interprétant par les traditions locales, que le lecteur parvient à comprendre toute l'étendue du mal.

Reconnaissant l'impossibilité d'établir une communauté à Corbie ou dans les villes voisines, Colette alla à Noyon, où la bulle pontificale l'autorisait à commencer son œuvre. Elle dut revenir chercher un asile momentané à Corbie. Les insultes se multipliaient et paralysaient même le bon vouloir de ses amis, qui étaient aussi l'objet des plaisanteries. On n'osait plus avoir de rapport avec elle, ni lui rendre aucun service, encore moins la défendre contre les mépris. Enfin la persécution fut atroce, dit Pierre de Vaux. Après s'être à longs traits abreuvée d'opprobres et d'outrages, n'opposant aux injustices et aux injures que le bouclier de la patience et de la charité, Colette dut, pour ne point provoquer de nouvelles insultes, céder à l'orage. S'étant recommandée à Dieu dans la chapelle de Sainte-Brigitte, elle gravit péniblement la colline qui domine Corbie et alla se réfugier dans les carrières creusées dans ses flancs. Du haut de cette montagne, les yeux en pleurs contemplant son ingrate patrie, comme Jésus-Christ, Jérusalem, elle s'écria, dit-on : « Malheureuse ville, on dira un jour : ici fut Corbie ! » Et aujourd'hui cette parole est vraie ! La cité n'est plus l'antique cité. Non seulement elle est immensément déchue, mais elle n'est plus où elle était ; les guerres, les incendies l'ont anéantie, transformée ; et surtout Corbie n'est plus parce que de son abbaye, qui était tout alors, il ne reste rien que quelques tristes vestiges attestant au voyageur des richesses et des splendeurs à jamais disparues. Les majestueux édifices ont été détruits par une haine aveugle et un absurde esprit de vengeance.

Que va devenir la jeune abbesse, n'ayant pour couvent qu'une carrière abandonnée ? Elle s'y renfermerait volontiers pour le reste de sa vie. Que lui importe la lumière du jour ? elle a une lumière supérieure et un soleil bien plus splendide pour éclairer son âme. Qu'elle serait heureuse d'échapper au douloureux spectacle des passions humaines toujours en furie ! Elle ne demanderait aux hommes qu'un bien faible morceau de pain. Une main amie ne le lui refuserait pas et elle goûterait le repos et la paix dans ses saintes oraisons qui ne seraient plus interrompues. Mais est-ce pour cela que Dieu l'a tirée de sa solitude ? Est-ce à cette sépulture dans les entrailles de la terre que devaient aboutir les illuminations célestes, les avertissements, les rigueurs même dont elle a été l'objet ? Dieu ne veut-il pas autre chose, et comment exécuter sa volonté? Sans doute ses desseins ont été compromis par les fautes de sa servante; elle l'avait prévu. Pensée navrante pour le cœur de Colette! L'épreuve est rude, profonde, complète. Aux consolations de Nice succèdent promptement les plus amers chagrins, les plus vives anxiétés. Peut-elle croire encore que sa mission est divine? Son humilité, ses résistances intérieures ont enraciné profondément dans son cœur la conviction et l'obéissance qui sont aujourd'hui sa force. N'attribuant qu'à ses fautes toutes ses déceptions, avec une magnanimité héroïque, elle persévère dans l'exécution des ordres du Ciel. La sagesse humaine se trouble en voyant Dieu soumettre ses amis à des épreuves si pénibles, à de si profondes amertumes. Les pensées humaines ne sont pas celles de Dieu. *Tollat crucem suam*, il faut porter sa croix, dit le Seigneur; rien de solide, de durable ne se fait que par la souffrance. Quelque chose manquait encore à la servante de Dieu pour l'œuvre qu'elle devait exécuter, elle vient de le mériter, de l'acquérir. Son âme est de nouveau trempée et dégagée de toute affection trop humaine. D'ailleurs plus l'édifice doit être élevé, plus les fondements doivent être profonds, et le Seigneur vient de l'obliger à creuser encore dans l'abîme de l'infirmité humaine. Par là, il voulait montrer que la réforme était son œuvre. Voilà l'impuissance de la créature bien constatée; le Seigneur va agir.

CHAPITRE XII.

Heureux commencements de la réforme.

Toute porte était fermée à Colette en Picardie, il ne lui restait d'autre parti à prendre que d'aller demander à ceux qui le lui avaient offert, un concours qu'elle avait d'abord refusé. De l'avis du P. Henri, elle retourne en Savoie ; c'est au château paternel de la Balme, chez son frère, que ce tuteur dévoué conduit la pupille que le Ciel et l'Eglise lui ont confiée. Deux fidèles amies de Corbie furent assez généreuses pour la suivre. Elles dirent à Colette comme Ruth à Noémi : « Partout où vous porterez vos pas, nous porte-
« rons les nôtres ; le lieu où vous vous fixerez,
« nous nous y fixerons ; votre famille sera notre
« famille ; la terre qui vous recevra dans son
« sein, nous recevra aussi. »

Ce furent Marie Sénéchal et Guillemette Chrétien. D'autres les suivirent à diverses époques, et pour l'honneur de la patrie de sainte Colette, il faut citer : sœur Matthiote et sœur Jeanne Francresse, qualifiées cousines de la sainte ; sœur Jeanne de Corbie, qui devint abbesse du couvent d'Aigueperse ; Jacquette Legrand, qui mourut portière à Vevay et qui avait servi Colette dans sa réclusion ; peut-être celle-ci partitelle de Corbie avec la jeune abbesse ; sœur Agnès de Vaux, près Hesdin, qui fut honorée de l'intimité de sa sainte mère ; c'était peut-être une pénitente du P. Pinet, par lequel elle aurait connu la grandeur de la recluse de Corbie. Marguerite de Cayeux paraît encore être une picarde.

Ce n'est pas seulement sur les femmes que sainte Colette exerça une influence sanctifiante. Nous devons aussi pour sa gloire et l'honneur de Corbie faire connaître un personnage resté jusqu'ici dans l'oubli. Voici ce qu'on lit dans le nécrologe manuscrit de l'abbaye de Cluny : Le VII des kalendes de décembre (25 nov.) au monastère de Cluny, sépulture du bienheureux Toussaint, moine prieur de ce lieu très justement appelé Toussaint. Emule des anciens pères de son monastère il fut la gloire de cette maison et la copie fidèle de la sainteté antique. Du diocèse d'Amiens, né à Corbie, il était le cousin de sainte Colette la fondatrice des religieuses appelées Colettines. Par l'exemple de sa vie, par la stricte observance de la règle monastique il se rendit vénérable. Très dévot à sainte Catherine vierge et martyre, c'est au jour consacré par la mort héroïque de cette sainte qu'il mourut à l'âge de 66 ans. A sa mort, dit l'auteur de sa vie, le Seigneur manifesta sa sainteté par plusieurs merveilles. Il s'illustra sous Odon ou Odelon et mourut en 1420. On ajoute plus loin qu'il avait été amené à Cluny par sa parente et qu'il fit quatre pèlerinages à Rome. Sa sœur appelée Firmine fut aussi religieuse bénédictine.

On voit par là que si la persécution avait paralysé le bon vouloir du plus grand nombre, elle n'avait pas éteint les sympathies de tous.

Alard de la Balme était le digne frère du P. Henri. Il l'accueillit, elle et ses protégées, avec bonheur, et mit son château à la disposition de Colette. Celle-ci se cacha humblement dans le plus misérable réduit de l'habitation, et commença autant que possible, avec ses compagnes, les pratiques de la vie monastique.

Elle apporta les bénédictions de Dieu sous le toit hospitalier qui lui offrait un abri. L'épouse d'Alard de la Balme était depuis longtemps déjà dans les périls et les douleurs d'un long et difficile accouchement. Dès son arrivée, Colette se mit en prière, et aussitôt cette femme près de succomber mit au monde une fille qui sera la gloire de la réforme, la compagne de sainte Colette pendant trente ans, et une des biographes les plus sûres de sa mère spirituelle. C'était sœur Perrine, ainsi appelée par abréviation de Pétronille. Ses sœurs la précédèrent dans la vie religieuse. Les vertus qu'elles virent pratiquer par la jeune abbesse et ses compagnes inspirèrent à Odile de la Balme, puis à Mahault, le désir généreux de les imiter. Eclairées et encouragées par leur oncle le P. Henri, elles obtinrent le consentement de leurs parents et se joignirent aux servantes de Dieu. D'autres jeunes personnes de familles distinguées vinrent aussi se ranger sous la conduite de Colette, et les appartements dont elle pouvait disposer dans l'habitation d'Alard de la Balme devinrent insuffisants. La comtesse de Genève qui déjà avait pris Colette pour directrice, lui offrit une partie du château qu'elle possédait elle-même en ce lieu. Ce fut donc dans cette demeure princière que la fille du charpentier de Corbie, qui n'avait naguère pour refuge qu'une carrière abandonnée, commença à faire observer la vie régulière et surtout la stricte pauvreté. Combien Blanche de Savoie fut heureuse de fournir le berceau de cette famille qui commençait à se former. Elle vit bien cependant que cet arrangement ne pouvait être que provisoire, et elle voulut procurer à ses protégées un asile définitif. Sans en parler à Colette, elle demanda à Benoît XIII les pouvoirs nécessaires pour la fondation d'un couvent auprès de son château de Rumilly; mais, quand elle communiqua la bulle pontificale à la jeune abbesse, celle-ci lui fit observer que Rumilly, ville alors ouverte, ne pouvait convenir; qu'une communauté de femmes y serait trop exposée dans ces temps de troubles et de guerres fréquentes. La comtesse de Genève comprit ces motifs, et chercha d'autres moyens d'être utile à sa vénérable amie.

Celle-ci, désormais libre de suivre les inspirations célestes dans une demeure bien différente d'un couvent, il est vrai, mais complétement à sa disposition, put faire revivre pleinement la règle donnée à sainte Claire par saint François. Pour elle-même, c'était chose facile ; pour les jeunes personnes à peine délivrées du monde, c'eût été plus difficile, si elles n'avaient vu leur sainte mère dans l'éclat incomparable de ses vertus. La sainte abbesse commandait peu ; car, en la voyant, ses disciples apprenaient leur devoir. Il ne leur était pas ordonné d'égaler leur guide; cela leur eût été impossible. En l'imitant seulement de loin, elles devenaient de parfaites religieuses. D'ailleurs, les prières de Colette, toutes pleines d'une ardeur séraphique, obtenaient une telle effusion de l'Esprit-Saint sur ces jeunes âmes, qu'elle était ravie elle-même en voyant leurs progrès et leur générosité. Ces vierges élevées dans les délicatesses du monde ne respiraient plus que mortifications, sacrifices, abnégation, humilité, prières et oraisons.

La bonté divine s'empressa de manifester la complaisance avec laquelle elle contemplait ces vertus naissantes et de les récompenser par des faveurs nombreuses. Un jour, la jeune abbesse conférait avec son confesseur sur les intérêts de leur œuvre, quand ils virent tout à coup descendre du ciel une corde, blanche comme la neige semblable à celle des Clarisses. Elle alla se reposer dans les mains de Colette, qui la reçut avec respect sans rien dire, confuse sans doute de cette faveur divine qui était une approbation authentique du genre de vie de ces saintes filles et la glorification de leurs vertus.

Il fallait déterminer la manière de chanter l'office canonial. Les nouvelles Clarisses adopteraient-elles le chant ecclésiastique, ou y substitueraient-elles le ton uniforme de la psalmodie? Sainte Colette et le P. Henri délibéraient, hésitaient incertains ; tout à coup ils entendent un chant uniforme, mais harmonieux, accordant peu au sens de l'ouïe, mais laissant plus de liberté à l'esprit intérieur pour agir. C'étaient des anges qui portaient l'antienne aux filles de Sainte-Claire, anges terrestres qui répondent aujourd'hui encore sur le même ton fidèlement conservé.

Notre sainte avait une voix puissante et harmonieuse que la ferveur développait d'une manière surhumaine. Plus d'une fois, assure le R. P. de Vaux (ch. x), elle fut entendue d'une grande lieue. Elle se portait avec une ardeur extrême à entonner les chants sacrés et à payer au Seigneur le tribut que lui doit toute créature. Rien de plus agréable pour elle que l'assistance au chœur et la récitation de l'office. Elle gémissait lorsqu'elle en était empêchée par l'infirmité. « O heureuses, s'écriait-elle, les âmes qui peuvent célébrer continuellement les louanges divines ! » et elle était plus affligée de cette privation que des plus violentes douleurs corporelles.

La suavité intérieure qu'elle goûtait pendant l'office transformait tout son être, dit sœur Perrine. Elle lui rendait sa vigueur brisée par les maladies et les austérités. Nul ne pouvait plus, en la voyant si ardente, soupçonner le poids des peines qui l'accablaient ordinairement. Son visage tout rayonnant attirait tous les regards; il devenait comme un foyer de chaleur surnaturelle qui échauffait le cœur de ses disciples. Plus d'une fois, il plut au Seigneur de manifester et cette ardeur de ses prières, et leur puissance par des signes sensibles. Un jour plusieurs de ses religieuses virent comme un brandon de feu sortant de sa bouche. Il projetait une vive lumière qui pénétrait le ciel. D'autres fois c'était comme un soleil brillant qui embrasait sa cellule. Aussi arriva-t-il que son voile fut carbonisé par les flammes qui sortaient de sa bouche. Quelquefois ce n'était pas seulement sa face qui devenait lumineuse, mais une splendeur merveilleuse, rejaillissant de son âme sur son corps tout entier, l'enveloppait complètement d'une lumière brillante et illuminait son oratoire. Une sœur, pénétrant à l'improviste dans sa cellule, tomba évanouie en l'apercevant transfigurée et resplendissante.

Outre l'office canonial, sainte Colette accomplissait encore les pratiques particulières des sœurs converses. Elle récitait l'office de la sainte Croix, deux fois les vigiles des morts, plusieurs fois les psaumes pénitentiaux, les litanies des Saints et un grand nombre de rosaires. Elle aimait et vénérait beaucoup le rosaire dont elle se servait. Quand ses violentes douleurs l'avaient mise hors d'elle-même, il lui suffisait de toucher les grains de son chapelet pour reprendre toute sa présence d'esprit. Au milieu de ces pratiques si multipliées, elle ne négligeait pas cependant la direction des âmes, le gouvernement de ses communautés, ni les rapports nécessaires avec les personnes du monde qui venaient réclamer ses prières et recueillir ses avis. Les nuits arrachées au sommeil lui donnaient du temps pour satisfaire son ardente dévotion.

Les habitants de la Balme pourvoyaient généreusement à la subsistance des pauvres servantes de Dieu. Une famille surtout, sans doute celle d'Alard, avait une générosité inépuisable envers sainte Colette et ses filles. Un jour, dans l'oraison, le Seigneur fit voir à sa servante une armée de démons qui la menaçaient elle-même, et avec elle la famille de ses protecteurs. Elle appela ses religieuses et obtint de Dieu qu'elles vissent aussi le même spectacle. Ces jeunes novices tremblaient, mais elle leur fit voir en même temps les anges qui les protégeaient elles et leurs amis, avec une sollicitude et une puissance victorieuses. Elles aperçurent même une échelle d'or par laquelle les anges montaient, portant sur l'autel céleste les prières des Clarisses et les aumônes qui leur étaient faites. Toutes furent rassurées, consolées et remplies d'une nouvelle ardeur.

CHAPITRE XIII.

La nouvelle communauté est transférée à Besançon.

La comtesse de Genève n'ayant pu faire agréer la fondation d'un couvent à Rumilly auprès de son château et comprenant d'ailleurs que la jeune communauté ne pouvait toujours demeurer dans la maison de la Balme, tourna ses vues ailleurs. Il y avait à Besançon un monastère de Clarisses qui avait adopté les mitigations obtenues d'Urbain IV. Le relâchement avait sans doute été croissant et la communauté déconsidérée n'avait plus trouvé à se recruter. Le monde, qui condamne les grandes austérités, conserve cependant son respect à ceux qui les pratiquent et retire sa confiance aux communautés relâchées. C'est l'histoire de l'extinction d'un grand nombre de maisons religieuses et le secret de beaucoup de révolutions sociales. D'ailleurs, les âmes généreuses qui veulent se donner à Dieu préféreront toujours choisir leur retraite là où elles trouveront l'intégrité des règles primitives. Pour vivre selon les sens, il n'est pas besoin de quitter le monde et de s'enfermer dans la solitude. Il n'y avait plus que deux religieuses dans le monastère des Urbanistes de Besançon. La comtesse de Genève, l'ayant appris, demanda à Benoît XIII cette maison pour ses protégées.

Le Pape n'avait pas changé de sentiments à leur égard et il s'empressa d'acquiescer à une demande qui entrait si bien dans ses vues. C'est pourquoi, le 27 janvier 1408, il signa une bulle qui donnait à l'abbesse Colette le monastère de Besançon, à condition toutefois de pourvoir d'une manière convenable à la subsistance des deux dernières religieuses.

Sainte Colette ne se mit point immédiatement en possession de ce monastère, sans doute à cause des circonstances qui se produisirent alors et aggravèrent le désordre schismatique de l'Eglise.

En effet, comme dans les négociations pour le rétablissement de la concorde, les deux prétendants à la papauté ne paraissaient pas très sincères, la France et d'autres provinces de la chrétienté, renonçaient dès le 15 mai 1408, à l'obédience de Benoît XIII et se déclaraient neutres. Dans ces circonstances, la bulle datée de quelques mois auparavant courait risque d'être contestée.

En 1409, le 26 juin, le Concile de Pise composé des cardinaux anciens des deux obédiences et d'un très grand nombre de prélats, après avoir condamné les deux contendants, élisait pour pape Pierre de Candie, de l'ordre des Frères-Mineurs, qui prenait le nom d'Alexandre V. Naturellement, il fut reconnu par tous les disciples de Saint-François ; son élection paraissait plus légitime, cependant elle ne fit qu'augmenter la division. Quoi qu'il en soit, Colette, sacrifiant généreusement les sentiments de sa reconnaissance et le souvenir des faveurs reçues à Nice aux inspirations de la foi catholique, quitta l'obédience de Benoît XIII et se soumit à l'autorité d'Alexandre V.

Assurée de la protection de ce dernier et de l'approbation qu'il donnerait aux faveurs accordées par Benoît XIII, elle se détermina à se transporter elle et sa communauté à Besançon ; les deux années écoulées avaient été employées à préparer les esprits, à déterminer les bases principales des arrangements à intervenir.

Thibault de Rougemont, archevêque de Besançon, instruit de tout ce qui concernait sainte Colette par la comtesse de Genève, heureux de doter sa ville épiscopale d'une communauté si fervente et si puissante auprès de Dieu, employa toute son autorité pour l'exécution des bulles pontificales et provoqua pour l'arrivée de la jeune abbesse une manifestation admirable. C'était le 14 mars 1410. L'évêque, à la tête de son clergé et suivi d'un peuple immense, s'avança jusqu'au village de Beure, à plus d'une lieue de Besançon, pour recevoir la servante de Dieu et ses filles. La comtesse de Genève n'avait pas voulu céder à d'autres l'honneur de présenter la jeune abbesse au vénérable prélat. Elle la conduisit elle-même, accompagnée de sa nièce,

Mahaut de Savoie. Ainsi, hauts dignitaires de l'Eglise, princes de la terre, toutes les grandeurs viennent former un noble cortège à la fille du charpentier. La fugitive de Corbie fait une entrée triomphale dans la capitale de la Franche-Comté. Tous étaient dans la jubilation et l'allégresse. Ils se félicitaient de recevoir dans leurs murs une sainte dont ils avaient déjà entendu dire de si grandes choses.

Le R. P. Bassand avait sans doute fait connaître à sa famille tout le mérite de celle qu'il avait si bien connue en Picardie. Parmi les religieuses de la réforme, nous en trouvons une, Louise Bassand, qui était sans doute sa parente. Sa vertu la fit distinguer entre ses sœurs. Elle eut l'honneur de recevoir de la réformatrice une lettre qu'on trouvera aux notes. La baronne de Brisay, qui avait habité Besançon et y était venue mourir après sa mission accomplie, avait également raconté les choses dont elle avait été témoin. Enfin, un écuyer de la comtesse de Genève assurait qu'il avait vu la tête de la jeune abbesse entourée d'une auréole lumineuse pendant tout le voyage.

C'est au milieu de ce concours universel et de cette jubilation publique, que sainte Colette et ses filles furent introduites dans le monastère de Besançon.

Cependant il fallait remplir les intentions paternelles du souverain Pontife à l'égard des deux dernières Urbanistes. La nouvelle abbesse du monastère de Besançon ne pouvait manquer à ce devoir de charité. Dès son arrivée, elle se présenta à elles avec respect et charité, leur expliqua elle-même son œuvre, et sans doute répéta alors les paroles qu'elle disait souvent et avec de si puissants motifs : « Mes sœurs, je « vous dis que cette religion n'est pas la reli- « gion de sœur Colette ni du P. Henri, mais la « religion de Notre-Seigneur Jésus-Christ, car « il vient en personne pour la réformer. » Elle leur protesta, du reste, qu'elles étaient parfaitement libres ou d'adopter le rétablissement de l'ancienne règle, ou de vivre dans une partie de la maison selon leurs usages particuliers, conformément à la décision du Souverain Pontife qui leur attribuait, sur les rentes de leur monastère, ce qui était nécessaire à leur subsistance ; ou enfin de se retirer avec la dotation assurée dans telle autre communauté qu'il leur conviendrait de choisir. L'une d'elles, sœur Simonette, embrassa généreusement la réforme, dans laquelle elle s'éleva à une haute perfection et mourut en odeur de sainteté. L'autre entra chez les Bernardines.

Il restait une autre affaire à régler. Le monastère possédait des rentes, et Colette, fidèle à l'esprit de saint François et de sainte Claire qui les refusèrent toujours, avait hâte de se dépouiller de ce dont les mondains sont si avides.

Alexandre V, récemment élu par le concile de Pise, avait envoyé à Avignon, pour gouverner cette principauté de l'Eglise et remplir les fonctions de légat en Bourgogne et autres provinces hors de France, Pierre de Thuray, cardinal de Sainte-Suzanne.

Ce prince de l'Eglise, par une lettre datée du 17 mai 1410, donna commission à l'archevêque de Besançon de fonder des chapellenies avec les biens et les rentes dont sainte Colette voulait se dépouiller.

Thibaut de Bougemont, par une ordonnance du 24 octobre suivant affecta en effet la dotation du monastère de Besançon à la constitution de trois chapellenies dont les titulaires, à la nomination de la supérieure du couvent, devaient dire la messe dans la chapelle des Clarisses à l'heure fixée par l'abbesse. Plus tard l'insuffisance du revenu fit réduire à deux le nombre des chapelains. Voilà Colette au comble de ses vœux; elle possède un asile humble, mais disposé pour les exercices de la vie religieuse, et elle jouit de la pauvreté la plus complète. Le légat, par une autre lettre datée du 24 mai 1410, confirma toutes les concessions faites par l'autorité apostolique à la vénérable sœur Colette.

Cette pièce est bien remarquable; elle ne parle ni d'Alexandre V ni de Benoît XIII, mais seulement de l'autorité apostolique. Elle ratifie ce qui a été fait dans l'une ou l'autre obédience. Voilà les sages tempéraments dont on usait alors et que l'Esprit-Saint, toujours avec son Eglise, inspirait pour le bon gouvernement des âmes.

CHAPITRE XIV.

Le Seigneur glorifie sa servante par des miracles.

Les habitants de Besançon ne tardèrent pas à recevoir la récompense de leur piété envers « l'humble ancelle de Notre-Seigneur. » Le cinquième jour après son arrivée, dit P. de Vaux, on lui présenta une femme notable de la ville qui était atteinte de plusieurs maladies très graves. D'après les caractères décrits, l'une d'elles devait être l'épilepsie avec d'autres accidents nerveux très étranges et des désordres très fâcheux et plus fréquents à l'estomac. Les crises étaient tellement violentes que quatre personnes ne suffisaient pas pour contenir la patiente pendant ses accidents douloureux. La malade, nommée Marguerite, était conduite par ses parents accompagnés d'un maître de théologie de l'ordre des Frères-Mineurs. Ils venaient la recommander aux prières de la vénérable abbesse. Celle-ci, après quelques paroles pleines de feu sur la bonté divine, les exhorta tous, mais surtout la malade, à avoir une grande foi en Notre-Seigneur Jésus-Christ, qui par sa bénigne grâce la guérirait, et elle se retira dans son oratoire. Elle en revint la face triste et éplorée et dit à la malade qu'elle n'avait pas

bonne foi en Dieu ; si elle l'avait, elle serait guérie. Après de nouvelles protestations de foi de la part de la malade, la servante de Dieu se retira de nouveau en son oratoire pour prier. Mais elle en revint plus triste et plus affligée que la première fois. La malade dans un de ses accès souffrait davantage. Sainte Colette lui dit : Ma mie, par faute de votre foi, votre ma-
« ladie continue toujours ; je vous prie que vous
« ayez bonne foi en Notre-Seigneur Jésus-
« Christ et j'ai ferme espérance que vous serez guérie. » Cette pauvre infirme répondit qu'elle l'aurait, et pria Notre-Seigneur, par l'intercession de sa servante de vouloir bien l'aider et secourir. En effet, l'abbesse rentrée une troisième fois en oraison, en sortit presque aussitôt joyeuse et le visage resplendissant : Par le moyen de votre foi, dit-elle, il a plu à Dieu de
« vous donner la santé. » Mais la malade repar-
« tit : Madame, je suis guérie, et Notre-Seigneur
« m'a donné la santé par sa grâce non pas pour
« bien ni foi qui soit en moi, mais pour les mérites
« des prières et oraisons que vous avez faites
« pour moi. » La petite ancelle lui répliqua : Gardez-vous bien de dire ainsi. » Mais elle comprit que la discussion était inutile et ne la préserverait pas de la responsabilité du miracle. Elle eut recours à un autre moyen. Elle lui commanda de faire, dans les quinze jours, un pèlerinage à une église de Saint-Loup, éloignée de six lieues. Ses maladies devaient la reprendre en arrivant

sur le territoire de cette église, et ne cesseraient que dans le cimetière qui entourait le sanctuaire. Ce qui arriva comme l'avait prédit la thaumaturge.

Sainte Colette opéra beaucoup d'autres miracles à Besançon, mais à des époques inconnues ; nous en rapporterons quelques-uns, d'après P. de Vaux et la sœur Perrine : nous choisissons ceux qui paraissent avoir été accomplis dans les premières années de son séjour.

Un habitant de cette ville était dans la douleur d'avoir vu mourir sa fille en naissant, il l'avait fait porter à l'église en toute hâte, espérant qu'un dernier souffle de vie venant à se manifester, elle pourrait recevoir la vie de la grâce. Son espérance avait été trompée. Cet homme de foi était en proie à une vive affliction dans la pensée que cette enfant si chère serait privée du bien suprême. Ses parents, ses amis l'exhortèrent à avoir recours à la vénérable abbesse. Il porta son enfant au couvent. Les sœurs l'enveloppèrent dans un voile de leur mère, qui consentit à prier pour elle. La petite créature, inanimée jusque-là, donna bientôt des signes de vie. Elle fut baptisée, reçut le nom de Colette et devint ensuite religieuse, puis abbesse de Pont-à-Mousson. Elle vivait encore quand les biographes de sainte Colette écrivirent ; elle s'appelait Colette Prucet ou Prucette, parce qu'alors on féminisait parfois les noms de famille. Ce miracle fut suivi, peu de temps après, d'un autre non moins admirable. Un bourgeois de Besançon avait enterré depuis deux jours déjà son enfant mort-né. Ses parents, ses amis lui faisaient reproche de ne pas avoir eu recours plus tôt à l'abbesse des Clarisses. Enfin, après un tel délai, cédant et aux observations et à sa douleur paternelle, il va déterrer l'enfant et le porte au couvent des Clarisses. Il ne put le faire si secrètement que des personnes sympathiques et des curieux ne s'unissent à lui. L'enfant ayant été placé devant l'abbesse, celle-ci pria quelque temps et bientôt la vie commença à ranimer ses petits membres presque en décomposition. L'enfant fut baptisé immédiatement. « C'est un prédestiné, » dit celle qui lui obtenait la vie. Entendant cette parole, une dame de Besançon voulut avoir le bonheur de l'élever ; mais, six mois plus tard, sa mort prématurée dans l'innocence baptismale réalisait la prophétie de la thaumaturge.

Dans ces premières années, en 1412, d'après l'abbé de Saint-Laurent, un jeune homme de 15 ans, encore vivant quand écrivait P. de Vaux, d'une des principales familles de Besançon qui a donné des présidents à mortier au parlement de Besançon, Jean Boisot, étant venu à mourir fut porté dans un linceul à la chapelle où sainte Colette entendait la messe. Le saint sacrifice fini, elle commanda au mort de se lever, et, plein de santé, celui-ci put retourner chez ses parents, au milieu d'un concours considérable de peuple attiré par le bruit d'une telle merveille. Il conserva une reconnaissance bien légitime envers celle qui l'avait retiré des bras de la mort. Il fut le protecteur du monastère et légua ses sentiments à sa postérité ; son dernier descendant, M. Boisot, abbé de Saint-Paul, vivait encore en 1783 à Besançon, selon le témoignage de l'abbé Lacerneux, auteur d'une vie manuscrite de sainte Colette.

Des prodiges si éclatants augmentèrent la confiance de tous et portèrent le nom de Colette jusqu'aux extrémités de la province et même dans les provinces voisines. Aussi le concours de ceux qui venaient solliciter des grâces et réclamer l'assistance de la sainte auprès de Dieu devint tellement considérable, qu'il fallut, pour conserver l'ordre dans la communauté, prendre des mesures sévères ; l'abbesse, ne consultant que son humilité, voulait s'enfermer rigoureusement et se refuser à toutes les sollicitations. L'archevêque établit un sage tempérament. Il fixa quelques heures de la journée pendant lesquelles l'abbesse recevrait ceux qui réclamaient ses avis et ses prières. La foi s'augmentant, les miracles se multiplièrent ; tous les enfants morts-nés lui étaient portés et elle les rendait à la vie au moins pour recevoir le baptême. Elle en ressuscita ainsi plus de cent. C'est ce qu'atteste sœur Perrine, en invoquant le témoignage des personnes les plus graves. Toutes les maladies cédaient à ses prières, à un signe de croix, même au contact des vêtements qui lui avaient servi. Elle ne se prêtait pas volontiers à exercer son pouvoir miraculeux. Par de pieux artifices, avec une adresse variée selon les circonstances, les sœurs lui faisaient faire le signe de la croix sur les malades, et ils étaient guéris. Une de ses religieuses souffrait si violemment de la tête, qu'elle se croyait près de la mort. Elle va trouver sa sainte mère, et la prie de faire le signe de la croix sur elle, en lui mettant la main sur la tête. Émue de compassion pour cette extrême douleur, la vénérable abbesse accède à ce désir et la malade est à l'instant guérie.

Une autre, tourmentée d'une vive douleur à la main, la lui présente en la priant de faire dessus le signe de la croix. Triste et affligée de se voir estimée et vénérée, Colette repousse avec une sorte de dédain la main qui lui est présentée. En la repoussant, elle la touche malgré elle et la guérit instantanément. Après ces grands miracles qui viennent d'être rapportés, sainte Colette se cachait toute confuse et demeurait dans sa cellule un jour, et quelquefois plus longtemps sans sortir. Quand elle reparaissait, les religieuses ne pouvaient s'empêcher de lui témoigner leur vénération. « Mes « chères sœurs, leur disait-elle alors, ce n'est « pas moi qui ai fait ces prodiges. Aidez-moi à

« remercier Dieu, qui veut autoriser par ces
« miracles notre réforme. Vous en ferez plus
« que moi, vous toutes, si vous n'épargnez
« rien pour gagner le cœur du Très-Haut, et
« vous le gagnerez sans doute si vous avez
« fort à cœur les trois choses que je vous re-
« commande si souvent plus que tous les au-
« tres : l'oraison, la pauvreté évangélique et
« une dévotion tendre et spéciale envers la
« sainte Vierge, qui m'a fait connaître qu'elle
« voulait être la mère de cette maison. Voyez
« quel attachement, quelle tendresse et quelle
« reconnaissance vous devez avoir pour une si
« bonne Mère (1) ! »

CHAPITRE XV

Autres faveurs extraordinaires accordées à Sainte Colette.

Cet empire divin sur les maladies et sur la mort elle-même était une récompense des vertus de la sainte abbesse et les lettres de créance de la réformatrice. Sans doute la gloire des miracles est un don gratuit, et de cette auréole Dieu couronne qui il veut. Mais les lois qui régissent

(1) L'abbé de Saint-Laurent.

le monde de la gloire ne sont pas toutes cachées, et il semble évident que la vivacité de la foi et l'ardeur de la charité obtiennent ordinairement de Dieu une part de son empire sur les êtres inférieurs. Que sainte Colette était admirablement disposée pour recevoir ces dons ! L'âme investie de cette prérogative ne peut ignorer la force nouvelle qui est en elle. L'Esprit-Saint la sollicite d'en user, et, sous son inspiration, elle ne craint pas de demander à Dieu de révoquer ses ordres, de changer ses arrêts et de suspendre ses lois. Mais quelle perfection dans cette prière et quelle ferveur dans ces supplications ! On en a vu des exemples dans le chapitre précédent. Pour qu'une âme puisse exercer un tel pouvoir, il ne lui faut pas seulement une éminente pureté, il lui faut de plus des ardeurs séraphiques dans la prière et une persévérance infatigable dans l'oraison. Ce sont des dons que possédait sainte Colette au degré le plus élevé.

La prière était l'âme de sa vie, sa joie, ses délices, sa principale occupation. Pour s'y livrer tout entière, elle écartait toutes les préoccupations inutiles, rassemblait toutes ses puissances intérieures et extérieures, naturelles et surnaturelles, et ainsi se plongeait en Dieu complètement. Alors elle était si profondément appliquée qu'elle ne voyait et n'entendait rien, et elle restait ainsi de longues heures abîmée dans une oraison ardente et une contemplation sublime. Loin d'éprouver de l'ennui, elle n'avait pas même le sentiment du temps qui s'écoulait. Elle croyait n'avoir prié qu'un instant, alors qu'elle avait persévéré un jour entier dans son oraison. C'était l'occupation de ses nuits. Elle dormait quelquefois à peine une heure en huit jours. Ses voyages même n'interrompaient pas sa prière. Une oraison si parfaite et si persévérante était comme une extase continuelle, ou une disposition parfaite à recevoir cette éminente faveur. Elle lui fut accordée à un degré bien merveilleux pendant son séjour à Besançon.

Nous avons vu la jeune Colette initiée par sa pieuse mère à la méditation fréquente des douleurs du Sauveur. Elle avait fait d'immenses progrès dans cet exercice. Son esprit et son cœur étaient continuellement tournés vers ce pôle de la vie chrétienne. A midi, au moment du crucifiement, elle ressentait une angoisse profonde. Elle se retirait à l'écart, s'il lui était possible, et, s'abîmant dans ses pieuses méditations, elle abandonnait son cœur aux plus vifs mouvements de la compassion et de l'amour.

Le vendredi surtout elle employait six, huit et quelquefois douze heures consécutives à la contemplation des douleurs de l'Homme-Dieu. Souvent de ces méditations fréquentes sur les souffrances du Sauveur, elle sortait défigurée, meurtrie, portant sur toute sa personne les marques des mauvais traitements dont la vue avait ému son cœur. Enfin, elle fut obligée d'avouer qu'elle ressentait d'excessives douleurs aux pieds, aux mains et à la tête. Ces douleurs se manifestaient par une sorte de tumeur. Elle était comme stigmatisée. Dès son jeune âge, elle avait été récompensée de sa ferveur par l'apparition de Jésus-Christ souffrant. Elle reçut alors de nouvelles faveurs. Pendant la Semaine sainte, redoublant d'ardeur dans la méditation des souffrances de son Bien-aimé, elle fut trois jours et trois nuits dans le ravissement. Son corps, comme il arrive toujours dans ces états mystérieux, ne conservait qu'une vie à peine sensible; elle ne but ni ne mangea; elle n'entendit rien, ne ressentit aucun contact même le plus violent. Mais l'âme, presque séparée, se désaltérait dans le sein de Dieu, dans les plaies de Jésus-Christ.

Pendant ces longues méditations, ces extases, que se passait-il dans l'âme de la pieuse vierge? On peut le conjecturer d'un fait rapporté par sœur Perrine. Un jour Colette priait avec ferveur, présentant au Seigneur les mérites de sa très sainte Mère pour obtenir grâce aux pécheurs et elle conjurait la bienheureuse Vierge d'intercéder pour eux auprès de son Fils. Colette vit alors apparaître un grand plat dans lequel étaient les membres dépecés d'un jeune enfant nageant dans son sang ; et elle entendit Marie lui dire : « Comment veux-tu que j'inter-
« cède pour ceux qui par leurs horribles crimes,

« tous les jours taillent mon Fils en morceaux
« plus nombreux que ceux que tu vois dans ce
« plat. » Quelle image saisissante du schisme,
des discordes et de la guerre civile ! Elle resta,
dit la pieuse historienne, gravée dans l'âme de
Colette toute sa vie.

Bientôt une extase plus étonnante excita d'abord l'admiration, la vénération, puis la crainte et les anxiétés. Ces sentiments se communiquèrent même au dehors de la communauté, parmi les personnes qui avaient des relations plus intimes avec les Clarisses. Enfin, toute la ville fut émue au bruit de cette merveille. Il y avait de longs jours que la révérende abbesse était dans un sommeil mystérieux, dont rien ne pouvait la tirer. Sa vie corporelle n'était pas éteinte cependant, mais à peine perceptible. Comment vit-elle, se disait-on, sans aucun aliment, sans respiration sensible ? Elle puisait sa vie, même corporelle, à sa vraie source, au sein de Celui qui est la voie, la vérité et la vie. Les religieuses cependant concevaient des craintes sérieuses et la communauté était troublée. D'ailleurs, des sollicitations plus nombreuses et plus pressantes exposaient tous les jours à des infractions de la règle ou à des mécontentements profonds ; tout le monde voulait voir cette merveille. Le refus de laisser pénétrer dans la clôture contristait beaucoup de personnes. Enfin, après quinze jours, le R. P. Henri, s'inspirant de l'exemple de plusieurs saints, usa de son autorité. Au saint nom de l'obéissance, Colette revint immédiatement à elle ; le Seigneur, obéissant lui-même à l'homme et montrant le prix de l'obéissance, ne retint plus dans son entretien mystérieux celle que son supérieur appelait.

Une autre fois, pendant la messe, à l'élévation, l'amour ineffable de la victime qui s'immole tous les jours pour nous, la pénétra si vivement qu'il lui ravit tout sentiment. Sa tête se pencha et se reposa sur une grille de fer, derrière laquelle elle était prosternée. Or, c'était l'hiver et il gelait très fort. Elle demeura dans cette position trois jours et trois nuits. On craignait que sa figure, atteinte par le froid du fer, ne fût gelée ; mais le feu spirituel qui la réchauffait intérieurement fut plus ardent que le froid physique. Quand, après trois jours, elle sortit de son entretien avec Dieu, elle n'était ni blessée ni même glacée.

Dans les premières années de son séjour à Besançon, sainte Colette tomba grièvement malade et fut bientôt réduite à l'extrémité. Elle eut alors un ravissement dans lequel, transportée au pied du trône de Dieu, elle vit et entendit sainte Madeleine et sainte Claire demander au Seigneur la fin de son pèlerinage sur la terre et son admission immédiate en leur bienheureuse société. Mais saint François disait à Dieu : « Ah ! Seigneur, me l'avez-vous donnée « pour me l'enlever sitôt ! Voyez combien elle

« est encore nécessaire pour la réforme de mes
« ordres ; » et le Seigneur accéda aux désirs du
séraphique patriarche. Sainte Colette, revenue
à elle, laissa échapper ces paroles qui trahirent
ses mystérieuses communications : « Hélas ! le
« bon saint François ne veut pas que je meure,
« ni que j'aille avec Notre-Seigneur. J'en suis
« bien affligée. » Elle était désolée, mais elle
était guérie. Sur ce fait, la sœur Perrine fait
une observation générale très vraie et très importante. Sainte Colette cachait le plus possible
les dons de Dieu ; cependant au sortir de ses
extases, dans cet état intermédiaire qui n'était
pas encore l'état naturel, mais comme le coucher splendide du soleil, le soir d'un beau jour,
toute pénétrée de lumière et du feu de la charité, elle laissait éclater sans s'en apercevoir
des rayons brillants de la flamme qui la consumait, et c'est ainsi qu'on parvenait à connaître
une faible partie des faveurs célestes qui lui
étaient accordées. Sa fervente assiduité à méditer les souffrances du Sauveur fut récompensée d'abord par la puissance miraculeuse
des signes de croix qu'elle faisait. Une récompense plus extraordinaire lui était réservée.
Tout ce qui se rapporte à Jésus souffrant, tout
ce qui le lui rappelait, était particulièrement
cher à cette amante passionnée du Calvaire.
Elle désirait traverser les mers et arroser de ses
larmes, essuyer de ses lèvres les lieux sanctifiés
par la présence et les douleurs de son Bien-

aimé. Elle désirait surtout une relique de la vraie croix et n'avait pas encore trouvé quelqu'un qui pût satisfaire ses pieux désirs. Le Ciel lui-même s'en chargea. Une parcelle considérable du bois sacré, enchâssée dans une croix d'or, lui fut donnée par un messager céleste dans les premiers temps de son séjour à Besançon.

Le couvent a conservé la précieuse relique jusqu'à sa suppression par la Révolution. Heureusement ce trésor n'a pas péri alors, et le monastère restauré de Poligny s'est enrichi de cette céleste relique. En voici une description très ancienne, parfaitement exacte encore aujourd'hui, comme nous avons pu nous en convaincre lorsque nous avons tenu dans nos mains tremblantes et baisé avec un profond respect cette croix doublement sacrée et adorable. Elle est en or, de la grandeur de celle des évêques : elle renferme un petit morceau du bois de la vraie croix qu'on ne voit pas. Sur l'une des faces est l'image en relief de Jésus crucifié, ayant les deux pieds joints l'un à l'autre et attachés de deux clous. C'est de ce côté qu'elle s'ouvre pour laisser voir le bois sacré. Sur l'autre face il y a cinq pierres précieuses et cinq perles ainsi disposées : Au centre une pierre précieuse rouge, quatre perles l'entourent, une sur chaque bras de la croix; quatre pierres bleues terminent le haut et les bras horizontaux; mais le pied est prolongé et porte encore une perle. Les pierres sont incrustées en partie dans l'or, les perles simplement attachées par un clou. On peut donner à ces pierres diverses et à leurs dispositions un sens mystique.

Les extrémités de la croix sont un peu échancrées et légèrement élargies. Voici un dessin exact des deux faces de grandeur naturelle.

Nous le devons à la complaisance des R. P. Capucins, qui l'ont publié dans les *Annales franciscaines*, n° 91, 1er mars 1869.

La piété de sainte Colette ne se concentrait pas tellement sur les souffrances de l'Homme-Dieu qu'elle perdît de vue les abaissements infinis de la majesté divine dans le mystère de l'Incarnation. Aussi elle reçut, comme gage de la complaisance divine dans ses adorations, et comme arrhes de la récompense éternelle, une autre faveur non moins singulière. Une prière lui fut apportée du ciel pour interpréter d'une manière divine les sentiments dont son cœur était pénétré. La voici telle que la tradition nous l'a transmise en latin et en français :

ORIGINAL.	TRADUCTION.
Benedicatur hora qua Deus et homo natus est, et Spiritus Sanctus de quo conceptus est, et illa Virgo gloriosissima Maria de qua natus est, sit benedicta ; et per illam Virginem Mariam de qua Deus et homo natus est, et per illam sacratissimam horam in qua natus est, exaudiantur preces meæ, et impleatur omne desiderium meum in bonum. Jesu pie et bone, noli me, propter peccata mea, derelinquere, neque vindictam de peccatis sumere ; sed exaudi me, et imple desiderium meum in bonum ad laudem et gloriam nominis tui. Amen (1).	Que l'heure de la naissance de l'Homme-Dieu soit bénie ; que le St.-Esprit dont J.-C. a été conçu soit béni ; que la très glorieuse Vierge Marie dont ce Dieu-Homme est né soit bénie ; et par l'intercession de cette glorieuse Vierge Marie, et par le souvenir de cette heure très sainte à laquelle il est né, que mes prières soient exaucées, et que tous mes bons désirs s'accomplissent. O Jésus, qui êtes la miséricorde et la bonté même, ne m'abandonnez pas à cause de mes péchés, et ne les punissez pas comme ils le méritent, mais exaucez ma très humble prière et accordez-moi le bien que je vous demande pour l'honneur et la gloire de votre saint nom. Ainsi soit-il.

On la récitait tous les jours dans ses monastères, en la faisant précéder de l'*Ave Maria*.

---

(1) Cette prière, dont l'original était conservé dans la maison-mère de Besançon, a été envoyée en son temps dans tous les couvents de l'ordre, où elle a toujours été en grande vénération.

CHAPITRE XVI.

Mortifications et souffrances de sainte Colette.

La réformatrice méritait toutes ces faveurs célestes par une extrême austérité de vie et une immolation continuelle d'elle-même. Nous avons vu précédemment combien était sévère le genre de vie qu'elle s'était imposé dès son jeune âge. On comprend facilement qu'elle n'y avait rien changé, si ce n'est pour le rendre plus rigoureux. Sa couche était un sac de paille jeté dans un coin de sa cellule et retenu par un informe morceau de bois ; pour oreiller, elle avait également une pièce de bois. On conserva toujours avec respect ces deux morceaux de bois dans le monastère de Besançon. Elle s'était réservé pour cellule le plus humble réduit de la maison. Son esprit de pauvreté lui était aussi une source intarissable de douleurs. Jamais elle ne voulut porter un vêtement neuf, mais seulement ceux qui avaient été usés par d'autres sœurs et qui étaient raccommodés de toutes parts. Or, cet habit était le même l'hiver et l'été, trop léger dans une saison, trop lourd dans l'autre. Elle n'accepta jamais les adoucissements ménagés par la pieuse industrie des sœurs. Quelque rigoureux que fût l'hiver, ni dans ses monastères ni dehors, elle ne porta jamais de chaussures d'aucune espèce, ni ne se chauffa, ni ne s'approcha du foyer. Elle ne pouvait même pas sentir le feu.

C'est dans ces premières années de son séjour à Besançon que le P. Henri apprit l'existence de la ceinture de fer qu'elle portait déjà dans sa réclusion. Elle avait accompli ses longs voyages avec ce violent instrument de pénitence, nous devrions dire de torture. Il avait tellement usé, déchiré les chairs, qu'il s'y était incrusté et en était recouvert en partie. Le discret directeur se crut obligé d'en arrêter les ravages et d'en prévenir les funestes effets. Aussi obéissante que mortifiée, sainte Colette se mit en devoir de l'enlever, mais il était tellement adhérent qu'elle fut obligée d'en attacher une extrémité à la muraille et de tirer à l'opposé. Elle l'arracha ainsi avec des lambeaux de chair et au prix de souffrances indicibles. Mais, privée de cet instrument d'immolation, elle sut en inventer d'autres et continuer sa mission réparatrice.

Toute son existence était un problème difficile à résoudre, ou, pour parler plus exactement, c'était un miracle continuel. Ainsi, ceux qui l'ont mieux connue, qui, comme sœur Perrine, ont été dans sa familiarité pendant trente ans, ou, comme P. de Vaux, ont pénétré dans le secret de sa conscience, nous disent qu'un repas considérable pour elle c'était un morceau de pain gros comme un œuf: voilà sa nourriture pour une journée. Tout au plus consentait-elle à y ajouter un peu de petits poissons, mais jamais de ceux que leur grosseur rend plus succulents. Elle ne les trouvait pas assez purs. Elle touchait rarement aux autres mets qui pouvaient lui être présentés, mais toujours animée par la charité, elle les faisait donner aux pauvres. Elle ne buvait que de l'eau et si, dans les contrées qui cultivent la vigne, on la contraignait dans ses défaillances à l'usage du vin, elle le noyait dans l'eau. Elle trouvait au pain et à l'eau un goût inconnu au commun des mortels ; ses sens d'une finesse extrême, non émoussés par les excès, goûtaient les saveurs les plus délicates, imperceptibles aux autres. Elle paraissait trouver dans les aliments une grande douceur et un contentement qu'on était heureux de voir. D'ailleurs, pendant qu'elle les prenait l'élan de sa reconnaissance pour Dieu qui lui envoyait sa nourriture, rendait son visage radieux.

De cette réfection si modique elle trouvait encore moyen de retrancher quelque chose les jours de jeûne; ordinairement pendant le carême elle ne prenait qu'un peu de pain et d'eau. Mais, chose plus merveilleuse et vraiment surnaturelle, formellement attestée, cependant par ses premiers biographes! elle imita rigoureusement le jeûne de Notre-Seigneur Jésus-Christ et passa plusieurs carêmes sans prendre aucune nourriture ni aucun breuvage. Cependant elle n'interrompait pas ses exercices spirituels, ses veilles, ses macérations, ses méditations, ses conférences spirituelles ou religieuses. Une force divine, puisée surtout dans la sainte communion, la soutenait et conservait son existence. Par sa foi si vive, par l'ardeur de son amour, elle puisait directement la vie dans le Verbe créateur et dans sa chair divinisée.

Plus souvent encore elle s'imposa cette privation absolue pendant la semaine sainte. Il lui arriva alors d'être reconfortée par un aliment mystérieux que la bonté divine lui envoyait après ces longs jeûnes. Dans sa soif d'immolation et de sacrifices, elle trouva le moyen de souffrir encore davantage. Elle se priva de sommeil pendant un an. Habituellement, elle accordait à peine une heure de repos à la nature; mais, pendant cette année, elle la lui refusa complètement. Quelle énergie, quelle force de caractère il fallait pour dompter à ce point les exigences les plus impérieuses du corps et les contraindre cependant à rendre à l'âme tous les services qu'elle est en droit d'attendre de lui!

Ces pénibles privations n'étaient pas les seules souffrances de l'amante du Calvaire. Elle était en proie à des meaux étranges. Elle porta presque toute sa vie une enflure considérable qui montait et descendait et l'oppressait sans relâche. A cette maladie se joignait tantôt un refroidissement extrême, tantôt une chaleur semblable à celle d'un foyer ardent. Ni la glace ne pouvait éteindre ce feu et rafraîchir ces ardeurs brûlantes, ni le feu réchauffer les membres glacés de la patiente. Elle passait d'une extrémité à l'autre, sans l'influence d'aucun des agents naturels. Enfin des douleurs poignantes, inexplicables, torturaient sans cesse tous ses membres. Tantôt il lui semblait que son cœur était ouvert et saupoudré de sel ou qu'un brasier très ardent brûlait ses entrailles. Tantôt elle était comme transpercée de dards aigus et rougis au feu, ou bien sa tête embrasée bouillonnait comme une chaudière sur un foyer brûlant, et à la place de ses yeux, elle ne sentait plus que deux charbons ardents. Dans ses yeux qui étaient plaisants à voir, dit Pierre de Vaux, elle éprouvait des douleurs continuelles; et comme pour voir le S. Sacrement et réciter son office elle tenait à la vue plus qu'à aucun autre sens, elle eut recours à des remèdes très douloureux pour la conserver. C'est sans doute la raison pour laquelle on l'invoque dans les maladies des yeux. C'était la nuit surtout que ces douleurs la saisissaient de toutes parts. Courageuse et soumise, mais non insensible, il lui arriva quelquefois d'exprimer une sorte de plainte en regagnant sa cellule le soir : « Vous allez reposer et moi je vais endurer de nouvelles douleurs. »

Ces souffrances s'apaisaient cependant et disparaissaient même complètement, lorsqu'elle était appelée au parloir pour conférer des intérêts de son œuvre ou du prochain. Mais aussitôt les visites parties, ses maux la reprenaient avec une double intensité et cette aggravation durait autant que le calme qui avait précédé. Dans ces violentes crises, elle rejetait quelquefois du sang par la bouche. Ses douleurs commençaient subitement et subitement elles cessaient sans aucune cause apparente. Leur violence devait à chaque instant éteindre sa frêle existence; mais loin de là : à peine était-elle délivrée, qu'il ne restait en elle aucune trace des maux qu'elle avait endurés. Ces circonstances extraordinaires prouvent bien que ces souffrances étaient surnaturelles dans leur cause.

Voici d'autres particularités non moins remarquables qui mettent aussi en évidence le caractère surhumain de ses douleurs. Elles étaient plus vives aux jours des fêtes chrétiennes et plus ou moins violentes selon le degré de la solennité. Le dimanche, elles duraient au moins depuis les premières vêpres jusqu'aux secondes. C'était, sans doute, pour expier les péchés plus nombreux ces jours-là, pour réparer les profanations, et pour obtenir les grâces abondantes nécessaires au peuple chrétien.

Enfin, elle ressentait tous les tourments des saints dont on célébrait la fête. Elle était écorchée vive avec saint Barthélemy, crucifiée avec saint André, broyée sous la dent des bêtes féroces avec saint Ignace, brûlée avec saint Laurent etc., Toutes ces tortures se succédaient presque sans interruption et elle put dire avec

vérité à son confesseur : « Aux glorieux martyrs
« qui sont en paradis, Dieu leur a fait une grande
« grâce et bon marché. Ils ont été promptement
« dévorés ou brûlés, on leur a hâtivement tran-
« ché la tête. » Cependant, la disposition, la plus
ordinaire de son âme, c'était la soif de la souffrance. A l'aumônier du comte de la Marche qui
lui demandait ce qu'il pourrait lui arriver de plus
pénible, elle répondit : « Ce serait de passer un
« jour sans avoir rien enduré pour Dieu. » On
voit avec quelle abondance le Seigneur se plut
à satisfaire les désirs héroïques qu'il avait mis
dans le cœur de sa servante. Par leur multiplicité, par leur violence, par leur durée, ses souffrances sont un des prodiges les plus éclatants
de sa vie, et ce prodige dura cinquante ans et
plus. Pendant ces longues années, elle subit
plusieurs fois tous les genres les plus divers du
martyre. C'est à ce prix si haut qu'elle put
acquérir une influence immense sur le monde,
et qu'elle mérita à ses frères des grâces de salut.
Il est vrai qu'au milieu de son martyre, elle n'é-
tait pas déshéritée des faveurs accordées si fréquemment aux témoins de Jésus-Christ. Comme
eux, après ces tourments, elle était visitée par
les anges qui la consolaient, la réconfortaient
et lui rendaient tous les honneurs dont était
digne une épouse si fidèle du Roi des rois.

CHAPITRE XVII.

Progrès de la réforme. — Vocations. — Nouveaux établissements. — Auxonne.

Le monastère que le relâchement avait rendu désert, possédait depuis deux ans à peine la réformatrice que déjà l'observance de la règle l'avait entièrement repeuplé. Tout spacieux qu'il fût, il devint trop étroit pour la multitude des âmes généreuses qui venaient se grouper autour de l'humble vierge de Corbie. On put lui adresser ces paroles d'Isaïe [1] : « Réjouis-toi, stérile,
« qui n'enfantes pas; chante des cantiques de
« louange; pousse des cris de joie, toi qui n'a-
« vais pas d'enfants... Etends l'enceinte de ton
« pavillon ; développe les voiles de tes tentes :
« n'épargne rien, allonge les cordages, affermis
« tes pieux, tu pénètreras à droite, à gauche ;
« ta race possèdera l'héritage des nations et ha-
« bitera les cités désertes. »

En effet, la communauté amenée de la Balme à Besançon était déjà nombreuse, et beaucoup de sujets se présentèrent immédiatement, comme l'atteste Pierre de Vaux, au ch. VII : « Pour
« la multitude et abondance des personnes qui
« vinrent pour entrer en la religion, il convint

[1] Isaïe, 54, 1

« assez tôt multiplier les couvents tant pour les « frères que pour les sœurs. »

Aussi dès le mois de mai 1410 on se pourvut auprès du cardinal de Thuray, légat d'Alexandre V, d'une permission de fonder de nouvelles maisons dans le diocèse de Besançon ou dans celui de Lyon.

Parmi les premiers sujets admis dans la réforme, nous devons mentionner Marie Chevalier, d'une famille considérable de la cité bourguignonne. Elle fut invitée par une vision à s'adjoindre aux nouvelles religieuses. Aussi généreuse que docile, elle sacrifia un brillant avenir dans le monde, pour embrasser l'austérité et l'humilité des Clarisses. Bientôt cette belle âme, guidée par une maîtresse aussi habile que Colette, fit de grands progrès dans toutes les vertus et parvint à une étroite union avec Dieu. Elle fut favorisée d'extases, de révélations, du don des miracles, et devint une gloire et une lumière de la réforme.

Toutes les classes de la société voyaient avec étonnement l'élite des jeunes personnes se diriger vers le monastère des Clarisses. Colette, comme une colombe parfumée, attirait à elle les âmes pures qui, dans un monde corrompu, ne sachant où se reposer, se réfugiaient d'un vol pressé dans l'arche du salut pour y trouver un abri et la paix. Les filles nobles n'étaient pas les moins empressées à venir se ranger sous la conduite de l'humble Colette. Parmi ses disciples nous rencontrons les noms de : de Courcelles, de Toulongeon. Ce dernier nom est sans doute celui d'un ancêtre de la noble famille que ses relations intimes avec saint François de Sales, ont couronnée du reflet de l'auréole du Saint. On est heureux de rencontrer ce trait d'union entre sainte Colette et le grand évêque de Genève. La sœur de Toulongeon fut abbesse de Besançon lorsque sainte Colette quitta cette ville pour Poligny. On trouvera aux notes une lettre à elle adressée par sa sainte mère.

Le nombre des postulantes fut si grand, que, dès 1410 il fallut refuser des sujets et les faire languir dans une attente pénible et dangereuse. Le P. Henri et sainte Colette sentaient le besoin de fonder une nouvelle maison, mais ils ne pouvaient le faire alors que l'ordre était à peine établi dans celle qu'ils habitaient. D'ailleurs, tout semblait leur manquer pour cette entreprise. Mais au moment choisi par la Providence, le concours qui leur était nécessaire, leur fut offert spontanément.

Marguerite de Bavière, duchesse de Bourgogne, épouse de Jean sans Peur, faisait à Dijon son séjour habituel. Elle entendit naturellement parler des vertus et des miracles de la sainte abbesse. Ses relations d'amitié avec la comtesse de Genève lui facilitèrent la connaissance de tout ce qui concernait la servante de Dieu. D'ailleurs, la famille du P. Henri paraît avoir occupé un rang distingué à la cour de Bourgogne; car, parmi les principaux officiers qui accompagnaient Jean sans Peur à Montereau, on trouve Jean et Jacques de la Balme. Par cette voie encore, la duchesse dut être instruite de ce qui concernait sainte Colette. Ayant donc conçu pour la jeune abbesse une grande vénération, elle désirait beaucoup la voir et contribuer à développer son œuvre, si utile au bonheur des peuples. D'un autre côté, dans le haut rang où elle était placée, elle sentait vivement le besoin de recourir aux prières des amis de Dieu. Les grandeurs avaient pour elle des épines acérées. Les troubles de la France, les intrigues, les alliances avec l'étranger dans lesquelles son époux était engagé, les entreprises souvent coupables de ce prince ambitieux, tenaient la princesse dans de continuelles alarmes. Le choc des ambitions avait fait rejaillir jusque sur elle la boue de la calomnie, et c'était autant pour venger l'outrage fait à son épouse que par calcul politique que Jean sans Peur avait assassiné le duc d'Orléans dans les rues de Paris. (23 Nov. 1407).

Jean de Rupt, plus connu sous le nom de Guillaume de Vienne, seigneur de Saint-Georges ou Seurre et de Sainte-Croix, premier chambellan du duc de Bourgogne, gouvernait la Franche-Comté au nom de ce prince. Ses sentiments élevés et chrétiens lui permettaient de comprendre le désir de sa souveraine et le rendaient digne de s'y associer. Elle le chargea de le réaliser. Il vint à Besançon visiter la réformatrice et obtint facilement ce que sainte Colette désirait elle-même pour le développement de son œuvre, une visite à la duchesse de Bourgogne. La jeune abbesse partit pour Dijon en passant par Gray, résidence ordinaire de Guillaume de Vienne. Dans les conversations de ce voyage, nos deux voyageurs eurent occasion de manifester, l'un son désir de fonder une nouvelle maison de Clarisses, l'autre ses intentions généreuses de contribuer à une entreprise si utile au bien de la religion et à la prospérité temporelle des peuples.

La duchesse de Bourgogne reçut l'humble Colette avec toutes les marques du plus profond respect et d'une pleine confiance dans la puissance de ses prières. Elle lui manifesta le désir qu'elle avait de fonder une maison à Dijon même, afin d'avoir des rapports faciles avec les Clarisses. Mais la prudente abbesse, sans se laisser éblouir par les promesses, ni dominer par les grandeurs, vit à cette fondation des inconvénients qu'elle exposa immédiatement. Son ordre, fondé sur la pauvreté et l'humilité, ne s'accommodait pas volontiers des grandes villes, où les visites, plus nombreuses, mettent le recueillement en péril et où les aumônes, trop abondantes, exposent la pauvreté à des atteintes très-funestes.

Elle considérait, d'ailleurs, que le voisinage de la cour de Bourgogne augmentait encore ces inconvénients. Il lui fallait des petites villes fermées, mais modestes, pour jouir d'un calme profond et pouvoir conserver l'esprit de recueillement et de pauvreté. Alors elle put indiquer à la princesse une petite ville de ses domaines, Auxonne, qui remplissait ses conditions et qui désirait une fondation de Clarisses. La duchesse convaincue par ces raisons, édifiée de ces sentiments de détachement et d'abnégation, promit, quoique à regret, son concours. Elle se consolait cependant de ne pas réussir pour Dijon, dans la pensée que son château préféré de Rouvre était assez voisin d'Auxonne.

Colette, plus heureuse qu'elle ne l'avait espéré, vint à Auxonne pour choisir un emplacement convenable. Elle était sans doute toujours accompagnée de Guillaume de Vienne. Sur l'emplacement de la vieille monnaie de cette ville, il y avait deux maisons dont l'une, en vente, relevait du duc de Bourgogne et l'autre lui appartenait. Elles parurent suffisantes pour le dessein qu'on avait. Le P. Henri fut envoyé à Paris où était le duc, pour obtenir et l'amortissement et la donation. Il montra que la ferveur de la vie religieuse ne rend point inhabile au maniement des affaires temporelles. Le duc de Bourgogne, à la prière de son épouse et aux sollicitations du P. Henri, signa les lettres d'amortissement et de donation, le 3 août 1412.

Dans le même temps, la comtesse de Genève, persistant toujours dans son désir d'avoir un couvent de Clarisses auprès de son château de

Rumilly, faisait élever les constructions nécessaires et sollicitait un voyage de la réformatrice. Celle-ci lui écrivit pour rappeler les raisons qu'elle lui avait exposées, et parvint à lui faire agréer son refus. Elle obtint même qu'elle reporterait sur Auxonne une partie des largesses qu'elle voulait consacrer à la nouvelle fondation de Rumilly.

Guillaume de Vienne avait des prétentions semblables pour Gray, sa résidence. L'habile réformatrice lui persuada aussi de renoncer à son projet et de concourir à la fondation d'Auxonne; ce qu'il fit. Il se chargea même de diriger les travaux nécessaires pour approprier les maisons et les compléter. Certes, Colette fit preuve d'une grande dextérité, d'une prudence extrême, d'une supériorité intellectuelle bien remarquable, dans la direction et l'impulsion à donner à des esprits si divers et de prétentions si contraires. Elle ne céda pas non plus à un empressement bien naturel, à une précipitation bien excusable dans le bien. Son monastère de Besançon devenu trop petit, des postulantes sollicitant leur admission, semblaient l'obliger à accepter sans hésitation les propositions qui lui étaient faites ; elle avait besoin, d'ailleurs, de se ménager la protection des grands qui lui exprimaient leurs intentions, leurs désirs formels; toujours plus confiante en Dieu que dans les hommes, elle ne craint pas de les contredire et de leur refuser leurs demandes ; mais aussi elle déploie toutes les ressources de la prudence et de la sagesse humaine, afin de faire triompher ses vues surnaturelles et de prévenir des froissements qui semblaient inévitables. Elle y réussit complètement.

Après avoir ainsi disposé toute choses, sainte Colette revint à Besançon, plutôt par Gray, que par Dôle, qui était la route directe. Le temps n'était pas venu encore de paraître dans cette ville qui devait être le théâtre de merveilles si glorieuses à la jeune abbesse et si importantes par le succès de son œuvre.

Guillaume de Vienne s'acquitta avec un grand zèle de la mission que sainte Colette avait confiée à sa piété. Le plus difficile pour lui, ce fut de se conformer entièrement aux recommandations de la réformatrice. C'était le premier monastère qu'elle faisait construire, elle voulait qu'il pût servir de modèle aux autres, mais non en splendeur, en élévation ; au contraire elle recommanda instamment de lui imprimer le caractère de l'humilité par la petitesse et la simplicité. Le chambellan se conforma quoique à regret, à ces recommandations. Quand plus tard, la duchesse de Bourgogne vint voir le nouvel établissement, elle se plaignit de l'étroitesse et de la pauvreté qu'elle voyait partout. Les cellules paraissaient plutôt des cages que des habitations humaines[1]. Mais l'humble abbesse justifia le fidèle administrateur, protestant qu'il

(1) Pierre de Vaux. c. viii.

avait exactement suivi ses inspirations; elle fit ainsi triompher pour le moment son amour de la pauvreté, mais, plus tard, on fut obligé de faire agrandir ce couvent devenu trop petit et insuffisant.

Guillaume de Vienne ne donnait pas seulement ses soins à la construction, il avait accepté le titre de fondateur et s'était, en cette qualité, adressé au souverain Pontife pour obtenir l'érection canonique du nouveau monastère. Jean XXIII signa la bulle sollicitée le 25 septembre 1412, de sorte que rien ne s'opposa plus à ce que sainte Colette conduisît, vers la fin d'octobre, à Auxonne, le pieux essaim qui devait y produire le miel céleste. Ce voyage fut signalé par des incidents merveilleux que nous allons raconter.

CHAPITRE XVIII.

La réforme du premier Ordre. — Le couvent de Dôle.

Pour comprendre les faits suivants, il est nécessaire de reprendre les choses d'un peu plus haut. En 1372 un jeune homme natif de Dôle avait été se former à la vie religieuse à Meirbeau près de Poitiers où l'on s'efforçait de rétablir la sainte observance. L'entreprise fut traversée par bien des épreuves. Ces zélateurs de la règle, après avoir eu jusqu'à onze maisons, furent un moment chassés de Mirebeau. Ils y furent réintégrés par l'autorité apostolique légitime. C'est à cette école que s'était formé celui qui, désormais connu sous le nom de Pierre de Dôle, entreprit la fondation d'un couvent de l'Observance dans sa patrie. L'église n'ayant été consacrée qu'en 1429, il est évident que l'entreprise ne réussit pas complètement. Les religieux qui habitaient ce couvent se disaient de l'Observance, mais cette dénomination indiquait plutôt les aspirations de quelques-uns que l'état général de la communauté. Le relâchement de tous les liens de la discipline dans l'Eglise, l'état précaire d'une communauté isolée, sans supérieur, sans existence parfaitement régularisée selon les canons, avaient presque complètement fait avorter les vues de perfection du premier fondateur. Des abus sérieux se maintenaient en face de vertus très hautes. Afin de faire cesser cet état normal, le souverain Pontife avait donné cette maison à l'abbesse Colette et au P. Henri de la Balme pour en disposer selon leur sagesse.

Le vénérable coopérateur de la réformatrice trouva à Dôle quelques religieux auprès desquels il pouvait se retremper et qui étaient comme lui animés de l'esprit de Dieu. De son côté, il leur communiqua aussi quelque chose des dons célestes qu'il recueillait auprès de sa fille spirituelle. La sagesse de sainte Colette profita de ces rapports pour réaliser une œuvre très importante au succès de son entreprise.

La réforme des Clarisses ne pouvait vivre, se développer, qu'en possédant pour la diriger des religieux animés du même esprit et capables de s'élever à la hauteur des sacrifices et du détachement imposés au second ordre. Si la réformatrice avait dû confier la direction de ses filles aux partisans des adoucissements de la règle, bientôt la ferveur primitive se serait complètement éteinte.

D'ailleurs, le premier ordre n'avait pas un moindre besoin de réforme que le deuxième, outre les affadissements naturels qui se produisent partout où il y a des hommes, il subissait aussi les effets désastreux du schisme. Le relâchement triomphait partout parce qu'il n'y avait plus d'autorité vraie pour le réprimer. L'ordre s'était scindé. Chaque prétendant au trône pontifical avait ses généraux d'ordres. Les inférieurs mécontents dans un camp passaient dans l'autre, ou bravaient une autorité contestée ou avilie. Le découragement paralysait les bons. Aussi dans la seconde moitié du XIVe siècle, les annales des Frères Mineurs ne comptent que neuf bienheureux ou bienheureuses. C'est assez pour prouver que la vie religieuse n'était pas éteinte, mais c'est bien peu auprès des autres âges, auprès même du XVe siècle où la sève chrétienne va se réveiller et en produire cinquante-sept.

Heureusement, le couvent de Dôle mis à la disposition de sainte Colette, pouvait devenir pour le premier ordre ce qu'était Besançon pour le second, une pépinière de religieux et de directeurs éclairés. Déjà le P. Henri, en faisant connaître aux vrais religieux qu'il y avait trouvés, les merveilles de la vie de la jeune abbesse et sa vocation céleste, les avait bien disposés en sa faveur et leur avait inspiré un grand zèle pour la perfection de leur état. Ils désiraient extrêmement voir celle dont on racontait de si grandes choses. Or, les travaux les plus indispensables étant très avancés à Auxonne, le temps était venu pour sainte Colette de prendre possession de ce monastère et de diriger elle-même les dernières constructions. Elle choisit celles de ses filles qui devaient, sous sa conduite, former cette maison et se disposa à partir dans les derniers jours d'octobre 1412.

Ses intentions furent connues dans Besançon. A cette nouvelle, la cité fut émue et désolée. L'autorité civile se joignit au grand vicaire en l'absence de l'archevêque, pour supplier la sainte abbesse de ne pas quitter une ville qui lui avait voué une si vive affection et mettait en elle toute sa confiance. Sainte Colette, confuse, humiliée, protesta qu'elle ne méritait pas un tel honneur, que, du reste, pleine de reconnaissance pour la bonne ville de Besançon, elle la regarderait toujours comme sa plus grande bienfaitrice ; qu'elle y reviendrait bientôt, et que son absence serait de courte durée. Elle put donc partir sans obstacle.

C'est dans ce second voyage à Auxonne, qu'eurent lieu les prodiges que nous allons raconter. Des historiens récents n'ayant pas fait attention au témoignage formel de sœur Perrine et aux circonstances qu'elle raconte, les ont à tort rapportés au premier. Ils se sont trompés aussi en disant que cette religieuse était du voyage. Encore enfant, née en 1406, elle n'était pas encore la compagne inséparable de la réformatrice, mais elle apprit ce qui se passa alors de la bouche d'Agnès de Veaux et du P. Henri son oncle.

Il paraît, que la sainte réformatrice n'avait pas encore adopté la coutume de voyager dans un petit chariot. Elle sortit de Besançon assise sur une monture semblable à celle qui porta le Sauveur du monde au jour de son triomphe. Sans doute que cette pensée la touchait profondément, c'était aussi un triomphe pour elle. Dans son humilité, elle ne pouvait s'empêcher de se réjouir de voir l'œuvre de Dieu se développer.

A peine sortie de Besançon, toute pénétrée d'une abondante effusion des consolations célestes, elle tombe en extase ; elle ne voit plus rien de ce qui se passe auprès d'elle ; elle n'entend plus rien. Merveille plus grande ! son âme, embrasée par cette communication intime avec

Dieu, enveloppée d'un rayon de la majesté divine, semble devancer la résurrection dernière ; elle transfigure son corps, du moins en partie, et sa tête devient toute lumineuse. Les voyageurs, les ouvriers des champs la contemplent dans cette splendeur et la vénèrent comme une sainte ; lui baisent les vêtements et les mains ; mais elle ne sent rien et n'entend point l'expression de leur admiration. Le P. Henri, qui chemine auprès d'elle, reçoit lui-même un reflet de cette splendeur, et, les yeux levés au ciel, paraît, lui aussi, plongé dans une extase semblable.

Sœur Catherine Ruffine et la mère Agnès de Vaulx marchaient à côté de leur abbesse et répondaient pour elle à tous ceux qui se présentaient. Tout le voyage s'accomplit ainsi. Ce ne fut qu'auprès de Dôle que le prodige cessa. Revenue de son ravissement, sainte Colette fut toute confuse de se voir entourée d'une multitude lui qui témoignait une profonde vénération ; elle le fut encore plus quand elle sut ce qui s'était passé.

Les habitants de Dôle ayant appris en même temps et son arrivée prochaine et les merveilles qui s'accomplissaient en elle, se portèrent en grand nombre à sa rencontre, et lui formant un cortège triomphal, la conduisirent jusqu'à une petite maison, en face du couvent des Franciscains.

Ceux-ci, impatients de posséder la Sainte,

vinrent la chercher processionellement au chant des hymnes et des cantiques pour procurer à toute la communauté le bonheur de la voir et de l'entendre. A peine entrée dans la chapelle elle fut encore ravie en extase et les frères en étaient attristés, ne pouvant jouir de ses entretiens spirituels. Revenue à elle-même et conduite dans la salle capitulaire, elle parla avec une onction toute céleste de la noblesse de l'état religieux et des trésors de la pauvreté évangélique. Elle enflammait les cœurs ; elle s'embrasait elle-même; aussi le feu spirituel qui la consumait au-dedans, paralysant encore bientôt tous ses sens, la mit tout entière sous l'empire de l'extase. Ayant recouvré la liberté de son esprit et l'usage de ses sens, elle insista sur la nécessité de revenir à l'observation absolue de la règle. Dans l'histoire manuscrite de Besançon, l'abbé de Saint-Laurent prétend qu'alors l'apôtre saint Jean serait apparu au milieu de l'assemblée pour confirmer ce que disait la réformatrice. Mais comme il est le premier à affirmer cette apparition et qu'il ne cite point ses autorités, nous lui laissons la responsabilité de cette assertion qui ne nous paraît pas suffisamment appuyée. Ni sœur Perrine, ni le P. Pierre de Veaux, ni le P. Sylvère ne parlent de cette intervention de saint Jean l'évangéliste.

Quoi qu'il en soit de cette circonstance, le ciel s'était assez clairement déclaré en faveur de Colette, et l'Esprit de Dieu qui la dirigeait, faisait sentir sa présence d'une manière bien évidente. Tous les religieux présents avaient été ou confirmés dans leur dessein d'embrasser la réforme ou gagnés à cette sainte entreprise. La réformatrice continua le lendemain son voyage vers Auxonne et les mêmes phénomènes naturels se renouvelèrent jusqu'à l'arrivée dans cette ville. Comme elle entrait dans la cité, plusieurs personnages notables par leur rang et leur piété virent une troupe de démons furieux s'enfuir de la ville en criant qu'ils étaient chassés par la servante de Dieu. Les premières grâces dont sainte Colette récompensait l'hospitalité d'Auxonne, étaient des grâces de préservation ; bien d'autres devaient être ajoutées à celles-là. Sainte Colette fut mise en possession de ce nouvel asile de la prière, le 28 octobre 1412.

Les travaux du monastère étaient loin d'être terminés ; l'église elle-même dont on bénit et posa la première pierre, le 3 novembre suivant, était à peine commencée. Malgré la générosité des grands qui contribuaient à cette fondation, les ressources vinrent à manquer. Colette aima mieux demander à Dieu qu'aux hommes, et le Seigneur, au lieu de venir à son aide par un intermédiaire humain, comme il arrive ordinairement, voulut lui-même directement fournir aux besoins de sa servante et montrer combien ses œuvres lui étaient agréables. Il lui envoya par ses anges 500 écus d'or. C'est la première fois qu'un tel fait est mentionné dans la vie de notre Sainte, mais ce n'est pas la dernière. Cette monnaie céleste avait une beauté particulière tant qu'elle n'était pas mêlée au produit de l'industrie humaine.

C'est à Auxonne que la réformatrice récompensa l'obéissance d'une de ses religieuses par un miracle signalé[1]. Pendant que la sœur Jeanne tirait à un tonneau le vin nécessaire à la communauté, elle entend la sonnette de l'abbesse qui l'appelle. Dans son empressement pour répondre à l'appel, elle oublie de remettre la clef qu'elle tenait à la main. Quand elle revient, elle trouve avec effroi le tonneau vide, et tout en pleurs, elle retourne auprès de sa vénérable Mère. Celle-ci lui dit : « Allez voir et examinez bien ce qu'il en est ». La sœur obéissante retrouve le tonneau plein d'un excellent vin, qu'elle attribue aux prières de son abbesse et celle-ci à l'obéissance de sa fille. Après avoir fondé cette maison et en avoir confié la direction à Agnès de Vaux, la réformatrice retourna à Besançon.

CHAPITRE XIX.

Opposition de quelques religieux de Dôle.

La cause de la réforme des hommes paraissait gagnée à Dôle ; mais les passions humaines ne

(1) Sœur Perrine, LVII.

s'avouèrent pas ainsi vaincues. Les plus relâchés des religieux de ce monastère n'avaient voulu ni venir au-devant de la réformatrice ni paraître en sa présence et l'écouter. Ils formèrent une ligue. Inspirés et instruits par l'esprit du mensonge, ils dirigèrent très habilement leur opposition. Ils avaient à leur tête un Père, nommé Jean Foucault, très intelligent, très habile. Supérieur quelque temps auparavant, dominant d'ailleurs ses frères par son intelligence et les amis qu'il s'était ménagés au dedans et au dehors, il s'était fait dans le monastère des appartements ornés de tout autre chose que des livrées de la pauvreté. Bien éloigné d'en faire le sacrifice pour reprendre le joug austère de la règle, il se mit à la tête de la résistance, la fortifia de son habileté et de son adresse.

D'après les lois civiles et ecclésiastiques d'alors, la cause était purement canonique ; il parvint à en faire une affaire civile. Dissimulant les actes pontificaux ou contestant leur validité, il se représenta, lui et ses partisans, comme des persécutés qu'on voulait bannir d'une maison qui leur appartenait légitimement. Il y avait à Dôle un parlement habituellement respectueux envers la juridiction canonique, mais, qui trompé par l'exposé de l'affaire, se déclara compétent. Dès lors, Foucault se croyait sûr du succès. Dans sa confiance, il disait au milieu des siens, dans les appartements qu'il avait fait orner pour lui : « Colette, Colette, tu parviendras

« plutôt à arracher la Roche Chaudane, qu'à « prendre le couvent de Dôle, » (c'est un rocher qui domine la ville de Besançon). Dominé par la présomption, il ne voulut agréer aucun arrangement ni accomodement. Etienne de Grandval, conseiller au parlement, avait conçu pour sainte Colette un profond respect et le désir ardent de lui être utile. L'affaire ayant été plaidée, il eut la douleur de pressentir que la majorité des juges ne serait pas favorable à l'abbesse. C'est pourquoi, avant le jugement, il partit promptement pour Besançon afin de proposer à l'abbesse un nouveau compromis et d'éviter une défaite totale. Il comprenait quelle influence aurait, sur l'avenir de la réforme, un échec dans des circonstances aussi graves. Toutes les maisons à réformer seraient fermées aux religieux et aux religieuses. Plein d'anxiété, il se pressait cherchant encore dans son esprit des motifs pour ramener ses confrères trompés. Tout à coup, au milieu d'une campagne déserte, il s'entend appeler. Il lève les yeux et aperçoit devant lui, dans les airs, la vénérable abbesse, qui lui dit : « Maître Etienne Grandval, retournez promptement et vous gagnerez la cause. » En effet, Colette, ne trouvant pas dans les hommes une protection suffisante, s'était tournée vers Dieu. Elle avait prié et fait prier toutes ses sœurs, et la prière triomphait. Elle en avertissait son ami par un miracle. Celui-ci crut à cet avertissement et revint sur ses pas. Les juges délibérèrent; ils étaient partagés. Maître Etienne Grandval parla avec tant de force et de justesse qu'il en ramena plusieurs à son sentiment et la cause désespérée fut gagnée. Les religieux de la réforme furent confirmés dans la possession paisible du couvent de Dôle [1].

Il y a lieu de croire que les adversaires eux-mêmes ouvrirent enfin les yeux et conçurent pour la servante de Dieu les sentiments qu'ils auraient dû toujours avoir. Ils firent mieux : ils revinrent à une vie plus régulière, soit dans l'ordre de Saint-François, soit ailleurs. En effet, le P. Jean Foucault, quelques années plus tard, était devenu un religieux fervent, ami et famillier de sainte Colette. C'est le portrait que trace de lui Philippe Conrault, abbé démissionnaire de Saint-Pierre de Gand, dans sa déposition juridique sur les vertus de sainte Colette.

Ce triomphe soumit les religieux à une épreuve très pénible, plusieurs bienfaiteurs de la maison, s'accommodant mieux du relâchement, s'étaient déclarés pour Jean Foucault. Ils furent offensés de sa défaite et privèrent la communauté de leurs aumônes. Les Cordeliers se trouvèrent dans un grand dénûment, ils devenaient plus nombreux de jour en jour, et ils manquaient même de l'absolu nécessaire. Cependant, confiants dans les soins paternels de la Providence, ils ne refusèrent pas les postulants. La Révérende Mère Agnès de Vaux, supérieure de la

(1) Voir la note VI à la fin du volume.

communauté d'Auxonne, dans les difficultés d'un premier établissement, n'hésita point à partager avec eux les modiques subsistances qu'elle avait encore. Elle puisa largement dans les cinq ou six setiers de blé qu'elle possédait et envoya plusieurs fois par semaine le pain nécessaire aux religieux de Dôle. Ceci dura un an, et on s'aperçut à la fin que le blé n'était pas diminué. Dieu avait, par une multiplication incessante, récompensé la charité et la confiance de ses serviteurs.

En possession paisible de leur monastère, les réformés, se multiplièrent promptement. Dès cette année leur nombre s'éleva jusqu'à cinquante. C'est que plus le monde est corrompu, plus les âmes généreuses éprouvent d'éloignement pour lui et sentent la nécessité de fuir. Aussi tous les rangs de la société fournissaient-ils des sujets à cette nouvelle congrégation. Les autres communautés elles-mêmes, les Augustins, les Chartreux, les Bernadins, les Célestins, les Chanoines réguliers, virent plusieurs de leurs membres les abandonner pour passer dans la réforme de sainte Colette [1]. Celle-ci était autorisée à recevoir ainsi ceux qui, animés du désir d'une plus haute perfection, voulaient avec elle pratiquer la pauvreté absolue.

Voilà l'arbre de la réforme planté, enraciné, produisant des branches vigoureuses, et capables de donner des fruits abondants et des greffes

(1) Pierre de Vaux, VII. Wading.

nombreuses. Le premier effet de cette réforme fut la rénovation du troisième ordre. On sait que dans la première explosion allumée par le séraphin d'Assise, beaucoup de chrétiens et de chrétiennes retenus par des liens sacrés gémissaient de ne pouvoir tout quitter, pour se consumer avec François en holocauste sur l'autel du Seigneur. L'envoyé de Dieu trouva moyen de consoler ces âmes généreuses, mais captives. Il forma pour elles un troisième ordre, auquel, comme aux deux premiers, il donna l'Evangile pour règle fondamentale, l'Evangile pratiqué à la lettre dans ses commandements et appliqué dans ses conseils selon les temps, les circonstances et les personnes. Avec quelques règles pour le retranchement du luxe et de la sensualité et quelques exercices de piété, il forma des phalanges de religieux vivant dans le monde, remplissant tous les devoirs qu'ils y avaient contractés et participant cependant à presque tous les avantages de la vie religieuse.

Le monde fait souvent irruption dans le cloître pour y corrompre les âmes, c'était une sainte réaction de la vie claustrale, débordant dans le monde pour le sanctifier ; mais ce courant de vie surnaturelle est plus ou moins puissant, selon que les deux premiers ordres qui en sont la source, sont eux-mêmes plus ou moins parfaits. Le tiers-ordre en effet, malgré les saints nombreux qu'il a produits, n'a point évidemment une vie particulière. C'est comme un parasite qui emprunte toute sa sève aux deux premiers. Il croît et décroît, il meurt avec eux. La jeune abbesse qui connaissait si bien et l'esprit de saint François, et toute l'œuvre de ce grand patriarche, ne pouvait pas négliger un moyen si puissant d'atteindre sa fin, de renouveler le monde en le ramenant à la pratique des vertus chrétiennes. Elle eut donc son tiers-ordre, qui s'inspira de son esprit et fit pénétrer ses sentiments dans la société. Les premiers admis furent sans doute les amis de la réformatrice, les Alard de la Balme, les comtesse de Genève, etc., etc. Le fait si simple de ces admissions a été passé sous silence par les premiers biographes qui ont cependant attesté clairement la réforme opérée jusque dans le tiers-ordre par sainte Colette (1).

CHAPITRE XX.

Fondation du couvent de Poligny.

Dans un voyage précédent, probablement en venant de la Savoie à Besançon, notre Sainte avoit remarqué la petite ville de Poligny, et, dans sa pensée, elle y avait construit un mo-

(1). Pierre de Vaux, chap. vii.

nastère de son ordre. C'était une petite place fortifiée, assez peuplée pour subvenir facilement aux besoins si restreints des clarisses, mais point assez considérable pour les enrichir et les troubler par de trop fréquentes visites au parloir. Les circonstances étaient favorables pour réaliser ce projet. Les vocations se multipliaient de plus en plus. La duchesse de Bourgogne, pour appeler les bénédictions de Dieu sur sa famille et apaiser le courroux céleste certainement allumé par les troubles de la France et les crimes du duc Jean sans Peur, avait résolu d'offrir à Dieu quatre monastères de la réforme, deux d'hommes et deux de femmes. Elle avait hâte de réaliser au moins une partie de sa promesse. Le choix de Poligny lui fut agréable. Ses envoyés avec ceux de sainte Colette, ayant examiné la cité, ne trouvèrent aucun emplacement plus convenable que l'arsenal même du duc de Bourgogne. Il ne paraît pas qu'il servit alors beaucoup aux engins de guerre ; il était plutôt destiné à recevoir et à garder les redevances en nature au souverain. Par une heureuse coïncidence, le duc Jean, qui habitait plus souvent ses États du nord, la Flandre et la Belgique, visita cette année la Bourgogne.

Ce prince, malgré ses crimes, était capable de comprendre la vertu et de l'admirer. Il avait déjà bien des fois entendu retentir à ses oreilles le nom de sœur Colette, et les merveilles de sa vie avaient plus d'une fois fait le sujet des conversations de la cour ducale où la réformatrice comptait des amis et son confesseur des parents. Le duc lui-même avait logé à Corbie dans l'hiver de 1407 au moment où Colette était contrainte de quitter sa patrie en y laissant des souvenirs ineffaçables. En 1314, il était venu en Bourgogne, et au milieu des préoccupations politiques, il n'avait pu ignorer ni les relations de la duchesse avec l'abbesse d'Auxonne, ni les faits prodigieux qui se produisaient partout où paraissait l'humble Clarisse. C'est le principe de la générosité du duc Jean envers sainte Colette, et nous retrouverons les mêmes sentiments dans son fils et dans les princesses qui porteront successivement la couronne ducale.

Le 2 juin 1415, étant à Dijon, Jean sans Peur accéda aux désirs de son épouse et donna l'arsenal de Poligny à la sœur Colette. Celle-ci se hâta d'en prendre possession. La comtesse de Savoie qui était revenue voir sa sainte amie, heureuse d'une fondation qui allait rapprocher sainte Colette du château de Frontenay, où elle séjournait souvent, conduisit elle-même la servante de Dieu à Poligny. Elles y arrivèrent le 15 juin. La première pierre de l'église fut immédiatement posée et les travaux allaient être poussés activement lorsqu'ils furent interrompus par une opposition puissante. Les fermiers généraux du duc, qui se servaient de l'arsenal, réclamèrent, et Jean de Montigny, procureur du duc au baillage d'Aval, chargé de mettre Colette en paisible possession de cette propriété, accueillit leur réclamation. Ils prétendaient tous que le duc s'était laissé surprendre. Mais le prince, instruit de cette opposition, après avoir envoyé son chambellan Guillaume de Vienne, par de nouvelles lettres datées de Rouvre, le 6 août 1415, enjoignit de nouveau à son bailli de défendre sœur Colette contre tout trouble, de lever toute opposition et de fournir abondamment tout ce qui serait nécessaire à l'édification du monastère.

Les lettres du duc de Bourgogne sont dignes d'attention : « Comme à la requête de notre très chère aimée la duchesse et pour contemplation de notre très chère et aimée sœur Colette, abbesse des Cordélières d'Auxonne, pour ce que de notre cœur désirons l'augmentation du divin service, pour la bonne affection que nous avons à la fondation d'un monastère de Sainte-Clère à Poligny... Voulons notre don et octroi par nous faits à icelles religieuses valoir et sortir son effet et vous mandons et enjoignons expressément que tout l'empêchement qui mis a été par votre mandement vous otiés, leviés et laisserez jouir les dites religieuses [1].

La Sainte usa avec une extrême modération de la générosité du prince. Les bâtiments furent si petits qu'une personne de taille moyenne pouvait avec la main toucher les plafonds. Son oratoire particulier au chapitre, était obscur et

---

[1] Archives de Dijon.

si bas que c'était à peine si elle pouvait s'y tenir debout. Le mobilier fut aussi pauvre que les bâtiments. On en conserve encore un spécimen : c'est une écuelle qui a servi à la vénérable abbesse. Tandis qu'on appropriait l'arsenal à sa nouvelle destination, sainte Colette et ses filles étaient logées chez la mère de Jean Lebon, aumônier de la duchesse, natif de Poligny, et chargé de diriger dans cette circonstance l'exécution des volontés de sa souveraine.

Pendant les travaux, il arriva un incident qui causa une immense douleur à la réformatrice. Des voituriers, qui voulaient faire un acte de charité envers le couvent, amenèrent des matériaux une des fêtes de Pâques. A cette vue, sainte Colette fut navrée d'un tel chagrin que ses compagnes craignirent de voir tomber la foudre sur le nouveau bâtiment. C'est que, pénétrée comme elle l'était, de la souveraine grandeur de Dieu, elle sentait l'importance de tout ce qui touche au culte divin. A ses yeux, la plus noble part de la vie humaine, la plus sacrée, celle à laquelle il est le moins permis de toucher, c'est celle qui est consacrée à Dieu. On l'a vu déjà, elle employait tous ses efforts pour faire cesser la profanation des jours de fête. Elle fit changer des foires et des marchés qui troublaient le culte dû à Dieu en ces solennités. Dans ses voyages elle stationnait toujours pendant toutes les fêtes, fût-elle même obligée, comme il lui est arrivé plus d'une fois, de s'arrêter pendant trois ou quatre jours. Les dangers qui l'environnaient dans des contrées exposées, ou aux courses des gens de guerre, ou aux attaques des brigands, ne pouvaient la déterminer à se mettre en marche pendant une fête de l'Église. Dans un de ses voyages, elle arriva le samedi dans un petit hameau, le lundi étant un jour de fête, il fallut y séjourner ; la contrée était parcourue dans tous les sens par des bandes armées qui pillaient et maltraitaient les habitants. Pleine de confiance en la Providence, elle observa les deux jours de repos et sa présence préserva le village qui lui donnait l'hospitalité. Les hommes armés se montraient à une certaine distance, mais n'approchaient pas du hameau, tandis qu'ils dépouillaient les habitants des villages voisins.

La délicatesse de la réformatrice pour la sanctification des jours consacrés à Dieu était telle, qu'elle ne voulut jamais recevoir, même en aumônes, l'argent gagné par un travail sacrilège. Des marchands, touchés de ses exhortations, voulant réparer leur faute par l'offrande de leurs biens à Dieu, lui offraient pour ses entreprises ce qu'ils avaient gagné les jours de fêtes, elle refusa constamment. Puissent ceux qui liront ces pages tirer de leur lecture au moins ce profit, le zèle pour la sanctification du dimanche et le désir de guérir la grande plaie qui gangrène la société actuelle !

Le couvent de Poligny était achevé selon les

humbles désirs de sainte Colette. Cependant cette maison éprouvait une privation très pénible à la fondatrice. Il n'y avait pas d'eau potable à l'intérieur. Il fallait avoir des servantes spéciales pour en apporter. Le recueillement et le silence pouvaient en souffrir. La servante de Dieu sentait vivement tous ces inconvénients.

Le vendredi de la quatrième semaine du Carême, à la messe, elle entend lire l'Évangile de la Samaritaine. Elle le médite et adresse, elle aussi, au Sauveur ces paroles avec une foi ardente : *Domine, da mihi hanc aquam*, Seigneur, donnez-moi de cette eau. Après la rosée spirituelle elle se sent portée à demander l'eau matérielle. Sa confiance lui fait répéter avec une force irrésistible cette supplication : Seigneur, donnez-moi de l'eau. Elle entend une réponse intérieure. Le lieu où elle doit creuser lui est montré, elle appelle les fontainiers qui ont en vain sondé la terre de tous côtés. Sur sa parole ils creusent de nouveau, et bientôt ils voient avec admiration jaillir une source abondante qui remplit le puits et fournit, sans s'épuiser jamais, une eau très pure et très saine. Cette eau miraculeuse opéra plusieurs prodiges. Elle conserva une limpidité inaltérable jusqu'en 1819. Depuis lors, par l'effet des travaux exécutés auprès du puits pour la reconstruction de la chapelle, elle se trouble au moment des pluies abondantes.

CHAPITRE XXI.

Séjour de sainte Colette à Poligny.

Le couvent de Poligny était pauvre, au milieu d'une petite ville calme, moins assujetti aux visites des mondains, entouré de populations sincèrement religieuses. Ces titres lui méritèrent les préférences de la réformatrice ; elle y passa sept ans et plus, pendant lequels cependant la direction des autres communautés l'obligea à quelques voyages et absences momentanées. Aussi, outre les merveilles déjà racontées, beaucoup de prodiges opérés par la vénérable abbesse ont été consignés avec soin dans les annales de cette maison et, souvent, sous la plume des premiers biographes on voit revenir le nom de Poligny. Sœur Perrine, surtout, aime à redire ce nom ; c'est qu'il lui rappelle les plus douces années de sa vie, les beaux jours du noviciat et de la profession religieuse. C'est en effet pendant le séjour de sainte Colette à Poligny que cette enfant dont elle avait béni la naissance, lui fut confiée pour être élevée dans la piété. Des historiens qui la font voyager plus tôt avec la réformatrice, n'ont fait attention ni aux dates, ni aux paroles de sœur Perrine elle-même. Dans ses dépositions, elle se félicite d'avoir eu le bonheur de vivre pendant trente ans dans la compagnie de la sainte réformatrice. Puisque Colette est morte en 1447, sœur Perrine ne lui fut confiée qu'en 1416 au plus tôt. Née en 1407, elle était bien jeune encore. Elle venait recevoir l'éducation nécessaire et non embrasser immédiatement la règle de sainte Claire. Une autre preuve de la présence de cette religieuse au monastère de Poligny, dès le commencement de sa fondation, c'est qu'elle était présente, dit-elle, lorsque Colette éprouva une si vive douleur à la vue des matériaux amenés un jour de fête, comme nous l'avons raconté plus haut.

Sainte Colette remplit d'abord à Poligny les fonctions d'abbesse ; elle voulait aussi faire de cette maison comme un noviciat général d'où elle pourrait tirer des sujets éminents pour de nouvelles fondations. Le nombre des religieuses étant limité dans chaque couvent, il lui fallait plusieurs maisons solidement constituées qui pussent, sans s'altérer, fournir fréquemment de nouvelles colonies.

On a conservé quelques-uns des enseignements qu'elle a gravés dans le cœur de ses filles de Poligny. Conformément à ce qu'elle pratiquait elle-même, elle leur apprenait à méditer sans cesse la Passion de Notre-Seigneur Jésus-Christ. C'est à cette source qu'elle leur faisait puiser la vraie vie spirituelle. Elle ne voulait pas de grandes pensées, de conceptions extraordinaires, capables d'engendrer l'orgueil, mais elle les

accoutumait à suivre et à imiter en toute simplicité Jésus crucifié, à s'humilier, à s'anéantir, à se mortifier et à se détacher de toutes choses surtout de leur propre volonté. « Mes sœurs,
« leur disait-elle, vous devez être bien averties et
« considérer que toutes les fois que aucune chose,
« par vos supérieurs, vous sera commandée ou
« défendue, vous ne devez pas user de vos propres
« sens ou de votre propre volonté, ni de vos con-
« saulx, mais promptement et volontairement
« pour l'amour de Notre-Seigneur qui fit la vo-
« lonté de Dieu, son Père, ici-bas en terre, vous
« devez obéir et vous soumettre à la volonté et
« détermination de la présidente, car mieux vaut
« son propre sens relinquir (laisser) pour l'amour
« de Dieu, que toutes les richesses du monde et
« son propre sens retenir et croyez qu'il n'est
« voie si large pour aller en enfer que propre vo-
« lonté, ni si brièvre pour aller au ciel, que à
« icelle renoncher et pourtant (pourquoi) je vous
« prie très humblement que à tous vos souve-
« rains pour l'amour de Notre-Seigneur Jésus-
« Christ, qui pour nous fut dans ce val de misère
« à Dieu son Père obédient jusques à mort et
« passion, vous veuillez en toutes choses sans
« rien excepter, promptement et joyeusement
« obéir, sans faire rebellion, ni contradiction, ne
« montrer signe de déplaisance, car il n'est sa-
« crifice au monde qui plaît tant à Notre-Seigneur
« comme fait vraie et parfaite obédience [1]. »

[1] Pierre de Vaux, c. III.

On a vu combien étaient longues et ferventes les oraisons de la vénérable abbesse et de quelles faveurs miraculeuses elles étaient récompensées. Ces communications ne l'empêchaient pas de veiller sur toutes et chacune de ses sœurs avec une sollicitude maternelle. Dieu l'aidait singulièrement dans le gouvernement des âmes. Il lui révélait souvent le secret des cœurs. Une novice succombant à la tentation projetait de se retirer sans consulter personne, sainte Colette l'appelle, lui fait avouer sa faute, la ranime et assure sa persévérance. Elle connaissait la ferveur qui animait les unes et la langueur qui engourdissait les autres ou les distractions qui troublaient leur âme dans le service divin. Des avertissements opportuns, un signe, un regard suffisaient ordinairement pour remédier aux défauts et accroître l'ardeur des âmes. Pendant un office une religieuse était préoccupée de pensées vaines et dangereuses ; l'abbesse éloignée d'elle lui fait dire, par une sœur, de chasser ces bagatelles et de se mettre en garde contre les pièges du démon. La coupable étonnée secoue cette poussière et s'applique avec ardeur à la prière. Quelquefois une sage rigueur devenait nécessaire, et sainte Colette savait trop combien elle est utile, pour négliger la correction corporelle, c'est-à-dire la discipline volontaire ou involontaire. Ainsi, une novice, heureuse de se trouver sous les yeux de son abbesse, se compose un maintien recueilli et semble tout entière à la prière, alors qu'elle se réjouit intérieurement de la bonne opinion qu'elle inspire de sa vertu. L'office terminé, sainte Colette la prend par la main, la conduit à la maîtresse des novices, à laquelle elle dit : « Voilà une fille dont je dois avoir la meilleure opinion. Du moins il n'a pas dépendu d'elle que je ne pense ainsi ; cependant, faites-lui donner la discipline, afin qu'elle apprenne à dominer sa vanité et sa dissipation. »

Une autre s'amusait avec une statuette de l'enfant Jésus et lui adressait des paroles malsonnantes. Elle fut reprise et corrigée de la même manière et la statuette fut placée au-dessus d'une porte très fréquentée, pour rappeler à toutes les générations le respect le plus délicat envers les choses saintes.

La sollicitude de la sainte abbesse pour ses filles redoublait d'ardeur et les suivait jusqu'au dernier soupir, jusque dans l'éternité. En voici des exemples.

A Poligny, une novice atteinte mortellement fut confiée à une religieuse avec recommandation bien expresse d'appeler la vénérable abbesse aussitôt que la mourante serait à l'agonie. La fatigue d'une longue veille, un peu trop de confiance dans les forces de la malade, plongèrent la garde dans le sommeil, et elle ne vit point sa sœur mourir. La tendre mère, vivement peinée, fit des reproches à l'infidèle garde-malade, et lui annonça qu'elle-même mourrait sans l'assistance de personne, comme elle avait laissé mourir sa sœur. Il en arriva ainsi quelque temps après. Elle tomba malade, perdit connaissance. Sa sainte mère accourut, lui obtint par ses prières de recouvrer ses sens et de recevoir les Sacrements, mais ensuite, malgré la vigilance des sœurs, elle s'éteignit aussi dans l'isolement.

Une autre religieuse qui, avec le consentement de ses supérieurs, avait, depuis peu de temps, quitté un ordre moins sévère pour entrer dans la réforme, était réduite à une telle extrémité que déjà on préparait sa fosse. La sainte abbesse considérant qu'elle n'avait eu que bien peu de temps pour réparer ses négligences passées et se sanctifier; qu'elle serait frustrée de ses saints désirs de perfection, demanda au Seigneur un délai et il lui fut accordé. La mourante guérit et vécut encore vingt ans.

Sœur Perrine, qui vit ces faits et les rapporte en les confirmant par le témoignage de toutes ses sœurs, fut aussi plusieurs fois l'objet de faveurs miraculeuses. Elle portait, depuis quinze jours, son bras en écharpe à cause d'une douleur si violente qu'elle ne pouvait ni dormir ni manger. Dans cet état, cependant, elle essaye de laver les pieds à sainte Colette, mais avec une souffrance qui se trahit sur son visage. Sainte Colette en demande la cause. L'ayant connue, et voyant les linges qui enveloppaient le bras malade, elle dit; « Otez cela et vous serez guérie ». Ce que fit sœur Perrine et elle fut aussitôt délivrée de son mal.

Une autre fois, elle était couchée à l'infirmerie, gravement malade ; sainte Colette vint la visiter : « Allez, lui dit-elle, vous coucher dans mon lit ». La sainte abbesse la suivit peu après, et lui commanda de reprendre ses fonctions de secrétaire et de reporter son lit de l'infirmerie au dortoir ; elle était en effet guérie.

Une autre religieuse qui, pour sa conduite extérieurement exemplaire, occupait une des principales charges de la maison, tomba si dangereusement malade qu'on la regardait comme perdue. Malheureusement, elle était encore plus malade d'âme que de corps. Au fond de sa conscience étaient cachées de profondes blessures du péché et jamais elles n'avaient été pansées par le ministre de la miséricorde divine. Sainte Colette eut révélation de ce triste état et en conçut une violente douleur. Elle eut recours à des prières continuelles. Elle obtint enfin la double vie de cette religieuse, sa vie spirituelle et sa vie corporelle. En effet l'infortunée guérit et aussitôt mit ordre à sa conscience. Elle vécut encore longtemps dans la pratique de toutes les vertus religieuses.

Sainte Colette veillait avec une attention délicate à la conservation de la charité. Si elle découvrait, ou par les moyens naturels, ou par les voies surnaturelles, un sentiment d'antipathie ou de froideur entre quelques sœurs, elle les faisait venir en sa présence, les reprenait, leur rappelait les règles de la charité évangélique, et ainsi elle rétablissait dans les âmes le règne de la plus parfaite concorde.

Elle fermait aussi l'entrée de ses maisons à la vanité, pour y faire régner la sainte égalité du chrétien qui ne connaît d'autre distinction que celle de la vertu, d'autre dignité que celle de l'autorité légitimement établie. On n'avait pas le droit de rappeler ce qu'on avait été dans le monde, ni de s'entretenir des vanités d'autrefois. Il ne devait même plus en rester un souvenir dans les âmes. La sœur Agnès Wissemelle nièce de la trop célèbre Isabeau de Bavière en fit l'expérience. Au réfectoire dans la lecture d'un acte, la reine de France était nommée. Agnès ne put s'empêcher de dire : c'est ma tante. Colette la reprit sévèrement et lui imposa un silence absolu sur sa famille. C'est ce joug évangélique, suave sans doute, mais terrible aux plus chers penchants du cœur humain, qu'elle sut faire accepter de tant de princesses et de jeunes personnes de noble famille confondues avec des filles d'artisans. Ces généreuses chrétiennes venaient non-seulement se soumettre à la fille du charpentier, couronnée déjà d'une auréole divine, mais elles s'imposaient la nécessité d'obéir à la fille d'un vassal ou d'un simple marchand qui les précédait dans la vie religieuse et la pratique des vertus chrétiennes. Cette leçon n'était pas perdue pour la société qui voyait de tels exemples. Les amateurs excessifs de l'égalité devraient au moins admirer de telles œuvres.

Il s'en faut que ce dépouillement, ce sacrifice de tous les biens et de toutes les vanités du monde, ait été pénible à ces âmes généreuses. C'est, au contraire, ce qu'elles cherchaient et trouvaient avec bonheur dans le cloître. Au reste, l'âme généreuse qui marchait à leur tête leur inspirait ces sentiments par ses exemples. Elles la virent, avec autant de stupeur que d'admiration, se démettre à Poligny des fonctions d'abbesse, en faire élire une autre et se soumettre la première à cette nouvelle élue. Devenue comme la dernière des religieuses, elle remplit les emplois les plus bas, les plus fatigants. Aide-cuisinière, elle lave les assiettes, écure les marmites, balaye les salles communes, sans interrompre ses oraisons. Empruntant à David les accents de sa piété, s'unissant à la cour céleste qu'elle invoque par la récitation des litanies, elle apprend à ses filles à prier en travaillant.

C'est ainsi qu'elle se mettait en garde contre la vaine gloire qui aurait pu tenter de troubler son âme, car Dieu lui faisait plus que jamais entrevoir la grandeur de son œuvre et les développements qu'elle allait recevoir. Un jour, en se levant de table, elle dit à la sœur Claire Labeur : « Que diriez-vous si vous aviez vu aujourd'hui neuf abbesses assises à notre table ? » En effet, de toutes celles qui étaient présentes, il y en eut neuf qui furent abbesses. Quelques-unes étaient alors de simples novices, mais

Dieu avait montré à sa fidèle servante l'auréole qui devait couronner leur front dans l'avenir. Ces sœurs étaient : Claire Labeur elle même, qui devint abbesse de Vevay ; Jeanne Lozanguier, d'Auxonne ; Marie Dorman, d'Hesdin ; Agnès Wissemelle, de Seurre ; Étiennette du Tarte, de Vevay ; Marie du Pois, successivement abbesse de trois couvents ; Jeanne de Corbie, d'Aigueperse ; Marie Herenguier, de Moulins ; et Huguette du Tarte, d'Hesdin.

CHAPITRE XXII.

Faveurs merveilleuses que sainte Colette obtient aux habitants de Poligny.

La vertu de sainte Colette, malgré tout le soin avec lequel elle tâchait de la cacher au monde, son pouvoir thaumaturgique éclataient nécessairement au dehors des monastères. Son zèle pour la gloire de Dieu et le salut des âmes lui faisaient adresser à ceux qui l'approchaient des paroles de feu qui révélaient son âme. Sa compassion pour les maux du prochain l'entraînait, comme malgré elle, à user du pouvoir extraordinaire que Dieu lui avait accordé. D'ailleurs, il suffisait déjà d'invoquer son nom auprès de

Dieu, pour obtenir des prodiges. Nous en verrons des exemples.

Il y avait à Poligny un bourgeois nommé Jean Courault, occupant dans la cité un rang éminent que son activité et ses richesses lui avaient conquis. Il continuait avec ardeur le négoce qui l'avait enrichi. Il vit la Sainte, récemment arrivée à Poligny, et coopéra à la fondation du monastère. Par quelques paroles prononcées avec cet accent qui ne peut venir que de l'Esprit-Saint, la sainte abbesse lui fit apercevoir la vanité des biens terrestres. Bientôt, fidèle à ces inspirations, il renonça au commerce, se contenta de ses revenus; il multiplia cependant ses aumônes, parce qu'il était généreux pour les autres et économe pour lui-même. Corrigé de l'habitude du blasphème, véridique et sobre, il n'eut plus qu'un bonheur, celui de fréquenter les sanctuaires et d'écouter la vénérable abbesse. Dans les quelques voyages qu'il fut encore obligé de faire pour terminer ses affaires, il éprouva la puissante protection de la servante de Dieu. Un jour, il voulut traverser à cheval une rivière gonflée par les pluies; il est renversé et disparaît dans les flots aux yeux de son domestique. Au sein des eaux où il devait périr, il se recommande à celle qu'il regarde comme une sainte, et il est bientôt hors de danger. Une autre fois, il est arrêté par une apparition de la vénérable abbesse, au moment où il allait se jeter dans un abîme caché par le courant d'une rivière. Trois fois il lui dut la vie et la santé de son épouse. Une première fois, Étiennette, — ainsi se nommait la femme de Jean Courault, — était tellement malade, qu'on n'attendait plus que son dernier soupir. Jean Courault va la recommander aux prières de l'abbesse, qui le console, lui rend quelque espoir et le congédie. A peine est-il parti qu'elle envoie auprès de la malade le P. Henri. Peu de temps après l'entrée de ce vénérable Père dans l'appartement de la mourante, Étiennette était pleinement guérie.

Quelques années apèrs, la même personne fut atteinte d'une maladie de cerveau qui troublait sa raison. Son époux, par ses sages conseils, ne pouvait arrêter les progrès d'un mal pire que toutes les douleurs. Il la conduisit au couvent de Poligny. Sainte Colette fit entendre des reproches charitables, mais salutaires, à cette chrétienne négligente qui avait trop différé de se confesser et lui ordonna de le faire à l'instant même au P. Henri. La malade obéit ; et pendant ce temps, l'abbesse priait pour elle. Aussi sortit-elle du saint tribunal délivrée de ses douleurs et du trouble de sa raison. Enfin, une troisième fois, la femme de Jean Courault, dans les douleurs d'un accouchement devenu presque impossible au jugement des sages-femmes, devait mourir et son enfant avec elle. Déjà un chirurgien habile était appelé pour tenter, après la mort de la malheureuse, l'opération césarienne afin de donner au moins le baptême à l'enfant. Pendant ce temps, Jean Courault s'était adressé à son refuge ordinaire dans ses peines. La vénérable abbesse lui dit une première fois de retourner chez lui et de revenir un peu plus tard la trouver, il obéit. Dans les anxiétés et la douleur qu'il éprouvait il ne tarda guère à revenir presser sainte Colette de prier pour lui. Elle l'avait fait et lui dit de retourner maintenant avec joie chez lui parce que sa femme avait heureusement enfanté et qu'elle était délivrée de tout danger. Il crut à cette parole et trouva en effet sa femme et un nouvel enfant pleins de vie et de santé. L'un et l'autre, la mère et l'enfant, vécurent encore longtemps.

Un an après, comme Jean Courault visitait la vénérable abbesse, elle lui demanda le nombre de ses enfants et lui témoigna le désir de les voir tous. Le père les fit venir tous excepté l'aîné qui nous raconte ces faits. Sainte Colette lui dit que ce n'étaient point là tous ses enfants. Il fut bien obligé d'avouer qu'il avait laissé à la maison l'aîné ; qu'en cette qualité il le réservait pour son bâton de vieillesse. L'abbesse exigea qu'il fût amené, et Jean Courault l'envoya chercher. Cette famille nombreuse et bénie de Dieu étant en présence de la servante de Dieu, elle dit au père qu'il devait consacrer ses prémices à Dieu. Celui-ci, touché de la grâce protesta, que non-seulement l'aîné mais tous ses autres enfants étaient à sa disposition pour en faire ce qu'elle voudrait. Alors, pénétrée de l'esprit prophétique, elle indiqua à chacun sa vocation : l'aîné Philippe, devait être religieux du monastère de Saint-Etienne de Dijon ; le second, nommé Pierre, religieux de Cluny ; une des sœurs, religieuse clarisse colettine. Et il en fut ainsi.

Sainte Colette n'avait point voulu alors s'expliquer sur le dernier né. On le lui présenta quelques années plus tard. Il était plein de santé et donnait de belles espérances. Cependant l'abbesse ne le regarda qu'avec tristesse. Peu après cette visite, l'enfant tombe malade et se trouve réduit à toute extrémité. On réclame les prières de sainte Colette ; elle encourage par des pensées de foi les parents chrétiens, mais elle ne paraît pas disposée à demander la santé de l'enfant, qui meurt promptement. A Jean Courault et à son épouse qui viennent épancher leur douleur dans le sein de Colette et lui demander des consolations, elle apprend que si cet enfant avait vécu il devait se perdre ; qu'elle a demandé elle-même sa mort comme une grâce de miséricorde. En cet enfant s'accomplissait à la lettre cette parole du Sage : « Il a été enlevé afin que la malice ne pervertît pas son intelligence. » Que le souvenir de ceci console des douleurs bien amères et soit comme un baume adoucissant sur des plaies souvent inguérissables.

Toutes ces faveurs enflammaient la reconnaissance de cet excellent bourgeois de Poligny. Il se dévouait de plus en plus à l'abbesse et à son œuvre et lui rendait tous les services possibles. C'était un échange continuel de bons services temporels et de faveurs surnaturelles. Il eut le bonheur de conduire souvent sainte Colette dans ses voyages pour la visite de ses couvents et ainsi d'être témoin de ses ravissements et des effets merveilleux de la grâce en elle. Il l'entendit un jour s'écrier en sortant d'une extase : « O Jean, que c'est une belle chose d'aimer Dieu et de le servir, » et ce mot et l'accent avec lequel il était dit, renfermaient un tel feu qu'il embrasa l'âme du fervent chrétien.

Philippe Courault, l'aîné de cette famille bénie, confirme ces faits de son témoignage. Selon la prophétie de sainte Colette, il devint chanoine régulier de Saint-Etienne de Dijon, où il fut conduit par le P. Jean Foucault, devenu l'ami et le coopérateur de la réformatrice. Son mérite le fit nommer abbé de Saint-Pierre de Gand. Il se démit pour travailler plus facilement à sa sanctification dans la retraite. C'est alors qu'il fit une déposition importante sur la vie de sainte Colette. Il ne fut pas destitué de l'affectueuse sollicitude de la sainte abbesse. Elle le faisait visiter par les religieux et l'avertit plus d'une fois de choses qu'il ne croyait connues que de Dieu seul. Il éprouva encore autrement l'efficacité de sa protection. Appelé à Paris par son abbé, au moment où la guerre civile, multipliant le brigandage, ne laissait aucune route sûre, il demanda à la sainte abbesse une lettre de recommandation. Dans ce voyage, comme il l'avait craint, il tomba entre les mains des voleurs ; il montra cette lettre qui impressionna tellement le chef de la bande que, loin de le dépouiller, il lui donna une escorte et un sauf-conduit. Le nom de sainte Colette était devenu célèbre et puissant au ciel et sur la terre.

Tant de faveurs accordées à une seule famille donnent une idée de toutes celles dont la sainte abbesse était l'instrument pour la bonne ville de Poligny. Elle répandait surtout autour d'elle des grâces de conversion. Ses exemples exerçaient nécessairement une action profonde sur les âmes, ils ranimaient les courages et faisaient rougir la lâcheté et le vice. Ce n'était pas assez pour la réformatrice de cette influence que son humilité lui cachait, elle était trop pénétrée de l'esprit de Dieu, de la véritable charité pour ne pas déployer toute son énergie dans la conquête des âmes et leur retour à Dieu et à la vertu. Nul ne communiquait avec elle sans emporter une parole qui, comme un trait aigu, s'enfonçait de plus en plus dans son cœur et le ramenait au devoir méconnu. « Comme nous lisons de Notre-
« Seigneur Jésus-Christ, dit très bien Pierre de
« Vaux, que par sa douceur et humilité, il étoit
« privé et familier aux pauvres et souvent les
« aidoit et confortoit ; pareillement nonobstant
« qu'elle haïst les péchés et qu'elle eust grande

« déplaisance des offenses commises contre Dieu,
« néantmoins oncques n'eut horreur ni abomi-
« nation des personnes pécheurs, de quelque état
« qu'ils fussent, de religion ou autre, et récitait
« piteusement comment notre benoît Sauveur
« était descendu des cieux pour les pécheurs, et
« que telle était-elle ; et qu'elle se tenait de leur
« partie et souvent les consolait et confortait
« moult charitablement et humblement, et pour
« cette cause moult de pauvres pécheurs venaient
« par devers elle, et lui manifestaient et descou-
« vraient leurs grands et énormes péchés qu'ils
« n'avaient oncques osé dire de bouche à prêtre,
« et très humblement les écoutait et recevait, et
« si bénignement les admonestait et exhortait
« qu'elle les faisait venir à la connaissance de
« Dieu et de l'offense perpétrée contre lui, et ne
« cessait de travailler jusqu'à ce que les pauvres
« âmes étaient hors des loyens de l'ennemi d'en-
« fer et mises sous la main de Dieu. » Elle avait
pour atteindre ce but de nombreuses et merveilleuses industries. Un chevalier de Poligny, par
une exception assez rare dans ces siècles, vivait
depuis trente ans dans le péché sans se confesser. Sainte Colette, l'ayant appris, multiplie
pour ce pécheur ses prières et ses mortifications.
Il résistait à ses exhortations et aux grâces
qu'elle lui obtenait. Enfin Dieu lui révèle la connaissance des iniquités de cet endurci. Alors
elle l'appelle en même temps que son propre
confesseur le R. P. Henri. En présence du cou-

pable, elle s'accuse comme si elles étaient siennes, de toutes les iniquités du chevalier et en demande la pénitence qu'elle commence à accomplir. Le pécheur ne résiste pas plus longtemps, il se confesse lui-même au P. Henri et change de conduite.

On le voit, tous les rangs de la société participaient aux bénédictions que sainte Colette apportait avec elle. Le rebut de la société, les repris de justice eux-mêmes sentirent le bienfait de sa présence. Il y avait une prison auprès du couvent de Poligny. Elle était fréquentée par des démons qui prenaient plaisir à tourmenter par leurs cris les victimes de la justice humaine. Quand la cloche des Colettines se fit entendre, ils disparurent et les prisonniers goûtèrent avec autant de bonheur que d'étonnement un repos qu'ils ne connaissaient plus. Les nuits suivantes il en fut encore de même. Ils s'informèrent quelle était cette petite cloche si puissante, dont le son leur procurait le repos et ils bénirent le Seigneur et ses angéliques épouses (1). Des mondains souriront à ce récit. Les ingrats ! ils ne savent pas et ils ne veulent pas apprendre par les monuments de l'histoire, de combien de maux les délivrent les prières, les bénédictions de l'Eglise, le signe de la croix érigé partout. C'est ainsi qu'a été restreint et presque détruit l'empire du démon. Ce prince du monde était bien plus puissant autrefois et il intervenait plus fréquemment.

(1) P. de Vaux, 213 ; S. Perr.

CHAPITRE XXIII.

La Réforme devant le concile de Constance.

Pendant que sainte Colette fondait le couvent de Poligny, et que, toujours fidèle à sa haute mission, elle élevait continuellement, comme Moïse, les mains au ciel pour le triomphe de l'unité et la pacification de l'Eglise, des événements d'une importance capitale allaient en partie réaliser ses vœux les plus ardents, et donner à son entreprise la sanction la plus haute qu'elle pût recevoir. Un concile universel s'était réuni à Constance, en novembre 1414, pour nommer un pape d'une autorité incontestable et universellement reconnue et réparer les maux causés par les divisions antérieures.

Or, au milieu du relâchement universel que nous avons déjà signalé, il se trouvait çà et là, dans l'ordre de Saint-François, quelques âmes généreuses qui aspiraient encore à la perfection et tentaient de faire revivre les saintes règles ; mais leurs efforts étaient paralysés par l'autorité dont jouissaient partout les partisans d'une vie moins austère. On ne leur permettait point de fonder de nouvelles maisons, ou bien on y fomentait le trouble en soutenant contre leurs supérieurs les frères dont le courage faiblissait

après avoir embrassé la réforme. Dans les communautés relâchées, les cœurs généreux se trouvaient en butte aux critiques, aux censures de ceux qui voyaient dans leur vertu une condamnation muette de leur propre conduite. Il est probable que ces essais tentés par des hommes dont les désirs étaient louables et accusaient un besoin universel, n'étaient pas tous conduits avec la sagesse nécessaire dans de telles entreprises. Nous avons pu le constater par un des couvents cités par le concile de Constance, celui de St-Omer. Le P. Makrel tentait d'y rétablir la règle, mais il ne paraît pas avoir été de la race de ces hommes qui devaient sauver Israël (1), il compromit son œuvre et échoua complètement (2). De tous les monastères réformés que nous nommerons tout à l'heure, aucun ne produisit de rejetons et peut-être la plupart n'auraient-ils pas subsisté, s'ils n'avaient reçu de Dolé un principe de vie. Ce dernier, en effet, animé par l'esprit de sainte Colette mérita bientôt cet éloge de Wading : « Les frères de ce cou-
« vent, par la pureté de leur vie, par la parfaite
« observance de leur règle, acquirent dans les
« provinces voisines une si haute réputation que
« partout on voulait avoir de tels hommes. »
C'était un centre puissant ; par sa force d'attraction, il attirait à lui tous les éléments semblables

(1) Machabées.

(2) Voir Archives municipales de St-Omer.

dispersés çà et là, et ainsi il augmentait sa puissance d'extension.

Ces fervents religieux voyant un concile assemblé pour la réformation de l'Eglise, trouvèrent l'occasion favorable pour obtenir de lui un appui dont ils avaient grand besoin. Ils envoyèrent à Constance quelques-uns des leurs, afin de plaider leur cause. Ces délégués furent favorablement accueillis. Voyant cela, les Conventuels consentirent à débattre les bases d'un accord qui, sans diviser l'ordre, permît à chacun de suivre ses inspirations et de vivre d'une vie plus ou moins parfaite. Le concile sanctionna cet accord le 23 septembre 1415.

« Le Siége apostolique vacant, le saint Concile
« de Constance a rendu un décret par lequel la
« réforme des Observantins est soustraite au
« gouvernement général. En effet, les gardiens
« et frères de certains couvents de la France, de
« Séez, de Saint-Omer au diocèse de Thérouanne,
« de Varennes au diocèse de Reims, de Dole au
« diocèse de Besançon, de Laval au diocèse du
« Mans, de Saint-Eloi au diocèse de Nantes,
« d'Amboise au diocèse de Tours, de saint Jean-
« d'Angeli au diocèse de Saintes, de Bressuire,
« de Cholet au diocèse de Maillezais (évêché
« transféré à la Rochelle en 1648), dans les pro-
« vinces de France, de Bourgogne et de Tours,
« où l'Observance régulière a commencé à re-
« prendre vigueur, ont supplié les Pères de
« Constance, de vouloir bien employer un re-

« mède convenable pour écarter les obstacles
« apportés à la stricte observance et les scandales
« nombreux qui en résultent. C'est pourquoi le
« Concile décrète que les frères des dits couvents
« pourront, dans leur province, élire l'un d'eux
« qu'ils jugeront capable. Ils signifieront cette
« élection par écrit au ministre de la province
« et dans les trois jours après cette présentation,
« le ministre de la province sera tenu de l'éta-
« blir son vicaire pour gouverner les réformés
« en sa place. S'il ne le fait, les trois jours écou-
« lés que l'élu soit regardé comme vicaire établi
« par l'autorité de ce saint Concile. » Le même
décret pourvoit de la même manière à l'élection
d'un vicaire du ministre général qui doit être
choisi par les vicaires des provinces et les plus
anciens religieux. Si le ministre général ne
l'agrée pas, le saint Concile supplée aussi, et
l'investit des pouvoirs de vicaire. Cependant,
pour cette fois, le Concile nomme directement
Frère Nicolas Rudolphi, qui s'était fait particulièrement remarquer par son zèle et son habileté
à traiter cette affaire à Constance. Les Pères lui
rendent ce témoignage.

On ne saurait trop admirer la sagesse de ces
mesures présentées à la ratification du concile
d'un commun accord par les Réformés et les
Conventuels. Elles ne divisent pas réellement
l'ordre de Saint-François. Elles donnent la liberté aux âmes généreuses qui veulent suivre
les voies de la perfection ; ce sera une liberté

militante, car il y aura encore des obstacles à surmonter et le relâchement alarmé leur créera des entraves locales ; mais enfin, il n'y aura plus de difficultés insurmontables et d'assujétissement contre nature du plus parfait à l'imparfait.

Les âmes moins généreuses sont aussi respectées dans les engagements qu'elles ont contractés. Elles ne sont pas, malgré elles, condamnées à s'élever à une perfection qu'elles n'ont pas vouée. Elles pourront, et c'est ce qui arrive à un grand nombre, être électrisées par de nobles exemples et les imiter, mais elles pourront aussi rester dans le rang inférieur où elles sont, sans être inquiétées, sans que leur salut coure un danger sérieux dans cet état. Ainsi, la liberté de tous est assurée et le salut de l'ordre aussi ; car, par la force des choses, le feu divin se communiquera de proche en proche, et il ne se passera pas un siècle que toutes les maisons n'aient imité les plus ferventes et repris l'observance exacte de la règle. Fodéré (1) lui-même le reconnaît en parlant du couvent de Dôle, mais en taisant toujours le nom de sainte Colette et en dénaturant celui du P. Henri de la Balme. Or, ne l'oublions pas, l'impulsion la plus efficace qui produisit ce beau mouvement vient du cœur de sainte Colette.

1 *Description topographique et historique des couvents de la province de saint Bonaventure.* (Voir la note IIe à la fin du volume.

2 Wading.

Bientôt une autre affaire, concernant la réforme, fut portée au tribunal du concile de Constance. Le couvent de Dôle ne pouvait plus contenir tous les religieux qui se présentaient. Guillaume de Vienne, qui avait déjà donné tant de preuves de sa générosité, voulut la manifester encore et se procurer à lui-même le bonheur d'avoir auprès d'un de ses châteaux des Pères si fervents. Il choisit Sellières, à quatre lieues de Lons-le-Saulnier. Quatre religieux du couvent de Dôle s'y rendirent en 1415. Pendant ce temps, le fondateur s'occupait de rendre son œuvre canonique. Mais, plus instruit dans l'art militaire que dans les questions religieuses, il se trompa et eut le tort de s'adresser à Benoît XIII pour avoir une bulle d'érection du couvent projeté. Les Franciscains de Lons-le-Saulnier n'étaient pas satisfaits de voir auprès d'eux des religieux dont la ferveur condamnait leur relâchement ; ils portèrent l'affaire au concile de Constance, qui en fut irrité. On le comprend ; il allait déposer Pierre de Lune, qui n'avait pas imité ses compétiteurs à la tiare, et qui, loin de se démettre volontairement, protestait contre le concile. Aussi les Pères de Constance lancèrent immédiatement l'excommunication contre les religieux demeurant à Sellières. Guillaume de Vienne se conduisit comme un vrai chevalier. Par l'intermédiaire de Thibaut de Rougemont, archevêque de Besançon, il représenta qu'il était seul coupable, que les religieux ignoraient ses démarches ; ce qui était vrai. Enfin il obtint de Martin V, bientôt élu à Constance, une délégation, pour l'archevêque de Besançon, de lever l'excommunication et un plein pouvoir, pour les religieux, de continuer leur fondation. L'église de Sellières, sous le vocable de Saint-Jean l'Evangéliste, ne fut consacrée qu'en 1421.

Une autre fondation éprouva des difficultés presque semblables, et fut terminée presque en même temps. Dès 1409, le R. P. Henri, tout en négociant l'affaire de Dôle, avait jeté les yeux sur un site solitaire et très favorable à la contemplation, auprès de Vesoul. On l'appelait alors Beaumette-les-Chéries ou Chariez. La duchesse de Bourgogne, suivant son inspiration de fonder deux couvents d'hommes, fit élever des lieux réguliers à ses frais et obtint de Jean XXIII une bulle en 1410. Jean XXIII, troisième personnage prétendant à la papauté, remplaçait Alexandre V, élu au concile de Pise. On contesta la valeur de la bulle qu'il avait donnée, et pour ne point enflammer les divisions dans la Bourgogne, la duchesse jugea prudent d'interrompre les travaux. Ils ne furent repris qu'en 1417. Alors, Thibaut de Rougemont obtint de Martin V une nouvelle bulle qui l'établissait commissaire du Saint-Siége pour cette fondation, et l'église de Chariez fut dédiée à la Vierge Marie en 1420. Ce couvent était petit, pauvre, destiné surtout aux cœurs plus généreux, insatiables d'austérités et avides des douceurs de la contemplation. On distingua quelquefois ses habitants en les appelant les Frères de la plus stricte observance. Cependant leur esprit était le même que celui de Dole, et Wading nous les montre faisant ensemble de nouvelles fondations. Une plus grande sévérité dans l'application des mêmes règles ne constitue pas une différence essentielle. Encore aujourd'hui, l'ordre de Saint-François a quelques maisons plus rigides où se retirent de préférence les âmes d'élite qui se sentent appelées à une plus haute perfection.

Tel nous paraît avoir été le couvent de Chariez dans le XVe siècle. Ce fut un motif pour les chrétiens fervents de lui donner dans leurs affections une préférence toute surnaturelle. Guillaume de Vienne y choisit sa sépulture ; ce seigneur, après avoir revêtu l'habit de Saint-François, se fit ensevelir, ainsi que sa femme, dans le sanctuaire, où des prières si ferventes soulageaient efficacement les âmes des défunts.

Nicolas Rudolphy ne remplit pas longtemps la charge que lui avait confiée le concile de Constance ; il mourut en 1419. Les Réformés s'étant réunis à Cholet, dans la province de Tours, élurent pour le remplacer Thomas de Court, sous le gouvernement duquel leurs maisons se multiplièrent beaucoup. Ce mot de Wading, en nous faisant entrevoir la vérité, nous inspire de grands regrets. Les archives qui aujourd'hui pourraient nous révéler toutes les fondations des disciples de sainte Colette, ont péri, et avec elles quelques-uns des fleurons de la couronne de l'illustre réformatrice.

R. P. Sylvère soupçonnait ces faits, lorsqu'il écrivait : « Je suis grandement marry que je « n'ai pu tracer la liste des religieux qui ont « suivi la réforme de sainte Colette ; car je ne « doute aucunement qu'ils n'aient occupé grand « nombre de couvents et beaucoup plus que les « filles de sainte Claire. Mais quoi ? la paresse « des historiens nous a privé du bonheur de « cette connaissance, si ce n'est que leurs écrits « ne soient à l'aventure égarés. »

Pour ne point, dans la suite, couper notre récit, nous allons faire connaître quelques-uns de ces couvents sur lequel nous avons pu recueillir quelques indications.

Laval reçut la réforme avant 1430. Alors un jeune guerrier, page du duc de Bourbon et élevé avec ses fils, échangea les grandeurs du monde pour la pauvreté évangélique ; il entra au noviciat de Laval. Devenu le frère Focaudi, de l'ordre de Saint-François, il rapporta le feu sacré dans le Bourbonnais, sa patrie, et fonda lui-même une nouvelle maison de la réforme à Montluçon en 1441.

Jacques, évêque de Saint-Flour, donna, en 1430 à Bernard d'Armagnac, gendre de Jacques de Bourbon, et comme lui protecteur de sainte Colette, la chapelle de Saint-Gal dans la vicomté de Murat (Auvergne). Ce prince y établit des Réformés qui, chassés par les Anglais, s'établirent, en 1448, à Cellette dans la même province.

En 1438, les Réformés envoyèrent une colonie en Allemagne et préparèrent, en s'établissant à Oppenheim, la voie à sainte Colette qui ira fonder une de ses maisons à Heidelberg. Enfin, avant de mourir, la réformatrice verra son œuvre recevoir de la plus haute autorité terrestre une dernière consécration, un honneur suprême. En 1446, le Pape voulant réformer le couvent de l'Ara-Cœli, qui est comme la tête de l'ordre séraphique, demande des religieux réformés de France. Le frère Jean Moquet, de Dôle, est envoyé avec quelques autres pour entreprendre cette œuvre. Ils vont sans doute unir leurs efforts aux plus fervents disciples de saint Bernardin de Sienne, et de saint Jean de Capistran, qui édifiaient l'Italie. C'était une fusion d'or fin venant de mines différentes, mais dont le facile mélange devait montrer la parfaite pureté. Ceci expliquerait le mot attribué à saint Bernardin de Sienne qu'il était le Vicaire de sainte Colette en Italie.

En présence de ce fait, nous pouvons nous consoler de ne pas connaître en détail toutes les fondations des Colettins. Ils occupaient un rang bien considérable dans l'Eglise pour avoir mérité une telle confiance de la part du souverain Pontife. Leur gloire est l'auréole de la réformatrice. Qu'on n'oublie pas que Wading atteste qu'elle était investie par l'autorité apostolique dans des actes solennels plusieurs fois renouvelés, du pouvoir de donner mission aux Frères, de nommer des visiteurs des Réformés et que les supérieurs particuliers n'exerçaient leur autorité qu'avec son approbation et sous son contrôle. Elle était évidemment le centre principal, le premier moteur de tout ce mouvement, l'âme de cette régénération.

CHAPITRE XXIV.

Entrevu avec saint Vincent Ferrier.

Au milieu des divisions, des troubles, des luttes, des combats qui désolaient alors le monde, il fut donné à un homme de dominer tout ce tumulte et d'attirer sur lui les regards de toute la catholicité. Il domptait les passions les plus furieuses, triomphait des vices les plus invétérés, pacifiait les haines des peuples et des cités, brisait l'endurcissement obstiné, commandait en maître à la maladie, à la mort, et suivi d'une armée pacifique de plusieurs milliers de pénitents, parcourait toutes les provinces de la chrétienté en exerçant son pouvoir de légat *a latere* de Dieu lui-même. C'était saint Vincent Ferrier, de l'ordre de Saint-Dominique.

Le patriarche d'Assise et le Père des Frères

Prêcheurs furent unis d'une étroite amitié, toujours inspirée par les plus purs sentiments de la charité divine. Celle qui avait reçu l'héritage du double esprit de saint François et de sainte Claire devait avoir le même bonheur de trouver dans la famille de Saint-Dominique un esprit supérieur et un grand cœur capables de la comprendre et de l'aider. Sainte Colette devait rencontrer saint Vincent Ferrier. Dieu le lui amena.

Ils étaient l'un et l'autre dans l'obédience de Benoît XIII. L'illustre dominicain avait même été pendant quelque temps le confesseur de ce pontife. Mais averti dans une révélation, il avait avec joie quitté les grandeurs de la cour pontificale pour les labeurs incessants de l'apostolat. Cependant, il n'avait pas encore cessé toutes relations avec Benoît XIII et revenait quelquefois auprès de lui. C'est là qu'il put entendre parler de la jeune abbesse venue de la Picardie à Nice et des merveilles que Dieu opérait en sa faveur.

Mais le Seigneur lui-même se chargea de l'instruire, mieux que les hommes, sur les mérites et la puissance de son humble servante. Après avoir évangélisé l'Espagne presque tout entière, une partie de la France et de l'Italie, il était revenu en Aragon, sa patrie. Plongé dans l'extase de la prière, il vit prosternée devant la majesté divine une religieuse qui adressait à Jésus-Christ pour les pécheurs, les prières les plus humbles et les plus ferventes. Il lui fut dit que c'était là cette jeune abbesse dont déjà les vertus et les mérites avaient été loués devant lui. Le Sauveur, touché de la prière de son humble servante, lui répondait cependant: « Ma « fille, que veux-tu que je fasse ? Ils m'atta-« quent chaque jour par de nouvelles injures ! « Ils me blessent par leurs blasphèmes. Je suis « comme coupé par morceaux et haché par la « multitude et la diversité de leurs crimes. » Malgré cela saint Vincent Ferrier reçut l'ordre d'aller trouver celle qui intercédait si puissamment pour les pécheurs afin de concerter avec elle ce qu'ils devaient faire l'un et l'autre pour la pacification de l'Eglise. Aucune mission plus agréable ne pouvait lui être donnée. Il désirait connaître plus intimement cette grande âme qui lui avait été montrée, s'édifier, se consoler en voyant de plus près sa perfection et épancher dans son cœur parfaitement sympathique, ses pensées, ses douleurs, ses espérances et ses consolations. Sa marche devait être lente ; il ne pouvait voyager qu'en prêchant. D'ailleurs de graves intérêts, des questions difficiles exigeaient toute son attention.

Depuis longtemps, il engageait Benoît XIII à se rendre à la voix de l'Eglise qui lui demandait la paix par sa démission. Les conseils, les prières du grand prédicateur n'étaient pas écoutés. C'est pourquoi, il s'éloignait de celui qu'il avait servi autrefois avec tant de dévouement. Enfin, quand le concile de Constance eut renouvelé auprès de Pierre de Lune des intances toujours inutiles, lorsque l'empereur même se fût fait l'interprète des vœux de toute la catholicité, et toujours en vain, le grand apôtre du XVe siècle n'hésita plus, et, dans la cathédrale de Perpignan, le 6 janvier 1416, il publia lui-même l'acte solennel par lequel, d'après ses conseils les rois d'Aragon, de Castille et de Navarre renonçaient à l'obédience de Benoît XIII. Toute l'Espagne imita bientôt son apôtre bien-aimé et, suivant ses inspirations, se sépara de Pierre de Lune.

Après ce grand acte, saint Vincent, prié par le roi d'Aragon de se rendre au concile de Constance, s'avança en prêchant jusqu'au centre de la France, dans le Velay, l'Auvergne et le Bourbonnais. Il ne paraissait point pressé d'arriver aux grandes assises de la chrétienté. Les honneurs qui l'y attendaient effrayaient sans doute son humilité, et il se hâtait de produire par ses féconds labeurs des fruits abondants de paix et de pénitence. Il lui parut même plus important à la paix de l'Eglise, après avoir traité à Perpignan les plus graves intérêts dans un congrès d'empereur, de rois, de princes, d'évêques de venir travailler à l'heureux succès de ces grandes négociations à la grille d'un petit monastère avec une pauvre Clarisse(1). La petite ville de Poligny, déjà témoin privilégié de

(1) Voir la note VII.

tant de merveilles, devait voir deux astres éclatants au firmament de l'Eglise, opérer leur conjonction et mêler leurs rayons pour éclairer d'un plus vif éclat le monde chrétien et de leurs feux réchauffer les âmes languissantes. Le calme habituel de la cité avait fait place à une paisible agitation, à une attente pleine de désirs et de joie. Un apôtre incomparable, l'ange du Nouveau Testament, la trompette du jugement dernier, s'avançait vers Polygny, suivi de ces milliers d'hommes de toutes conditions qui s'attachaient à ses pas et le suivaient dans un ordre inviolable. Celui que les princes se disputaient, que les nations s'enviaient les unes aux autres, que toutes les cités acclamaient et auquel tous, grands et petits, obéissaient avec empressement ; celui qui commandait à la mort et à la maladie, allait paraître et faire retentir les échos de sa voix puissante dans les murs de l'humble cité et surtout dans le cœur des pécheurs. Mais il venait surtout conférer et prier avec la sainte abbesse ; il le déclarait hautement, c'était le but principal de son voyage. On sent que quelque chose de grand va se passer dans cette entrevue. Enfin, le voilà, et tous pénétrés de respect, se pressent pour contempler ses traits amaigris par l'austérité et les travaux, mais illuminés par la grâce divine. Il est conduit en triomphe à l'église. Après avoir adoré le Saint-Sacrement, il en sort pour commencer ses prédications sur la place publique, seule capable de contenir la foule accourue de toutes parts. Ayant ainsi satisfait au ministère de sa charge et à la piété publique, il va au parloir des Clarisses se reposer de ses incessantes fatigues, dans des entretiens célestes avec sainte Colette. Il ne leur fallut pas beaucoup de paroles pour se comprendre. Ils avaient déjà quelque chose des purs esprits et leurs âmes se montrant l'une à l'autre dans une lumière supérieure se pénétrèrent en quelque sorte. Pendant plusieurs jours, Vincent après avoir le matin chanté la messe et remué les cœurs des fidèles par les accents inexprimables de sa foi et de sa charité, revenait goûter des consolations divines, dans l'admiration des vertus surhumaines qu'il trouvait au monastère et la contemplation de ce parterre spirituel que le Seigneur lui avait révélé. C'est alors que, comme il le leur avait promis à l'un et à l'autre, le Seigneur leur fit connaître d'une manière certaine la fin prochaine du schisme et l'heureux succès des négociations pour la paix. C'était l'objet de leurs plus ardentes prières depuis bien longtemps. Ils furent pénétrés d'une joie profonde en entrevoyant la fin des maux dont souffraient l'épouse de Jésus-Christ et les âmes rachetées par le sang d'un Dieu. Pour contribuer à la pacification de l'Eglise, l'ordre leur fut en même temps donné d'écrire au concile de Constance afin d'encourager dans leur œuvre, par la promesse du succès, les prélats qui composaient cette célèbre assemblée. Deux des prétendants à la tiare avaient déjà renoncé au souverain pontificat. Pierre de Lune, seul, s'obstinait et empêchait la réconciliation universelle. Ni les prières des princes, ni les sollicitations de l'empereur d'Allemagne qui avait été le trouver à Perpignan, ni les avis sévères de saint Vincent Ferrier, longtemps son confesseur, n'avaient pu triompher de son obstination ; le concile ne devait plus hésiter à procéder contre lui selon les lois de l'Eglise. Une parole dans ce sens émanant de ses anciens amis, du célèbre apôtre qui avait été la gloire de l'obédience de Benoît XIII et de la réformatrice rendue célèbre par ses miracles, devait être d'un bien grand poids auprès de tous les vrais enfants de l'Eglise. Aussi la lettre du célèbre dominicain et de la vierge séraphique, transmise par Thiébaut de Rougemont, archevêque de Besançon eut les honneurs d'une lecture publique et réjouit beaucoup cette nombreuse assemblée. Le nom de Colette uni à celui de Vincent Ferrier, en acquit un nouvel éclat et les dix-huit cents prélats et ecclésiastiques réunis à Constance, apprirent avec bonheur que Dieu avait donné à son Eglise une grande lumière de plus et un secours tout puissant auprès de lui.

La promesse des serviteurs de Dieu se réalisa le 11 novembre 1417. Le cardinal Otton Colonne fut élu unanimement et prit le nom de Martin V, qu'il illustra.

Cependant, saint Vincent dut quitter l'abbesse de Poligny pour continuer le haut ministère qui lui était imposé. Il manifestait dit le P. Sellier, l'intention de retourner en Espagne ; mais sainte Colette lui annonça que c'était en France qu'il devait consommer sa carrière, à Vannes, en Bretagne. Ce qui arriva en effet, le 5 avril 1419.

CHAPITRE XXV.

Visite au monastère de Besançon et retour à Poligny.

Cependant, au milieu de ces graves préoccupations, de ces grandes pensées, Colette ne perdait pas de vue ses chères filles de Besançon. Instruites par des communications fréquentes de tout ce qui se faisait dans le monastère, elle le dirigeait de loin d'une main sûre dans les voies de la perfection. Les moyens humains lui eussent manqué, qu'elle n'en eût pas moins connu exactement et l'esprit général de la communauté et les dispositions particulières de chacune des sœurs. Des faits nombreux et les témoignages les plus graves attestent, en effet, que Dieu révélait continuellement à la réforma trice ce qui se passait dans ses maisons, ce que faisaient les religieuses et les religieux de sa réforme, de sorte qu'absents ou présents, ils redoutaient partout ses regards comme ceux de Dieu même.

Guidée par ces lumières surnaturelles, sainte Colette crut utile de consoler par sa présence la communauté de Besançon, et de ranimer l'ardeur de ses filles par ses exhortations. Elle s'y rendit avec la jeune sœur Perrine.

Pendant qu'elle y séjournait, un riche bourgeois de cette ville nommé Hennequin, commerçant actif et intelligent, cédant enfin aux sollicitations de sa fille, la lui présenta pour la consacrer à Dieu. La jeune novice fut admise aussitôt; elle était heureuse dans l'austérité, l'humilité et le calme du cloître, mais le foyer domestique paraissait bien triste à son père. L'ennui devint si profond qu'il inspira à Hennequin le regret de l'acte généreux qu'il avait accompli. Cédant à ses sentiments, il vint réclamer sa fille Etiennette, tel était son nom. La vénérable abbesse, après les plus sages observations, lui rend cette tendre brebis, désolée de quitter le bercail où elle goûtait des joies si pures. Mais en cédant à un pouvoir humain, elles en appellent l'une et l'autre à une autorité plus haute et plus sage; elles prient, et la prière de Colette est toute puissante.

Hennequin veut combattre, détruire la vocation de sa fille par les dissipations du monde, les agréments de la vie des champs, et surtout par l'éloignement du monastère des Clarisses. Il l'emmène chez un de ses amis, à la campagne. Il n'était pas encore à mi-chemin, lorsque le cheval qui emportait la jeune religieuse, s'abat une première, une deuxième, une troisième fois, et enfin il ne peut plus avancer. Il était comme paralysé. Insensible jusque-là, Hennequin sent le doigt de Dieu ; il revient sur ses pas, et son cheval marche librement. De plus en plus éclairé par cette guérison subite, repentant de sa lutte contre la volonté divine, il va demander grâce et prie qu'on accueille sa fille. Ce qui lui fut facilement accordé. Désormais, tout en continuant son négoce, il pratiqua plus fidèlement les devoirs de la religion.

Docile aux exhortations de la sainte abbesse sur la sanctification des dimanches et des fêtes, il observa avec une fermeté invincible les règles de la piété chrétienne. Sa fidélité fut bientôt récompensée. Alors, pour pouvoir se défendre contre les voleurs de grand chemin, les voyageurs, les marchands se réunissaient en troupes nombreuses et bien armées. Or, un jour que ses compagnons ne voulaient point suspendre leur marche le dimanche, il aima mieux s'exposer à de plus grands périls en voyageant avec trois ou quatre chrétiens fidèles comme lui, que d'imiter le plus grand nombre dans leur violation du repos dominical. La providence de Dieu se manifesta d'une manière évidente. Les premiers furent dépouillés par les voleurs ; mais Hennequin et ses imitateurs, attendus le lendemain par les mêmes brigands, furent sauvés par une intervention divine. Les malfaiteurs ne purent faire avancer leurs chevaux et virent avec une rage impuissante, une proie assurée leur échapper (1). Hennequin profita de plus en plus et des leçons de sainte Colette et des faveurs du Ciel. La vie chrétienne se développa en lui et communiqua à ceux qui l'approchaient la lumière et la ferveur.

Un jeune homme des environs de Strasbourg, Lucas de Nalusses, s'était attaché au service du duc de Bourgogne. Il était chargé du soin des équipages. Une habileté singulière pour confectionner les harnais de prix, des housses brodées, les selles élégantes pour les dames de la cour, lui avait fait un nom et une fortune. Apre au gain, il violait souvent le repos du dimanche. Ses rapports avec Hennequin lui firent ouvrir les yeux et reconnaître la gravité de sa faute. Par les conseils et l'entremise de son ami, il eut le bonheur d'entendre la servante de Dieu, qui l'affermit dans ses bons sentiments. Ce fut désormais un autre homme. Il voulait dès lors quitter le monde et entrer dans l'ordre de Saint-François, mais des obstacles inconnus l'arrêtèrent pendant sept ans, comme sainte Colette le lui avait prédit. Il demanda du moins, et obtint la faveur d'être admis dans le tiers-ordre

Sœur Perrine, 604.

dont il fut un des membres les plus fervents.

Pendant que la réformatrice était à Besançon une religieuse de Poligny tomba malade et mourut après quelques jours de souffrances. Sainte Colette fut avertie surnaturellement de ce trépas. Probablement que, comme les autres religieuses qui mouraient, l'infortunée se présenta à sa mère aussitôt après son dernier soupir. A la vue de cette âme dans un état affreux, sainte Colette éprouve une immense douleur. Sa fille, qui lui apparaît, porte en elle la laideur et tous les caractères horribles de la damnation. Elle n'a pas été sincère dans ses confessions. Le cœur maternel le plus tendre ne pourrait comprendre la douleur poignante de la réformatrice. C'est dans ces circonstances que ces âmes célestes déploient toute l'énergie de leur amour et toute la force de leur tendresse. Sa fille perdue pour l'éternité et Dieu privé des louanges de cette âme ! Cette tendre mère, abîmée dans sa douleur, crie aussitôt miséricorde vers le Seigneur, et confiante dans la bonté divine, par un exprès, elle envoie à Poligny défendre de procéder à l'inhumation avant son arrivée. Elle part elle-même aussi promptement que possible. Mais elle n'arriva que le soir du quatrième jour après la mort de la religieuse. Tout était déjà préparé pour les obsèques et le cadavre exposé dans la chapelle ; il était trop tard pour faire cette cérémonie funèbre ce jour-là. Les ordres envoyés par l'abbesse, les merveilles déjà opérées par elle, ce long délai mis à l'inhumation, avaient excité vivement la curiosité et inspiré l'espoir de quelque grand événement. Aussi, dès le matin du jour suivant, une foule compacte remplissait la chapelle et tous ses abords. Après avoir fait dans sa cellule des oraisons aussi ferventes que longues pour faire violence au ciel et briser les droits de l'enfer, Colette paraît au chœur en présence de ce cadavre, portant sans doute dans ses traits contractés, quelque trace de l'anxiété et des douleurs des derniers moments. Elle se prosterne et prie encore. Enfin elle est debout et au nom de Notre-Seigneur Jésus-Christ elle commande à la défunte de se lever. Celle-ci, au milieu de la stupeur générale, obéit, va s'agenouiller devant l'autel et prie à son tour pendant quelque temps ; avec quelle ferveur ! qui pourrait l'exprimer ? Le confesseur averti était prêt. Elle va le trouver, fait sa confession générale. Quelle confession ! quelle sincérité ! Pendant ce temps d'admiration, une terreur divine, une vénération profonde, remplissaient, agitaient les cœurs des spectateurs. Cependant la confession est finie. La pénitente va accomplir une légère satisfaction qui sera complétée par les prières et les macérations de sa mère sprituelle. Elle se tourne vers les assistants toujours plus atterrés. Elle leur dit quelle ne doit son salut qu'aux prières de la sainte abbesse. Elle était emportée en enfer par les démons, lorsqu'elle fut protégée et défendue par un ange envoyé par la Mère de Dieu et conduite par lui à la vénérable abbesse pour réclamer son secours. Ca sont les prières et les mérites de la servante de Dieu qui lui ont obtenu une grâce si extraordinaire. Oh! qu'il est horrible de mourir en péché mortel et de se voir auprès des abîmes éternels entre les mains des démons, cruels et moqueurs! Cela dit, elle regagna sa bière pour s'y endormir cette fois d'un sommeil paisible et éternel. On accomplit ensuite les cérémonies de l'église et on déposa la dépouille mortelle de cette religieuse dans la terre sainte à côté de ses compagnes. Ce fait paraîtra bien extraordinaire, presque inadmissible à plus d'un lecteur. Cependant une résurrection momentanée n'est pas plus incroyable qu'une résurrection persévérant pendant plusieurs années, et sainte Colette en a opéré plusieurs, soit en faveur des enfants, soit en faveur des personnes âgées. D'ailleurs, soit pour une résurrection, soit pour une guérison miraculeuse, il faut faire intervenir la puissance divine, et entre ses deux faits il n'y a point de différence substantielle. L'un n'est pas plus croyable que l'autre, parce que l'un n'est pas plus difficile que l'autre à la toute puissance. Elle dit et tout est fait.

Cet événement, quoique passé sous silence par sœur Perrine et par P. de Vaux, est cependant appuyé sur des monuments biens certains. Ils ne l'ont point rapporté avec les autres résurrections, sans doute parce que cette religieuse de Poligny n'a recouvré un instant la vie, que pour la perdre aussitôt après irrévocablement. Mais, un tableau conservé longtemps à Poligny représentait les circonstances de cette scène émouvante. En 1636, il périt dans un incendie ; on dressa immédiatement un procès-verbal, dans lequel fut relaté tout ce qui était représenté dans ce tableau. D'ailleurs le P. Sylvère, qui raconte aussi ce fait, avait vu lui-même le tableau à Poligny, comme il le dit dans ses dépositions pour le procès de la canonisation. Enfin, l'abbé de Saint-Laurent, assure que le R. P. Henri de la Balme avait écrit de cet événement un récit qui était conservé au monastère de Besançon.

Parmi les Pères de la réforme, se distinguait dès lors le P. François Claret auquel sainte Colette confia souvent des affaires importantes, et enfin la direction de sa conscience conjointement avec le P. Pierre de Vaux. Vers cette époque, il fut envoyé à Lons-le-Saulnier. Le couvent de cette ville n'embrassa la réforme que longtemps après la mort de sainte Colette contrairement à l'assertion du P. Sellier (1). Le P. Claret ne pouvait s'y trouver qu'en mission temporaire, peut-être pour prêcher. Quoi qu'il en soit, il y tomba malade et fut bientôt réduit à l'extrémité. Enfin, on le crut mort, et lui-même attesta toujours depuis la réalité de sa mort. On

(1) Wading.

ne comprend pas comment en présence de ces témoignages, le P. Sellier élève des doutes sur la réalité du trépas. Il était donc mort, mais Colette, avertie, était en prières. L'âme du défunt est menée devant le tribunal de Dieu, présentée à la glorieuse vierge Marie, aux apôtres, aux martyrs, aux confesseurs, aux vierges, et tous unanimement demandent qu'elle soit rendue à sœur Colette. En effet, l'âme fut réunie au corps et bientôt après le R. P. Claret fut complétement guéri. Il vivait encore lorsque ce récit fut écrit par Pierre de Vaux.

CHAPITRE XXVI.

L'enfer attaque directememt sainte Colette ; le purgatoire l'invoque.

Le démon avait déjà attaqué la servante de Dieu dans sa cellule de Corbie. Il l'avait suivie en Savoie, ses assauts devinrent de plus en plus violents. Il voyait quel puissant adversaire Dieu lui avait suscité.

Au commencement de sa réforme, dit le vénérable P. Pierre de Vaux, lorsque pour vaquer à l'oraison, la réformatrice arrivait à sa cellule, elle la trouvait pleine de crapauds et d'autres reptiles, dont la vue lui déplaisait singulièrement. Elle avait recours à la prière et tout disparaissait. Chassés ainsi, les esprits mauvais avaient recours à un autre moyen pour la troubler.

Comme dans son enfance, ils frappaient autour de son oratoire et faisaient un vacarme épouvantable, poussant en même temps des plaintes déchirantes. Plus tard des renards, des serpents horribles, des espèces de dragons l'assaillaient fréquemment. Quelquefois ils furent visibles à ses compagnes, à ses confesseurs. Mais chose étonnante, ni les religieux ni même les religieuses ne craignaient ces apparitions horribles, tant qu'ils étaient auprès de la servante de Dieu. C'était la victime qui fortifiait les spectateurs. S'ils avaient été éloignés d'elle, ils eussent fui, saisis d'horreur et d'effroi. La sœur Mansée se rendit même célèbre par le courage avec lequel elle combattit les ennemis de sa mère. Pour lui procurer quelque repos, elle les chassait avec un rameau de bois bénit. Plus tard elle s'arma d'un bâton dans lequel elle incrusta des reliques, et avec cette arme terrible à l'enfer, elle fouailla toutes ces bêtes féroces, tous ces monstres ; elle les poursuivait dans tous les recoins de la cellule de sainte Colette.

Celle-ci, avide de douleurs, ne se servait pas de sa puissance pour se préserver de tant de maux. Cependant, elle ne redoutait pas ses adversaires ; loin de là. S'entretenant un jour avec une sœur qui craignait beaucoup de telles épreuves, elle lui dit : « Quand je verrais tous « les ennemis de l'enfer ; je ne craindrais abso- « lument rien. Les esprits méchants n'ont sur « les créatures que le pouvoir que Dieu leur « donne. » Vérité consolante et fortifiante qui doit rassurer les esprits les plus timides. Dieu avait accordé à la vertu de Colette un grand pouvoir sur le démon et contre les vices qui régnaient dans le monde ; il accorda un grand pouvoir au démon sur le corps de Colette, et par les souffrances qu'elle endurait patiemment, la servante de Dieu triomphait encore de l'ennemi de Dieu et des hommes.

Dans certains temps, le démon se servait des insectes communs dans le pays qu'habitait la réformatrice, pour la tourmenter. Mouches, fourmis, limaces même, accouraient si nombreuses dans sa cellule ; elles se multipliaient si vite, quelque promptitude qu'on mît à les enlever, qu'il était facile d'y voir une intervention surnaturelle. Pour troubler ses ferventes oraisons, l'ennemi ne dédaignait pas d'avoir recours à des espiègleries taquines. Il lui soufflait sa lampe ; elle la rallumait ; il la soufflait encore, et ce manège durait longtemps sans faire perdre patience à cette âme si ferme. Un jour, il prit la lampe elle-même et la répandit sur le psautier de la séraphique vierge. Ce fut une peine sensible pour elle, car elle aimait les beaux livres. Le lendemain, elle raconta le fait à son confesseur, qui voulut voir le psautier. A la grande joie des deux serviteurs de Dieu, il se trouva plus net, plus propre, qu'avant cet accident. Tantôt il cassait la bouteille où elle mettait l'eau pour se rafraîchir ; tantôt, quand elle s'asseyait, il tirait sa chaise et la brisait. Pour elle, meurtrie dans sa chute, elle disait à sa sœur qui l'aidait à se relever : « Que veux-tu ? Il m'en fait souvent de semblables. »

Enfin, les esprits mauvais eurent recours à des formes humaines plus ou moins hideuses, plus ou moins séduisantes. En grand nombre, ils venaient entourer la pudique vierge, qui ne pouvait lever les yeux sans souffrir profondément. Ce genre de tentations devint à peu près continuel durant les sept dernières années de sa vie. Plusieurs fois ils transportèrent dans sa cellule des corps de condamnés encore pendus au gibet. Mais en leur parlant au nom de Jésus-Christ, elle les contraignait à emporter les tristes dépouilles de leurs amis. Dieu permit même à ces esprits mauvais de l'attaquer dans son corps. Elle fut cruellement battue et porta plusieurs fois les marques de coups. Ses jambes meurtries devenaient aussi grosses que son corps. Les démons poussèrent un jour la violence, après l'avoir ainsi flagellée, jusqu'à lui faire passer la tête à travers les barreaux de sa croisée. Elle ne pouvait ni remuer ni crier ; elle respirait à peine, et resta dans cet état jusqu'à six heures du matin. Alors une sœur la trouva dans cette douloureuse extrémité. Il fallut pour la délivrer, qu'un frère nommé Reynaud, autrefois charpentier, coupât un des barreaux.

Après cela, on comprend la vérité de cette remarque du P. Pierre de Vaux. On ne trouve aucun saint qui ait été aussi diversement et cruellement attaqué que sainte Colette : c'est une preuve de sa sainteté et de la sublimité de sa perfection. Ni le ciel ne soumet le âmes communes à ces terribles épreuves, ni le démon n'attaque avec cette furie ceux dans lesquels il règne encore par les passions. Mais il rugit contre ceux qui, non contents de lui refuser leur cœur, travaillent à lui ravir des victimes, à détruire son empire. Ce monde méchant assiégeait donc continuellement la servante de Dieu pour la tourmenter et la paralyser dans son œuvre de réforme et de salut pour les hommes.

D'autres êtres souffrants la visitaient souvent pour obtenir le puissant secours de ses prières. Du purgatoire, des âmes portant les marques sensibles de leurs peines venaient fréquemment réclamer l'assistance de celle qu'elles savaient si puissante auprès de Dieu et si miséricordieuse envers tous les malheureux. Ces âmes souffrantes n'ignoraient pas que, dans sa compassion pour elles, la réformatrice récitait tous les jours avec ses religieuses l'office des morts, et offrait pour leur délivrance d'autres ferventes oraisons et des mortifications incessantes. Les plus empressées étaient les âmes de ceux qui l'avaient connue pendant leur vie et lui avaient rendu quelque service ou avaient reçu d'elle quelque faveur. Toutes les religieuses et les religieux de la réforme qui la précédèrent dans la tombe, se présentaient à elle au moment de leur mort, quelque éloignés qu'ils fussent de sa demeure. Ainsi elle mande un jour d'Auxonne à Besançon six sœurs. L'une d'elles, Jeanne de Joue, meurt dans les préparatifs du départ. Les autres arrivent à Besançon, et le P. Henri s'empresse d'annoncer à l'abbesse la perte qu'ils ont faite. « Je le sais, dit sainte Colette ; Jeanne est « venue et m'a dit : Me voici, ma mère, car vous « m'avez appelée. Je l'ai bien reconnue, quoi- « qu'elle fût plus blanche que la neige (1). »

Comment les captifs de la justice miséricordieuse de Dieu ne se seraient-ils pas adressés à sainte Colette avec empressement pour obtenir leur délivrance? Beaucoup, dans les angoisses de la mort, avaient déjà été secourus efficacement par ses prières. Aussitôt qu'elle apprenait qu'une âme quelconque était aux prises avec la mort et soutenait les dernières luttes contre l'ennemi du salut, elle se mettait en prières et ne cessait que lorsque tout danger avait disparu, parce que l'âme était entrée dans la voie de son éternité. Plusieurs fois elle fit connaître le sort de

(1) Pierre de Vaux, ch. VII.

ces défunts. Ainsi elle dit un jour de l'un d'eux : « Il souffrira beaucoup, mais enfin il est dans « la voie du bonheur ». Quelquefois ceux à qui elle portait un intérêt plus vif étaient éloignés; avertie alors surnaturellement, elle remplissait envers eux le même devoir de charité.

En 1418, l'abbé Raoul de Corbie arriva à sa dernière heure. Or, sainte Colette lui avait voué une profonde reconnaissance pour ses bienfaits, tandis qu'elle ensevelissait dans l'oubli le plus profond la faiblesse avec laquelle il l'avait abandonnée aux outrages. Sans doute qu'au moment de sa mort, l'abbé se souvint de cette pupille dont il savait le crédit si puissant auprès de Dieu et qu'il avait laissé chasser de Corbie. Ce ne fut pas le moindre remords de sa vie. Sainte Colette instruite de ses souffrances et de ses angoisses, prie pour lui avec une nouvelle ferveur. Le Seigneur, dans sa miséricorde pour le bienfaiteur de sa servante, avait manifesté complètement à la vierge de Corbie l'état de son ancien tuteur. Elle le vit non seulement atteint d'une maladie mortelle, mais chargé de dettes considérables que la négligence, le relâchement de ce religieux avaient accumulées dans les comptes de la justice divine. Elle vit les tourments qu'il devait endurer pour expier le passé. A cette vue, saisie de crainte, émue d'une profonde compassion, elle supplie plus instamment la miséricorde divine; enfin, elle obtient des grâces puissantes de conversion, de repentir, pour le pauvre agonisant. Son salut est assuré, mais l'expiation dans le purgatoire sera longue encore. Colette ne l'abandonnera pas, elle redouble ses austérités et ses oraisons, et la bonté divine permet à l'abbé Raoul de venir réclamer le secours de son ancienne pupille. Sept ans, après sa mort l'ancien prince abbé de Corbie vint humblement supplier la fille de son charpentier de lui procurer le rafraîchissement dont il avait tant besoin. Il se présentait avec un bruit horrible de chaînes et des gémissements déchirants qui faisaient frémir les compagnes de sainte Colette. Elle les rassurait et consolait le malheureux patient. Les mortifications et les oraisons de la vierge de Corbie obtinrent enfin la délivrance de l'abbé Raoul et son entrée dans le repos éternel.

Hennequin de Besançon, qui s'était si fortement opposé à la vocation de sa fille, étant mort quelques années après, vint aussi dans un appareil terrible et lamentable implorer le secours de la sainte abbesse (1).

---

(1) M. Cranck, peintre à Amiens, a reproduit ces faits sur une admirable toile dont l'Empereur, à la prière de M. Gressier, ministre de l'agriculture, du commerce, etc. a fait don à l'église de Corbie en 1869.

CHAPITRE XXVII.

Consolations. — Prérogatives accordées à sainte Colette.

Quelque forte et généreuse que soit une âme, elle ne pourrait supporter continuellement douleurs, combats, injures, mauvais traitements, si elle ne trouvait quelque part des eaux vives pour la rafraîchir, la fortifier et la consoler. L'homme a soif de bonheur et dans son avidité il se détermine difficilement à attendre après cette vie pour étancher sa soif. Dieu ne lui impose pas ce tourment. Il lui donne dès maintenant des arrhes de la félicité qu'il lui réserve. Aussi, de la bouche des saints les plus mortifiés, les plus éprouvés, s'échappent plutôt des paroles d'ivresse, des chants de joie, des explosions de bonheur que des paroles de plainte, des cris de souffrance. Même au milieu de leurs combats, de leurs douleurs volontaires ou imposées, ils laissent entrevoir dans leur cœur un bonheur profond. C'est cette mystérieuse alliance de la douleur et de la joie, des privations temporelles et de la jouissance, du crucifiement et de la jubilation, que le monde ne veut pas comprendre et qui lui inspire un si grand effroi pour la vertu et un éloignement funeste pour les doctrines de l'Évangile. Notre chère Sainte fut plus sage. Après avoir joyeusement surmonté les répugnances, les résistance de la nature, pour entrer dans la voie du Calvaire, elle y trouva des consolations indicibles et des sources de joie d'une profondeur inépuisable. Nous l'avons entendue s'écrier, en sortant d'un ravissement en présence de Jean Courault : « Oh ! « Jean, qu'il est bon, qu'il est beau d'aimer « Dieu et de le servir ! » Elle laissait voir alors le fond de son âme. Ce sentiment lui était habituel. Au milieu de ses labeurs, de ses souffrances et de ses expiations, Dieu versait dans son cœur des flots de délices et de joie surnaturelle.

La première source de ces consolations était la sainte Eucharistie. Sainte Colette ne pouvait entrevoir le tabernacle où résidait son Sauveur sans être comme hors d'elle-même d'amour et de bonheur. Aussi, dans son profond respect pour la présence de l'Homme-Dieu, elle se préparait à l'assistance quotidienne au saint sacrifice de la messe par la confession de ses fautes, et abandonnant ensuite son âme à tous les sentiments de la foi et de la piété, elle s'humiliait, s'anéantissait, gémissait même et pleurait de joie de voir son Dieu. Ses paroles les plus ordinaires étaient celles-ci : « Mon Dieu, mon « Roi et mon Juge, qui êtes-vous et qui suis-je ? » A l'élévation, elle se prosternait le front dans la poussière et les ardeurs de son âme éclataient en plaintes et en soupirs enflammés. Des larmes abondantes coulaient de ses yeux et humectaient le sol. Ceux qui l'ont vue dans ces manifestations de ses ardeurs séraphiques, ont toujours pensé que Notre-Seigneur se manifestait à elle pendant le saint sacrifice, d'une manière particulière, tantôt dans un état glorieux, tantôt avec les marques douloureuses de sa passion.

Dans ce moment, elle avait révélation de l'état de l'âme du célébrant. Elle se servait de cette connaissance pour aider le prêtre à réformer ce qui en lui pouvait déplaire à Notre-Seigneur Jésus-Christ. Elle accomplissait cet acte de charité avec une telle discrétion que le prêtre lui-même ne découvrait pas où elle avait puisé la connaissance de son état, et le secret strictement gardé ne compromettait nullement la réputation du coupable.

Les communications de la séraphique vierge avec le divin Captif de nos autels étaient si intimes qu'elle sentait sa présence même cachée et son absence. Ainsi, un jour, le célébrant trompé ayant mis de l'eau dans le calice au lieu de vin, elle ne se prosterna point à l'élévation du calice et ne fit point entendre ces aspirations embrasées avec lesquelles elle saluait l'arrivée de son Bien-Aimé.

Quand elle communiait, les mouvements de son âme, les manifestations de ses ardeurs séraphiques redoublaient. Or, ses communions étaient fréquentes. Ses biographes remarquent comme une chose extraordinaire qu'elle communia une année entière tous les jours et quelquefois pendant trente ou cinquante jours consécutifs. Preuve évidente qu'on n'était pas alors si prodigue de la communion quotidienne que quelques confesseurs de nos jours. A l'approche de la communion, ses sentiments d'humilité, d'adoration, de désirs, étaient si vifs qu'elle ne pouvait les contenir dans son cœur. Ils éclataient en soupirs, en sanglots, en expressions toutes brûlantes. Des flots de larmes coulaient de ses yeux et trempaient tous ses vêtements. Aussitôt après la réception du Pain céleste, elle tombait en extase pendant douze, dix ou au moins six heures. Elle se reposait alors, comme le disciple bien-aimé, sur le cœur du divin Maître ; elle s'y abreuvait, s'y désaltérait, réparait ses forces affaiblies par tant de combats et de souffrances et s'y fortifiait pour de nouvelles luttes et de nouveaux sacrifices. Quand elle revenait à elle-même, elle était tout embrasée et comme transfigurée. Son visage même brillait d'une beauté céleste et ses paroles étaient des traits de feu.

Un attrait presque irrésistible entraînait la noble épouse du Christ vers son Epoux caché dans l'Eucharistie. Dieu dont les délices sont d'être avec les enfants des hommes, n'éprouvait pas un moindre désir de reposer sur le cœur de sa bien-aimée. Un jour, le Père qui célébrait la messe en la présence de sainte Colette n'ayant pas compris son intention de communier, ne consacra pas d'hostie pour elle. Cependant, à la fin de la messe, à sa grande surprise, il entend éclater tous les sentiments que Colette n'éprouvait qu'au moment de la communion, et après la messe, il la trouve dans l'extase qui suivait ordinairement la réception des saints mystères. Lorsqu'elle eut recouvré ses sens, il lui commanda de lui expliquer ce qui lui était arrivé, et elle fut obligée d'avouer qu'oubliée par les hommes, elle avait reçu le même honneur que les apôtres. Elle avait été communiée de la main même de Notre-Seigneur Jésus-Christ.

Parce qu'il lui était habituellement impossible de contenir ses sentiments pendant l'adorable sacrifice, elle entendait ordinairement la messe et communiait en particulier, tout au plus avec une ou deux religieuses plus familières. On sollicitait le bonheur de voir et d'entendre l'expression des sentiments qui débordaient de son cœur, faveur difficile à obtenir. Ceux à qui elle était refusée se cachaient quelquefois auprès de son oratoire ; elle le savait et en était troublée dans ses communications avec Dieu. Elle s'en plaignait péniblement. En public, dans ses voyages, Dieu lui donnait la grâce de dominer ses émotions et de les renfermer davantage dans son cœur. Mais elle souffrait alors de la violence qu'elle était obligée de se faire.

Sa rigide pauvreté et sa charité inépuisable

furent récompensées par les libéralités nombreuses d'une providence toute pleine de tendresse paternelle. Comme nous l'avons dit, de l'or pour achever ses fondations, des aliments dans une détresse extrême, des vivres multipliés miraculeusement dans un temps de disette, attestèrent la sollicitude du Seigneur pour l'amante passionnée de la pauvreté et pour ses filles. Un honneur plus grand, une confirmation plus solennelle de ses enseignements la consolèrent et l'affermirent dans ses convictions et ses sentiments. Elle exhortait un jour ses religieuses à la pratique de la pauvreté évangélique, à l'imitation des apôtres qui abandonnèrent tout pour se confier entièrement à la bonté paternelle de Dieu. Une ardeur divine enflammait sa parole et elle goûtait dans ces enseignements et ces exhortations un bonheur profond. Tout à coup apparaissent autour d'elle ces apôtres dont elle exaltait les vertus et louait les exemples. Le vénérable collège apostolique venait, par sa présence, donner sa sanction aux enseignements sublimes de la réformatrice et la reconnaître comme véritable héritière et dépositaire de l'esprit évangélique. Entourée de ces douze témoins et fortifiée par ces cautions vénérables, elle continua son discours avec plus d'ardeur. Quand il fut fini, les apôtres s'élevèrent dans les airs emmenant avec eux la véridique interprète de leurs enseignements et l'imitatrice fidèle de leurs exemples. Elle les suivit si haut que les sœurs la perdirent de vue comme les apôtres et elle ne revint qu'après avoir entrevu la magnifique récompense que Dieu réserve aux pauvres volontaires.

La virginité de l'humble Colette fut aussi récompensée par des faveurs nombreuses. Son amour pour cette angélique vertu l'éloignait de toute jouissance dangereuse, mais il lui procurait des joies aussi profondes que pures. Sa délicate pureté a réagi, ce semble, d'une manière particulière sur son chaste corps et l'a préservé de toute corruption. Malgré les nombreuses et violentes souffrances qu'elle endurait, comme nous l'avons dit ailleurs, elle n'éprouva jamais certains effets désagréables produits ordinairement par les maladies naturelles. On ne ressentit jamais auprès d'elle aucune mauvaise odeur ; au contraire, toujours du lieu où elle habitait, s'échappait une senteur délicieuse, un air embaumé qui fortifiait ceux qui les respiraient, et même les guérissait.

Une de ses religieuses était atteinte d'une infirmité aussi répugnante que douloureuse ; elle était enflée des pieds à la tête et exhalait une odeur fétide. La tête était dans un tel état que les yeux restaient nécessairement fermés. Les médecins crurent que c'était la lèpre. Avertie de ce triste état, la sainte abbesse s'empressa de visiter fréquemment la pauvre affligée qui ne pouvait la voir mais qui sentait sa présence, car dès que sa sainte mère entrait, au lieu de cette puanteur qu ¡remplissait l'infirmerie, la malade savourait des arômes délicieux, des parfums qui la soulageaient, la ranimaient et enfin la guérirent en peu de temps. Exempte de toutes les infirmités communes, sainte Colette était, dans ses douleurs, un holocauste qui se consumait comme un parfum odoriférant sur l'autel du Seigneur.

L'eau même dans laquelle elle se lavait, au lieu d'être souillée, acquérait des qualités merveilleuses. Sœur Marguerite de Balhoue eut l'idée de réserver celle qu'elle lui avait versée sur les mains. Elle la conserva sept ans toujours saine et sans qu'elle se corrompît, et trouva plusieurs fois dans l'usage qu'elle en fit, le remède à ses souffrances corporelles et spirituelles. Plusieurs l'imitèrent et éprouvèrent les mêmes effets bienfaisants de cette eau sanctifiée par le contact de l'angélique vierge.

L'innocente Colette, comme son divin Maître, éprouvait un grand bonheur auprès des enfants, parce qu'il sont purs et simples. Elle leur prodiguait ses caresses et ses bénédictions et trouvait en eux une grande consolation. Les êtres purs la réjouissaient autant que certains autres grossiers ou cupides, lui inspiraient d'horreur. Vraie disciple de saint François d'Assise, elle semble comme lui avoir recouvré dès ce monde, avec l'innocence parfaite, une partie de la familiarité du premier homme avec les créatures et de son autorité sur elles. On lui donna un jour une alouette, oiseau qu'elle aimait parce qu'il s'élève au ciel en chantant les louange de son Créateur. Auprès de la servante de Dieu l'alouette perdit toute crainte et demeura librement avec elle, mangeant et buvant avec l'innocente vierge aussi volontiers qu'avec les oiseaux de son espèce. Merveille plus admirable : souvent d'autres oiseaux entouraient sa cellule, y pénétraient sans crainte, chantaient auprès d'elle les louanges du Seigneur et recevaient avec bonheur de sa main la nourriture comme le salaire de leurs chants. On lui donna aussi un agneau qui lui plut beaucoup parce qu'elle voyait en lui le symbole de la pureté et du Rédempteur du monde. L'innocent animal suivit un attrait mystérieux. Il accompagna partout sa chaste maîtresse. Admis même dans son oratoire, sans avoir été dressé, il fléchit humblement les genoux à l'élévation, plus intelligent et plus pénétré de la grandeur de Dieu que beaucoup d'hommes de nos jours.

Sainte Colette commanda aussi avec autorité aux êtres importuns. Troublée dans ses oraisons par un insecte extraordinaire, elle lui enjoignit, au nom de la sainte obéissance et de saint François, de la laisser tranquille, et il obéit. Son humilité l'empêcha de faire souvent usage de ce pouvoir.

Enfin elle eut longtemps comme familier un oiseau inconnu, blanc comme la neige et d'une beauté ravissante. Tantôt il s'éjournait auprès d'elle, tantôt il disparaissait. Les sœurs ravies de sa beauté eussent voulu le prendre, mais il ne leur fut jamais possible de l'atteindre. Un jour la sainte abbesse, se prêtant à leurs désirs, joignit ses efforts aux leurs. Elle le poursuivit, mais et l'oiseau et la sainte disparurent ensemble aux yeux des religieuses désolées.

Une récompense plus excellente, un honneur plus grand étaient réservés à son angélique pureté. Elle avait envers saint Jean l'Évangéliste l'apôtre vierge, une dévotion toute particulière. Or le Seigneur voulut contracter une union plus intime avec l'humble vierge, l'élever au rang d'épouse fidèle et lui en assurer les prérogatives pour l'éternité. Il choisit comme son ambassadeur son apôtre bien-aimé. Le messager divin se présenta devant la fiancée du Christ avec les démonstrations d'un respect profond. La séraphique vierge confuse, craignant l'illusion, refusait de croire à tant d'honneur; mais la lumière divine qui les enveloppait l'un et l'autre et l'action de l'Esprit-Saint sur son cœur la rassurèrent et lui firent accepter dans les sentiments d'une humilité profonde et d'une charité brûlante le don de Dieu. Saint Jean lui mit au doigt l'anneau nuptial, emblème sacré de l'union mystérieuse qu'elle contractait avec le Roi des rois. Pour conserver plus respectueusement ce joyau céleste, elle voulut le faire enchâsser dans l'or ou l'argent; mais ce ne fut pas possible. Le métal merveilleux ne put supporter le contact d'une matière terrestre, ni s'allier avec elle. La prudente réformatrice donna plusieurs fois cet anneau comme sauvegarde aux frères qu'elle chargeait de quelque commission périlleuse. C'est ainsi qu'il fut porté à Rome. Il préserva de tous les maux qui les menaçaient, ceux qui en étaient dépositaires. Conservé à Gand après la mort de sainte Colette, il fut pendant la guerre des Gueux, pour plus de sûreté, réuni au trésor de l'abbaye des Bénédictins et caché avec lui ; mais tout tomba entre les mains de ces pillards, aussi ennemis de la religion qu'avides de ses dépouilles (1557).

Quelques historiens ont prétendu que les épousailles avaient eu lieu à Hesdin sur la fin de la vie de sainte Colette. C'est une erreur, car sœur Perrine assure que son oncle, mort en 1438, avait vu cet anneau.

Le Seigneur veillait avec une attention singulière sur sa fidèle servante et suppléait pour la diriger à l'incapacité des hommes. Il l'instruisait directement ou par l'intermédiaire de ses anges et de ses saints. En voici un bien remarquable exemple.

Le cœur virginal de sainte Colette, dans la délicatesse de sa pureté, éprouvait une profonde répugnance pour tout ce qui s'éloigne davantage de la virginité. Les usages tolérés chez les Juifs par rapport au mariage, ainsi que les secondes noces chez les chrétiens lui inspiraient une sorte de répulsion à l'égard de certains personnages. Aussi avait-elle moins de dévotion envers les saints de l'ancienne alliance qu'envers ceux de la loi nouvelle. Cette antipathie s'étendait jusqu'à sainte Anne, la mère de la sainte Vierge. C'est qu'au XV⁰ siècle une opinion assez répandue prétendait que l'épouse de Joachim devenue veuve, s'était remariée plusieurs fois. Ludolphe le Chartreux, dans sa grande *Vie de Jésus-Christ*, au XV⁰ siècle, soutient cette opinion défendue encore, en 1642, par un de ses confrères et son éditeur. Quoique ce sentiment soit aujourd'hui abandonné, il n'est pas condamné et s'il était fondé, il complèterait assez bien, ce semble, le cortège qui entoure le Sauveur de l'humanité déchue. En effet, le Dieu fait homme a réuni autour de sa personne sacrée des personnages de toutes les conditions et de tous les états de vie. Au premier rang les vierges, ensuite les veufs, les époux. Pourquoi n'aurait-il pas auprès de lui, quoique au troisième ou quatrième plan, même des saints qui auraient été mariés plusieurs fois, puisque certaines circonstances obligent des chrétiens excellents à de secondes noces ?

Quoi qu'il en soit, l'Époux des vierges ne voulut pas laisser subsister dans le cœur de son épouse la froideur envers celle qu'il avait choisie pour son aïeule. Il envoya sainte Anne à sainte Colette. Elle l'instruisit de la vérité qui est encore pour nous enveloppée d'ombre, et dès ce moment Colette conçut une grande dévotion

envers sainte Anne et elle propagea son culte autant qu'elle put. Elle fit ériger une chapelle en son honneur dans l'église du couvent de Besançon. Que se passa-t-il dans cette entrevue? Quelle instruction sainte Anne donna-t-elle à la réformatrice? Le P. Pierre de Vaux raconte ainsi cette vision : « Une fois comme elle (sainte
« Colette) était dans ces ferventes oraisons de-
« vant Notre-Seigneur, la glorieuse Dame ma-
« dame sainte Anne se apparut à elle moult
« glorieuse, menant avec elle toute sa noble
« progénie, c'est à savoir ses trois filles et leurs
« glorieux enfants. Desquelles la première
« était la très excellente et sacrée vierge Marie,
« reine des cieux et de la terre, dame des anges
« et de toute créature, tenant par la main son
« très chier et très glorieulx enfant le petit Jé-
« sus notre piteux Rédempteur et glorieux Sau-
« veur ; la seconde était Marie Jacobe tenant
« par la main ses quatre glorieux enfants, dont
« le premier était saint Jacques le Mineur et
« saint Simon, saint Jude et Joseph le Juste ; la
« tierce fille était Marie Salomé menant et te-
« nant par les mains ces deux glorieux enfants
« à savoir : saint Jacques le Majeur et saint
« Jean l'Évangéliste. En cette glorieuse appa-
« rition, madame sainte Anne lui manifesta
« comment que nonobstant, qu'elle avoit été
« mariée par plusieurs fois, néantmoins toute
« l'église militante et triomphante de sa noble
« progénie estait grandement honorée et ador-

« née. De laquelle apparition la petite ancelle
« de Notre-Seigneur fut en son esprit grande-
« ment consolée et conchut une singulière dé-
« votion à elle, et la requist et pria très doulce-
« ment qu'il lui plust de sa grâce être son
« intercesseresse et advocate envers sa très
« noble et sainte lignée. »

Pierre de Vaux n'a-t-il pas écrit ce récit sous l'influence de l'opinion dominante alors ? On sait que sainte Colette communiquait très peu les révélations qu'elle recevait, ce n'était que contrainte par la nécessité ou entraînée par les mouvements spontanés de son cœur à la fin de ses extases, qu'elle exprimait quelque chose des faveurs célestes. Peut-être après la vision de sainte Anne n'a-t-elle dit que ce seul mot : « Que la postérité de sainte Anne est glorieuse ! Quel respect, quelle dévotion sont dus à la vénérable mère de Marie ! Elle a daigné m'en instruire elle-même. » Après quelques paroles d'un sens large, ses actes auraient manifesté ses nouveaux sentiments envers sainte Anne. Comprenant ces paroles et ces actes dans le sens de l'opinion soutenue dans ce temps, et qu'il croyait la seule vraie, Pierre de Vaux aurait naturellement raconté la vision de la sainte abbesse comme on l'a dit plus haut. C'est ainsi que nous serait parvenu ce récit vrai et inexact tout à la fois selon les points de vue sous lesquels on le considère. Ainsi peuvent raisonner, ce nous semble, sans amoindrir l'autorité du vénérable chroniqueur, ceux qui n'admettent pas les mariages successifs de sainte Anne.

Cette manière d'interpréter le texte de Pierre de Vaux est confirmée par le récit de Sœur Perrine qui nous dit (C09, Boll.) qu'au retour d'une de ses extases en présence du P. Henri, Ste Colette racontait avoir vu la Bienheureuse Anne avec sa fille très chérie, recueillant tous les suffrages des saints en faveur de son ordre et lui révélant les demandes particulières de chacune de ses religieuses. Elle donna immédiatement la preuve de la vérité de sa vision en découvrant à chacune les demandes secrètes qu'elles avaient formées dans leur cœur. Puis de tout cela elle tira la conséquence pratique que toutes devaient honorer beaucoup la mère de la Ste Vierge.

CHAPITRE XXVIII.

Fondation de nouveaux couvents
Seurre, Moulins, Aigueperse.

Sous le souffle puissant de la réformatrice, les véritables enfants de Saint-François se multipliaient. Pendant près de quinze ans, elle avait pu pénétrer de son esprit, transformer complètement un grand nombre d'âmes d'élite. Trois monastères d'hommes, trois couvents de femmes étaient remplis de vrais disciples de Saint-François, avides des privations de la pauvreté, victimes volontaires s'immolant à la gloire de Dieu et pour le salut de leurs frères. Leurs cœurs, leurs voix formaient un concert ineffable dont l'harmonie faisait les délices de la cour céleste. Ces grandes âmes embrasées de l'amour divin, répandaient nuit et jour devant le Seigneur leurs oraisons, leurs prières, leurs adorations. C'était un encens pur, digne d'être présenté par les anges à la divinité (1). Elles exerçaient sur le monde une attraction puissante. Des cœurs généreux attirés par le charme de leurs vertus, sollicitaient instamment l'honneur d'être admis dans cette nouvelle milice du Christ. Les cloîtres étaient trop étroits, et pour accomplir la mission divine de régénérer la société, il fallait multiplier les centres d'action. Dieu va donner à sa fidèle servante les moyens d'exécuter ses desseins.

Dans la fertile vallée de la Saône, au-dessus de Châlons, se trouve la petite ville de Seurre. Comme bien d'autres cités, elle a perdu beaucoup de son importance. Au XVe siècle, c'était une place de guerre très bien fortifiée, on l'appelait aussi alors Bellegarde du latin *Bellogradia* qui avait été son nom aussi bien que *Surregium*. Un bourgeois de cette ville, Jacques de Bourg, auquel Dieu n'avait pas accordé de pos-

---

(1) Apoc., 5. 8.

térité, avait depuis longtemps destiné la meilleure partie de son bien à des œuvres pies. Il voulait convertir une maison en chapelle et depuis quinze ans il en économisait la dotation, L'abbé de Cîteaux, auquel il s'était adressé, n'avait pas pu lui assurer le service divin permanent dans le sanctuaire qu'il voulait consacrer à Dieu. C'est pourquoi il offrit sa maison à sainte Colette. Quoique l'emplacement fût trop petit, elle l'accepta, espérant que la générosité chrétienne l'augmenterait par d'autres dons. Son espoir ne fut pas déçu. Guillaume des Estours et Charreton de Bourg, ajoutèrent successivement d'autres parcelles et bientôt en 1421, avec dix mille livres du premier bienfaiteur, les constructions nécessaires purent être commencées. Guillaume de Vienne accorda avec bonheur l'amortissement de ces maisons qui dépendaient de sa seigneurie. La Duchesse de Bourgogne appliquait à ce couvent une des bulles qu'elle avait précédemment obtenues de Martin V. Aussi elle voulut, disent les traditions et les mémoires du monastère, être présente quand l'archevêque de Besançon vint bénir le nouveau monastère et la première pierre de l'église. Arrivée avant la réformatrice elle conçut bientôt des inquiétudes en voyant le retard de Colette. Les chemins étaient mauvais et les rivières débordées. Elle envoye un de ses officiers s'informer de ce qui avait pu arriver et indiquer le chemin qui paraissait le plus sûr. La sainte abbesse partie de Poligny avec sept religieuses, et le P. Henri cheminait péniblement. Selon ce qui était convenu elle était venu loger au château de Neublans. Malgré la persistance du mauvais temps, malgré le gonflement et le débordement du Doubs qui coule au pied de la colline où est placé ce château, malgré les observations de ses compagnons et des habitants du pays l'envoyée de Dieu se met en marche, descend la colline et arrivée au bord du fleuve débordé elle fait et elle fait faire par le P. Henri le signe de la croix puis elle s'avance. Piétons et cavaliers la suivent, quelques-uns se demandent où est le Doubs qu'on leur a dit si terrible. Ce n'est que lorsqu'ils sont arrivés à l'autre bord qu'ils s'aperçoivent qu'ils ont traversé le fleuve. Les habitants d'un village appelé le Petit-Noir où arrivaient nos voyageurs, les avaient vus avec une stupéfaction facile à comprendre, s'avancer ainsi sur les eaux. Ils reçurent la thaumaturge avec un profond respect et lui firent cortège jusqu'à une grande distance de leur village. Le P. Pierre de Vaux ajoute que d'autres voyageurs se moquant de ces nonnes qui étaient ainsi passées, voulurent les suivre et trouvèrent la mort dans les eaux.

Les travaux de l'église de Scurre furent terminés en 1423. Colette ayant organisé et vivifié cette communauté la confia pour quelques temps à Marie Sénéchal. Celle qui la remplaça, assurait avoir vue une rose merveilleuse sur la bouche de la réformatrice pendant son sommeil.

FONDATION DE NOUVEAUX COUVENTS.

Pour comprendre ce qui va suivre il est nécessaire de se rappeler quelques faits de l'histoire civile de ces temps malheureux.

Le 25 octobre 1415 vit tomber dans la petite vallée d'Azincourt en Artois sous les flèches des Anglais, la plus brillante partie de la noblesse française. Au nombre des morts furent les deux frères du duc de Bourgogne, le duc de Nevers et le duc de Brabant. Parmi les prisonniers, les Anglais comptèrent avec joie le duc d'Orléans deux Bourbons, le Maréchal Boucicaut etc. etc. Dans leur malheur ils entendirent de la bouche du vainqueur qui les recevait à sa table, ces paroles, si dures si vraies en même temps : « Qu'ils
« ne s'émerveillassent point s'il avait eu la
« victoire contre eux de laquelle il ne s'attri-
« buait aucune gloire. Car c'était l'œuvre de Dieu
« qui leur était adversaire pour leurs péchés ;
« et que c'était grande merveille que piéca
« (déjà) ne leur était meschu (arrivée malheur)
« car il n'était mal ne péché à quoy ils ne se
« fussent abandonnés. Ils ne tenaient foi ni
« loyauté à créature du monde en mariage ni
« autrement. Ils commettaient sacrilèges en
« dérobant et violant églises ; ils prenaient à
« force toutes manières de gens femmes de reli-
« 'gion et autres. Ils dérobaient tout le peuple
« et le détruisaient sans raison et pour ce ne
« leur pouvait bien venir » (Juvénal des Ursins). Cette défaite couvrit la France de deuil et de honte. Le duc de Bourgogne, un moment irrité

de la mort de ses deux frères et prêt à les venger, reprit bientôt ses allures équivoques. Sinon traître et allié de l'étranger, il était certainement plus empressé à saisir la domination sur la France qu'à défendre la patrie contre l'envahisseur. C'est ainsi que deux fois dans ses années malheureuses, il vint avec une armée nombreuse camper auprès de Paris et bloquer cette capitale. Dans ces circonstances, sainte Colette, avertie d'en-Haut, envoya auprès du puissant seigneur, frère Jean Millon pour le détourner de cette lutte fratricide. Elle lui faisait représenter et l'avertissait que le combat serait inutile et qu'un sang abondant coulerait en vain ; que dans cette guerre civile (1), les âmes périssaient en même temps que les corps. De semblables avis furent adressés à quelques hommes de la faction contraire ; ces exhortations, ces conseils empêchèrent pour le moment les malheurs qui étaient imminents ; mais bientôt la fureur des discordes civiles devait l'emporter sur toute sagesse et toute crainte de Dieu. Vers l'époque où nous sommes arrivés il fit ou laissa couler le sang dans Paris qui revit des horreurs semblables à celles des cabochiens. Jean sans Peur, après de nouveaux troubles, devait expier ses crimes sous les coups d'un autre crime à Montereau, en 1419. La duchesse de Bourgogne fut plongée dans une douleur que l'âme si tendre et si grande de Colette fut seule capable de

1 Pierre de Vaux, c. xv, 139.

consoler. Cet événement douloureux inspira plus tard le tableau qu'on voit encore dans la chapelle de Poligny et qui donne le portrait des principaux personnages de cette histoire. C'est une descente de croix : le Christ est figuré par Jean sans Peur, son épouse désolée le tient dans ses bras et figure la Vierge. La Madeleine est peinte sous les traits de sainte Colette qui baise le pied du Sauveur. Derrière, se trouve ou Marie de Corbie, ou sœur Perrine ; de l'autre côté, à droite de la croix, le P. Henri de la Balme représente saint François, et le P. Pierre de Vaux est peint avec les attributs de saint Antoine de Padoue.

La comtesse de Nevers, Bonne d'Artois, ressentait plus vivement que tout autre les maux de la France. A la douleur patriotique se joignait la douleur de l'épouse. Son mari était au nombre des victimes d'Azincourt. Belle-sœur de la protectrice de sainte Colette, elle ne pouvait ignorer les vertus de la servante de Dieu ni les merveilles qu'elle opérait. Aussi, dès 1419, elle obtenait une bulle de Martin V par laquelle était érigé un couvent de Clarisses dans la ville de Décize. Elle fit exécuter les travaux nécessaires. On ne sait pas exactement l'époque où Colette prit possession de cette nouvelle maison. Comme elle était éloignée des autres, l'envoi d'une colonie fut peut-être différé quelque temps. La duchesse de Bourbon, non moins affligée, puisque son mari était prisonnier en Angleterre (1), ayant entendu raconter le bien opéré par les vraies filles de Sainte-Claire, voulait leur fonder un monastère dans ses Etats. Son intention était sans doute de faire cette offrande à Dieu pour obtenir la liberté de son mari. La réalisation de cette pieuse pensée présentait des difficultés. La guerre civile, envenimée par les alliances de quelques princes avec l'étranger envahisseur, enflammée de plus en plus par les trahisons et les meurtres, partageait la noblesse française en deux camps. Par sa naissance et ses premiers établissements, Colette se trouvait dans le camp du duc de Bourgogne, et le duc de Bourbon dans le camp des adversaires.

C'est pourquoi il était difficile à la duchesse de Bourbon d'obtenir des religieuses vivant sous la domination du duc de Bourgogne. Cependant le sens religieux de cette princesse lui faisait comprendre le besoin qu'avaient les peuples, et de ces grandes leçons de détachement données par les vrais enfants de Saint François, et de ces supplications adressées au ciel par des âmes pures. Elle entretenait donc depuis longtemps le désir, à ses yeux irréalisable, de leur ouvrir un asile dans ses Etats, et de donner à ses sujets ce secours puissant et ce grand exemple. Cette pensée fut manifestée à

1 Quelques historiens le disent gouverneur de Rouen. C'est une de ces graves erreurs historiques trop fréquentes dans les ouvrages publiés sur la vie de sainte Colette. Rouen tombait en 1419, au pouvoir des Anglais, le duc de Bourbon était leur prisonnier.

la réformatrice qui vit là pour elle une voie ouverte par la Providence et comme un ordre du Ciel. Les saints n'épousent point les querelles des partis ; ils déplorent les maux de l'humanité, apaisent le courroux céleste, calment les passions humaines, réconcilient les ennemis et sont souvent les médiateurs de la paix, aussi bien entre les hommes qu'entre le ciel et la terre. Cependant la réformatrice avant de s'engager dans cette affaire, pour lui faire produire tous les fruits de pacification qu'elle en espérait dans l'avenir, devait prendre garde de ne pas blesser ses dévoués protecteurs, de s'assurer au contraire de leur assentiment. Outre les dissentiments politiques si profonds il y avait entre la cour de Bourgogne et les Bourbons des inimitiés particulières. En effet un projet de mariage entre le fils du duc et Agnès de Bourgogne dernière fille de Jean sans Peur avait été rompu par un attentat de ce prince qui s'était emparé par surprise de la personne de la Duchesse de Bourbon et de son fils. Ce dernier s'échappa au milieu de la panique causée par le crime de Montereau et fut immédiatement comblé de faveurs par le Dauphin. Ces circonstances avaient dû laisser dans les cœurs bien des sentiments amers. Pour connaître les dispositions de la Duchesse de Bourgogne Colette se servit de l'intermédiaire de Philippe de Vaudrai gentilhomme d'honneur de cette princesse. Au nom de la sainte Abbesse, il devait la prier de s'élever au-dessus des petitesses de l'esprit de parti, de s'inspirer d'une vraie grandeur d'âme, de refouler au fond de son cœur des douleurs poignantes et d'étouffer les ressentiments les plus justes pour ne voir que le bien des âmes et la gloire de Dieu.

La duchesse de Bourgogne était digne d'entendre ce langage et de comprendre ces sentiments. Elle approuva les idées de la vénérable abbesse et se montra toute disposée à favoriser ses projets. Elle lui donna même le conseil d'aller en personne trouver la duchesse de Bourbon pour traiter plus promptement cette affaire. Aussitôt sainte Colette se rendit à Rouvre où résidait la duchesse de Bourgogne pour la remercier de sa générosité, de ses pieux sentiments et de ses avis, et partit pour Moulins.

L'éclat de ses vertus et de ses miracles l'y avait précédée et la nouvelle de sa venue fit tressaillir tous les cœurs. La duchesse de Bourbon remercia Dieu de lui avoir accordé plus qu'elle n'osait désirer. Tout fut bientôt convenu entre ces deux âmes d'élite. La duchesse obtint, si elle ne l'avait déjà, le consentement de son mari, et en vertu d'une bulle apostolique, l'évêque d'Autun comme commissaire délégué, posa la première pierre du couvent, le 18 novembre 1421. Les maisons achetées pour établir le monastère étaient grevées de droits seigneuriaux dont les possesseurs firent opposition, et par là interrompirent quelque temps les travaux. Mais, le duc de Bourbon leur ayant concédé les droits semblables sur des biens de son domaine, les constructions purent être achevées en 1422. C'est sans doute à cause de cette opposition qu'un prêtre, nommé Eustache et encore séculier, se rendit à Besançon où sainte Colette était retournée, pour lui faire connaître les difficultés survenues. Il fut atteint en route d'un mal très violent à la jambe. Les médecins lui déclarèrent que ce mal était incurable. Il se fit transporter cependant jusqu'auprès de la servante de Dieu et lui fit connaître son triste état. Pleine de compassion et de reconnaissance pour ce prêtre dévoué, elle pria pour lui et il fut aussitôt guéri. Il put s'en retourner plein de santé et de joie. Plus tard il entra chez les Colettins.

Enfin sainte Colette put conduire à Moulins, une colonie de religieuses. Elle leur laissa pour les guider dans les voies de la perfection, la sœur Marie de Corbie qu'elle avait retirée de Seurre. Ce couvent de Moulins ne suffisait pas pour satisfaire la pieuse générosité de la duchesse de Bourbon. Sous le poids de l'affliction elle sentait vivement le besoin de prier, de faire prier et de provoquer la prière publique par de grands exemples. Aussi elle voulut un nouveau monastère dans une autre partie de ses états, à Aigueperse dans la Basse Auvergne où elle avait son château de Montpensier. Son fils aîné commençait à remplir le rôle politique interdit à son père par la captivité. Echappé de la cour de Bourgogne comme nous l'avons dit, il allait devenir lieutenant du roi dans le Nivernais, le Bourbonnais etc. Ce fut sans doute le jeune prince qui posa lui-même la première pierre du couvent d'Aigueperse le 4 novembre 1423. Ce qui a fait dire aux anciens historiens que ce fut le duc de Bourbon qui ne sortit jamais des mains des Anglais. Les travaux, stimulés par le jeune Prince qui les visitait souvent, avançaient rapidement ; mais il fut rappelé à la cour et obligé d'en confier la surveillance à d'autres. Alors des oppositions qui n'avaient pas osé se manifester en sa présence, occasionnèrent un procès. Des chanoines, dont la collégiale était toute voisine du monastère, ainsi que le curé de la paroisse prétendirent que la nouvelle chapelle leur nuirait. Ils eurent le tort extrême de se porter à des voies de fait et de détruire la nuit les travaux exécutés dans le jour. Ils furent condamnés et durent payer une forte amende avec laquelle on acheva presque le couvent, de sorte que l'église fut dédiée le 26 juin 1425. La duchesse de Bourbon s'était réservée la dépense. Cependant il fallut bien accepter l'offrande d'un bourgeois Pierre Loiac, qui vint jeter dans le couvent en construction une somme considérable, qu'on ne put jamais lui faire reprendre.

Sainte Colette était arrivée à Aigueperse avant la fin des travaux. A son entrée, elle fut reçue par le corps de ville, le bailli à sa tête. Celui-ci était pâle et tout défait. L'abbesse, compâtissant à sa souffrance, lui en demanda la cause. Il répondit qu'il était atteint depuis longtemps de la fièvre quarte. « Soyez guéri, repartit la sainte « pour aider à l'achèvement de notre monastère. » Et, dès ce moment il ne ressentit aucun accès de fièvre.

Pendant que la servante de Dieu habitait Aigueperse, deux malfaiteurs, l'homme et la femme, furent condamnés à mort. Ils étaient tellement pervertis et endurcis dans le mal, que jamais ils ne voulurent entendre un parole chrétienne. Pendant qu'on les conduisait au supplice ils blasphémaient et se livraient au désespir. Un pieux ermite, qui était venu pour visiter sainte Colette, se trouva sur leur passage et les accompagna jusqu'à l'échafaud en priant, mais sans succès. Il demanda et obtint qu'on voulût bien différer un peu leur supplice, et alla en toute hâte les recommander à la sainte abbesse. Celle-ci se mit immédiatement en prières ; elle n'avait pas encore fini le *Miserere* que ces malheureux, touchés de la grâce, se repentaient, confessaient leurs crimes, acceptaient la mort avec une résignation parfaite, comme un juste châtiment de leur vie passée. Ils consolèrent les spectateurs, par leur conversion autant qu'ils les avaient affligés par leur endurcissement.

CHAPITRE XXIX.

Jacques de Bourbon et sa famille. — Fondation du monastère de Vevay.

Pendant que sainte Colette était à Aigueperse, il arriva au château de Montpensier une jeune damoiselle du sang royal de France, qui devait soit par elle-même, soit par sa famille, rendre de grands services à l'ordre réformé par la sainte abbesse. Son père Jacques II de Bourbon, comte de la Marche, cousin au troisième degré canonique de Jean I dont nous venons de parler était un brillant chevalier, qui montra de bonne heure une bravoure intrépide. Il se signala en Hongrie contre les Turcs, à la suite de Jean de Bourgogne; cependant il fut fait prisonnier. Au courage bouillant il unissait le plus bel extérieur. Jeanne II, reine de Naples, célèbre par ses désordres et ses crimes, devenue veuve de Guillaume d'Autriche, le demanda en mariage (1415). Il était lui-même veuf de Béatrix de Navarre, dont il avait eu trois filles. L'éclat d'un trône le séduisit. Mais bientôt les désordres de sa royale épouse l'irritèrent; il la fit enfermer. Elle s'échappa et parvint elle-même à se saisir de la personne de son époux, qu'elle retint en prison jusqu'en 1419, où l'intervention du pape Martin V obtint son élargissement. Déçu dans ses espérances, désabusé des grandeurs, il revint à Castres dans ses Etats patrimoniaux et retrouva ses enfants, ses filles élevées d'une manière digne de leur mère par les gouvernantes que celle-ci leur avait données avant sa mort, et un fils illégitime, Claude d'Aix, qui profitait de l'excellente éducation donnée à ses sœurs. Pour le roi déchu, il chercha dans les plaisirs à se consoler de la perte d'une couronne.

Pendant que la réformatrice était à Aigueperse, Isabeau, sa fille ainée, lui demanda la faveur d'aller voir sa parente, la duchesse de Bourbon, au château de Montpensier. Assurément, dans les manoirs et les châteaux, la renommée avait raconté quelque chose des merveilles opérées par sainte Colette, et le désir de voir la thaumaturge était loin d'être étranger au voyage d'Isabeau de Bourbon. Dès son arrivée, elle n'eut rien de plus pressé que de se faire présenter à celle dont on racontait tant de choses admirables. Son âme pénétrée des sentiments les plus chrétiens, put sentir la grandeur surhumaine de celle qui se cachait dans la pauvreté. Sous la bure de l'humble Clarisse, elle découvrit le grand cœur, la haute intelligence de la servante de Dieu. Ces vertus qu'elle entrevoyait, exercèrent une véritable séduction sur son âme. Le feu divin dont elle s'était approchée l'embrasa, et bientôt elle mûrit la pensée d'entrer dans cette noble milice. Il fallait le consentement de son père, à qui peut-être elle avait vaguement manifesté des désirs de la vie religieuse. L'abbesse ne pouvait se contenter d'un assentiment si vague presque hypothétique. La cousine d'Isabeau se joignit à elle pour solliciter un consentement exprès, qui fut accordé, et la jeune princesse put déposer les vanités du monde pour revêtir le cilice des Clarisses.

Ce n'était que le commencement des merveilleuses opérations de la grâce dans cette famille royale. Le généreux sacrifice d'une fille tendrement aimée émut le roi déchu plus que toutes les péripéties de la fortune, et il commença à sentir le désordre et le vide de sa vie. Il fut encouragé dans ces salutaires pensées par le R. P. Henri, que Colette chargea de le visiter et de lui faire entendre les paroles de la foi. Nous verrons bientôt les heureux effets de ces réflexions et de ces exhortations.

Depuis longtemps le duc de Savoie redemandait la vénérable réformatrice dans ses Etats, qui avaient été son premier asile. Il voulait fonder une maison pour ces nouvelles religieuses. Sainte Colette ne pouvait lui refuser une demande si légitime. Elle avait promis de se rendre en Savoie, après avoir terminé ses récentes fonctions. Mais voilà que Claudine de Roussillon, vicomtesse de Polignac, inspirée par sa piété et attirée par les merveilles dont elle entendait le récit, arrive à Aiguepersc et s'armant du crédit de la duchesse de Bourbon auprès de l'abbesse, demande avec toute sorte d'instantes une fondation dans ses Etats. Elle suit le conseil de l'Évangile; elle demande, elle importune, elle obsède. Enfin il est convenu que pour se rendre en Savoie, sainte Colette passera par le Puy.

Colette partit donc d'Aigueperse où elle laissa pour abbesse la sœur Marie de Corbie. Elle comptait sur la vertu de cette excellente religieuse pour diriger la communauté naissante dans les voies de la perfection et la pénétrer de plus en plus de l'esprit séraphique. C'était le troisième couvent qu'elle lui donnait à diriger dans ces circonstances, et accompagnée de sœur Perrine, de Marie Chevalier et de la jeune princesse de Bourbon, elle se rendit au château de Polignac qu'offrait la vicomtesse, mais qui ne pouvait convenir à l'humilité de Colette. Il fallut chercher dans la ville du Puy un terrain convenable. On le trouva, et la vicomtesse en fit aussitôt l'acquisition. C'était dans un quartier nommé le Poserot. Le Pape Martin V signa la bulle d'érection le 8 septembre 1425. Les travaux avaient été promptement commencés, mais furent interrompus par l'opposition du prévôt de la cathédrale et des agents du fisc, qui se croyaient lésés. Les procédures durèrent sept années. Si en ce moment la visite au Puy ne procura à sainte Colette qu'une expectative lointaine, elle put satisfaire une de ses plus grandes dévotions en imitant les foules qui depuis longtemps allaient invoquer Notre-Dame du Puy. La cathédrale est dédiée à la sainte Vierge et la fête patronale est l'Annonciation. De temps mémorial quand cette fête tombe le Vendredi-Saint, le sanctuaire jouit du privilège d'un jubilé extraordinaire. Cette circonstance s'était présentée deux fois déjà en ce siècle en 1407 et en 1418. Un sentiment général attribuait à ces années jubiliaires des événements extraordinaires, or en 1407 et en 1418 tombaient deux princes bien coupables sous divers rapports mais surtout artisans des divisions et des malheurs de la France. En 1429 il y eut encore un jubilé extraordinaire au Puy. C'était enfin la miséricorde qui triomphait et donnait à la France une libératrice. Peut-être sainte Colette qui vers cette époque venait du Midi dans la Bourgogne, s'arrêta-t-elle au Puy pour hâter la solution des difficultés toujours pendantes au sujet du couvent, joindre sa prière à celle du peuple et gagner la grande indulgence. Elle s'y serait trouvée en même temps que la mère de Jeanne d'Arc qui vint prier pour sa fille dont le départ l'avait plongée dans une extrême désolation.

En attendant la réalisation des desseins de la vicomtesse de Polignac, la vénérable abbesse répondit aux désirs du duc de Savoie et se dirigea vers cette religieuse contrée, à laquelle elle avait voué une profonde reconnaissance pour son hospitalité.

Amédée eût voulu faire la première fondation

à Chambéry, mais la communauté des Urbanistes, soutenue des religieux Conventuels, résista si bien qu'il lui fallut céder. Sainte Colette consola le prince, en lui montrant la sœur Marie Chevalier et lui disant : « Voilà la future abbesse du monastère de Chambéry. » En 1454 la prédiction s'accomplit. Pour le présent, au lieu de Chambéry, le duc choisit la petite ville de Vevay, sur le lac de Genève. Une bulle du 13 novembre 1435 autorisa cette nouvelle fondation. Pour se rendre à Vevay, la pieuse caravane dut passer par Genève. La jeune duchesse de Bourbon, que sainte Colette avait conservée auprès d'elle, s'écria en admirant la beauté de la ville et des sites qui l'environnent : « Qu'un monastère « serait bien placé ici.—Hélas ! ma fille, répon- « dit la sainte, il y en aura un, mais les sœurs « en seront chassées par l'hérésie. » Cette prédiction, conservée par une tradition très constante, se vérifia au siècle suivant, dans des circonstances bien douloureuses pour les filles de Sainte Colette. Mais chassées de Genève, elles s'établirent à Annecy.

En suivant la rive du lac, la vénérable abbesse fut reçue dans une maison de Dominicaines. Toutes les sœurs vinrent au-devant d'elle et lui donnèrent le baiser de charité fraternelle. Une d'elles ne se présenta pas. L'humble servante de Dieu s'en aperçut et s'avança vers la religieuse si timide. Celle-ci, encouragée, se jeta aussi dans les bras de la sainte ; c'était une lépreuse. Elle fut immédiatement guérie par le contact de la séraphique vierge. Il paraît que ce miracle détermina les Dominicaines à demander à sainte Colette de demeurer quelques jours parmi elles pour réformer leur communauté : ce qu'elle fit avec un heureux succès.

A Vevay, les travaux étaient commencés, mais ce qui était fait, était loin d'offrir aux religieuses un asile convenable. La réformatrice ne redoutait pas les privations, les incommodités imposées par les nouvelles fondations.

Un jour, elle appelle précipitamment le P. Henri, et l'envoie en toute hâte au lac, où sa présence était nécessaire. Des ouvriers qui transportaient des bois pour le monastère, avaient été surpris par une tempête et ils étaient dans un péril imminent de se noyer. Leur barque était renversée. Le .P. Henri fait le signe de la croix, le vent se calme et l'embarcation relevée aborde heureusement.

La maison étant terminée, les novices se présentèrent en grand nombre, attirées par l'éclat des vertus de l'abbesse. Parmi elles se distinguèrent trois jeunes personnes de la noblesse, deux filles et une nièce du baron de la Serra. Ne pouvant obtenir le consentement de leur père, elles se déguisèrent et partirent en secret de la maison paternelle. Les fugitives furent poursuivies. Heureusement, elles entrèrent près de Vevay dans une chapelle de sainte Marguerite pour invoquer le secours de cette noble persécutée. Pendant qu'elles priaient, le baron en grande colère allait redemander ses filles à l'abbesse, qui l'apaisa, le changea tellement, qu'il consentit à les laisser libres de suivre leur vocation. L'une d'elles fut plus tard abbesse de Besançon.

Sainte Colette fit à Vevay une autre conquête non moins illustre et non moins influente sur la société : ce fut Guillemette de Gruyère, duchesse de Valentinois. Depuis 1419, elle était veuve de Louis de Poitiers qui, pour payer ses dettes, avait fait au roi de France une cession plus ou moins volontaire de tous ses Etats. La duchesse, désabusée du monde et de ses fausses grandeurs, conçut le désir de purifier son âme par les austérités du cloître. Elle vint solliciter son admission. La vénérable réformatrice, qui avait d'abord obtenu du Pape une bulle défendant d'admettre dans ses couvents d'autres que des vierges, éprouva longtemps cette noble veuve. Mais, comme la bulle avait été retirée et que la postulante persévérait dans ses sollicitations et se rendait de plus en plus digne de son admission par de solides vertus, elle fut enfin admise et envoyée au monastère de Besançon. Elle avait prélude à son entier dépouillement par des sacrifices généreux. La construction du couvent de Vevay était due en grande partie à ses largesses. On en laissa cependant tout l'honneur au duc Amédée. Quand elle eut mis ordre à ses affaires, au moment de son départ définitif pour Besançon, voilà qu'elle est arrêtée par un accident bien extraordinaire. Ses chevaux ne peuvent plus marcher, ils sont paralysés, comme cloués sur le sol. Elle envoya un courrier à sainte Colette pour l'informer de cet obstacle et réclamer ses prières. Au retour de l'envoyé, le charme disparut, et la duchesse arriva heureusement au terme de ses désirs. Après un noviciat très fervent à Besançon, elle fut envoyée à Vevay, qu'elle édifia par ses vertus héroïques. Il semblait, dit sœur Perrine, qu'elle pressentait que peu de temps lui était accordé pour enrichir sa couronne. Elle mourut, en effet, peu d'années après sa profession. Le P. Henri déclara qu'on ne devait pas prier pour elle ; car il savait, par révélation, qu'elle était déjà au ciel.

Pendant le séjour de sainte Colette à Vevay on introduisit dans son oratoire une femme possédée du démon. La sainte abbesse pria pour elle et, dès ce moment, l'infortunée fut complétement délivrée.

Nous avons vu que sainte Colette avait amené avec elle à Vevay la jeune princesse de Bourbon fille de l'ex-roi de Naples. Ce prince déjà touché et par les lettres de sainte Colette et par les avis du P. Henri rentrait en lui-même et modifiait ses idées, ses désirs et toute sa conduite. Pendant que ce travail s'opérait dans son cœur, l'amour paternel lui inspirait le désir de revoir sa fille et de connaître celle à laquelle cette chère enfant s'était confiée, et dont on racontait de si grandes choses. Dans ces pensées il vint à Vevay avec toute sa famille, ses deux filles, son fils naturel Claude d'Aix et son gendre Bernard d'Armagnac. Ce dernier était le fils du trop célèbre connétable, qui souilla sa fidélité à la France par des exactions et une cruauté trop communes alors, mais non moins condamnables, il en fut la victime et périt massacré dans une émeute à Paris. Nous verrons son fils suivre, sous l'inspiration de sainte Colette, une voie bien différente.

Jacques de Bourbon, disposé comme nous l'avons vu, fut porté vers Dieu par l'amour paternel. Il était si heureux de retrouver sous la bure, mais dans la joie une enfant bien-aimée. La vénérabe abbesse laissa le temps à ses sentiments de se développer. Toutes les circonstances étaient plus éloquentes que les paroles. Enfin elle tira de son cœur quelques-uns de ces mots qui, comme des flèches dirigées par un habile archer, transpercent toujours le but, et elle acheva l'œuvre si heureusement commencée. Le roi mit ordre à sa conscience dans les sentiments de la plus sincère pénitence. Dédaignant les critiques du monde, il déclara bientôt qu'il fixait sa résidence à Vevay et renonçait au monde. Ses enfants eux-mêmes jaloux du bonheur de leur sœur, voulaient l'imiter. L'épouse de Bernard d'Armagnac regrettait d'être enchaînée par les liens du mariage; mais

Dieu, bénissant ces aspirations vers un état plus parfait, lui réserve à son service un autre rôle qu'elle remplira bien. Après le départ de Bernard d'Armagnac et de son épouse, la troisième fille de Jacques de Bourbon fut admise dans l'ordre. Le prince son père entra dans le tiers-ordre, en attendant qu'il pût accomplir un sacrifice plus complet et prendre des engagements plus sévères. Claude d'Aix lui-même imitera plus tard l'exemple de son père et deviendra Franciscain. Voilà tous les membres d'une famille royale, dont plusieurs avaient scandalisé le monde et précipité sa course vers l'abîme, ramenés dans les voies de l'ordre et de la justice, relevant par leurs nobles exemples plus d'âmes qu'ils n'en avaient abaissées par leurs désordres. C'est l'œuvre de sainte Colette.

Il n'est pas un personnage nommé dans cette histoire qui n'ait subi à des degrés divers cette influence salutaire. Les saints sont les vrais et les seuls civilisateurs. Mais d'où vient à la pauvre fille d'un charpentier cette puissance sur les grands de la terre, les nobles, les rois ? Il faudrait être aveugle pour ne pas voir là quelque chose de divin. L'âme dépouillée d'elle-même par l'humilité, purifiée de toutes les impuretés de la nature et des sens par une sévère mortification, s'unit à Dieu, se met en contact avec la divinité elle-même. Or, comme un métal pur en communication avec une source d'électricité, s'électrise lui-même, devient lumineux et exerce l'attraction sur tout ce qui l'approche ; ainsi l'âme revêtue d'un rayon de la beauté divine, embrasée par le feu céleste, électrisée par l'amour divin, entraîne après elle et transforme tout ce qui se trouve dans sa sphère d'action. Telle était sainte Colette. A travers la pauvre bure dont elle était revêtue, dans ses traits creusés par les austérités et les souffrances, resplendissait la beauté divine de son âme. De ses yeux, de sa bouche s'échappaient des flammes ardentes qui embrasaient et fondaient les cœurs.

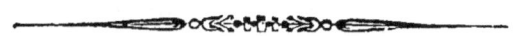

CHAPITRE XXX.

Fondation du couvent d'Orbe.— Premier voyage dans le Midi.

L'ordre et la régularité étaient solidement établis au couvent de Vevay. Le feu sacré était allumé dans ce temple, il n'y avait plus qu'à l'entretenir. Sa présence n'était plus nécessaire. La réformatrice se sentit pressée de visiter ses premières fondations et de répondre aux désirs de ceux qui voulaient contribuer à de nouveaux établissements. La nouvelle de son départ prochai ontrista profondément Jacques de ͻɹrbon qui s'était mis complètement sous sa conduite. Pour le diriger et affermir ses pas dans la vie qu'il venait d'embrasser, sainte Colette lui promit de lui laisser la sœur Marie Chevalier, qui était consommée dans les voies de la perfection. Cependant elle ne la fit point abbesse de Vevay. Elle se réservait d'en choisir une à Poligny. Elle fixa aussi à Vevay Jacquette Legrand de Corbie, sa fidèle amie, qui l'avait assistée dans sa réclusion et s'était parfaitement pénétrée de son esprit.

Arrivée à Poligny, elle désigna Claire Labeur pour aller gouverner le monastère de Vevay. Celle-ci, par humilité, était heureuse de trouver un motif de refuser cette charge, dans une migraine violente et continuelle qui lui ôtait la liberté d'esprit nécessaire à une supérieure. Depuis vingt ans, elle endurait des douleurs si vives, que ses yeux lui sortaient presque de la tête et étaient devenus hagards. « Allez hardiment », lui dit sainte Colette, en lui faisant sur le front le signe de la croix, et elle fut guérie pour toujours.

Il y avait déjà longtemps que Jeanne de Montbéliart, épouse de Louis de Châlons prince d'Orange, sollicitait auprès de la réformatrice la faveur d'une fondation. Elle avait obtenu de Martin V une bulle datée du 17 novembre 1425, et avait voulu favoriser la petite ville d'Orbe des bienfaits qu'apportait toujours la présence des ferventes Colettines. La première pierre du nouveau monastère fut posée le 15 janvier 1427. Sainte Colette assista à cette cérémonie avec douze religieuses choisies dans les couvents de Poligny et de Besançon. Elle leur adjoignit bientôt cinq novices entre lesquelles on remarque Philippine de Châlons, fille de la fondatrice, et Louise de Savoie, fille d'Amédée VIII et d'Iolande de France, veuve de Hugues de Châlons. La seconde fille de la fondatrice, étant devenue veuve, vint aussi chercher dans ce monastère un bonheur que le monde ne lui avait pas donné.

Quand cette maison put être organisée définitivement, Mahault de la Balme, nièce du P. Henri et sœur de Perrine de la Balme, fut désignée pour la gouverner. A cette proposition, l'humilité de Mahault se troubla et résista même. Elle conjura sa vénérable mère de la laisser retourner à Besançon pour y remplir les derniers offices de la maison. Sainte Colette ne répondit pas, mais le Seigneur parla pour elle. En effet, sœur de la Balme fut frappée de douleurs violentes, principalement aux pieds et aux mains. Aucun remède ne pouvait les calmer. Elle comprit le sens de cette épreuve ; elle se soumit, et se trouva complétement guérie. Ce fait confirma l'autorité de la réformatrice, on n'osa lui rien refuser.

Ce fut vers ce temps et dans cette contrée que se passa une scène trop intéressante pour être omise quoiqu'on n'en sache point exactement ni le temps, ni le lieu. Parmi les Conventuels de cette province, il y avait un religieux du nom de Psalmon, qui, loin de partager l'antipathie trop ordinaire de ses confrères envers la réformatrice, s'était toujours montré favorable à ses entreprises et les avait défendues autant qu'il lui était possible. C'était un personnage considéré dans l'ordre ; il était maître ou docteur en théologie de l'université de Paris. Il tomba malade et bientôt on désespéra de sa vie. Il était en agonie et sans connaissance ; sainte Colette fut avertie du triste état auquel était réduit ce défenseur désintéressé de son œuvre. Par quelle voie ? sans doute par une révélation, car elle sut en même temps que l'âme de ce religieux était encore plus malade que son corps. Dieu voulait le récompenser de ce qu'il avait fait pour la réformatrice ; il disposa tellement les choses, que l'abbesse put diriger un voyage qu'elle faisait de manière à passer auprès du couvent où Pierre Psalmon était agonisant. Elle le visita et lui dit, en lui faisant le signe de la croix sur le front : « Prenez bon courage et ayez espérance en la bonté de N.-S.J.-C. » Il l'entendit, la comprit, et bientôt se leva complétement guéri. Le premier usage qu'il fit de sa santé fut d'aller remercier celle qui l'avait sauvé. Se jetant à ses pieds, il s'offrit à son service pour tout le reste de sa vie. Mais il avait plus besoin encore des bienfaits de la servante de Dieu qu'elle de ses services. Elle l'accepta cependant pour le sauver, le prit à part, lui représenta le mauvais état de son âme, le malheur éternel auquel il venait d'échapper par une miséricorde infinie et l'engagea à se bien confesser. Ce qu'il fit aussitôt. Il revint confiant et joyeux : « Maintenant me voilà purifié, dit-il. » — « Nullement, » lui dit la sainte et elle lui rappelle certains énormes péchés qu'il n'avait pas confessés, soit par oubli, soit par une fausse honte. Il est stupéfait et retourne auprès de son confesseur. Il revient plus rassuré que la première fois, mais sainte Colette lui montre encore dans sa conscience des désordres qu'il faut réparer. Humilié, confondu, mais pénétré de reconnaissance pour la miséricorde divine, il va pour la troisième fois se prosterner aux pieds de son confesseur et revient la paix et le bonheur dans le cœur, sauvé pour l'âme comme il l'avait été pour le corps. Aussi proclama-t-il le reste de ses jours qu'il devait tout à sainte Colette, la vie éternelle comme la vie présente, et il vécut dans la pensée qu'elle connaissait tout ce qui le concernait, se donnant bien garde de rien faire qui pût la contrister. Il paraît qu'elle le chargea du service spirituel du monastère d'Orbe. Dans un voyage qu'il fit plus tard, il faillit se noyer. En voulant traverser à cheval une rivière, il tomba dans un abîme où il allait périr ; il se souvint alors de sa bienfaitrice et de sa puissance auprès de Dieu ; il l'invoqua, et aussitôt il se trouva sur la rive.

Pendant que sainte Colette demeurait à Orbe, la princesse d'Orange la trouva un jour plus triste que de coutume et lui en demanda le motif. « C'est, lui répondit-elle, que le Seigneur m'a fait connaître la destruction de ce monastère dans le siècle qui va suivre. Les religieuses de Vevay et de Genève, auront aussi la douleur de voir renverser leur pauvre demeure ; elles retrouveront du moins un asile les unes à Evian les autres à Annecy ; mais celles d'Orbe, dispersées, ne pourront se réunir et le couvent cessera d'exister. » Il en advint ainsi dans les troubles et les ravages causés par la prétendue réforme du XVIe siècle.

Les vertus de sainte Colette lui concilièrent à Orbe comme partout où elle paraissait, la vénération et la confiance des fidèles qui, même après qu'elle eut quitté cette petite ville, ne cessèrent point de s'adresser à elle dans leur peines. Une dame toute dévouée à la vénérable abbesse et à ses œuvres eut la douleur de voir son fils atteint du mal caduc. Des frères Colettins étant passés à Orbe pour se rendre à Besançon, elle les pria de recommander son malheureux enfant aux prières de la servante de Dieu. Aussitôt elle se sentit elle-même consolée et pleine d'espérance. Elle ne fut pas trompée dans son espoir, car peu de temps après son fils fut entièrement guéri.

En 1426 ou 27, la réformatrice fit un voyage dans le Midi, en Languedoc. Deux faits que nous allons rapporter et qui sont attestés par ses deux premiers biographes, les circonstances expresses qu'ils indiquent, les dates fournies par l'histoire générale et les biographies particulières ne permettent pas de douter de l'excursion, quoique quelques historiens semblent l'avoir négligée ou ignorée. Pour soutenir l'ardeur de sainte Colette et l'encourager dans sa vie de réparation et d'immolation, l'esprit prophétique lui fit connaître les maux qui menaçaient de nouveau la société chrétienne. Il lui révéla plus de trois ans avant qu'elle arrivât et pendant qu'elle était dans le Midi, disent expressément P. de Vaux et sœur Perrine, la mort de Martin V, ce grand pontife qui avait rendu à l'Eglise un peu de calme. Puis elle vit avec effroi l'esprit de discorde et de révolte rassemblant ses suppôts à Bâle et replongeant la chrétienté dans le trouble. A cette vue, son âme fut navrée de douleur et elle comprit que ce n'était pas le temps de jouir du repos ni de diminuer ses macérations, ses supplications pour les pécheurs.

Or, Martin V mourut le 20 février 1431, et le concile schismatique de Bâle fut ouvert le 3 mars suivant, le même jour qu'à Rome était élu Eugène IV. Il est donc certain que sainte Colette était en Languedoc en 1427.

Etant allée à Castres, elle visita l'évêque de cette ville. Après quelques temps d'entretien sur des sujets de piété et sur les intérêts de l'Eglise, le prélat parla de son prochain voyage à Rome, le recommandant aux prières de sainte Colette. Il ne lui disait pas que le motif qui le portait à entreprendre cette longue pérégrination, c'était l'espoir d'obtenir le chapeau de cardinal. La thaumaturge le connut cependant, et elle lui dit qu'il devait bien plutôt penser à un autre voyage plus long, dont on ne revient pas et qu'il allait faire prochainement, celui de l'éternité. Cet avertissement n'arrêta point l'évêque de Castres, il partit, et obtint l'éminente dignité qu'il désirait mais il n'en jouit guère, car il mourut dans l'année.

En effet, l'église de Castres était alors gouvernée par Raymond d'Avilhun qui, nommé cardinal, mourut le 2 décembre 1427, à Rome, où il était allé pour recevoir le chapeau, insigne de sa dignité.

Le motif principal qui conduisait sainte Colette dans le Languedoc était de correspondre aux désirs de Jacques de Bourbon et de son gendre en commençant des fondations dans leurs Etats. On a peu de renseignements sur ces monastères parce que les guerres de religion du XVIe siècle ont détruit tous leurs mémoires. Il paraît assez probable que dans ce premier voyage sainte Colette s'occupa surtout de la fondation d'un couvent à Lesignan, mais l'église n'en fut consacrée qu'en 1431. De là, elle visita Castres pour choisir l'emplacement du monastère que les princes avaient l'intention d'y établir

Il y avait à Béziers une communauté d'Urbanistes. Le roi Jacques désirait extrêmement la ramener à l'observance régulière. Sainte Colette y alla préparer les esprits et les disposer à embrasser la réforme. L'ascendant de sa vertu inspira à ses religieuses une grande générosité et bientôt on vit refleurir parmi elles l'austère beauté de la pauvreté et de la mortification. Elle leur laissa quelques sujets formés de sa main et retourna à d'autres œuvres ; elle dut quitter le Languedoc vers la fin de 1428, laissant le jeune prince Bernard d'Armagnac solliciter les actes canoniques pour les fondations commencées ou projetées et élever les constructions nécessaires à l'habitation des religieuses.

CHAPITRE XXXI.

Visite des monastères fondés.

Sainte Colette devait se rappeler alors et comprendre les visions magnifiques dont le Seigneur l'avait favorisée dans sa cellule de Corbie. L'arbre symbolique grandissait et se parait de fruits que le monde commençait à contempler avec admiration. Cette pensée effrayait l'humilité de la sainte abbesse; une autre la

consolait et la réjouissait : les rejetons se multipliaient, croissaient, et leurs fleurs, leur feuillage, leurs fruits étaient admirables. Elle voyait avec bonheur, elle admirait dans les autres des vertus moindres que celles dont son humilité lui cachait l'éclat en elle-même. Misère et infirmité, elle ne voyait que cela dans sa chétive personne. « Je perds l'œuvre de Dieu, disait-elle
« souvent; je me damne en cette religion parce
« que je ne fais pas les œuvres d'une religieu-
« se. » Soutenue cependant par la conscience de sa mission, par un désir ardent de faire la volonté de Dieu, elle continuait son labeur.

Les jeunes plantes, quoique vigoureuses et pleines de sève, avaient besoin de culture. Il fallait les émonder, arracher les herbes nuisibles qui pourraient pousser à leur pied ou plutôt les empêcher de naître, par des soins actifs et une surveillance infatigable. C'est ce que faisait la réformatrice au prix de fatigues incessantes et de dangers continuels dans ses fréquents voyages.

Voici comment elle voyageait : habituellement, lorsque les chemins le permettaient, elle se servait d'un petit chariot façonné de la manière la plus modeste et recouvert d'une toile commune. L'un de ces véhicules fut longtemps conservé à Poligny avec un grand respect et devint l'instrument de plusieurs merveilles.

Après avoir entendu, de grand matin, au moins une messe, de préférence la messe votive de l'Epiphanie ou des rois voyageurs, elle se mettait en marche, demandant miséricorde, plaçant ses pas sous la garde des saints par la récitation des psaumes de la pénitence et des litanies. L'invocation des saints était son refuge habituel dans les périls si fréquents alors pour les voyageurs. La France, dans les angoisses de l'occupation étrangère, dans les déchirements des factions, victime lamentable de l'ambition de la cupidité et de la cruauté de ses enfants, était agitée de toutes parts de mouvements convulsifs qui ressemblaient à une douloureuse agonie. Partisans et voleurs de grand chemin se croisaient sur toutes les routes. Les provinces divisées se soupçonnaient les unes les autres, et, dans les voyageurs les plus innoffensifs, voyaient des ennemis ou des traîtres déguisés. C'est au milieu de ce cahos sanglant, de ce tourbillon mortel que sainte Colette devait aller faire ses fondations et visiter ses monastères.

Quand elle voyait les approches d'un danger plus pressant elle reprenait les litanies des saints. C'est ce qu'elle venait de faire un jour au milieu d'une forêt, avant d'entrer dans une gorge sombre formée par les montagnes; soudain elle se trouve en présence d'hommes armés qui lui ferment et lui interdisent le passage. C'étaient les satellites d'un de ces hobereaux trop communs alors, qui, du repaire de leur castel, s'élançaient sur le voyageur pour le détrousser. Instruit du voyage des religieuses, celui-là avait fait battre toute la campagne pour les surprendre ; il arrive bientôt lui-même. Rapace et impudique, il adresse à la pieuse troupe des menaces cruelles et impures. Sainte Colette lui répond humblement mais fermement. Les chevaux de ces brigands demeurent immobiles ; une barrière d'airain invisible semble les arrêter ; ils ne peuvent avancer vers le modeste convoi de la Sainte. Stupéfaits, ils le laissent passer sans lui nuire, et les chastes épouses du Christ bénissent la Providence de les avoir si miraculeusement préservées.

Une autre fois, des hommes aussi dangereux sont frappés de terreur panique par la récitation des mêmes prières et s'enfuient comme s'ils étaient poursuivis par des escadrons.

D'autres eurent permission du ciel d'oser davantage. Déjà ils s'étaient emparés des chevaux et des effets des voyageurs. Quelques-uns de ces bandits voulaient tuer leurs victimes. Surmontant sa timidité naturelle, animée par la charité et réconfortée par la grâce, sainte Colette leur dit comme le Sauveur : « Si c'est moi que vous cherchez, laissez ceux-ci s'en aller ; » et elle fait partir ses compagnons de voyage sans qu'ils soient inquiétés. Prête à mourir, elle demeure avec ses religieuses. Mais l'ascendant qu'elle a pris, quelque chose de divin qui se manifeste dans toute sa personne, dompte ces natures féroces. Les brigands rendent ce qu'ils avaient pris et tous les voyageurs peuvent continuer leur route tranquillement. Les malfaiteurs pris quelques jours après, avouèrent qu'ils ne regrettaient rien tant que d'avoir molesté la servante de Dieu et que c'était surtout en punition de ce crime qu'ils avaient été pris.

La sainte voyageuse n'avait pas seulement à redouter dans ses voyages les violences des bandits ; le mauvais état des chemins, l'absence de ponts sur les rivières lui créaient sans cesse de nouveaux périls. Elle y échappa toujours et en préserva également les siens. Un jour, son chariot est renversé et une sœur, nommée Françoise, tombe dessous. Elle paraît à tous devoir être broyée. Mais en voyant le danger, Colette a prié, et la pauvre religieuse est retirée de dessous le char sans aucune blessure.

Il lui fallait une autre fois traverser le Doubs, qui était considérablement gonflé. Un honorable cavalier, Jean de Baes, conduisait une religieuse en croupe. Il dirigea si malheureusement son cheval, qu'il se trouva, comme dans un abîme, entraîné par la violence du courant. Cavaliers et monture étaient submergés et roulés par les flots. Mais sainte Colette sur la rive, priait à haute voix et gémissait. Ses supplications furent exaucées ; le flot docile amena ses victimes à la rive.

C'est dans de si terribles circonstances que sainte Colette exécuta tant de pérégrinations, « quoiqu'elle fût paoureuse et moult craintive,

« comme il convient à dame de religion, » dit P. de Vaux.

A la prière vocale succédait l'oraison, et souvent l'extase même en voyage. La sœur Perrine a souvent soutenu sa sainte mère pendant qu'elle était ainsi plongée dans les plus intimes communications avec Dieu.

Voici une autre circonstance bien remarquable de ses voyages. Affaiblie par des souffrances continuelles et les austérités les plus rigoureuses, elle semblait incapable de supporter la fatigue d'une journée de marche. Souvent le matin, lorsqu'il fallait se mettre en route, sa faiblesse était telle qu'elle paraissait sur le point de rendre le dernier soupir. Cependant on partait, et après une journée de marche, lorsque les autres étaient harassées de fatigue, une vigueur nouvelle et une force merveilleuse lui étaient rendues. A peine arrivée, elle cherchait un petit réduit, un angle obscur où, par la suspension de draperies quelconques, ses filles lui faisaient une sorte de cellule. L'ardeur pour la prière lui faisait négliger la nourriture du corps ; son âme se réconfortait dans l'oraison et ranimait le corps lui-même. Elle passait ainsi la nuit presque tout entière, donnant à peine une heure au sommeil. On l'entendit souvent, toute brûlante de l'amour séraphique, répéter toute la nuit avec un accent inexprimable : « Qui êtes-vous, Seigneur, et qui suis-je ? » Le lendemain, elle recommençait la même vie et affrontait les mêmes fatigues.

D'une extrême sévérité pour elle-même, se refusant non seulement le superflu, mais même le nécessaire, elle prenait de ses filles un soin tout maternel. Sa tendre charité leur procurait tout ce qui est indispensable à des religieuses et veillait à l'accomplissement de toutes les règles, même en voyage.

Parvenue dans quelqu'un de ses monastères, elle se faisait rendre compte de tout. Souvent elle savait auparavant ce qu'il lui importait de connaître. Il semblait qu'elle n'eût jamais quitté aucun de ses couvents, Dieu lui révélant ce qui s'y passait en son absence.

Sa fermeté dans le gouvernement des âmes était d'autant plus résistante qu'elle était plus douce, et sa rigueur était tempérée par la suavité. Avant tout préoccupée de conserver la pureté et l'intégrité de la règle, elle n'accordait rien à la faveur, mais tout au mérite. Pour occuper les charges des maisons, surtout celles qui peuvent entraîner à la dissipation d'esprit, sa sagesse ne voulait que des âmes solidement intérieures. Ayant trouvé au couvent de Poligny une jeune religieuse chargée de la dépense, elle assembla aussitôt le chapitre, la fit déposer et la renvoya apprendre, sous la conduite d'une ancienne, la pratique parfaite de la religion. Cette décision devint une règle encore suivie aujourd'hui.

Cependant son humilité craignait de dominer

ses religieuses ; mais il fallait leur apprendre à se gouverner selon les règles auxquelles elle se soumettait elle-même avec une inviolable fidélité. Plusieurs fois il arriva que des décisions furent prises contre son avis, mais elle s'y soumit et attendit le remède du temps ou de Dieu. Nous en verrons des exemples. Ainsi obsédée par les supplications de ses sœurs et cédant à l'avis du confesseur du couvent, elle admit au noviciat une jeune personne qui paraissait douée des plus excellentes qualités : « Vous me forcez dit la sainte abbesse, mais cette jeune personne ne parviendra pas jusqu'à la profession. » En effet, celle-ci vaincue par les tentations, se crut incapable d'observer la règle et retourna dans le siècle.

Sainte Colette apprenait aux supérieurs à user modérément et humblement de leur autorité. Abbesse générale, supérieure de toutes les maisons, elle cachait le plus possible cette autorité. Les honneurs qui y était attachés, étaient pour elle un supplice. Elle n'entendit jamais sans une profonde douleur la lecture de l'approbation de ses règles, parce que le maître général lui décernait un titre et des éloges dont elle se croyait indigne. Dans toutes les maisons où elle arrivait, son premier soin était de donner l'exemple du respect envers l'abbesse. Le réduit le plus misérable de la maison devenait sa cellule.

Dans ses visites, ses reproches et ses réprimandes étaient tempérés et adoucis par l'onction de la charité et même quelquefois par les consolations et les faveurs divines. Ainsi, à Auxonne, elle trouve sept religieuses dangereusement malades ; elle leur commande de se lever, et elles sont immédiatement guéries.

Ailleurs, les médecins, avaient déclaré atteinte d'une maladie contagieuse une malheureuse sœur qui pour cela était séparée de la communauté et attendait seule et dans la tristesse une guérison qui tardait bien longtemps. Sainte Colette arrive au monastère, lorsque depuis un an l'infortunée languissait dans cet isolement. La tendre mère qui déjà sans doute connaissait le malheur de sa fille, s'informe aussitôt de son état, et, instruite de ses souffrances, elle s'empresse de l'aller trouver dans sa cellule. La malade, touchée de tant de bonté, se jette à ses pieds en pleurant. « Ayez bon courage, ma sœur, » lui dit-elle en lui présentant un verre d'eau qu'elle lui fait boire entièrement. Immédiatement la santé est rendue à l'infirme, et la thaumaturge lui dit : « Prenez votre lit et revenez au couvent avec les autres ». Ce qu'elle fit avec allégresse et au chant des cantiques d'action de grâces.

Une autre religieuse était depuis huit ans privée du bonheur de l'office public, parce qu'une infirmité très grave lui avait complètement enlevé la voix. La servante de Dieu lui dit avec un tendre intérêt : « Pourquoi, ma chère fille, vous absentez-vous si longtemps de l'office divin ?... Allez au nom du Seigneur ; venez à à matines la nuit prochaine et faites ce que vous pourrez avec la grâce de Dieu. » En effet, la religieuse ayant retrouvé la voix put chanter l'office mieux que jamais.

Dans d'autres couvents, elle guérit deux infirmes avec un morceau de pain qu'elle broie elle-même et qu'elle leur fait avaler avec la douceur d'une nourrice pour son enfant, ou bien une religieuse se délivre d'une angine mortelle en appliquant sur la gorge malade le vase dont se servait la sainte abbesse pour boire.

Sainte Colette apprend un jour que la peste s'est déclarée dans une petite ville où était une de ses maisons ; elle s'y rend aussitôt et y demeure intrépidement. Ses compagnes succombent ou sont malades. Elle est elle-même attaquée de la contagion, mais elle ne veut rien retrancher des offices que le couvent doit réciter ; avec deux ou trois sœurs, elle acquitte la dette quotidienne envers la Majesté divine et s'efforce de fléchir le courroux céleste. Elle soutient ainsi le courage de ses sœur et les console dans leur grande affliction.

Les bénédictions de sa présence s'étendaient aussi sur la ville qui avaient le bonheur de la posséder. Dans ce temps de guerre universelle, une petite cité fut longtemps exposée aux assauts de l'ennemi et à la destruction. Plusieurs fois l'armée s'approcha pour l'emporter de force ou la surprendre. Dans ce péril extrême la sainte abbesse y prolongea son séjour et redoubla ses prières. Elle pressentait l'approche de l'ennemi et aussitôt elle commençait les litanies avec ses religieuses ; alors les agresseurs comme s'ils eussent aperçu des adversaires plus forts, se retiraient et enfin la petite ville hospitalière envers les servantes de Dieu fut préservée d'un malheur qui semblait inévitable. Elle n'est point nommée dans les chroniques, mais il paraît probable qu'il s'agit particulièrement de Décize quoique d'autres villes aient éprouvé une protection semblable.

CHAPITRE XXXII.

Sainte Colette et Jeanne d'Arc. — Délivrance et Pacification de la France.

Les voies de Dieu sont admirables et toujours dirigées par la miséricorde même au milieu des coups les plus rudes de la justice. Lorsque les passions et les vices des hommes allaient par leur effet naturel jeter la société française dans un enchaînement lamentable de crimes, de désordres et de calamités universelles, il fait naître dans la boutique d'un charpentier une humble vierge qui par ses mortifications personnelles et celles de ses fidèles disciples ajoutera aux expiations publiques tout ce qui leur manquerait de pureté et de sainteté et par ses supplications apaisera le courroux céleste. Pendant qu'on voit se dérouler le tableau si sombre de guerres cruelles, de trahisons, de meurtres, de débauches, et de calamités qui remplit le commencement du xve siècle, dans une petite ville de la Picardie, l'esprit de Dieu forme avec prédilection et un soin maternel la jeune âme qui doit expier tant de crimes. Lorsqu'elle a déjà commencé son œuvre et assemblé les colombes pures qui doivent former l'holocauste rédempteur, lorsque le monastère de Besançon rempli est près de donner ses premiers essaims, le ciel disposé à s'apaiser fait naître sur un autre point du territoire l'instrument merveilleux de ses miséricordes sur la France (6 janvier 1412) et bientôt ses anges et ses saints apparaissant à Jeanne l'instruiront et la prépareront à son grand rôle. Mais avant qu'elle le commence que d'expiations il faut encore !

Tous les historiens sont d'accord pour nous faire de ces années le plus sombre tableau. Les fléaux qui frappent incessamment la France n'ont épargné aucun homme ni aucune classe, dit H. Martin; Rois, Nobles, Bourgeois ont été frappés dans leurs personnes et dans leurs biens. Le Français si fier de sa vaillance est déshonoré par sa lâcheté ou son défaut de patriotisme. 1500 Anglais embarrassés dans un convoi de vivres viennent de mettre en fuite 8000 Français. Les villes sont dépeuplées et les campagnes désertes et le peuple écrasé sous les pieds de mille tyrans mercenaires. C'est que tous sont coupables. Cependant le peuple des petites villes et des campagnes broyé par ceux qui le corrompent et le pressurent en même temps est moins condamnable. C'est de ce gouffre de misère que sortira le pur rayon de l'idéal divin qui porte la vie et le salut (H. Martin) Colette la fille du charpentier et Jeanne la fille du laboureur.

Il semble que Dieu ait porté alors un décret semblable à celui qui refusa à David l'honneur de bâtir son temple. Les hommes qui faisaient couler à flots le sang humain ou qui déchiraient la tunique sans couture de l'église par leurs arguties théologiques, ne sont pas trouvés dignes de devenir les initiateurs des réformes, les instruments du salut. C'est parmi les femmes moins coupables et plus éprouvées que la Providence choisit ses principaux instruments pour le salut de la société religieuse comme de la société civile.

Corbie à la faveur de ses exemptions avait pris moins de part aux crimes qui désolaient la France. Elle n'avait dû tremper ni dans le schisme ni dans les luttes fratricides. La prière y était encore continuelle.

La Lorraine avait aussi joui d'une paix relative et assurément aux modestes paysans de Domremy, on ne pouvait reprocher aucune participation dans le schisme et la guerre civile.

C'est à ces oasis de l'innocence et de la prière que la providence accorde l'honneur insigne de produire les merveilleux exécuteurs de ses desseins.

Ces fidèles instruments ont conscience de leur faiblesse en même temps que de leur mission divine, et en arborant en tête de leurs actes et de leurs écrits le nom sacré de Jésus elles rappellent aux peuples qu'il n'y a de salut que par Lui, et que de Lui seul vient leur force et leur confiance. Jésus, Maria. Voilà les premiers mots des lettres de la réformatrice comme des sommations de l'invincible guerrière. Elles sont chacune dans leur sphère la plus noble, la plus parfaite, l'incomparable personnification des vertus nécessaires au salut de la société.

Toutes deux sorties des humbles rangs du peuple, par la noblesse de leurs sentiments, la grandeur de leur actes, la supériorité de leur vie et surtout par l'inspiration divine qui les guidait, humilient l'homme dans son orgueil et dans son ambition en même temps qu'elles l'honorent. Elles condamnent ses égarements et lui montrent les sources pures d'une noble vie et de la véritable gloire. Pauvres filles dénuées de toute propriété terrestre, ne demandant au monde qu'un peu de pain et un abri, elles lui montrent que la vraie puissance, la vraie grandeur ne sont point dans les possessions territoriales ni entre les mains de l'homme. L'une, par ses expiations, obtient la fin des maux de l'Eglise et de la société ; l'autre, fruit des prières de la première, est envoyée pour mettre un terme aux châtiments mérités par la France, grandement coupable dans l'origine du schisme. Jeanne d'Arc relève l'étendard souillé et humilié de la patrie ; par son intrépidité surnaturelle, par le respect et la pratique de la religion, la pureté des mœurs imposée aux guerriers, elle réapprend aux Français à vaincre et ramène la victoire sous leur drapeau. Colette relève l'étendard oublié et couvert de poussière de la pauvreté évangélique ; elle persuade aux hommes que l'héroïsme leur est encore possible et que les vertus d'autrefois peuvent refleurir parmi eux, les sauver. En revêtant de sa bure les princesses aussi bien que les filles du peuple, les fiers barons comme leurs serfs, elle fond tous les cœurs dans les sentiments de la charité chrétienne et console les déshérités du monde par le spectacle d'une pauvreté volontaire plus sévère que la leur. C'était rasseoir sur ses bases la société ébranlée. Toutes deux, d'une pureté virginale sans tache, elles prouvent à leur siècle corrompu que la sagesse n'habite qu'un cœur pur, mais que la corruption des mœurs perd les familles et les Etats et plonge la société dans ces maux incalculables qu'elles ont mission de réparer. Elles rencontrent sur leurs pas les contradictions, la jalousie, l'envie et les douleurs les plus amères. Aux anxiétés, aux angoisses, aux durs labeurs de sa mission, l'une ajoute les tortures du bûcher, et aux lauriers de la victoire, les palmes du martyre. Elle passe rapidement comme un météore éclatant, mais étrange, chargé de modifier les lois de la gravitation des peuples, et elle s'éteint. L'autre, ayant une mission plus profonde et plus durable, se consume dans des souffrances sans cesse renaissantes et se perpétue dans de dignes héritières de ses vertus. Planète brillante apparue au ciel de l'Eglise, elle gravite à jamais dans le système du monde spirituel, réfléchissant la splendeur du Soleil de Justice et éclairant les mortels encore dans les ténèbres de la chair.

Mais elles ne sont pas seules. Elles encouragent et raniment les âmes inférieures accablées de défaillance et gémissant de leur misère. Ainsi les prédications de saint Vincent Ferrier et d'un grand nombre de religieux encore fervents au milieu de la défaillance générale aidaient le réveil de la foi sous le coups des calamités publiques et les historiens les moins religieux sont obligés d'avouer que la situation morale présageait et préparait les grandes choses qui allaient paraître. Le peuple n'espérait plus rien des moyens humains. N'attendant rien de la terre il jeta les yeux en haut. Une ardente fermentation religieuse à laquelle l'autorité ecclésiastique n'avait aucune part, agitait le pays et quelque chose de la vie primitive s'était réveillé dans les ordres mendiants (H Martin).

Dans l'est et dans le midi de la France qui moins éprouvés par le fléau de la guerre avaient fourni des subsides et des combattants, Colette avait contribué dans une mesure inappréciable à ce réveil du patriotisme religieux. Aux foyers des holocaustes, des prières ferventes qu'elle avait allumés dans différentes provinces les peuples se réchauffaient et se ranimaient et le ciel apaisé par tant de sacrifices et de supplications se laissait fléchir. Jeanne d'Arc arrivait enfin pour sauver Orléans et commencer la déroute des Anglais en rendant aux guerriers la générosité et la force que Colette avait rendue aux ordres religieux.

Ces deux envoyées de Dieu se sont elles rencontrées dans leur pélerinage terrestre? Elles vivaient trop habituellement l'une et l'autre dans le monde surnaturel où les distances ne comptent plus, pour ne pas s'être connues longtemps avant de se trouver rapprochées. Mais se sont-elles rencontrées réellement. Dans la première édition de cette histoire nous le présumions sans l'affirmer, faute de preuves. Mais aujourd'hui la preuve est trouvée et elle est absolument certaine.

En effet au commencement de novembre 1429 la Pucelle vint faire le siège d'un certain nombre de places que les Bourguignons encore alliés aux Anglais occupaient dans le Nivernais, ou sur les confins de cette province, notamment de Saint-Pierre le Moutier et de la Charité. Après la prise de Saint-Pierre le Moutier elle se rendit à Moulins pour préparer les engins de guerre nécessaires au siège de la Charité qu'elle voulait aussitôt entreprendre. De cette ville elle adressa le 9 novembre, une lettre aux habitants de Riom pour les inviter à lui envoyer des munitions de guerre. Or sainte Colette était aussi à Moulins à cette époque. Comment supposer que deux ames si divinement sympathiques, guidées dans leur conduite en apparence si différente par les mêmes principes, ne se soient pas attirées ? Jeanne se plaisait surtout avec les personnes de religion. C'était un religieux qui était son confesseur. La duchesse de Bourbon qui sans doute l'hébergea à Moulins, et tant d'autres aussi, instruits des vertus et des dons merveilleux de sainte Colette, lui firent certainement connaître la thaumaturge du XVe siècle : Dans cette armée de la Pucelle se trouvait Louis de Bourbon comte de Montpensier fils cadet de la duchesse qui quelques années auparavant avait sans doute assisté avec son frère à la fondation du monastère d'Aigueperse. Il est facile d'imaginer la vénération mutuelle, les épanchements intimes de ces deux âmes si élevées dans le monde surnaturel. Peut-être la sainte abbesse fut-elle instruite des épreuves et du martyre prochain de la jeune héroïne et elle l'aura fortifiée et préparée à subir courageusement les revers, les déceptions, les trahisons, les souffrances, les tortures qui devaient achever la rédemption de la France et compléter l'auréole de la Libératrice.

Sainte Colette donna alors une autre preuve de son esprit prophétique. Elle vit une jeune fille dont elle révéla la destinée. La touchant légèrement, elle dit qu'elle serait clarisse ; et en effet Jeanne Carmone, c'était le nom de cette enfant, entra au couvent de Moulins dont elle devint abbesse.

Quelque chose de plus merveilleux se passa alors à Décize sur la limite du Nivernais. Cette petite ville qui dépendait du duc de Bourgogne avait tout à craindre des assiégeants de Saint-Pierre le Moutier et de la Charité. Aussi quand sainte Colette y arriva, venant de Moulins, du Bourbonnais pays ennemi, elle fut accueillie avec défiance malgré ses sauf-conduits et la protection du duc de Bourgogne. Or, la nuit suivante, la religieuse chargée de convoquer aux matines, se trompant sur l'heure, sonna beaucoup plus tôt, vers 9 heures 1/2 du soir au lieu de minuit 1/2. En entendant ce coup de cloche inaccoutumé, les hommes du guet étonnés et alarmés se rassemblent. Ils aperçoivent autour des murs quelques hommes suspects qu'ils prennent pour l'avant-garde d'ennemis prêts à les surprendre et qui déjà en effet appliquaient les échelles aux murs. Ils les repoussent ; puis se demandent comment la cloche des Clarisses a sonné à pareille heure. La crainte est mauvaise conseillère. Quelque suppôt de l'esprit mauvais exprime la pensée que ces religieuses nouvellement arrivées d'un pays hostile, pouvaient bien avoir donné ce signal aux ennemis pour surprendre la ville. L'imagination travaillant et quelques circonstances fortuites se prêtant aux suppositions, l'un a vu des signaux inquiétants, un troisième des préparatifs manifestes ; enfin il n'y a plus de doute ; c'est une certitude. Il faut punir une telle trahison ; il faut exterminer ces ennemis intérieurs pour pouvoir résister à ceux du dehors. Les nouvelles venues sont peut-être des soldats déguisés ; le couvent peut en être plein. Sans doute la fureur des Bourguignons contre la Pucelle n'était pas étrangère à cette détermination. Les paisibles épouses du Christ vont expier les triomphes de la libératrice de la France. Les défenseurs de Décize se précipitent en tumulte vers le monastère. Ils en approchent avec une certaine prudence et entendent d'une part les pieux échos de prières ferventes et de l'autre le coup d'une heure du matin à l'horloge de leur beffroi. Ils remarquent que le son de leur cloche ordinairement mauvais, sourd, est d'une beauté et d'une force inaccoutumées. Ils s'arrêtent stupéfaits ; est-ce une illusion ? Ils pensaient qu'il était onze heures du soir et voici une heure du matin. Ils s'informent, ils examinent, il n'est pas possible d'en douter, l'horloge marque bien l'heure qu'elle a sonnée. Effrayés alors de ce qu'ils allaient faire : « Nous sommes mauvaises gens, « disent-ils qui, pensons mal sur les bonnes et « dévotes religieuses qui font toute diligence « de Dieu servir et de nous mieux garder par « leurs saintes prières que nous ne faisons par « nos veilles et par nos armes. » Ils retournent chacun à leur poste. La nuit s'acheva sans autre alarme. Chose merveilleuse ! quand l'aurore parut, l'horloge malgré ses mouvements extraordinaires, marquait exactement l'heure commune. L'admiration fut grande quand on comprit toute la gravité du péril auquel on avait échappé pendant cette nuit. Ce qu'on avait pris pour une trahison n'avait été qu'un avertissement providentiel par l'intermédiaire des Clarisses. La ville de Décize connut que Dieu avait l'œil ouvert sur ses fidèles servantes et qu'elles étaient pour la cité une sauvegarde. Le respect envers elles devint une vénération religieuse.

Cependant les Clarisses échappées à un si grand danger, tombèrent dans un autre non moins fâcheux et plus durable, celui de mourir de faim. La province tout entière était ravagée, on ne cultivait plus la terre, ou seulement auprès des villes sous la protection de leurs défenseurs ; de là, une disette extrême, une véritable famine. Bientôt la farine de blé manqua au couvent ; on fit du pain d'avoine et de gros son. Le Seigneur le bénit et il fut trouvé délicieux. Les sœurs ramassaient les grains de blé restés dans le grenier entre le joint des planches, et faisaient une pâte pour leur aliment. Les plus délicatement élevées déclarèrent qu'elles n'avaient jamais mangé rien de plus agréable sur les tables les plus somptueuses. Le Seigneur n'abandonne jamais ceux qui lui sont fidèles et se confient en lui. Ici, il pourvut aux besoins de ses servantes en transformant des aliments grossiers ; ailleurs, ce fut en multipliant indéfiniment le blé qu'il leur avait envoyé. Dans une famine rigoureuse, sainte Colette était dans un de ses monastères qui devait en souffrir ; lorsqu'elle eut épuisé toutes les provisions soit en aumônes soit pour la nourriture des sœurs, on la vit tout à coup en possession d'un sac tout plein de beau froment où elle puisa sans cesse pour secourir les pauvres, et on ne le vit jamais diminuer tant que dura la famine. Dans un autre pays, on lui apporta des œufs qui étaient rares. Elle les reçut avec joie, les mit dans un petit coffre où elle puisa ensuite généreusement pour les malades, pour les pauvres. Elle comprit bien que ses œufs se multipliaient, mais elle n'en parla point. Il en arriva de même pour du vin qui lui fut donné en aumône et qu'elle distribua généreusement aux indigents.

CHAPITRE XXXIII.

Le couvent du Puy.

On a vu, au chapitre XXIX, que la vicomtesse de Polignac avait obtenu de Martin V une bulle datée du 8 septembre 1425 pour l'érection d'un monastère au Puy. Les travaux furent alors commencés, mais presque aussitôt interrompus par des oppositions puissantes. Le prévôt de la cathédrale, Jean de Saint-Séverin, réclamait au profit du chapitre des droits de seigneurerie sur le Poserot acheté pour cette fondation. Le fisc royal avait les mêmes prétentions. Les religieux conventuels s'effrayaient de l'arrivée de la réformatrice et de ses disciples. Les procédures étaient encore plus lentes alors qu'aujourd'hui ; elles durèrent sept ans. C'est en vain que la vicomtesse offrit des compensations très élevées. Il y avait au fond une opposition de principes. Enfin un jugement intervint réglant les droits du fisc et du chapitre. Les adversaires ne désarmèrent pas cependant et ne voulurent entendre à aucun arrangement. Sans se laisser rebuter par tant de difficultés, sans négliger aucun moyen, ne reculant devant aucune démarche, la noble fondatrice obtint d'Eugène IV, en 1430, un bref qui obligeait le chapitre à accepter les compensations offertes. Le roi Charles VII non seulement amortit les immeubles achetés, mais donna pour ce couvent six vingts ducats d'or. Les travaux furent repris avec activité par l'intendant de la vicomtesse, Robert Barraton. Plein de sollicitude pour cette fondation, Eugène IV délégua le 3 février 1431 l'abbé de Monctier pour régler les dernières difficultés et bénir la première pierre. Enfin, en 1432, sur l'invitation pressante du R. P. de Massa, général de l'ordre, sainte Colette, prenant avec elle quinze religieuses de Besançon et de Poligny se rendit de nouveau au château de Polignac, et le 2 juillet, jour choisi à cause de la dévotion de la ville du Puy envers la sainte Vierge, elle fut mise irrévocablement en possession de cette maison si longtemps contestée. Le triomphe fut magnifique. Conduites processionnellement à la cathédrale, les nouvelles religieuses y entendirent la messe et avec la même solennité elles furent introduites dans le lieu de leur repos. Pendant que l'évêque les bénissait avant de les quitter, Notre-Seigneur Jésus-Christ se rendit visible et les bénit avec son ministre au milieu d'une splendeur brillante qui remplit de son éclat toute la chapelle.

Parmi les sœurs amenées au Puy on cite les noms de Firmine Boellet, parente de la réformatrice, avec quatre autres sœurs venues de la Picardie; on nomme encore une sœur Jeanne de Paris et sœur Odette, fille du duc de Bourgogne, etc. Ailleurs on rencontre souvent le nom de sœur Matthiotte, aussi cousine de sainte Colette, et d'autres noms communs en Picardie, par exemple Colette d'Applaincourt. On voit par là que les habitants de cette province loin d'imiter quelques hommes puissants conservaient pour leur glorieuse compatriote un profond respect, une entière confiance et la vénération dont elle était digne.

La vicomtesse de Polignac fut récompensée de tant de zèle et de persévérance dans son œuvre. De son château, quoiqu'il fût distant de près d'une lieue du Puy, elle entendit quelquefois la psalmodie de ces religieuses et surtout la voix de la sainte abbesse. Sans doute l'histoire a noté que sainte Colette avait une voix sonore, puissante; mais elle a été obligée de voir dans ce fait une merveille par laquelle Dieu voulait faire comprendre à la vicomtesse, combien son œuvre lui était agréable.

On dit aussi que pour supprimer le puits dont le bruit troublait le recueillement des sœurs et qui ne donnait qu'une eau impure, la thaumaturge fit jaillir, par le signe de la croix, une source d'eau vive et bien limpide.

Certains esprits s'étonneront peut-être de ces luttes, de ces divisions qui signalèrent la fondation du couvent du Puy. Que le fisc, diront-ils réclame ses droits, rien de mieux ; mais des prêtres, des religieux combattre des œuvres si utiles, si excellentes !... C'est un triste spectacle, il est vrai. Mais pour se scandaliser de cela il faut ne pas connaître l'infirmité de l'homme, l'erreur si facile de son intelligence et l'égarement de sa volonté. Il est juste de défendre les droits dont on est le dépositaire et qu'on croit lésés. On peut se tromper, c'est le propre de l'homme ; mais on fait un acte louable. C'est la justification ou du moins l'excuse du prévost du Puy, et de bien d'autres sans doute.

Il faut en convenir cependant, à ces luttes qui pouvaient être légitimes, surtout dans le commencement, où du moins excusables, se mêlèrent des actes bien coupables et des procédés criminels. Les réformateurs d'ordres se heurtent à des obstacles que ne rencontrent pas les fondateurs, du moins au même degré. Ceux-ci font appel aux cœurs généreux pour embrasser une vie d'abnégation et de sacrifices. Ils recrutent des volontaires. Les premiers sont obligés de troubler dans une vie indolente, irrégulière, sinon coupable, des hommes qui étaient heureux de couvrir d'un extérieur religieux une existence trop humaine. Les petites passions entrent en fureur, deviennent des vices, commettent des crimes et par là révèlent toute leur malice. C'est l'explication de beaucoup de circonstances de la vie de notre Sainte. Après les premières épreuves, nous l'avons vue marcher de succès en succès. Ses courses nous paraissent des triomphes. C'est que ses luttes, ses combats, ses douleurs, pour enfanter à la vie religieuse une si nombreuse postérité, ont laissé peu de traces dans l'histoire ou du moins les premiers chroniqueurs ne les ont pas indiqués dans l'ordre chronologique. Ce n'est qu'au Puy que nous en trouvons une mention expresse parce que la lutte y a été plus vive. Saisissant l'occasion, nous rapporterons plusieurs faits analogues arrivés ailleurs.

C'est vers cette époque que la calomnie lança contre la sainte réformatrice un trait que, de la distance où nous regardons les événements, nous refuserions de croire, s'il n'était si bien attesté. Méconnaissant son dénuement volontaire, ses ennemis imputèrent à la pauvre Colette l'ignominie de l'avarice et l'audace des spéculations les plus honteuses. C'était, disait-on, pour alimenter ses banques de Paris, de Bruges, de Gand qu'elle parcourait les provinces et recueillait les aumônes des riches. Pour quelques-uns, c'était une visionnaire, une hypocrite, une hérétique, instrument très-dangereux des Hussites qui désolaient l'Allemagne.

Un puissant de la terre, d'une conduite d'ailleurs fort peu convenable à son rang, était animé contre sainte Colette des sentiments les plus hostiles. Il la méprisait partout et lui dit un jour en face qu'il saurait bien détruire son œuvre. Elle ne lui répondit que ces mots : « J'ai espérance en la bonté de Dieu, qui conservera ce qui a été fait par lui. » Un religieux qui avait une certaine autorité sur sainte Colette, conçut

19

contre elle, par la suggession de l'esprit mauvais, un mépris inexplicable et une aversion étrange. A ses yeux, elle n'avait aucune vertu, aucune lumière. Le bien qu'elle était appelée à faire, c'était une autre religieuse vertueuse et intelligente selon lui, et de fait ignorante et commune, qui devait le faire et le faisait déjà en effet. Son antipathie était si grande qu'il ne pouvait, sans un extrême effort, approcher de l'habitation de la servante de Dieu. Quelquefois, vaincu par ce sentiment, il rebroussait chemin. Enfin il se porta jusqu'à un excès incroyable ; il lui fit donner plusieurs fois la discipline jusqu'au sang. Pour elle, déplorant bien plus les blessures faites à l'âme du coupable que les meurtrissures de sa chair, « comme un petit « agnelet qu'on mène à occision, dit Pierre de « Vaux, doulcement et patiemment elle souffrit « et porta pour l'amour de celui agnel vray in- « nocent, sans tache de péché, qui plus souffrit « et porta en une seule journée pour l'amour de « nous que nous ne pourrions porter dour « l'amour de ly par tout le temps de notre vie. »

L'aveugle méchanceté de quelques-uns alla plus loin. On empoisonna sa nourriture deux fois ; elle n'en éprouva aucun mal. Mais ayant connu les auteurs de cet attentat, loin de leur nuire, elle en fit l'objet de sa charité la plus active. Le Ciel ne fut pas toujours si indulgent que sainte Colette : on a remarqué que ses plus ardents persécuteurs périrent malheureusement et dans un bref délai. La remarque en a été faite spécialement pour le Puy.

Deux clercs, qui l'accusèrent d'hérésie et écrivirent contre elle, sentirent promptement la main de Dieu. L'un quitta son pays et mourut peu après. L'autre, qui était resté, fut atteint d'une infirmité étrange, et dans ses douleurs il invoquait celle qu'il avait outragée, heureux si son repentir fut sincère et lui obtint miséricorde.

Par là, on peut comprendre de quelles épines acérées était couverte la voie de sainte Colette. On n'a pas oublié les étranges et surnaturelles douleurs qui la torturaient sans cesse et le jour et la nuit surtout. Elle achetait à un haut prix les triomphes qu'elle remportait sur le monde et la consolation qu'elle recevait de tant d'âmes généreuses, ardentes à l'imiter et dévouées au succès de son œuvre.

CHAPITRE XXXIV.

Second voyage dans le Languedoc. — Jacques de Bourbon. — Franciscain réformé.

Bernard d'Armagnac, gendre de Jacques de Bourbon, avait assisté avec sa mère à l'installation des Colettines du Puy. Il contribua même généreusement à la dépense des derniers travaux du monastère. Cependant les œuvres qu'il avait entreprises dans ses États, soit en son nom, soit au nom de son beau-père dont il gérait les intérêts, auraient pu satisfaire une générosité moins grande que la sienne. Elles n'en souffrirent point et les constructions de divers couvents étant activement exécutées d'après ses ordres, il réclama la présence de la réformatrice dans ses États. Aussi après un an et demi de séjour au Puy, sainte Colette put aller conduire une nouvelle colonie de ses ferventes filles à Castres et visiter Lésignan et Béziers.

Il a déjà été observé qu'on a peu de documents sur ces monastères dévastés plus tard par l'hérésie.

A Castres, sainte Colette prédit la triple ruine de cette maison par trois incendies, et même, dans le dernier, la mort de quelques-unes des religieuses à la grille du chœur. Ce qui arriva exactement, selon les mémoires du couvent.

La sainte abbesse avait laissé à Castres le révérend Père Henri pendant qu'elle allait visiter Lésignan. Il devint souffrant. La maladie le conduisit bientôt aux portes du tombeau. Colette, avertie, accourt, conjurant la bonté divine de lui conserver son guide et son digne coopérateur. Elle se prosterne aux pieds du lit d'agonie où allait s'éteindre une existence si précieuse et si chère ; elle arrose la couche du mourant de ses larmes et adresse au Seigneur les plus pressantes supplications. Dès ce moment, le malade revint à la vie et put bientôt reprendre son fécond ministère.

Les pieux fondateurs, Bernard d'Armagnac et son épouse, se plaignaient à la servante de Dieu de n'avoir point de postérité, et ainsi les États de Jacques de Bourbon passeraient entre des mains étrangères qui ne protégeraient peut-être pas avec autant de zèle leurs fondations. Sainte Colette promit de prier, et le lendemain, elle put annoncer à ces époux chrétiens une nombreuse postérité ; mais leur premier enfant devait être une fille appelée à être, dans la vie religieuse, l'ornement du couvent de Lésignan. C'est ce qui arriva en effet. La fille aînée de Bernard d'Armagnac devint Colettine sous le nom de sœur Bonne, et elle eut en réalité la bonté parfaite, le bien suprême, l'union la plus intime avec Dieu. Après avoir pratiqué trois ans les vertus les plus excellentes, elle mourut en odeur de sainteté. Son tombeau fut glorieux et vénéré : on lui attribua des miracles. Une de ses sœurs, élevée à Amiens par ses tantes, les filles de Jacques de Bourbon, la suivit dans cette voie et la remplaça dans les rangs de cette noble milice.

A Castres, ou dans une ville voisine, la confiance de sainte Colette opéra une guérison mémorable. Une jeune femme de bonne condition, mère d'un petit enfant, tomba malade et perdit complètement la tête. Paroles, manières, tout était d'une folle ou plutôt d'une possédée. Un prêtre très vertueux, qui avait une grande estime et une profonde vénération pour sainte Colette, visita la malade. Longtemps après, mais encore touché de compassion des maux où il avait vu la pauvre infirme, il la recommanda à la servante de Dieu, qui s'était éloignée de la contrée. Il fut assez heureux pour obtenir un voile de la thaumaturge, avec lequel il se rendit chez la malade. Aussitôt qu'il lui eut appliqué cette relique d'une sainte vivante, elle fut guérie et demanda immédiatement à se confesser, ce qu'elle fit; la maladie avait complètement disparu.

Il ne faut pas croire que par l'empressement des bienfaiteurs, la pauvreté stricte des Colettines ne leur ait pas imposé de longs jeûnes et de dures privations. Mais, après l'épreuve, le Seigneur envoyait le secours et la consolation. Ainsi, à Lésignan, la vénérable abbesse ayant épuisé toutes les ressources de la maison, envoie le P. Benoît d'Arsi quêter dans la ville. Vous oubliez, ma Mère, lui dit le religieux, que c'est un jour de fête. Dans ce cas, repartit sainte Colette, nous irons tous prier chacun de notre côté. Pendant qu'ils priaient, arriva un chariot plein de vivres; à peine déchargé, il disparut sans qu'on sût jamais ni d'où il était venu, ni où il était allé.

Dans un autre temps, mais dans la même contrée, la guerre désolant le pays et rendant la quête impossible, les monastères se trouvèrent dans la plus extrême disette. Plusieurs fois, par un homme vêtu d'habits blancs, fut apporté un grand sac rempli de pains blancs. Il en fut ainsi jusqu'à ce que la paix eut rendu possibles les autres moyens d'existence.

Pendant qu'elle habitait le Midi, la réformatrice rétablit la régularité et introduisit sa manière de vivre dans un monastère d'hommes qui existait déjà à Azille, pour lors du diocèse de Narbonne. C'est ce que nous apprend Wading dans ses notes sur l'année 1448. C'est encore un fait négligé complètement par tous les historiens de sainte Colette. Le séjour de la sainte abbesse en Languedoc ne se prolongea pas au-delà des premiers mois de 1434. Elle fut rappelée pour mettre la dernière main à deux grandes œuvres dont nous allons d'abord raconter la seconde en date. La première plus importante fera le sujet du chapitre suivant.

Jacques de Bourbon, dont sainte Colette sanctifiait les États patrimoniaux, s'affermissait à Vevay dans la pratique des vertus chrétiennes. Il réparait dans une vie austère les égarements de sa jeunesse et beaucoup d'autres auxquels le monde avait autrefois applaudi. Pour lui, il en comprenait maintenant le désordre. En 1334, il apprend que Jeanne de Naples, son épouse, aussi malheureuse que coupable, a succombé victime de ses excès. Tout en déplorant le malheur d'une épouse criminelle, il veut profiter de sa liberté pour réaliser un admirable dessein. Le brillant chevalier, le prince magnifique veut se revêtir de la bure des Franciscains et ne plus se nourrir que du pain grossier et modique de la pauvreté. Il écrit à celle qu'il a adoptée pour mère spirituelle de venir le plus tôt possible combler ses vœux en le revêtant elle-même de la livrée des serviteurs du Christ.

La visite des monastères qu'elle ne devait plus revoir, elle le savait, ne permit pas à la réformatrice de répondre immédiatement à ces saints désirs. Cependant elle dirigea sa marche vers Besançon. Dès que le roi apprit son arrivée dans cette ville, il s'y rendit lui-même. (22 juillet 1435).

Il avait autrefois déployé un faste orgueilleux ; s'imposant volontairement une réparation prescrite quelquefois comme épreuve à des novices, il s'exposa volontairement à la risée publique. Voici comment un témoin oculaire, Olivier de la Marche *(Chronique de Bourgogne)*, raconte ce voyage. On trouvera en même temps dans ce récit un témoignage magnifique qui confirme toute cette histoire, « En icelui temps régnait
« une moult sainte et dévote femme, religieuse
« de sainte Claire, au pays de Bourgongne, nom-
« mée sœur Colette.

« Cette femme alloit par toute la chrestienté,
« menant moult sainte vie, et édifiant maisons,
« et églises de la religion de saint François, et
« de saincte Claire : et ay esté acertené (assuré)

« que par son pourchas (ses efforts) et par sa
« peine, elle avait édifié de son temps trois cent
« quatre vingt églises de femmes encloses ou
« enfermées : dont il advint que cette sœur Co-
« lette fut advertie du cas du roy Jaques, ou par
« la voulonté de Dieu, ou par rapport ou autre-
« ment : et pourtant se trouva devers luy, et tant
« luy montra des variances du monde, et des
« tours et retours de fortune, qu'il prit confort
« de son adversité, advis sur les dangers à venir,
« et résolution d'attendre la mort asseurée, au
« chemin de religieuse pénitence et se délibéra
« de prendre l'habit de sainct François, et de se
« rendre en l'observance en la tierce ordre (car
« encores vivait la royne sa femme) et choisit le
« lieu de sa demeure à Besançon, en la comté
« de Bourgongne. Ce qu'il fit et exécuta : et de
« présent je me tay de parler et d'escrire de telz
« commencements par moyens non veus, pour
« deviser ce que j'ai veu de ceste matière, et
« comment, ne par quelle manière, il entra au
« lieu de Pontarlié, où je fus présent, comme
« dessus est dict ; le roy Jaques de Naples se tira
« des Italies, au pays de Bourgongne, au lieu
« de Besançon, et me souviens que les gens d'é-
« glise de la ville de Pontarlié, ensemble les
« nobles, les bourgeois et marchans, firent une
« congrégation et une assemblée, par proces-
« sion, pour aller au-devant du roy Jaques, qui
« venoit en ladicte ville, et y mena le maistre
« de l'escole, ses escoliers, duquel nombre j'étoye,

« et ay bien mémoire que le roy se faisoit por-
« ter par hommes, en une civière telle, sans
« autre différent, que les civières, en quoi l'on
« porte les fiens et les ordures communément,
« et estoit le roy demy couché, demy levé, et
« appuyé à l'encontre d'un pauvre méchant dé-
« rompu oreiller de plume. Il avoit vestu, pour
« toute parure, une longue robe, d'un gris de
« très petit prix, et estoit ceint d'une corde nouée
« à façon de cordelier, et en son chef avoit un
« gros blanc bonnet (que l'on appelle une cale)
« nouée par dessous le menton, et de sa per-
« sonne, il estoit grand chevalier, moult beau et
« bien formé de tous membres. Il avoit le visage
« blond et agréable ; et portoit une chère joyeuse
« en sa recueillette vers chacun (il présentait un
« visage agréable en se tournant vers chacun)
« et pouvoit avoir environ quarante ans d'àges ;
« et après luy venoyent quatre cordeliers de
« l'Observance, que l'on disoit moult grans
« clercs et de saincte vie ; et après iceux, un peu
« sur le loing, venoit son estat, où il pouvoit
« avoir deux cens chevaux, dont il y avoit litière,
« chariot couvert, haquenées, mules et mulets
« dorés et enharnachés honorablement. Il avoit
« sommiers couverts de ses armes et nobles
« hommes et serviteurs, très-bien vestus, et en
« bon poinct ; et en cette pompe humble et dé-
« vote ordonnance, entra le roi Jacques en la
« ville de Pontarli, et ouy racompter et dire,
« qu'en toutes villes où il venoit, il faisoit sem-

« blables entrées par humilité ; et en cest estat
« fut conduit en son logis, et de là tira à Be-
« sançon, où je le vis cordelier rendu et voué en
« la religion (car sa femme estoit trespassée et
« fut la venue du roy Jaques en Bourgongne,
« environ la Magdeleine, mil quatre cens trente-
« cinq : et combien qu'en ce jeune aage, ou j'es-
« toye, je feisse de ceste chose plustost une
« grande merveille, qu'un grand estime. Certes,
« depuis en croissement de jours et d'aage, à re-
« mémorer ceste matière, j'en fay et estime et
« merveille. Quant à la merveille, ne fait-il pas
« à émerveiller de veoir un roy, né et yssu de
« royal sang, fugitif de son royaume, et issant
« freschement de la prison de sa femme, et de
« servitude de celle, qui par raison du serment
« de mariage lui devoit estre sujette? Touchant
« l'estime, quand depuis j'ay pensé, et mis de-
« vant mes yeux l'autorité royale, les pompes
« seigneurieuses, les délices et aises corporelles
« et mondaines, lesquelles en si peu de temps
« furent par cestuy roy mises en oubli et non
« chaloir, certes selon mon petit sens j'en fay
« une estime pleine de merveilles, et étant me
« tay et fay fin à ma première aventure. »

Quoiqu'en dise le P. Sellier, ce fut dans cet état, au témoignage de Brantôme, aussi bien que d'Olivier de la Marche, que l'ancien roi fit son entrée à Besançon. Après quelques jours d'entretien avec la vénérable abbesse, il prit l'habit religieux, en présence de ses filles qui avaient été appelées de Vevay ; puis il fut envoyé à Dole pour son noviciat qui dura peu. Il l'avait fait en réalité depuis de longues années.

Claude d'Aix, son fils, le suivit peu après et échangea toutes les grandeurs du monde pour l'humilité et la pauvreté de la vie religieuse. Son sacrifice fut accepté de Dieu et il en reçut une prompte récompense ; il mourut peu de temps après sa profession. Jacques de Bourbon pleura sa mort avant d'avoir cessé de pleurer sa naissance. Lui-même termina sa vie pénitente, en présence de sainte Colette, dans la chapelle de Sainte-Anne du couvent de Besançon, le 23 janvier 1438. Avant son entrée en religion, il s'était dépouillé de tout et avait fait son testament. La plus grande faveur que ce roi réclamait instamment, c'était d'être un jour déposé aux pieds de la servante de Dieu, de l'humble fille du charpentier de Corbie. Il ordonnait de faire droit à toutes les réclamations qui pourraient être faites, même sans preuves, pourvu qu'elles vinssent de personnes de bien et de probité. Il commandait dix mille messes pour le repos de son âme. Enfin, il priait ses héritiers de protéger toujours les religieux et les religieuses de Saint-François, de la réforme de sainte Colette, auxquels il était redevable de si grands bienfaits.

CHAPITRE XXXV

Constitutions de sainte Colette.

Il y avait trente ans que la vierge de Corbie travaillait à restaurer l'œuvre du patriarche d'Assise et à embraser le monde des ardeurs séraphiques. Déjà, dans différentes provinces, du souffle brûlant de sa charité elle avait allumé des foyers auxquels les générations venaient réchauffer leur cœur glacé. L'expérience du passé, les lumières célestes lui avaient fait connaître les causes des défaillances précédentes et de l'extinction presque totale de l'esprit séraphique. Sa connaissance du cœur humain et des voies de la vie mystique lui expliqua comment des vierges s'étaient endormies, leurs lampes éteintes et sans huile. Il fallait prévenir le retour de si grands malheurs. Sage et prudente, la réformatrice avait appris à ses disciples à se préserver du relâchement et à entretenir dans leur cœur le feu divin. Mais elle ne devait pas toujours rester auprès d'elles comme une règle vivante, stimulant la nonchalance par son ardeur, et prévenant l'infidélité par sa vigilance. Pour que son œuvre durât après elle, il fallait lui donner une solidité à l'épreuve du temps. Il fallait tracer des règles dont la voix sacrée aux yeux de la foi pût soutenir les défaillances de l'infirmité humaine, prévenir la trahison des mauvaises passions et maintenir la régularité dans les asiles de la prière et de la mortification.

Depuis longtemps sainte Colette travaillait à cette œuvre essentielle de toute sa vie. Elle réfléchissait et priait. C'était surtout dans la prière qu'elle exécutait ce grand travail, non pas dans ces transports de ferveur où l'âme humaine, pour satisfaire son amour, appelle sur elle le glaive du martyre, mais dans des communications plus calmes avec l'esprit de Dieu. Cet esprit créateur ayant façonné l'homme, connaît sa faiblesse et apprend à ses plus dociles serviteurs à s'accommoder à la mesure d'une vertu solide mais commune. Sainte Colette connaissait cet esprit de sagesse et de discrétion. C'était de lui que, dans sa solitude de Corbie, elle avait reçu la connaissance instantanée de ce qu'elle devait faire pour accomplir la réforme des ordres de Saint-François. Mais l'esprit de Dieu ne veut point dispenser l'homme du travail ; encore moins rejette-t-il les lumières d'une expérience réglée par ses inspirations. Au contraire, il les appelle, il se mêle, il s'infiltre dans ces éléments humains et c'est ainsi que, toujours le même substantiellement, il se diversifie presque à l'infini dans les règles des ordres religieux.

Sainte Colette ne voulait pas modifier la règle primitive donnée à sainte Claire par le patriarche d'Assise. Loin de là, elle voulait la faire revivre dans toute sa vigueur et la préserver des atteintes que celles-mêmes qui l'avaient embrassée, y portaient ensuite. S'inspirant de l'expérience de deux siècles, elle trace des règles qui complètent l'œuvre première et la mettent à l'abri de la trahison et des défections de ses sujets et de ses défenseurs. La règle de Saint-François était comme une place démantelée en partie. La réformatrice relève ce qui était abattu, et voyant ce qui avait causé la ruine de la place-forte, elle la fortifie par de nouveaux travaux, de nouveaux fossés, de nouvelles redoutes et ainsi elle la rend imprenable.

La règle de vie de l'ordre des Pauvres-Sœurs que le bienheureux saint François a institué, est celle-ci ; nous empruntons le langage de la règle Primitive : « Observer le saint Évangile de « Notre-Seigneur Jésus-Christ en vivant dans « l'obéissance, sans propriété particulière et « dans la chasteté ». L'Évangile dans sa perfection, voilà le résumé de toute la règle. Mais dans les interprétations et les explications données par Guillaume de Cazal, ministre général, à la sollicitation de sainte Colette, il est dit que les conseils évangéliques rappellés dans la règle avec des expressions impératives, comme celui par exemple de ne pas posséder de biens, reçoivent de là la force obligatoire des préceptes et que les autres obligent plus les religieux que le commun des chrétiens. Car, par l'état de perfection qu'ils ont embrassé, les religieux se sont offerts comme un holocauste à Notre-Seigneur Jésus-Christ, et par amour pour lui, pour suivre ses sacrés vestiges, ils ont méprisé toutes les choses mondaines.

C'est de ces principes fondamentaux que la sage réformatrice a déduit toutes les constitutions qui ferment la porte au relâchement, préviennent l'influence de l'esprit du monde et domptent toutes les passions humaines. La règle formulée sous ces inspirations ne dépouille pas seulement l'homme de ces biens extérieurs qui sont souvent un embarras et une source de peines ; elle saisit l'homme intérieur, l'être lui-même, l'abat, le renverse et l'immole par le glaive de l'obéissance raisonnable. Ce n'est pas le caprice d'un homme qui ballotte le religieux ; c'est la règle qui domine le supérieur aussi bien que l'inférieur, règle exacte, prévoyante, pénétrante, atteignant toutes les profondeurs de la vie ; coupant, retranchant, redressant, comprimant, enchaînant les vices, les penchants, les inclinations, les mouvements enfantés ou dévoyés par la corruption originelle. On se tromperait sur le caractère de la règle en ne voyant en elle que l'austérité corporelle, elle invite à entrer dans cette voie, elle suggère plutôt les macérations qu'elle ne les impose, et sainte Colette, comme sainte Claire et saint François, était trop prudente pour exiger des autres les privations, les douleurs auxquelles elle se condamnait elle-même. Mais l'abnégation, le renoncement, l'immolation de l'amour-propre, voilà l'essence de sa règle.

C'est une contrainte continuelle, diront les hommes du monde. Heureuse contrainte qui rend l'homme fort contre lui-même, délivre sa volonté de la tyrannie des sens et des passions, l'affranchit vraiment, et avec l'aide de la grâce lui assure une liberté pleine et entière. Ce n'est que dans cette vie qu'on trouve des âmes libres. Le monde, avec ses exigences, ses coutumes tyranniques, ne forme que des esclaves enchaînés par leurs petites ou grandes passions, torturés par leurs désirs inassouvis et leurs déceptions continuelles.

Nous n'entrerons pas dans le détail des constitutions établies par sainte Colette. Cet exposé serait inutile pour notre but et deviendrait fastidieux pour la plupart des lecteurs ; ceux qui goûteraient quelque charme à cette lecture trouveront facilement la règle elle-même. Nous noterons cependant deux prescriptions formulées par la sagesse de sainte Colette. A toutes celles qui veulent embrasser cette religion et qui seraient jugées dignes d'être admises, avant qu'elles prennent l'habit, on doit bien expliquer tout ce qu'il y a de dur et d'austère dans la voie qui mène à Dieu et qu'il leur faudra fidèlement observer selon la règle, afin qu'elles ne prétextent pas ensuite leur ignorance. Le monde comprendra-t-il que le cloître ne veut pas plus que lui de surprises, et qu'il n'admet que des âmes vraiment libres ?

Que le monde médite encore cet article inspiré par le détachement le plus admirable : quand une postulante devra être reçue, qu'on l'envoie d'abord à quelques personnes craignant Dieu, amies des pauvres et d'un autre état que les sœurs, afin que d'après leurs conseils, elle distribue tous ses biens aux pauvres ; que les abbesses et les autres sœurs prennent bien garde de n'en rien recevoir de quelque manière que ce soit, si ce n'est une légère aumône comme les autres pauvres.

Guillaume de Cazal, ministre général de l'ordre de Saint-François teint en 1434, un chapitre de l'ordre à Thonon ou à Genève ; c'est là que furent soumis à son approbation les règlements tracés par la sagesse de sainte Colette. Il fut presque effrayé d'une si haute perfection. Voici ce qu'il répondit le 28 septembre 1434 (1) ;

« Ma très dévote fille en Jésus-Christ, j'ai en-
« tendu le frère Pierre votre confesseur, au sujet
« de l'approbation et de la confirmation des
« constitutions qui, au premier abord, sem-
« blent assez difficiles en certains endroits. Mais
« comme sur ce, j'étais assez en peine et souci,
« car il m'était pénible d'un côté de ne pas
« complaire à votre dévotion qui tant affection-

(1) Cette lettre ainsi que la suivante sont reproduites d'après une ancienne traduction du couvent de Poligny. L'original était en latin.

« ne le zèle de Dieu et le salut des âmes, d'un
« autre côté je craignais d'imposer à nos sœurs
« et filles un poids très difficile ; j'ai remis mon
« dessein et ma résolution à Notre-Seigneur
« Jésus-Christ et aux mérites de saint Antoine
« de Padoue, auquel plait à Dieu que je sois di-
« gne et dévot enfant. Dieu me fit connaître,
« par les mérites de mon saint patron, je pense,
« que c'est ici une œuvre spéciale de Dieu. C'est
« pourquoi je résolus non-seulement de les
« confirmer, mais encore de les approuver, de
« les promulguer, de leur donner force de loi, de
« les sceller du sceau de l'ordre. Nous déclarons
« qu'elles sont confirmées, approuvées et qu'elles
« doivent avoir toute vigueur, et ainsi je vous les
« envoye à vous et à vos filles comme publiées,
« confirmées tant de l'autorité de mon office et du
« chapitre général que de l'autorité apostolique
« que j'exerce en cette part et scellées et munies
« dusce au pendant de l'ordre avec les autres so-
« lennités, exhortant vos dévotes filles présentes
« et futures à recevoir ces constitutions avec une
« entière dévotion, à les garder humblement et
« avec obéissance. Ne doutez point que par les
« mérites de notre P. saint François, le guide
« et l'auteur de notre très-sainte règle, et de la
« très sainte vierge Claire, première plante de ce
« champ fertile, vous ne receviez de très-grandes
« récompenses dans la vie éternelle. Je prie vos
« filles, et vous en premier lieu dont j'estime
« beaucoup en Notre-Seigneur les prières, de

« supplier humblement Dieu pour moi qui en
« ai grand besoin. Or, je déclare que vous, ma
« très-chère fille en Jésus-Christ, n'êtes aucu-
« nement obligée à ces constitutions, afin que
« vous puissiez accomplir les choses pour les-
« quelles vous semblez avoir été appelée par
« Jésus-Christ, car l'Apôtre a dit que ceux qui
« sont conduits d'un plus haut esprit qui est
« celui de Dieu, ne sont plus sous sa loi. Adieu,
« ma très-dévote fille en Jésus-Christ, et mère
« par vos mérites, priez humblement Dieu pour
« moi. De Thonon, province de Savoie, l'année
« 1434 le 28 septembre.

« Je désire fort que la famille de Saint-Fran-
« çois d'Assise soit réformée par votre pieux
« moyen pour la gloire et l'honneur de Dieu et
« le salut des âmes.

FRÈRE GUILLAUME DE CAZAL,
Ministre général de l'Ordre des Mineurs, fort inutile.
« (De sa propre main.)

« Récrivez quelque chose.»

Sainte Colette obéit à cette dernière recommandation et exprima au ministre général sa
reconnaissance et son bonheur de voir ses règles approuvées. Guillaume de Cazal lui adressa, quelques mois plus tard, la lettre suivante :

« A ma très- religieuse fille en Jésus, sœur
« Colette, très dévote fondatrice de plusieurs
« monastères de sainte Claire, à Besançon.

« Grâces à Notre-Seigneur, ma très-chère
« fille en Jésus-Christ, de ce que les saintes dé-

« clarations, avis et constitutions aient plu et
« agréé aux religieuses, communautés et collè-
« ges de vos filles. Comme vous avez commencé
« de produire de très grands fruits de chasteté
« et de sainteté en la vigne du Seigneur des
« armées, attirée par l'opération du Saint-Esprit
« dans l'institut de notre P. Saint-François et
« les hauts faits de la sainte vierge Claire ;
« ainsi persévérez en conservant et augmentant
« le troupeau que vous ne cessez d'augmenter
« et de conserver pour le service de Jésus-Christ.
« Dans la pratique de ces saintes œuvres, parce
« que vous ne pouvez être de plus heureuse con-
« dition que Notre-Seigneur Jésus-Christ, pour
« l'amour duquel vous vous êtes consacrée à
« votre troupeau et à la régulière observance,
« il faut que vous soyez constante parmi les dé-
« tractions et persécutions. Je ne doute pas que
« celui qui a commencé par vous ne parchève
« et ne conserve. Je travaillerai à cela de toutes
« mes forces et s'il est nécessaire, je m'oppose-
« rai comme une muraille à tous ceux qui vou-
« dront rétracter. Je conserverai et défendrai
« vous et votre troupeau qui est aussi le mien
« et celui de notre maître et père saint François
« et de la sainte vierge Claire.

« Je ne manquerai aussi de vous assister et
« fortifier de toutes les autres aides, lorsque par
« vos lettres et celles du sérénissime roi Jac-
« ques, devenu votre fils par la grâce de Dieu,
« vous me ferez savoir ce qu'il faudra que je

« fasse pour vous. Je salue bien en Notre-
« Seigneur votre dévot confesseur Fr. Pierre
« Devaux, désirant avec une attention singuliè-
« re que vous me recommandiez au dit sérénis-
« sime roi Jacques, votre fils, et lui fassiez de
« grands remerciements de ses lettres très-cour-
« toises et autres bienfaits par lesquels il ne
« cesse de me faire connaître sa charité à mon
« endroit.

« Adieu, ma chère fille en Jésus-Christ, faites
« prier Dieu pour moi, et vous-même principa-
« lement prenez ce soin qui m'est grandement
« nécessaire parce que par les aides spirituelles
« de vos oraisons, j'ai confiance que mes char-
« ges deviendront plus légères. J'attends que
« vous m'écriviez quelque chose de votre main,
« lorsqu'il plaira à votre charité.

« De Bâle, le 22 Nov. 1434.

« Fr. GUILL. DE CAZAL,
Ministre général de l'ordre des Mineurs.
« (De sa propre main.)

Il existait beaucoup d'autres lettres échangées entre ces deux personnages. Le ministre général consultait la sainte abbesse sur les intérêts de l'ordre. Il est bien regrettable qu'on les ait laissées périr. Elles jetteraient un grand jour sur le rôle de la réformatrice et feraient éclater sa gloire.

Ces règles, présentées au concile de Bâle lorsqu'il était catholique, furent aussi de sa part l'objet de grandes louanges. Elles devaient encore recevoir de plus grands honneurs. Plusieurs souverains pontifes en firent l'éloge le plus complet et l'un d'eux défendit sous peine d'excommunication d'y rien changer. Rendues plus tard conformes aux décisions promulguées par le Concile de Trente, elles obtinrent toujours la même estime et conservèrent la même autorité.

Leur glorification suprême, c'est la fidélité inviolable avec laquelle elles sont encore aujourd'hui observées, la puissance avec laquelle elles ont résisté à l'inconstance de l'homme et à l'action du temps et des passions humaines qui minent et dissolvent les organisations les plus solides.

CHAPITRE XXXVI.

Concile de Bâle. — Le cardinal de Saint-Ange. — Amédée VIII, antipape.

Cependant, les malheurs dont la prévision avait depuis 1427 brisé l'âme de sainte Colette, désolaient la chrétienté. L'esprit de révolte schismatique qui s'était manifesté à Constance, se réveillait plus ardent et plus téméraire à Bâle. Un malheureux abbé de Vézelai, suivi de quelques prêtres et clercs, prétendit ouvrir l'assemblée représentant l'Eglise universelle qui n'est personnifiée que dans ses évêques (3 mars 1431). Peu de prélats se rendirent dans cette ville devenue célèbre par ce prétendu concile. Mais les esprits faux et orgueilleux, les ambitieux des rangs inférieurs de la hiérarchie ecclésiastique, s'y rassemblèrent en grand nombre. Ils se rangèrent sous la conduite de quelques évêques mécontents. Après deux années remplies d'actes réprouvés par la raison comme par la foi, Eugène IV, qui avait été élu au moment de l'ouverture de ce malheureux concile, par une condescendance extrême, consentit à faire présider cette assemblée par ses légats à la tête desquels se trouve Julien Cesarini, cardinal de Saint-Ange, arrivé depuis quelque temps à Bâle. Alors le bon sens chrétien dirigea à peu près les délibérations de l'assemblée pendant près de quatre ans. Dans ce temps de sagesse on renouvela le décret de Constance en faveur des Franciscains réformés (1). Les rois représentés au concile, les princes firent bien haut l'éloge de ces religieux qu'ils préféraient, dirent-ils, à tous les autres. Honneur insigne pour l'œuvre de sainte Colette ! En 1437, les légats ne pouvant plus faire prévaloir la raison dans cette réunion de quelques évêques et de plusieurs milliers de clercs inférieurs, se retirèrent et avec eux tous ceux qui avaient conser-

(1) Wading.

vé la droiture de l'esprit et du cœur. Il ne resta que trois ou quatre évêques égarés par leur ambition déçue.

Le cardinal de Saint-Ange, modéré et conciliant, à qui même on reproche trop de concessions dans l'assemblée de Bâle, sentait le lourd fardeau qui pesait sur lui et les difficultés immenses que lui créaient d'aveugles passions. C'est pourquoi, dès le commencement de son séjour à Bâle, il s'était recommandé aux prières de la servante de Dieu. Elle lui avait écrit elle-même pour lui communiquer sans doute les lumières dont le Seigneur l'avait favorisée. Nous avons en vain recherché dans les actes du concile conservés à Bâle, des lettres qui auraient un si grand intérêt. Celles du cardinal, conservées dans les monastères, glorifient trop la réformatrice pour que nous les passions sous silence.

« A vénérable sœur Colette de l'ordre de Sain-
« te-Claire.

« Ma très-chère Mère,
« Je vous remercie grandement de ce que vous
« avez daigné me visiter souvent par vos très-
« agréables lettres ; mais je vous remercie en-
« core plus, sans comparaison, de ce que vous
« avez souvenance de moi en vos saintes prières ;
« je vous supplie, par la charité et les plaies
« sacrées de J.-C., de me recommander tous les
« jours à Notre-Seigneur, comme je vous ai
« autrefois requis et que vous me l'avez promis.

« Si quelqu'enfant aime bien sa mère, il mérite
« quelque faveur d'elle ; en vérité, moi qui vous
« aime plus que si vous m'aviez engendré, je
« dois obtenir de vous cette grâce; je vous ai ci-de-
« vant supplié de prononcer une fois tous les
« jours ce peu de paroles, en la présence de
« N. S.-J. C. savoir: *Je vous supplie, mon Seigneur*
« *Jésus-Christ, que vous daigniez accorder la grâce*
« *à votre serviteur Julien de ne jamais offenser votre*
« *Majesté, mais de vous plaire toujours et de mou-*
« *rir étant bien confessé et contrit, ayant reçu dé-*
« *votement les sacrements de l'Eglise, et dans la*
« *grâce de votre Majesté.* Je vous demande ce bon
« office, ma très bonne mère; ce sont peu de
« paroles que l'on peut dire sans aucune peine;
« afin que vous le fassiez plus librement, vous
« pouvez faire cette demande en la personne
« de l'un et de l'autre savoir de vous et de moi
« de cette manière ; *Je vous supplie mon Seigneur*
« *Jésus-Christ, de daigner accorder la grâce à moi*
« *votre servante et secondement à votre serviteur*
« *Julien de ne jamais offenser votre Majesté, mais*
« *de vous plaire et de vous être toujours agréables,*
« *de mourir bien confessés et bien contrits, et ayant*
« *reçu dévotement les sacrements de l'Église, et*
« *dans la grâce de votre Majesté.*

« Je vous prie, ma très chère mère, de me
« répondre et de me faire connaître, pour ma
« consolation, si vous avez intention d'exaucer
« ma prière. J'espère de votre charité, que
« m'ayant déjà exaucé depuis longtemps, vous

« m'exaucerez jusqu'à la mort. Comme il est juste
« que le fils pourvoie aux nécessités de sa mère
« et que je sais que vous n'avez rien, mais que
« vous avez tout quitté pour Dieu, je vous envoie
« en cette petite lettre douze florins du Rhin
« pour vos vêtements, afin que les portant vous
« vous souveniez de moi. Si vous avez besoin
« de quelqu'autre chose, je vous prie de me le
« fairer savoir, parce que, comme j'ai dit, j'y
« pourvoirai pour vous comme si vous m'aviez
« enfanté.

« J'ai vu vos statuts et déclarations ; ils me
« plaisent d'autant plus qu'il me paraissent
« avoir été dictés par une grande ferveur de
« l'observance régulière

« Je vous supplie d'ordonner à vos filles
« qu'elles prient pour moi : ces filles sont les
« vôtres, et moi aussi je suis votre fils, je les
« tiens pour mes sœurs : or la sœur est obligée
« de prier pour son frère. Je vous prie de tout
« mon cœur de prier pour l'heureuse issue de ce
« Concile, pour l'honneur de Dieu et pour l'uti-
« lité de l'Église et de tout le peuple chrétien.
« Adieu, vivez heureusement dans le Seigneur,
« avec toutes vos saintes sœurs.

« Bâle, la veille de la Nativité de la glorieuse Vierge
« Marie.

« Votre fils, JULIEN,
« *Cardinal de Saint-Ange* (1). »

(1) Quelque temps après il prit le titre de **cardinal de Sainte-Sabine**.

Nous n'avons besoin de faire aucune réflexion sur une lettre si expressive. Elle parle d'elle-même au lecteur. C'est un spectacle incomparable que ce cardinal président d'un concile, presque prosterné en vénération devant l'humble Colette, et se disant son fils.

Dans une autre lettre, le cardinal demande l'intervention de la vénérable abbesse auprès du roi Jacques pour faire respecter un jugement du concile dans une contestation sur la possession de l'évêché d'Alby, situé dans les domaines de ce roi.

L'éminent cardinal avait des motifs bien légitimes de mettre en sainte Colette toute sa confiance; il savait certainement que cette glorieuse enfant de l'Église, si dévouée à sa cause, travaillait non moins ardemment que lui, à prévenir les malheurs dont les passions humaines menaçaient la société chrétienne tout entière.

D'après les actes du Concile, dès 1435, l'évêque de Constance avait été député à Besançon pour l'œuvre de la pacification de l'Église. Il était sans doute attiré par l'éclat des vertus de la sainte réformatrice, par le désir de conférer directement avec elle et de transmettre à ses collègues les lumières qu'il pourrait en recevoir.

D'un autre côté, les actes font foi que le duc de Bourgogne, d'abord favorable à l'œuvre de réforme entreprise par l'assemblée, témoigna sa désapprobation énergique en 1437, quand il vit l'attitude schismatique et révolutionnaire de cette réunion inqualifiable. Colette, l'oracle de la cour de Bourgogne, ne fut certainement pas étrangère à cette sage détermination.

Elle fit plus, elle se transporta à Vevey pour être plus près du duc de Savoie dont les révoltés de Bâle allaient troubler le repos trop délicieux à Ripaille, par l'offre d'une tiare usurpée. Mais au moment de parler à ce prince qui l'avait protégée et aidée de ses largesses, l'humilité paralysait l'énergie de sainte Colette. Le Seigneur la contraignit à cette démarche et voici comment. Depuis plusieurs jours elle luttait contre les inspirations et les sollicitations de l'esprit de Dieu. Dominée par ses humbles sentiments, elle ne pouvait se résigner à une action qui lui semblait au-dessus de sa condition. A ses directeurs, instruits de ce qui se passait en elle et qui lui conseillaient d'obéir, elle répondait qu'elle n'était qu'une pauvre et simple créature et qu'elle ne savait parler à ce prince en une affaire si grave. Enfin, le Seigneur, fatigué de ses résistances, ne lui permit plus la sainte communion. Elle reçut des mains du prêtre la sainte hostie, mais elle ne put la consommer. Le précieux corps de Notre-Seigneur ne voulait plus descendre dans sa poitrine. Cette impossibilité de faire la sainte communion la contraignit encore dans plusieurs autres circonstances solennelles à des démarches auxquelles son humilité répugnait. Vaincue par ce signe de mécontentement de son époux divin, Colette donna son assentiment à tout ce que Dieu demandait d'elle, et elle put jouir des délices de la sainte communion. Le P. Henri de la Balme et le P. Pierre de Vaux allèrent prier Amédée VIII de vouloir bien visiter, à Vevey, la servante de Dieu. Le prince, heureux de cette invitation, se rendit avec empressement auprès de la vénérable abbesse. Elle lui parla, avec respect, mais avec force, du grand dommage qu'il causerait à l'Église s'il recevait la papauté, de l'offense dont il se rendrait coupable et de la colère divine qu'il allumerait contre lui, car Dieu ne voulait pas que son Église fût divisée. Un tel langage, animé du feu de l'amour de Dieu, produisit une profonde impression sur Amédée et l'éloigna pour un temps des intrigues qui s'ourdissaient à Bâle. Mais la sagesse n'habite pas la terre de ceux qui vivent dans les délices. Aussi ce malheureux prince se laissa entraîner, trois ans après, à franchir le pas fatal qui le précipitait dans un schisme malheureux, au grand scandale de toute l'Église. Au moment même de cet acte criminel, sainte Colette dit à ses compagnes : « A cette heure, s'est consenti et accepté l'antipape, au préjudice de notre Mère sainte Église. » En effet, l'assemblée de Bâle, après avoir, par un attentat sacrilége, déposé Eugène IV le 25 juin 1439, élut Amédée VIII comme pape. Celui-ci, après de longues hésitations, finit par consentir et fut intronisé le 23 décembre 1439. Il prit le nom de de Félix (heureux). Il ne trouva d'heureux dans cette prétendue dignité que son nom, qui fut faux comme tout le reste dans cette affaire.

A tout ce que sainte Colette avait souffert depuis de longues années, en prévision de ces malheurs, vint s'ajouter l'indicible amertume de la division de l'Église, du scandale des faibles et de l'égarement d'un prince auquel elle avait voué une reconnaissance bien légitime.

Son affection envers le prétendu pape, la reconnaissance qu'elle lui devait, ne l'aveuglèrent pas. Ses monastères de Vevey et d'Orbe étaient dans les États que ce prince avait transmis à son fils et où naturellement il était reconnu. Son obédience ne fut guère plus étendue. Sainte Colette n'hésita pas à compromettre l'existence de ces maisons, du moins leur repos; car pour elle il n'y avait rien de plus précieux que la foi, l'unité et la soumission aux pasteurs légitimes. Elle défendit donc de reconnaître l'intrus, de recevoir de lui des faveurs et adressa aux frères et aux sœurs des règles sur la manière de se conduire dans ces temps malheureux.

D'un autre côté, plus que jamais, elle multiplia ses prières, ses gémissements, ses mortifications, ses veilles; plus que jamais, elle apprit à ses filles à s'immoler aussi pour l'Église et la conversion des pécheurs. C'était un principe qu'elle rappelait souvent, que nous ne pouvons rien faire de plus agréable à Dieu que de lui demander grâce et miséricorde pour les pécheurs.

Bien que les âmes souffrant dans les flammes du purgatoire soient bien dignes de compassion, il est moins urgent de venir à leur secours parce que, certaines de leur salut, elles sont hors de danger de se perdre ; mais, sous les pieds des pécheurs, l'enfer est ouvert pour les engloutir(1).

CHAPITRE XXXIII

Saint Jean de Capistran — Ses rapports avec sainte Colette.

Ces maux de l'Église universelle, auxquels elle prenait une si large part, devinrent bientôt l'occasion de craintes et d'anxiétés particulières pour la réformatrice. Au moment d'un schisme, le pontificat suprême devait, dans sa sollicitude pour les enfants de l'Église, employer tous les moyens d'assurer leur persévérance dans l'unité. Il choisit des hommes de Dieu, puissants par la sainteté de leur vie et l'éloquence de leur parole, pour éclairer les princes et les peuples sur les intrigues schismatiques de Bâle, et l'obligation étroite pour tous les chrétiens, d'adhérer toujours à la chaire de Pierre et de rester soumis à celui qui personnifie la véritable Église : *Ubi*

1 Voir la note IX à la fin du volume.

Petrus, ibi Ecclesia (S. Ambr.), là où est Pierre, là est l'Église. Saint Jean de Capistran fut un de ceux qui reçurent cette noble mission pour les provinces ecclésiastiques les plus exposées aux séductions, celles qui environnaient Bâle.

Pour le connaître et comprendre ce qui va se passer, il est nécessaire de jeter un coup d'œil en Italie. On verra que ce n'est pas une vaine digression, mais le complément nécessaire de cette histoire.

Les ordres de Saint-François, par l'effet des défaillances humaines et l'action des troubles, des guerres continuelles dans la grande presqu'île catholique, n'avaient pas moins dégénéré en Italie qu'en France, de leur première splendeur. Dans les ruines et les misères causées par des luttes fratricides, le poids de la pauvreté absolue avait paru trop lourd, et cette première déviation en avait causé bien d'autres. La pureté primitive n'était pas restée sans témoins, sans défenseurs, mais ils étaient isolés et impuissants. Quelques mois avant sainte Colette, le 8 septembre 1380, naissait l'homme de Dieu qui devait être pour l'Italie ce que saint Vincent Ferrier avait été pour l'Espagne et la France, plus que cela, un réformateur du cloître autant que du monde, saint Bernardin de Sienne, apôtre du saint nom de Jésus et de la Vierge Marie. Né en même temps que sainte Colette; il commença sa mission, après elle, 1418, et même sa réforme des Clarisses en 1420, à Mantoue. Aussi,

Gonzague, dans son ouvrage de l'origine de l'ordre séraphique, assure que saint Bernardin fonda ses monastères selon la règle et l'exemple de sainte Colette. Il n'est pas étonnant dès lors qu'un auteur ait écrit que saint Bernardin se disait le vicaire de sainte Colette en Italie.

Dieu lui adjoignit bientôt, entre autres admirables coopérateurs, saint Jean de Capistran, d'origine française, né en 1385. Non moins puissant par sa parole et par l'exemple de ses vertus héroïques, il fut associé par saint Bernardin au gouvernement de la stricte observance en Italie. C'est à lui qu'Eugène IV confia la mission de maintenir dans l'unité la France et les provinces voisines.

Pendant le schisme précédent, les ordres religieux eux-mêmes, suivant le courant des contrées qu'habitaient leurs membres, s'étaient trouvés scindés, et la régularité avait extrêmement souffert de cette désunion. Il était à craindre que le même malheur ne se reproduisît dans le schisme qui commençait. Pour le prévenir. il fallait reserrer les liens de tous les corps religieux et de tous leurs membres avec l'Église mère et maîtresse de toutes les églises.

En 1438, saint Jean de Capistran arriva à Besançon vivement préoccupé de ces dangers. Pour l'affaire principale, celle de la conservation de l'unité de l'Église, de l'attachement inviolable au Pontife romain, il n'y eut point de de difficulté. Deux âmes séraphiques, dévorées du zèle de la gloire de Dieu et du salut des hommes, se comprirent bientôt. Elles échangèrent les lumières qu'elles avaient reçues, soit de Dieu directement, soit des hommes. Elles gémirent ensemble sur les maux qui allaient désoler la chrétienté, et s'animèrent encore plus à la prière et à la pénitence pour les péchés du peuple.

Mais cet accord laissa subsister une dissonance qui causa à sainte Colette une profonde douleur. L'histoire de l'Église, les vies des Saints, nous montrent comment l'esprit de Dieu, toujours un, se diversifie dans les instruments dont il se sert. Malgré sa puissante action sur eux, il leur conserve toujours leur personnalité, leur caractère humain. Sainte Colette, saint Jean de Capistran tendaient au même but : à rendre aux ordres de Saint-François leur antique splendeur; mais il y avait des différences dans leur manière de procéder et dans les moyens pour atteindre ce résultat. Sainte Colette les connaissait. Saint Jean de Capistran, malgré la générosité héroïque de sa vie, mais dominé par une grande pensée, celle de l'unité parfaite à rétablir dans l'ordre de Saint-François, voulait, après avoir retranché les abus, mitiger la règle et la rendre ainsi plus accessible à tous. Les histoires publiées par les Bollandistes sont unanimes sur ce point. C'est dans cette pensée qu'il rédigea à Rome des constitutions presque aussitôt abandonnées qu'adoptées et promulguées, et alors, il regretta plus vivement que jamais d'avoir lutté contre les réformateurs français.

Colette, en appelant à la plus haute perfection les âmes généreuses, savait bien que d'autres, incapables d'un détachement complet, pourraient cependant, dans des conditions inférieures, atteindre une véritable sainteté et que l'Esprit-Saint, condescendant aux différences des tempéraments, voulait la diversité dans l'unité ; il ne fallait pas arrêter l'élan des plus parfaits pour les enchaîner avec les faibles et les infirmes. Les aigles ne peuvent être condamnés à limiter la hauteur de leur vol sur celui des timides colombes.

Mais saint Jean de Capistran, tout entier à son idéal, ne considérait pas cette autre face de la question : c'est pour cela qu'il voulait faire cesser immédiatement la diversité des chefs et des congrégations, supprimer les vicaires généraux établis pour le gouvernement des réformés.

C'était l'anéantissement de la réforme et non son triomphe. Le nombre des réformés était encore trop inférieur pour dominer l'ordre tout entier. La vénérable abbesse, assurée d'avoir fait l'œuvre voulue de Dieu, ne pouvait consentir à sa destruction. Le commissaire apostolique insistait. Dieu permet ainsi, pour l'épreuve de ses serviteurs et la conservation de l'humilité dans leur cœur, que payant leur tribut à la faiblesse humaine, au milieu des lumières dont il les favorise, ils ne voient pas toutes les faces d'une affaire, et se heurtent quelquefois les uns les autres. Nous sommes, dit saint Grégoire, des hommes mortels, faillibles, infirmes, portant des vases de terre qui se gênent l'un l'autre. Mais si les corps de boue sont à l'étroit, que la charité dilate ses entrailles. Grande leçon pour la plupart des hommes ; divisés de sentiments, les réformateurs ne se diviseront pas de cœur ; ils ne blesseront pas la charité.

Sainte Colette ne porte pas sa cause devant le tribunal des hommes. Elle a confiance en Dieu qui lui a donné sa mission. Elle prie et fait prier. Pour avoir le temps de plaider sa cause, elle a demandé d'abord un délai de trois jours. Alors sa communauté, partagée en divers groupes, ne cesse d'adresser au Dieu caché dans l'Eucharistie les plus ardentes adorations et les supplications les plus instantes. Elle-même n'interrompt pas ses prières. Elle s'humilie et se demande si ce ne sont pas ses fautes qui exposent à la ruine l'œuvre divine qui lui a été confiée. Après trois jours, elle n'a encore rien obtenu. Elle demande à saint Jean de Capistran un nouveau délai et persévère avec confiance dans ses pieux exercices. Elle fait à genoux des processions dans les cloîtres et bientôt on peut suivre sa marche à la trace que ses genoux usés marquent d'un sang virginal sur le pavé. C'était assez. La charité, l'humilité, la confiance, le respect de l'autorité qui semblaient en lutte, avaient été gardés généreusement. Le Seigneur se laissa fléchir et termina cette épreuve. Il fit connaître sa volonté à saint Jean de Capistran qui, rempli d'admiration et effrayé tout à la fois, accourut de grand matin au monastère pour rendre le calme et la paix à la sage réformatrice et à ses filles, en se désistant de ses demandes. Dès lors l'union fut parfaite entre ces deux grandes âmes, et dans des entretiens et des confidences célestes, elles louèrent Dieu, s'enflammèrent d'une charité plus ardente et concertèrent les moyens de contribuer plus efficacement au triomphe et à la pacification de l'Eglise.

Comme gage de leur union dans la diversité qu'il leur fallait laisser subsister, saint Jean demanda à sainte Colette un Père de sa réforme pour l'accompagner dans sa mission, et il le garda toujours avec lui. Quand, quelques années plus tard, il alla évangéliser la Bohême et la Hongrie, il voulut avoir encore un Colettin pour compagnon et pour coopérateur.

Ce n'est pas la seule circonstance où sainte Colette ait été troublée dans son œuvre, même par les supérieurs de l'ordre. Par la prière elle triompha toujours de ces difficultés. L'un de ces supérieurs, après l'avoir combattue pendant quelques temps, conçut pour elle une si grande estime qu'il lui donna son propre compagnon pour l'aider dans toutes ses entreprises.

CHAPITRE XXXVIII.

Nouveaux progrès de la réforme — Nouvelles épreuves.

Le Seigneur ne laissait pas sa servante sans consolations. Non seulement son œuvre se consolidait et ses sœurs avançaient dans la perfection, mais les maisons, quoique multipliées, suffisaient à peine pour satisfaire toutes les âmes généreuses qui donnaient aux chrétiens l'exemple d'un détachement parfait et du mépris des vanités humaines. La vertu des Colettines rayonnait dans le monde provoquant l'émulation et produisant des fruits abondants de salut, même dans des monastères que la réformatrice n'avait pas visités.

On a vu (ch. xxxiv) qu'Olivier de la Marche attribuait à sainte Colette la réformation ou la fondation de 380 maisons. Cette assertion d'un historien contemporain surprend lorsqu'on n'a lu que les biographies qui ne parlent que de 17 ou 18 couvents fondés ou réformés par l'humble fille de Corbie. Comment concilier des témoignages si différents ? Il est difficile de ne voir, dans la parole d'Olivier de la Marche, qu'une exagération d'auteur mal renseigné. La difficulté n'est pas insoluble. Sainte Colette n'a visité ou fondé personnellement que 17 ou 18 couvents, mais son influence s'est étendue bien plus loin. L'histoire l'a trahie dans son œuvre de la réformation des couvents d'hommes. Nous l'avons vu et nous avons tâché de lui restituer une partie de sa gloire. De même les premiers biographes, n'ayant voulu que nous faire un tableau fidèle de ses incomparables vertus, n'ont nommé qu'un petit nombre de lieux où elle a séjourné ; mais ils ont gardé le silence sur l'action qu'elle avait exercée en dehors. Plus tard, quand pour écrire sa vie, on a voulu compléter ses biographies et suivre la Sainte dans ses courses, on a interrogé les mémoires des monastères qu'elle avait habités ; mais on n'a point interrogé les autres où son influence avait opéré de grands changements et ranimé la vie religieuse. Dans la plupart on n'eût trouvé que peu où point de traces de ce travail. Les hommes religieux ne travaillent pas pour la gloire humaine ; il leur suffit de savoir que leurs œuvres sont écrites ailleurs que dans les annales des hommes.

Olivier de la Marche dit d'ailleurs que ces maisons furent ou fondées ou réformées par elle ou par ses filles, de son vivant.

Or, les premiers biographes ne se sont nullement préocupés de nous faire connaître la destinée de ces fidèles compagnes et imitatrices de notre Sainte. Mais d'autres historiens nous apprennent que beaucoup de ses disciples ont été appelés à communiquer l'esprit de leur mère à des maisons qu'elle ne pouvait pas visiter elle-même. Ainsi le P. Sylvère qui écrivait moins de deux siècles après la mort de sainte Colette, nous dit : « Celui-là se tromperait grandement qui « s'imaginerait n'y avoir eu que ces dix-sept « couvents. Car, l'an 1436, le R. P. Frère Guil- « laume tint le soixante-quinzième chapitre gé- « néral à Toulouse, auquel il reforma plusieurs « monastères de Sainte-Claire, avec l'ayde et « entremise de sœur Colette qui florissait en sain- « teté de vie en France. Et saint Bernardin édifia « en Italie plusieurs couvents de filles et leur « donna la même réforme que cette sainte, au « rapport de Gonzague. Je lis aussi que cette « réforme est parvenue en Espagne, Portugal et « Allemagne. » Voici des faits qui justifient les affirmations du capucin d'Abbeville. Wading, dans ses notes sur l'années 1439, nomme six monastères d'Espagne qui avaient déjà embrassé la réforme, entre autres ceux de Salamanque, de la Corogne, de Zamora, d'Orense, etc.

Plus tard, énumérant encore neuf couvents réformés, il nous apprend que le principe fécond de la réforme venait de Lésignan. C'est sans doute en prévision de l'influence considérable que devaient avoir ces maisons du Midi que sainte Colette s'était empressée de les fonder.

Faut-il s'étonner que les œuvres accomplies au loin soient tombées dans l'oubli, quand nous avons la preuve que des faits glorieux pour l'abbesse de Besançon, et qui se passaient auprès

d'elle, ont été ou laissés dans l'obscurité ou dénaturés complétement. Outre les preuves que nous citons ailleurs pour les monastères d'hommes, voici une pièce très curieuse au sujet d'un couvent de femmes. C'est une découverte que nous avons faite dans les archives départementales de Besançon : « Vingt-sixième jour du mois
« de janvier 1438. Mahaut de Belle-Chastel, hum-
« ble abbesse des sœurs Courdelières de Monti-
« gny près de Chariez au diocèse de Besançon,
« et ses sœurs,... constituent leur mandataire,
« Hugues de Vermoilles, prêtre curé de Neuf-
« ville, pour vendre et conduire à honeste et dé-
« vote religieuse dame sœur Colette pour lors à
« Besançon, tout ce qu'elles avaient en la ville
« susnommée et territoire de Buxier (Buthiers),
« près de Châtillon-le-Duc, hommes, femmes,
« maisons, chasaulx (granges), courties, prés,
« terres arables et non arables, cens, rentes,
« dismes, sans rien excepter ni rien retenir. »

Evidemment, voilà un monastère réformé d'après l'esprit de sainte Colette. Pour un ordre fondé sur la pauvreté absolue, la propriété territoriale est la principale déviation qui engendre bientôt toutes les autres ; mais le dépouillement, c'est la restauration qui ramène toutes les vertus. C'est ce que faisait Mahaut de Belle-Chastel et ses sœurs. Ce monastère de Clarisses avait été fondé en 1282.

La réformation triomphait donc partout dans le cloître et dans le monde. Tertiaires et réguliers lui demandaient la vie qui surabondait dans son sein. Son existence était assurée. Dieu va lui retirer, pour les récompenser, ses premiers initiateurs et ses principaux soutiens. C'est le vénérable P. Henri de la Balme qui le premier est appelé à recevoir la couronne du serviteur fidèle. Voici comment sainte Colette elle-même raconte le trépas de ce guide éclairé, de ce zélé coopérateur que Dieu lui avait donné.

Extrait des mémoires de Vevay.

« Nos très-chères et bien-aymées sœurs en
« Dieu, tant humblement que je puis et sais,
« ma pauvre âme devant Notre-Seigneur je re-
« commande à vos bonnes prières et oraisons,
« cordialement désirant l'accroissement de tou-
« tes vertus nécessaires pour le salut à vos con-
« sciences, en vous suppliant très affectueuse-
« ment que vous viviez vertueusement et persé-
« véramment profitiez en la très-parfaite amour
« de Dieu en la vraie observance de votre règle
« et bonnes ordonances et vous plaise savoir
« que nouvellement m'est advenu grande dou-
« leur et angoisse et amertume de cœur et de
« corps et non pas sans juste cause, car le jour
« des cendres dernièrement passé, après matines,
« Notre Révérend Père Frère Henri, fut aggra-
« vé de sa maladie grandement, tellement que
« jeudi d'après un petit devant minuit il fut
« amené à notre chapelle et oratoire et là très-
« dévotement en la presence de tous nos bons

« pères et frères et de moi, il reçut très-dévote-
« ment le très-précieux corps de Notre-Seigneur
« Jésus-Christ, et incontinent après le sacre-
« ment de la sainte onction, et après quand il
« l'eût, il prit congé de toutes les sœurs, s'en
« retourna en sa chambre en meilleur point, ce
« nous semblait, qu'il n'était devant. Le samedi
« et le dimanche il fut fort faible et le lundi aussi
« par toute la journée et fut en notre oratoire et
« chapelle en la présence devant dite en grande
« dévotion et connaissance de Dieu, comme il
« fut oncques. Il ouyt toutes les passions et re-
« commandation de l'âme et à six heures après-
« midi, en disant ces oraisons et parlant à No-
« tre-Seigneur, sa belle et glorieuse âme il ren-
« dit doucement et dévotement à Dieu notre
« benoît Créateur. Laquelle âme tant que je puis
« et sais chèrement et le plus très-affectionne-
« ment que faire se peut, je la vous recommande
« vous suppliant de tout mon cœur entièrement
« que si l'avez aimé loyaument lui vivant, que
« l'amour après son trépas ne soit point amoin-
« dri, mais augmenté en faisant votre devoir et
« toutes diligences de prier Dieu pour lui comme
« vous savez qu'il en est bien digne. Nonobstant
« que je crois qu'il est meilleur métier qu'il prie
« pour nous que nous pour lui ; et aussi très-
« acerte, je recommande la dicte belle âme au
« dévot père confesseur et à tous mes pères et
« frères ; et de toute ma pauvre intention, je prie
« le benoît Saint-Esprit qu'il vous veuille con-

« server en sa sainte grâce et finalement vous
« octroyer la gloire du Paradis. Amen.

Escript à Besançon, le 26ᵉ jour de février. (L'an 1439 ou 1440.)

« Sœur Colette. »

Vers le même temps, la sainte réformatrice adressa encore aux sœurs du Puy la lettre suivante :

JHÉSUS.

« Mes très-chères mères et sœurs, en la charité
« de notre benoît Sauveur Jésus-Christ, tant
« humblement et chèrement comme je puis, ma
« pauvre âme devant Notre-Seigneur et vos
« bonnes prières et saintes oraisons, je recom-
« mande, désirant de tout mon cœur votre bien
« spirituel et temporel et vous prie trés-acerte
« que vous soyez bonnes, dévotes et parfaites
« religieuses et que vous aimiez, craigniez et
« doubtiez (respectiez) souverainement Dieu et
« gardiez parfaitement ses saints commande-
« ments, votre sainte règle et vos bonnes ordo-
« nances et les admonitions et les beaux exem-
« ples que notre B. P. frère Henri de Baulme,
« dont Dieu ait l'âme, vous a tant de fois montrés
« et enseignés. Duquel la sainte âme tout affectu-
« eusement et chèrement comme je puis, je vous
« recommande comme il en est bien digne et
« nous y sommes très-grandement tenues. Car
« il nous a toujours été vrai père et bon et pieux

« pasteur, et je vous prie que vous ayez toujours
« bonne patience en toute chose et soyez hum-
« bles dévotes, munies et garnies de force et
« vertus, et, tant que je puis, vous recommande
« notre Révérend Père frère Pierre de Reims,
« qui labourre continuellement pour l'honneur
« de Dieu et entretiennement de notre saint état,
« et à Dieu sans fin, mes très-chères sœurs, qu'il
« soit garde de vous *Amen.* »

« Sœur Colette Boylet. »

Cette lettre portait cette amicale et respectueuse suscription : « A mes très-chères et très-
« cordiales mères et amies en Notre-Seigneur
« Jésus-Christ l'abbesse du couvent du Puy et à
« toutes les sœurs, soit humblement présentée. »

Cette histoire tout entière fait l'éloge du vénérable serviteur de Dieu, Henri de la Balme.
Nous ne pouvons mieux achever de mettre en
lumière sa vertu, ses mérites, sa gloire et faire
connaître l'esprit qu'il inspirait à ses disciples
qu'en le citant lui-même. Voilà le résumé de sa
doctrine écrit peu de temps avant sa mort et
qu'il commenda de lire dans les communautés
chaque semaine. C'est une copie faite sur l'original conservé à Gand :

Jhésus † Marie.

« Pour l'honneur et amour de Dieu et de par
« Jésus, pour éviter piège et offense et mauvais

« exemple, pour entretenir et conserver paix,
« conforter dévotion et unité entre les sœurs
« professes et novices, le moyen principal est
« d'occuper saintement le précieux temps au
« divin service et labeur de communité selon la
« forme de la sainte règle, et quand on parlera
« ès temps et lieux, que les paroles que l'on
« dira, soient de nécessité, utilité et bonne édi-
« fication et communément que l'on parle de
« Dieu, de sa bonté, de ses bénéfices, de saints
« et saintes et des vertus de la règle, des saincs-
« tes ordonnances, des perfections de notre saint
« estat et brièvement des choses appartenant
« au salut de nos âmes et par si bonne manière,
« humilité, charité, dévotion et discrétion, que
« les oyants ils prennent édification et que toutes
« paroles oiseuses, noizeuses, soit du tout et à
« perpétuité retranchées et déboutées de toute
« la communité. Car Monsieur saint Paul dit :
« Que les mauvaises paroles corrompent les
« bonnes mœurs. Par tel mauvais langage le
« temps précieux de Dieu l'on pert périlleuse-
« ment, les consciences sont blessées ; charité
« et dévotion grandement refroidies ; l'office di-
« vin est diminué d'amour et révérence ; les con-
« fessions sont odieuses et vaines et multipli-
« ées. Murmuration, détraction, division, dis-
« sension, rendent infructueuse la sainte règle :
« nous ordonnons qu'elle soit gardée et que ces
« *mauldits* péchés soient de toutes ayis (haïs,)
« répudiés, persécutés et deboutés comme enne-

« mis mortels de sainte charité procédant de la
« racine de *maudicte* envie, qu'est de salut mor-
« telle ennemie. C'est le venin mortifére des âmes
« et des oyants : elle procure la mort très-amère
« de la vraie vie de J.-C. pour nous crucifié. Pour
« icelle purger et extirper à perpétuité du cou-
« vent de céans, sans quelconque espoir de ja-
« mais icelle mauldite et excomuniée devant
« Dieu et les anges réitérer ni dire, il faut gar-
« der le lieu et la porte par là où entre le pré-
« cieux corps et sang de J.-C., je, frère Henry de
« Baulme, le plus grand des pécheurs et néant-
« moins désirant de cœur votre salut perdura-
« ble, par divin amour et pour la pureté et inno-
« cence de vos cœurs plus paisiblement garder,
« et pour mieux conserver vraie paix et unité en
« la communité : si aucune sœur murmure en
« l'absence de sa sœur, soit prélate ou subjecte,
« celle qui ouyra la dite murmurante, la doit
« incontinent par charité reprendre comme celle
« qui porte un venin mortel en la bouche. Après
« le doibt dire humblement à l'abbesse qui lui
« fera dire sa couple à la collation ou au disner
« selon l'heure que l'offanse aura été perpétrée,
« et la mère lui ordonnera demander pardon
« aux sœurs et de baiser leurs pieds ou autre
« pénitence selon la gravité de l'offanse. Ainsi
« le commande Notre-Seigneur J-C. et le con-
« seille. La sœur qui voit défaillir sa sœur est
« tenue de la corriger et nullement ne doit mur-
« murer, ni autre conscience blesser ni empes-

« cher. La Saincte Ecriture disant qu'on ne mé-
« die point du sourd, assez est sourd qui ne peut
« ouir ni entendre le murmure que l'on fait con-
« tre lui pour accuser son murmure. La vraie
« charité veut que l'on ne die d'autrui que ce
« que l'on couldrait (désirerait) ouyr de soi, pre-
« nez-y garde. C'est grand dommage de soi et
« d'aultrui que bien cognaissant l'offense et par
« négligence ou dissimulation point n'y pour-
« voir et par ainsi les religieuses viennent à
« toutalle perdition, ruine et confusion. Pour
« tant je veux qu'attentivement et diligemment
« l'on pourvoye par condigne et salutaire cor-
« rection, pour éviter au jour du jugement la
« perdurable damnation et malédiction. Pareil-
« lement par divin amour, j'ordonne que quand
« les prélates par offices et les subjectes par
« évangéliques ordonnances, corrigent leurs
« sœurs de aucune chose défaillante, que icelles
« autres sœurs prennent doulcement, benigne-
« ment et humblement la charitable correction
« comme fille du pays (amies) et qu'elles remer-
« cient courtoisement de la bonne charité qu'elle
« leur montre de les reprendre, afin qu'un autre
« fois l'on puisse fiablement remontrer les def-
« fauts et amoureusement pour toujours mieux
« extirper les mauvaises herbes du jardin de
« J.-C, et les bonnes plus amplement croistre et
« multiplier, comme raison et conscience juste-
« ment le veulx; qu'il n'y ait faulte et si aulcune
« par faute de vraye humilité se trouble et has-

« tivement se courrouce par signes ou par pa-
« roles orgueilleuses et injurieuses, icelle soit
« accusée à la mère comme dit est, par devoir et
« soit punie selon sa faute et son délict et mau-
« vais exemple, car la vraye et nécessaire méde-
« cine de religion pour extirper toutes imperfec-
« tions, est la bonne pénitence et discrète et
« charitable correction. Car sans correction c'est
« chose impossible de venir à perfection, la rai-
« son est qu'il n'y a homme qui ne pesche et
« Monsieur saint Jeacques dit qu'en maintes
« choses nous défaillons tous. Monsieur saint
« Jean, que si nous disions que nous sommes
« sans péchés, nous mentons et vérité n'est pas
« en nous. Si donc nous péchons comme la vérité
« est, si nous refusons, desprisons par notre
« mauldit et déloyal et traître orgueil, la correc-
« tion paternelle de nos prélats ou aultres, nous
« sommes tous apparents d'être parfaits enne-
« mis de notre salut propre et de J.-C. qui nous
« a tant aymés et des anges et de tous les saints
« et saintes, qui désirent notre salut et font
« grande faiste, quand nous nous guérissons et
« corrigeons par pénitence volontaire. Hélas!
« quel mauvais exemple démonstrons-nous au
« prochain, quand nous méprisons une bonne
« correction à laquelle J.-C. les oblige. Ton or-
« gueil les empêche de le faire méritoirement
« et ainsi par ta faute en remord de conscience
« tu demeureras, car tu mets ton grand orgueil
« par dessus le charitable conseil de J.-C. Con-

« sidère, je te prie, si tu dois vouloir que l'on dé-
« lesse le conseil de ce bon Jésus pour obtempé-
« rer à ta pernicieuse inclination au grand péril
« de ton éternité devant le Juge des juges à la
« vraie sentence duquel je te remets; et encore
« de sa part je te dis que tous ceux et celles qui,
« par mauvais exemple, se sont conformés à
« cette mauldite condition de ne vouloir porter
« correction, ensemble vous serez participantes
« de l'affreuse et horrible punition au jugement
« du très-redouté juge J.-C. qui daignait porter
« patiemment et avec souveraine humilité et cha-
« rité la sentence très-cruelle de la mort, quoique
« très innocent. C'était pour nous tous, je te
« prie et me croy pour ton profit. Essaye-le, je
« te donne congé; je te demande, que répon-
« dras-tu à l'article de ta doloreuse mort devant
« lui, quand il te montrera sa doloreuse passion
« et tout ce qu'il a fait pour nous et avons tant
« peult enduré pour l'amour de lui et pour nos
« propres faultes grandes et innumérables. Si bien
« profondément nous y voulions panser, pour
« vray nous porterions joyeusement toutes pu-
« nitions corrections, persécutions, pauvreté
« d'habit, de couvre-chief, de viandes, de breuva-
« ges, dureté et froidure des pieds et toutes ten-
« tations, pénitences, maladies, adversités, co-
« res (même) la mort, si besoin faisoit pour son
« amour et honneur et pour le salut de nos pro-
« chains et le nostre pour éviter les tourments
« perdurables et amoindrir les peines et doloreu-

« ses punitions du purgatoire et pour seure-
« ment obtenir le souverain bien de la gloire,
« lequel nous octroye le Père, le Fils, et le be-
« noist St-Esprit à la requeste de sa Vierge,
« mère de miséricorde, de saint François, de
« sainte Claire et de tous les eslus. *Amen.* Priez
« pour frère Henri de Baulme qui désire votre
« salut. De par moy, le vendredi dedans les oc-
« taves de saint François, l'an mil quatre cent
« et trente-cinq. »

A la suite de cette instruction, il indique les sujets que doit surtout traiter le prédicateur devant les sœurs, et en premier lieu, il met la nécessité d'une occupation incessante, soit aux occupations manuelles soit aux exercices de la piété chrétienne. Dans cette vie de labeurs et de sacrifices, on doit avoir pour but de procurer le salut du peuple. Il termine par ces bouts rimés qui nous paraissent pleins d'une ardeur séraphique :

>Du saint temps rien ne perdons ;
>Le perdu recouvrons ;
>Paix et unité gardons ;
>Nos promesses à Dieu rendons ;
>Celle qui nous est promise suffisamment desirons ;
>A bien faire nous advançons ;
>Les maux patiemment portons ;
>Exemple de perfection démonstrons ;
>Le monde desprisons ;
>Les tentations surmontons ;
>En toutes affaires à Dieu recourons ;

Les biens de grâces acquérons ;
Ceux de la gloire espérons ;
L'offense de Dieu évitons ;
La mort d'enfer redoublons ;
Les peines du purgatoire par pénitence effaçons,
D'aller à la gloire nous hâtons.
Hélas pourquoi tardons ;
Par ardeur de cœur embrassons
Jésus et nous trouverons
Salut et vie de l'éternité que nous désirons ;
Oh qu'il y fait bon ;
Essayons-le du cœur profond ;
Tretous disons *Amen.*

Frère Henri de la Balme.

On conserve à la bibliothèque communale de Besançon un manuscrit qui atteste les labeurs et la piété de ce vénérable réformateur. C'est un recueil de traités de spiritualité qu'il a composés ou traduits des Saints-Pères.

La tradition nous a transmis quelques paroles du P. Henri, dans lesquelles il exprimait sa pensée sur celle dont le ciel lui avait confié la direction. Les voici : « Mes filles, mes filles, vous ne « connaissez pas ce que c'est de la sainteté de « la sainte Mère. Si je pouvais dire ce que j'en « sais, je vous dirais merveilles. Je voudrais que « Dieu me fît la grâce de vivre un peu après elle « pour dire ce que j'en sais, et je suis certain « que, si le Saint-Père savait ce que je sais de sa « sainteté, il ne différerait guère après sa mort à « la canoniser. »

Le lecteur demande peut-être pourquoi il ne pouvait écrire; le voici. Dans les premières années qu'il connut la servante de Dieu, il entreprit de rédiger des mémoires. Mais l'humble Colette l'apprit, le manda à la grille, lui fit des reproches, exigea la remise de l'écrit qu'elle jeta au feu, et la promesse formelle de ne plus entreprendre rien de semblable. Il était donc lié et on ne peut que le regretter vivement.

Dieu qui avait glorifié la vertu de son serviteur par le don de miracles pendant sa vie, manifesta encore sa sainteté à sa mort. « Son saint
« et virginal corps, dit un mémoire très ancien
« de Besançon devint aussi tendre et sa chaire
« délicate sans nul arroidissement comme la chair
« d'un petit enfant. Et ainsi honorablement fut
« inhumé au chapitre des sœurs dans la closure.
« Car la sainte Mère doubtait que s'il était en
« l'église du dehors, pour l'estimation et proba-
« tion qu'elle avait de sa sainteté, il pourrait
« faire miracles comme il avait fait en sa vie ;
« à l'occasion desquels le peuple venant au dit
« couvent, pourrait empêcher le service de Dieu
« en leur église pour le bruit que la multitude
« des gens pourrait faire et pour ce le collo-
« qua au dit chapitre. »

En 1554, il fut levé de terre pour la reconstruction du chapitre. Les sœurs ont toujours eu de grands motifs de confiance en son intercession.

CHAPITRE XXXIX.

La comtesse de Genève. — Sa famille et le monastère d'Heidelberg.

Blanche de Savoie, autant par ses bienfaits que par son admiration pour les vertus de la servante de Dieu, s'était profondément attachée à la sainte réformatrice. Déçue dans son espoir de posséder un monastère de Clarisses auprès de son château de Rumilly, elle fut heureuse de la fondation du couvent de Poligny peu éloigné de son habitation de Frontenay. Non seulement elle put de là visiter souvent la vénérable abbesse, mais elle obtint un honneur plus grand, un avantage plus précieux. Dans un moment où la santé de sainte Colette était complètement ruinée, celle-ci dut céder aux ordres des médecins et aux prières de ses religieuses, et quitter quelque temps le monastère pour respirer un air plus pur. Ce fut le château de la comtesse de Genève, à Frontenay, qui eut le privilège de recevoir la servante de Dieu. La noble et chrétienne famille de Montrichard qui posséda cet héritage jusqu'au commencement de ce siècle, avait conservé avec un religieux respect le souvenir du séjour béni de l'illustre réformatrice.

Blanche de Savoie reçut de nombreuses et

précieuses récompenses de sa charité envers sainte Colette. Son cœur s'échauffa au contact de cette âme séraphique et sa piété devint plus ardente. Elle éprouva en outre la puissance d'intercession de la réformatrice auprès de Dieu. Un jour, dans un voyage, elle croit pouvoir traverser à cheval une rivière profonde ; mais elle est entraînée par les eaux et condamnée à périr. Elle prie et invoque auprès de Dieu le nom de sainte Colette qu'elle accompagnait. La servante de Dieu ne pouvait abandonner son amie dans une telle extremité ; elle prie et la comtesse atteint la rive saine et sauve.

La princesse venait souvent ranimer sa ferveur auprès de la vénérable réformatrice. Cependant de trop inquiètes préoccupations agitaient son âme. Elle devait pourvoir à l'établisement de sa nièce Mahault ; mais elle ne se confiait pas assez dans la Providence pour cette grave affaire. Elle avait formé un projet d'union avec le duc de Bavière, comte palatin du Rhin, et elle craignait de ne pas réussir. Colette calma ses anxiétés en lui montrant le but supérieur de la vie humaine. Toutefois, condescendant à l'infirmité humaine, elle lui promit un heureux succès dans ses négociations et des bénédictions abondantes sur les jeunes et pieux époux. Il en fut ainsi. Mahault épousa Louis de Bavière. Ce prince appartenait à une famille profondément chrétienne. Une de ses sœurs, nommée Elisabeth, quitta le monde pour embrasser la règle de sainte Colette, on ne sait à quelle époque. Les jeunes époux promirent à sainte Colette que si leur premier enfant était une fille, ils ne s'opposeraient pas à son entrée en religion. Ils furent fidèles à leur promesse.

Pour récompense de ses services, Blanche de Savoie ne demandait qu'une seule faveur, c'était de reposer dans le tombeau auprès de la vénérable servante de Dieu. Il paraissait très probable que Poligny aurait le bonheur de posséder la dépouille mortelle de la sainte abbesse. C'est là que la princesse de Genève mourant à Rumilly, choisit sa sépulture.

Elle ordonna à sa nièce d'y fonder une chapelle et deux chapellenies. Mahaut s'empressa de venir rendre à cette tante bien-aimée tous les devoirs de la piété chrétienne. Elle fit transporter son corps à Poligny, et d'après un très ancien mémoire de ce monastère, il resta assez longtemps dans l'église des religieuses en attendant la construction de la chapelle de Saint-Pierre et de Saint-Paul qui devait le recevoir. Pour payer les travaux de cette chapelle et l'acquisition des rentes formant la dotation des chapelains, la duchesse palatine employa pendant plusieurs années les revenus du château de Frontenay. Ces détails sont donnés par une lettre de Mahault à sainte Colette et par l'acte de fondation rédigé par la sainte abbesse, datés de 1437 et 1438. On peut conjecturer d'après cela la date de la mort de Blanche de Savoie, que certains historiens ont beaucoup trop avancée sans preuves et que les plus sages ont déclarée incertaine. Ce fut sans doute pour rendre compte de ses travaux que sainte Colette envoya Pierre de Vaux à la Comtesse palatine. La sainte abbesse profita de cette occasion pour rappeler à Mahault la promesse qu'elle avait faite lors de son mariage. En effet, Dieu avait béni son union et son premier enfant était une fille nommée Elisabeth, en souvenir sans doute de la sœur du comte palatin, déjà Colettine. Voici la réponse de la mère chrétienne à la vénérable réformatrice :

« Ma très-chère et très aimée Mère en Dieu,

« Humblement je vous recommande le salut
« de ma pauvre âme, et la bonne prospérité spi-
« rituelle et temporelle de Monseigneur (son
« époux le prince palatin), et de tous nos petits
« enfants, et de toutes les affaires que présente-
« ment nous avons pour le bien du pays et le
« profit du peuple, en vous remerciant affec-
« tueusement de tous les biens, plaisirs et com-
« forts que par votre grande charité devant Dieu
« me fit oncques, et spécialement de ce que der-
« nièrement il vous a plû de me faire visiter par
« votre confesseur, frère Pierre de Vaux, lequel
« par vous m'a dit et signifié plusieurs choses
« que de bon cœur et de bonne volonté j'ai in-
« tention de faire, et autres plus grandes, s'il
« vous venait à plaisir que je les fisse. Car Dieu

« sait qu'il n'est chose au monde, si je savais et
« pouvais faire, que je ne fisse très volontiers
« pour vous et avec le plus grand plaisir. Entre
« autres choses il m'a requis singulièrement et
« m'a demandé ma fille Elisabeth, pour la met-
« tre au service de Notre-Seigneur en votre
« sainte religion, et pour l'honneur de Dieu et
« de la très-glorieuse Vierge sa mère et pour
« l'amour de vous, pour son salut et pour le
« mien, de très bon cœur je la lui ai offerte, et
« par le présent escript fait de ma propre main,
« je la présente à Dieu et à sa benoîte mère et à
« vous, pour faire le saint service en votre reli-
« gion. Et nonobstant qu'elle eût pû être mariée
« puissamment et grandement, s'il eût plu à
« Monseigneur et à moi, comme ledit frère Pierre
« le sait bien, néanmoins je la donne au Sei-
« gneur souverain de toute créature, auquel par
« votre moyen je veux qu'elle soit épouse, sans
« s'en départir, en demeurant dans clausure per-
« pétuelle en votre dite religion, en gardant et
« maintenant l'étroite pauvreté que le très puis-
« sant et très souverain roi a voulu garder pour
« nous. Ainsi que moi, mon dit seigneur époux
« vous la donne très-clairement par les lettres
« qu'il vous a envoyées. Si n'étoit le froid temps,
« présentement nous vous l'eussions envoyée;
« mais par la bonté de Dieu, quand il sera cessé,
« comme après Pâques, j'ai intention de vous la
« mener. Plusieurs autres choses je vous pour-
« rois escrire, que ledit frère Pierre de par moi

« vous dira. Toute ma famille se recommande
« bien à vous ainsi que le maître de mes enfants,
« ainsi que Monseigneur. Dieu vous donne sa
« grâce et l'accomplissement de vos bons désirs.
« *Amen.*

« Escript à Guenment, le 15ᵉ jour de janvier.

« Mahault de Savoie,
« Toute vôtre en tout et partout. »

L'année n'est pas indiquée, mais la jeune Elisabeth, dont le sort est ici décidé, dit elle-même qu'elle est « demeurée onze ans et trois mois en la compagnie de sainte Colette »; par conséquent, cette lettre doit être de 1435.

En lisant ces paroles chrétiennes, il ne faut pas s'imaginer que la jeune princesse n'ait pas été consultée et qu'on ait disposé d'elle sans son consentement. La vénérable abbesse par sa pénétration surnaturelle savait certainement que telle était la vocation de celle qu'elle appelait auprès d'elle, et les parents chrétiens connaissant les sentiments de leur enfant, ne craignaient point de la confier à une directrice si sage et si prudente. L'avenir prouva que la sagesse chrétienne les avait dirigés tous. En effet, peu de temps après cette lettre, c'est-à-dire à la fin de novembre 1435, conduite à la servante de Dieu, la jeune princesse trouva en sainte Colette une mère non moins aimante que celle qu'elle quittait; elle conçut pour elle une affection d'autant plus vive qu'elle était plus pure. Elle pratiqua généreusement les plus nobles vertus et mérita le privilège d'accompagner partout la thaumaturge du XV° siècle. Souvent dans l'intimité, elle vit les manifestations les plus extraordinaires de la grâce divine.

Mais une œuvre plus importante, sinon plus chère à leurs cœurs, préoccupait depuis longtemps les souverains du Palatinat, c'était la fondation d'un couvent de la réforme dans la capitale de leurs États, à Heidelberg.

Dès 1428, ils avaient fait rédiger un contrat notarié par lequel, d'une part, Colette s'obligeait elle-même ou les abbesses qui lui succéderaient à aller former cet établissement; d'autre part, ils s'engageaient eux et leurs successeurs à fournir toute la dépense.

A cette époque, la réformatrice était liée par des engagements qui la retenaient en France, et d'ailleurs, les troubles, les guerres qui désolaient l'Europe, rendaient presque impossible à des religieuses un voyage dans une contrée aussi éloignée. Au moins, ces nobles chrétiens s'assuraient devant Dieu le mérite de cette fondation en s'obligeant dès lors, eux et leurs successeurs, à en supporter tous les frais.

Quand se réalisa-t-elle? C'est un point sur lequel les historiens ne fournissent pas de renseignements précis. Quelques-uns l'ont placée après celles du Nord. C'est certainement une erreur; car, un mémoire rédigé par Pierre de Vaux à l'occasion du couvent d'Amiens mentionne le monastère d'Heidelberg, et affirme qu'il existait déjà depuis quelques temps.

Ce fut donc avant 1440 que la réformatrice s'avança jusqu'en Allemagne pour y porter le sel de la sagesse divine. Elle se fit accompagner des deux Elisabeth, la tante et la nièce qui n'étaient pas sans doute insensibles au plaisir de revoir un moment la famille qu'elles avaient quittée pour Dieu. Pour traverser des pays inconnus, d'immenses forêts, elle prit son sauf-conduit ordinaire, dit Pierre de Vaux, c'est-à-dire, la messe des trois rois, le matin, et les litanies des saints pendant la marche. Or, un jour qu'elle venait de terminer ces prières, en un endroit périlleux au milieu d'une forêt, les voyageuses se virent tout à coup entourées d'hommes bien montés, armés les uns d'arcs tendus et dirigés sur elles, les autres de fusils prêts à faire feu. Ils s'étaient mis en embuscade dans cet endroit favorable pour les dépouiller. On comprend facilement que malgré le vœu de pauvreté, un certain nombre de religieuses allant fonder un monastère et accomplissant un si long voyage devaient avoir et des vivres et de l'argent et des bagages, enfin former un convoi assez considérable. C'est ce qui avait excité la criminelle cupidité de ces bandits. Sans quitter leur attitude terrible, pour écarter toute pensée de résistance, ils manifestent leurs sinistres projets. Leurs cris menaçants, leurs gestes trop expressifs augmentent encore la terreur des religieuses et les glacent d'effroi. Colette, comme les apôtres, comprend et parle toutes les langues au moins quand cela lui est nécessaire. Sans se troubler, elle leur répond dans leur idiome. Le son de sa voix, les graves pensées qu'elle exprime, transforment tout à coup ces cœurs farouches ; elle leur inspire la douceur, la charité et la générosité. Ils renoncent à leur criminelle entreprise ; ils s'offrent même à conduire les servantes de Dieu partout où elles voudront et à les défendre contre toute attaque. Sainte Colette les remercie et continue sa route en bénissant Dieu qui veille partout sur ceux qui se confient pleinement en lui.

La vénérable abbesse fut reçue avec d'autant plus de joie et de bonheur qu'elle était désirée depuis longtemps.

Au bonheur de posséder la grande servante de Dieu s'ajoutait pour le prince palatin et sa vertueuse épouse la consolation de voir heureuses dans les austérités et la pauvreté leur sœur et leur fille. Ils sentaient que ces cœurs généreux goûtaient plus de délices dans leur vie austère, qu'ils n'en trouvaient eux-mêmes dans les grandeurs et les jouissances de la terre. Leur joie ne fut pas longtemps entière. La vénérable abbesse s'empressa d'organiser cette maison et de lui inspirer son esprit. Elle avait amené assez de religieuses formées, pour n'avoir pas un travail trop long à accomplir sur les novices. Elle leur donna pour abbesse Élisabeth, sœur du prince palatin. Ainsi les chrétiens de cette heureuse contrée avaient sous les yeux un spectacle vraiment admirable. Une même famille leur montrait sur le trône l'alliance des grandeurs et d'une sincère piété, et dans le cloître, l'héroïsme des plus généreux sacrifices et des plus nobles vertus.

Il fallut enfin que sainte Colette se séparât de ses chères filles. Ce fut une douleur universelle ; les unes étaient en proie à la désolation, en pensant à l'éloignement de leur mère et de toute la famille dont elles faisaient partie. La prévision de leur isolement, dans une contrée lointaine et à demi-barbare, effrayait même leur généreux courage. La sainte réformatrice comme une tendre mère, sentait ses entrailles déchirées par cette séparation complète et définitive en ce monde ; elle ne devait plus revoir les religieuses d'Heidelberg. Sa foi vive, son union spirituelle avec ses chères filles dans le sein de Dieu, pouvaient seules la soutenir et la consoler. La fille du comte palatin fut heureuse d'être appelée par la vénérable abbesse à la suivre, aimant mieux la famille que la religion lui avait donnée que la douceur des affections naturelles. Elle mourut à Gand auprès du tombeau de sa mère spirituelle.

Le monastère d'Heidelberg ne subsista pas longtemps. Éloigné des autres, il végétait dans l'isolement. Il ne paraît pas avoir trouvé dans la contrée des sujets en nombre suffisant pour se renouveler ; c'est pourquoi il fut cédé aux Frères Mineurs pour exercer leur apostolat dans cette contrée déjà infectée des erreurs de Jérôme de Prague, et qui devait bientôt être pervertie par les enseignements de Luther.

D'Heidelberg, sainte Colette revint à Besançon par la Lorraine et s'arrêta à Nancy pour répondre aux désirs de Réné d'Anjou, duc de Lorraine, d'Isabelle son épouse et de Marguerite de Bavière, duchesse douairière de Lorraine. Le nom de cette dernière fait voir qu'elle était unie par les liens du sang au comte palatin ; elle était probablement sa tante. Le duc de Lorraine aussi grand par ses sentiments que par le rang qu'il occupait dans le monde, relevait sa noblesse par sa charité et sa piété. Il avait depuis longtemps formé le projet d'allumer dans ses États, un foyer spirituel pour ranimer la ferveur des chrétiens par l'influence des vertus héroïques du cloître. La ville de Pont-à-Mousson fut choisie d'un commun accord. La réformatrice y laissa, ou y envoya peu de temps après, le frère Deschaux pour diriger la construction.

Durant les travaux, ce frère courut un grand danger. Deux pans de murs entre lesquels il se trouvait s'écroulèrent tout à coup. Il devait être broyé ; et son âme n'était pas alors préparée à paraître devant le souverain Juge. Mais au même instant, sainte Colette pour lors à Hesdin, voit le péril corporel et spirituel de ce religieux, elle demande grâce pour lui et l'obtient. Aus-

22.

sitôt elle fit connaître au P. Claret ce qui venait d'arriver à Pont-à-Mousson. Quant au frère Deschaux, au prix d'un effroi momentané, il connut combien il importe d'être toujours pur devant celui qui juge les vivants et les morts.

Sainte Colette désigna elle-même les sœurs qui devaient aller fonder le couvent, mais elles ne s'y rendirent que quelques mois après sa mort. Parmi elles se trouvait Colette Prucet, qu'elle avait ressuscitée enfant, au commencement de son séjour à Besançon. Après avoir ainsi fait ou préparé ces deux fondations, sainte Colette revint heureusement à Besançon, d'où elle devait bientôt partir pour de nouvelles entreprises.

CHAPITRE XL.

Commencement des fondations de sainte Colette dans le Nord.

« Un fait à noter, dit avec raison M. Siméon
« Luce, c'est que Colette malgré son zèle de
« propagande, ne fonda jamais aucun couvent
« dans la partie de la France occupée par les
« Anglais et quoiqu'elle ait eu bien soin de se
« tenir à l'écart de la mêlée des partis dans la

« crainte de compromettre le succès de l'apos-
« tolat essentiellement religieux qu'elle avait
« entrepris, ce seul fait suffirait pour trahir ses
« véritables tendances politiques ». Enfin la France était presque entièrement rendue à elle-même. Le traité d'Arras (1435) reconstituait l'unité nationale. Si le pouvoir royal avait dû consentir à de grands sacrifices pour se concilier un trop puissant vassal, du moins, son droit était reconnu et le duc de Bourgogne renonçait à l'alliance anglaise. Les villes de la rive droite de la Somme laissées au pouvoir de Philippe le Bon étaient redevenues françaises et allaient jouir de la paix. S. Colette pouvait revoir la Picardie, l'Artois et étendre son influence jusque dans les Pays-Bas. C'est ce qu'elle va faire.

Le duc de Bourgogne était un des plus puissants princes du XVe siècle. Son pouvoir s'étendait depuis les Alpes jusqu'à la mer du Nord. Le plus beau fleuron de sa couronne ducale était les Flandres, où il faisait souvent sa résidence avec sa cour. L'unité de gouvernement entre la Bourgogne et les Pays-Bas, les relations nombreuses qui s'établissaient entre ces différentes provinces, l'agitation produite par les discordes civiles, les voyages fréquents des troupes, transmettaient d'une province à l'autre le récit des événements les plus mémorables, et si la renommée n'avait pas les mille trompettes du XIXe siècle, elle était loin d'être muette. C'est ainsi que la haute sainteté de la réformatrice, ses miracles, ses vertus furent promptement connus jusque dans les Flandres, et dès 1427, des bourgeois de Gand, à la tête desquels se trouvait Hélène Sclapper, s'étaient engagés à construire un monastère de Clarisses. Ils avaient obtenu une bulle de Martin V, datée du 26 juin 1427. Leur entreprise n'aurait pas langui si l'on en croit Wading, car dès 1429, il y aurait eu, dit-il, plus de trente religieuses dans ce couvent. Cette assertion est contredite par la lettre suivante que sainte Colette écrivit de Besançon aux pieux fondateurs. Elle expose bien et les difficultés survenues et l'état de l'entreprise. Voici d'abord l'adresse de cette lettre ;

A mes très-chrétiens et très-honorés, et très-aimés Seigneurs Jean de Hot, Jean Kerbech, Daniel de Varremont et à plusieurs autres, jusqu'au nombre de cent personnes, Jean Villaert, Jean de Wevere et Jacques de Basserelde, etc.

JHÉSUS.

« Respectables et très-honorés et bien-aimés
« seigneurs, le plus humblement que je puis et
« sçais, en la très parfaite charité de notre très-
« piteux Rédempteur, je me recommande à vous
« et à vos saintes oraisons, mérites et accepta-
« bles (digne d'être exaucées) oracions (suppli-
« cations. De tout mon cœur désirant votre bon-
« ne santé et prospérité spirituelle et corporelle
« et en regrâciant (remerciant) très-affectueu-

« sement à Dieu et à vous de la très-grande a-
« mour et charité que vous avez à nous et à no-
« tre religion, et par spécial de la grande affec-
« tion et diligence que vous avez continuelle-
« ment du couvent nouvellement commencé à
« Gand et de tout l'avancement, bien et confort
« que, par vous et par votre bon moyen, y a été
« fait et du grand soin et bon vouloir que vous
« avez démontré en nous plusieurs fois par ex-
« près messagers, signifiant l'état et ordon-
« nance dudict couvent. Je prie humblement le
« très-doux, piteux et amoureux J.-C. qui a cent-
« doublé (centuplé) préestimablement les biens,
« vouloir rendre en la vie perdurable, selon sa
« digne promesse évangélique. Et vous plaise
« savoir que sur la matière de parvenir audit
« couvent, j'ai plusieurs fois fait diligence de
« me transporter au couvent nouvellement édi-
« fié par ma très-redoutée Dame de Bourgogne
« en la ville de Hesdin, et assemblé les reli-
« gieuses et disposé entièrement pour y mener.
« Mais le conseil des nobles et des marchands,
« qui ont accoutumé d'aller par delà, est, si je
« entreprenais le chemin de ces provinces, que
« je les mettrais en grande aventure, et expo-
« sition, et perdition pour la voie qui est gran-
« dement dangereuse et périlleuse et encore plus
« pour femmes et religieuses que pour autres.
« Pourquoi il m'est convenu excuser par de-
« vant ma dite et très-redoutée Dame et Seigneu-
« resse, comme il n'est pas chose possible de pré-

« sentement aller. Pour le présent toutefois mon
« intention est d'y aller incontinent si les che-
« mins sont sûrs et sont déjà allées quelques-
« unes de mes sœurs pour le couvent posséder
« et si j'eusse pu accepter et parfaire la dite al-
« lée, moi existant à Hesdin, je vous eusse pu
« conseiller et montrer la manière de parfaire
« le dit couvent de Gand. Mais pour certain
« voyez et considérez les dangers et périls qui
« présentement sont et l'indisposition qui est
« encore de plus grands et difficiles inconvé-
« nients à venir. Ce (si) ledit couvent était tout
« préparé et assaini, se ne pourrait-on pas me-
« ner les religieuses par les périls devant dits,
« dont je suis évidemment dolente et désolée
« tant pour la bonne dévotion et affection que
« vous avez à la conservation dudit couvent,
« que pour l'accomplissement du bon dessein et
« sainte intention des fondateurs et bienfaiteurs
« d'icelui couvent ; de la quelle dévotion et in-
« tention ni eux ni vous ne devez compte à Dieu
« et quant à être participants des suffrages et
« oraisons de la religion, vous ne serez pas pri-
« vés de cette offrande, et pourtant m'est-il ob-
« servé et considérez les inconvénients devant
« dits présents et à venir, et que je n'ai pas per-
« sonne idoine ni convenable pour être présen-
« tement envoyée. Je pense que le lieu du dit
« couvent a été donné dévotement à Dieu, et les
« édifices et bienfaits d'icelui ont été pour l'a-
« mour et révérence de ly et de sa grâcieuse

« Vierge Mère faits. Et afin aussi que le dit cou-
« vent donné à Dieu comme dit est, par succes-
« sion de temps ne venist aux usages profanes,
« considérez que tous religieux et religieuses,
« sont ordonnés ou députés pour le service de
« Dieu ; pour mieux conserver le dit honneur de
« Dieu et maintenir la dévotion et bonne inten-
« tion des donateurs dits, si vous plaisait et aux
« seigneurs de la ville par un bon accord à met-
« tre audit couvent bons et dévots religieux,
« ou aucunes bonnes et dévotes religieuses, par
« licence et ordonnance de ceux à qui il a ap-
« partient, pour y vivre en observance régulière
« et servir très-exactement et dévotement Dieu,
« il me plairait et y donne mon consentement.
« Car j'ai entendu jà par là que plusieurs sont
« qui désirent et procurent que ainsi se fasse,
« contre lesquels je ne voudrais point que vous
« eussiez pour l'occasion dudit couvent quel-
« conques noyses et divisions. Car, entendu
« les inconvénients devant dits, je ne vois com-
« ment votre bonne intention et dévotion peut
« en brief sortir son plein effet et on ne sait de
« mort ni de vie de côté ni d'autre. Pourquoi
« soit mis le dict couvent à ceux ou celles qui
« dit est et plus sûrement se pourrait à Dieu
« conserver.

« Très estimés et très honorés seigneurs, je prie
« humblement le Saint-Esprit qu'il veuille vous
« conserver et augmenter en sa sainte grâce e
« finalement octroyer la grâce perdurable.

« Ainsi écrit à Besançon, ce 18ᵉ jour de mai.

La très-indigne serviteresse de J.-Ch.
et votre inutile oratresse.

« Sœur COLETTE.

Sceau :
(Mes sœurs pensez à la mort, il faut mourir).

L'année où cette lettre fut écrite n'est pas marquée. Mais on peut la conjecturer de ce que dit sainte Colette du couvent d'Hesdin. Ce n'est que le 25 juin 1437 que le duc de Bourgogne obtint la bulle d'érection de ce monastère. Or, ce n'est qu'après cette date qu'ont pu commencer les sollicitations adressées à la réformatrice pour se rendre dans le nord de la France. Cette lettre est donc postérieure à 1437, mais antérieure à 1441, où sainte Colette partit enfin pour correspondre aux désirs des Gantois et du duc de Bourgogne. En effet, ce prince, de son côté, comme vient de nous dire la sainte abbesse, voyant le bien produit dans son duché de Bourgogne par les monastères fondés, voulait procurer le même bienfait à ses autres états et il sollicitait depuis longtemps le retour de la réformatrice vers sa patrie. Mais celle-ci, dirigée par des vues élevées et surnaturelles, ne pouvait abandonner si vite les jeunes plantes qu'elle cultivait avec une sollicitude active. Elle aimait mieux fonder moins de maisons et les bien pénétrer de l'esprit séraphique. Enfin, en 1440, elle reçut de Guillaume de Cazal, ministre général de l'ordre, des lettres datées du 1ᵉʳ juin, qui lui commandaient d'accéder aux désirs du duc. Il fallut se préparer à partir. Ce ne fut pas sans une profonde émotion. La grâce perfectionne la nature, mais ne la détruit pas; elle épure toutes les affections, mais elle les rend plus vives. La maternité spirituelle coûtait à sainte Colette des douleurs plus profondes et plus durables que la maternité charnelle n'en peut imposer.

Sous le poids de ses répugnances les plus vives, dans les alarmes de son humilité, quand elle résistait à l'appel de Dieu, quand elle pleurait, en sortant de Nice, l'honneur qui venait de lui être imposé, elle n'avait pas mesuré l'espace qu'elle devait parcourir. Si elle avait pu alors entrevoir les palais dans lesquels elle devait être reçue avec tant d'empressement et d'honneur, compter les villes où elle devait être introduite en triomphe, elle aurait succombé sous le poids de son effroi. A cette répugnance si pénible pour les honneurs, venaient s'ajouter les déchirements de son cœur si affectueux.

Entrée dans le monastère de Besançon, elle avait cru y trouver le repos. Mais ce repos ne fut pas de longue durée. D'autres œuvres l'appelèrent. Les maisons les plus chères, il fallait les quitter successivement pour accomplir avec générosité la mission divine. La Bourgogne et les provinces voisines étaient devenues comme sa patrie adoptive; il faut en sortir encore pour retourner vers cette province qui l'a rejetée et méprisée. Il faut y aller affronter de nouvelles douleurs. Ah! sans doute, plus d'une fois, elle s'est appliqué à elle-même cette plainte de David : *Heu mihi! quia incolatus meus prolongatus est!* hélas! pourquoi mon séjour ici-bas s'est-il prolongé!

Cependant si elle souffre, elle ne désobéit pas.

Après avoir mis ordre aux affaires les plus urgentes, sainte Colette partit, en 1441, de Besançon pour Hesdin. Le choix que le duc Philippe avait fait de cette dernière ville pour un monastère de Clarisses, lui était singulièrement agréable. Hesdin lui rappelait le P. Pinet, son sage directeur dans sa vie de recluse. C'était d'Hesdin qu'il venait la visiter. A Hesdin, reposait sa dépouille mortelle entourée de vénération. Ce fut une grande joie pour le cœur reconnaissant de sainte Colette, de visiter cette tombe et de doter d'un monastère de Clarisses une ville que son directeur aimait et où il avait opéré un grand bien. Ces sentiments pouvaient adoucir l'amertume des séparations qui lui étaient imposées.

Dans ce long voyage de Besançon à Hesdin, il arriva que le chariot qui portait sainte Colette fut renversé, et elle en eut le bras démis. Elle souffrait beaucoup, mais elle ne voulait pas suspendre la marche, trop heureuse sans doute d'ajouter cette douleur à ses austérités. Enfin le P. Pinet lui apparut, lui fit reproche d'avoir tant tardé à s'adresser à lui et il la guérit. Ses compagnes Agnès de Vaux, Marie Lorman et sœur Perrine furent fort étonnées de voir qu'elle avait recouvré l'usage du bras dont elle ne pouvait se servir en aucune manière. Elles obtinrent que leur mère leur confiât ce qui s'était passé.

CHAPITRE XLI.

Couvents d'Hesdin et de Gand.

Comme on vient de le lire au chapitre précédent, le duc de Bourgogne avait obtenu, dès le 25 juin 1437, une bulle qui érigeait canoniquement un couvent de Clarisses réformées à Hesdin, en Artois. Dès lors, il avait donné ses ordres à ses intendants pour la prompte construction des bâtiments nécessaires ; d'autre part, il sollicitait instamment de la réformatrice l'envoi d'une colonie de ses religieuses dans ce nouveau monastère. Malgré les obstacles indiqués par sainte Colette dans sa lettre aux bourgeois de Gand, le duc de Bourgogne se vit encore plutôt obéi par l'humble abbesse que par ses officiers. Quand sainte Colette arriva à Hesdin, le monastère était loin d'être aussi avancé qu'on le lui avait dit. Les commencements furent pénibles aux sœurs. L'église n'était pas encore bâtie. La maison, d'ailleurs petite, se trouvait diminuée par la nécessité de convertir la plus grande salle en chapelle provisoire. Tout en conservant l'humilité ordinaire dans ses constructions, sainte Colette aurait voulu un peu plus d'espace, parce qu'elle destinait cette maison à être un noviciat, une pépinière pour les couvents du Nord. Aussi, en même temps qu'on construisait l'Eglise, fit-elle ajouter une aile au monastère. Le duc étonné, quoique disposé assurément à pourvoir à cet accroissement de dépenses, lui demanda avec bonté où elle trouverait de quoi payer cette construction. Il provoquait une demande qu'il aurait été heureux d'accorder ; mais sainte Colette lui répondit : « Que Votre Altesse ne s'en mette pas en peine. La Providence, qui ne nous a jamais abandonnées, y pourvoira. » La confiance de sainte Colette ne fut pas trompée ; elle trouva dans son oratoire une somme en or plus que suffisante pour payer toute la dépense. Le prince apprit ainsi que Dieu et ses saints honorent les grands et leur font une grande faveur en leur permettant de contribuer à leurs œuvres, mais que leur concours n'est pas indispensable. Philippe, vaincu, avoua que sainte Colette était plus riche que lui. Ce n'est pas le seul fait semblable dans la vie de sainte Colette. Plusieurs fois le Ciel vint ainsi à son secours dans ses entreprises.

Comme à Poligny, comme au Puy, une eau potable manquait à cette habitation. Pour en obtenir, il fallait faire des travaux considérables, dont l'entretien très dispendieux eût obligé à violer souvent la clôture. Sainte Colette y pourvut. S'étant mise en prière, elle obtint une source qui fournit abondamment un eau pure d'une vertu miraculeuse.

Pour arriver à sa nouvelle demeure, l'illustre réformatrice avait traversé toute la Picardie, revu Amiens qui s'émut sans doute de son retour. Tous les rangs de la société entendirent parler de ses œuvres et de ses miracles; aussi des cœurs généreux s'empressèrent de venir se ranger sous sa conduite, afin d'apprendre à prier et à s'immoler pour leurs frères. Dans le petit nombre de sœurs nommées par les premiers biographes, nous voyons des noms connus encore dans la province, Colette d'Applaincourt, Marguerite de Belleval, qui fut plus tard abbesse d'Amiens. Puissent ces familles se souvenir des exemples de leurs ancêtres pour leur bonheur et celui de la société.

L'infatigable réformatrice se mit à l'œuvre avec sa première ardeur pour former la nouvelle communauté et la pénétrer du véritable esprit de sainte Claire et de saint François. Rien n'échappait à sa vigilance, rien ne résistait à l'énergie de sa foi, à l'ardeur de sa charité. Comme partout ailleurs, le Ciel l'aidait par une intervention manifeste et lui communiquait des dons merveilleux.

Elle éprouva à Hesdin des extases remarquables. Ainsi, à la fête de la sainte Trinité, dans un ravissement profond, elle connut les tribulations qui menaçaient le troupeau que Dieu lui avait confié. Elle en ressentit une douleur inexprimable, et, pendant trois jours, plongée tout entière dans un océan d'amertume, elle laissa couler des larmes intarissables jusqu'à la fête du corps de Notre-Seigneur Jésus-Christ. Dans cette solennité, ravie de nouveau, elle éprouva une consolation qui rayonnait sur son visage. Elle avait vu, après la tempête le calme, après l'épreuve la récompense, le développement de sa réforme et les vertus héroïques pratiquées par ses enfants.

La douleur qu'elle avait éprouvée était peut-être occasionnée, en partie du moins, par les mesures que voulait prendre Fr. Jean Maubert, vicaire du ministre général pour les provinces de France et les contrées voisines. Les premiers biographes attestent que, comme saint Jean de Capistran, il entreprit aussi de modifier l'œuvre de la réformatrice. Quoique animé d'excellentes intentions, il lui causa de profondes amertumes. Or, il avait été élu à Padoue, en 1443, et il exerça sa charge jusqu'à sa mort, en 1450.

Cependant la ville de Gand avait senti se réveiller plus ardents ses désirs de posséder les ferventes filles de sainte Colette. Les bourgeois avaient repris les travaux du monastère longtemps interrompus. On demandait avec instance la présence de la sainte réformatrice. Elle dut se rendre à ces désirs.

Le 3 août 1442, elle fut reçue avec tous les témoignages du plus profond respect et de la plus humble vénération. Enfin la chrétienne cité de Gand vit se réaliser ce qu'elle avait désiré pendant de si longues années ; de vraies filles de sainte Claire, formées par sainte Colette, furent mises en possession de leur modeste habitation. Sœur Odette, fille du duc de Bourgogne, fut la première abbesse de ce couvent, qu'on appela Bethléem à cause de sa pauvreté.

La réformatrice n'y demeura que peu de temps. Elle devait y revenir après avoir terminé ailleurs des affaires importantes. Son séjour, de si peu de durée, suffit cependant pour lui attirer des âmes généreuses capables de marcher sur ses traces. Nous trouvons, en effet, dans les premières chroniques, le nom de sœur Annette de Gand. Elle habitait le monastère d'Hesdin. Un frère de ce couvent alla trouver la sainte abbesse en Bourgogne, où elle était retournée. Il fut fort étonné d'apprendre, de la bouche de sainte Colette, la mort de sœur Annette, qui n'était point malade lors de son départ.

Aussitôt qu'elle fut arrivée à Besançon, la sage réformatrice s'empressa d'écrire à ses généreux amis de Gand la lettre suivante :

« Très-respectables et très-honorés seigneurs,
« tant et si très-humblement que je puis et sçais,
« en la très-parfaite charité de notre très-piteux

« Rédempteur, ma pauvre âme à votre bonne
« grâce et à vos dévotes prières et saintes orai-
« sons je recommande de tout mon cœur, dési-
« rant votre bonne santé et prospérité spirituelle
« et corporelle. En vous suppliant que devant
« toutes choses mondaines et transitoires, vos
« affections et occupations soient à Dieu par-
« faitement aimer et à le servir humblement et
« dévotement en gardant loyaument ses dignes
« et salutaires commandements qui sont néces-
« sairement à garder pour le salut de l'âme et
« en conservant purement et nettement sans
« offenses mortelles vos âmes et consciences.
« Ne faites pas chose devant sa souveraine ma-
« jesté et glorieuse présence, que vous ne fau-
« driez pas faire (qu'il ne faudrait pas faire) de-
« vant moindre et plus grand que vous. En
« quelque lieu que nous soyons tous, présent
« ly (lui) et nous voit clairement aussi par de-
« dans et aussi par dehors et nous connaît mieux
« que nous ne faisons nous-mêmes. Pourquoi
« nous devons être en tous lieux et à toute heure
« sur notre garde, que nous ne pensions, ne di-
« sions, ne faisions choses qui lui puissent être
« desplaisantes et détestables. Plaise vous sa-
« voir que par la souveraine bonté de Dieu, moi
« et toute notre compagnie, sommes sauvement
« et sûrement venus en la cité de Besançon, le
« 11ᵉ jour d'octobre sans avoir trouvé quelcon-
« que empêchement dont nous devons bien louer
« Dieu et glorifier. Je vous supplie humblement

« que vous ayez le couvent toujours cordiale-
« ment pour recommandé et ne veuillez souffrir
« être fait chose qui soit contre Dieu et régulière
« observance. Très-respectables et très-honorés
« seigneurs, je prie humblement le benoît Saint-
« Esprit qu'il vous veuille présentement conser-
« ver en sa sainte grâce et finalement octroyer
« la gloire perdurable.
  « Escript à Besançon, le 13 octobre.

  « *Votre indigne serviteresse de Jésus-Christ
  et votre inutile oratresse,*

  « Sœur COLETTE.

Parmi les âmes auxquelles sainte Colette faisait sentir l'attrait divin pour la vie parfaite, il en était que des liens sacrés retenaient momentanément dans le monde. La sainte abbesse consolait par ses lettres ces colombes qui languissaient péniblement dans l'exil. Voici une de ces lettres adressée : « A ma chère dame et
« très-spéciale amie en Jésus-Christ, Marie
« Boen (de Gand).

  « Chère dame et très spéciale aimée en Notre-
« Seigneur Jésus-Christ, tant et le très plus
« humblement que je puis et sçais, me recom-
« mande toujours à votre bonne grâce et en vos
« dévotes prières et oraisons devant Notre-Sei-
« gneur Jésus-Christ; vous suppliant que in-
« cessamment veuilliez profiter de bien en mieux,
« en sa très-parfaite amour, en vous maintenant
« continuellement, fort et vertueusement en

« son très saint et digne service ; car aux com-
« mençants est promis le royaume, mais aux
« loyaument persévérants sera donnée la cou-
« ronne, et car tant que nous sommes en la vie
« présente, y a continuellement périls innom-
« brables qui sont bien à (re) doubter, comme
« spécialement ces ennemis, le monde et la chair
« qui nuit et jour nous font guerre en diverses
« manières contre lesquels se faut armer et s'en
« défendre car de nécessité nous faut vaincre se
« nous ne voulons être vaincus et comme dit
« saint Paul, nous ne pouvons avoir victoire
« sans bataille, ni couronne sans victoire et pour
« ce que de nous-mêmes sans l'aide et grâce de
« Notre-Seigneur ne pouvons nul bien faire, ne
« résister à nos adversaires, est besoin de nous
« retourner à notre bon et vrai patron Notre-Sei-
« gneur Jésus-Christ et lui prier qu'il lui plaise
« nous armer de ces armes afin que le puissions
« mieux et plus sûrement ensuivre. Ces ar-
« mures entre les autres dont il a été armé en ce
« pauvre monde, en faisant et opérant le mys-
« tère de notre rédemption, contre ces notres
« trois adversaires, ont esté contre le monde,
« vraie et sainte pauvreté dès sa nativité jus-
« qu'à sa mort, tout nu en croix ; contre la
« chair, pure, sainte et nette chasteté de cœur
« et de corps, né et conçu de pure vierge mère ;
« contre l'ennemi, parfaite humilité et vraie
« obédience jusques à la mort et tout en parfai-
« te charité ; et qui ainsi pourrait être armé,

« sûrement à la bataille pourrait aller. A bref
« parler, ce sont les armures dont il a voulu
« armer ceux et celles qui à ce se sont voulu
« moyennant sa grâce disposer, et qui loyau-
« ment l'ont voulu suivre au digne état évan-
« gélique et sainte vie apostolique : et je supplie
« sa bonté infinie que toujours il vous veuille
« parfaitement garder et de sa grâce tellement
« illuminer, que sans fin le puissiez servir et
« aimer, et en état à lui plus agréable, sous
« son esdise (devise, enseigne) loyaumeut mili-
« ter. Tellement que perdurablement vous puis-
« siez avec lui régner en son glorieux palais
« céleste : *In sæcula sæculorum. Amen.*

« *Votre indigne oratresse,*

« Sœur Colete. »

Il n'y a point de date à cette lettre, mais l'original conservé au monastère de Gand, le nom de la destinataire, nous portent à croire qu'elle fut adressée, vers cette époque, à une personne de Gand qui attendait sans doute une circonstance favorable pour entrer chez les Colettines.

C'est sans doute par le même courrier que sainte Colette adressa à ses religieuses de Gand la lettre suivante :

JHÉSUS.

« Très-chères et bien-aimées mères et filles
« et sœurs en Dieu, le plus très humblement que
« je puis et sçais, ma pauvre âme devant Notre-

« Seigneur en vos bonnes prières et dévotes
« oraisons, je recommande cordialement, dési-
« rant votre bonne santé et prospérité spirituelle
« et corporelle, en vous priant très chèrement
« que vous mettiez peine et diligence d'être
« vraies et parfaites religieuses, en fondant tou-
« tes vos œuvres en la racine de profonde hu-
« milité, et en embrasant vos cœurs de la très-
« parfaite amour de Dieu, en le servant soi-
« gneusement, humblement et dévotement, en
« gardant entièrement votre sainte règle, en ly
« rendant tout ce que volontairement ly avez
« voué et promis, en résistant vertueusement
« aux persécutions et tentations diaboliques.
« Nonobstant que vous soyez faibles et débiles,
« se n'est-il de la puissance de l'ennemi d'enfer
« de vous vaincre, se ne volez être vaincues et
« ayez bonne patience en toutes contrariétés et
« adversités. Nous profitons et fructifions tou-
« jours plus en tribulations et afflictions que
« nous ne faisons en prospérités et consolations,
« et la droite voie et seure qui mène au royaume
« perdurable, infailliblement et sans nul dé-
« voyer, c'est tribulations et afflictions injuste-
« ment faites et patiemment reçues. Quant est
« de ces filles dont vous m'avez écrit, j'ai
« écrit à la mère abbesse mon intention. Je
« recommande aux Flammangues le langage
« (la prononciation). Mon Père, frère Pierre,
« se recommande humblement à vous. Je
« prie le Saint-Esprit qu'il vous veuille tou-

« jours conserver en sa sainte grâce. *Amen*.

« Sœur Colette. »

Ce qui avait précipité le retour de sainte Colette à Besançon, c'était un second voyage de saint Jean de Capistran qui, cette fois, ne devait pas troubler la servante de Dieu, mais concerter avec elle les moyens à prendre pour conserver dans l'obéissance au véritable chef de l'Eglise les provinces de la France et pourvoir à tout ce qui intéressait le progrès spirituel et la perfection de l'ordre de Saint-François.

Comme commissaire du ministre général pour la réforme, il donna des pouvoirs très étendus à la sainte abbesse. On lira avec intérêt la traduction de la lettre qu'il lui laissa :

« A sœur Colette de l'ordre de Sainte-Claire,
« toute dévouée à Dieu le Christ, notre très
« chère fille dans le cœur de l'époux des vier-
« ges, Jean de Capistran de l'ordre des mineurs,
« de par le siège apostolique et le très Révérend
« Père vicaire-général, commissaire-général
« dans les provinces en deçà des monts, sou-
« haite le salut et la paix éternelle dans le Sei-
« gneur. Désirant, avec une affection paternelle
« vous consoler dans le Seigneur, par ces pré-
« sentes je ratifie et je confirme, et par la teneur
« de ces présentes, je déclare ratifiées et confir-
« mées toutes les faveurs que le très révérend
« ministre général vous a accordées à vous et à
« votre confesseur, Pierre de Vaux, et aux con-

« fesseurs des couvents de sœurs par vous bâtis
« ou à bâtir. En outre à vous ou à votre dit père
« confesseur par ces mêmes lettres, j'accorde
« que vous puissiez nommer un ou plusieurs
« frères de notre ordre d'une vie éprouvée et
« ayant un bon témoignage, pour remplir l'of-
« fice de visiteur des sœurs des dits couvents
« ou des frères qui vivent dans ces mêmes mo-
« nastères. A ces frères ainsi choisis, en vertu
« de ces présentes, j'accorde et je déclare accor-
« dés la même faculté, le même pouvoir que les
« ministres généraux précédents ont accordés
« autrefois à ces visiteurs. J'ordonne, en vertu
« de la sainte obéissance, que les frères ainsi
« nommés acceptent avec respect l'office de visi-
« teur et qu'ils le remplissent avec diligence et
« piété. A Dieu.

« Donné par moi, à Besançon, le huitième
« jour du mois de novembre, l'an de Notre-Sei-
« gneur 1442.

« Frère JEAN DE CAPISTRAN.
« *Commissaire général.*

« (J'ai écrit de ma propre main.) »

CHAPITRE XLII.

Fondation d'un couvent de Colettines à Amiens.

Le 15 mars 1443, Philippe le Bon, duc de Bourgogne, signait à Gand l'acte suivant en faveur de sainte Colette.

« Philippe, par la grâce de Dieu, duc de Bour-
« gogne, etc., à tous nos connétables, barons,
« officiers, etc., salut et dilection.

« Comme la religieuse et dévote (notre bien-
« aimée en Dieu) sœur Colette, de l'ordre de
« Saint-François, nous a fait exposer que pour
« peupler les nouveaux couvents que naguère
« elle a fait construire en notre ville d'Amiens
« et autres villes de nos Etats, pour y mettre et
« instituer des religieuses de sa règle et obser-
« vance, pour y demeurer et vivre en pauvreté,
« et nuit et jour insister et vaquer en prières et
« oraisons et au divin sacrifice, et pour aucunes
« autres affaires de sa dite règle et observance,
« elle ait intention de venir de nos pays de
« Bourgogne où elle est de présent, jusques à
« notre ville d'Amiens et ailleurs en nos pays
« et seigneuries, en ses maisons et couvents et
« d'y mener à ces effets un certain nombre de
« religieux et de religieuses, etc., etc. »

Ce sauf-conduit ou passeport était donné pour 40 personnes.

Le cœur de sainte Colette, animé par l'amour fraternel, goûtait donc enfin une consolation bien douce ; il obtenait la réparation des échecs éprouvés au début de sa mission dans sa patrie. Ce n'était pas un misérable sentiment d'amour-propre satisfait, triomphant, qui réjouissait la grande âme de la réformatrice. Elle était heureuse de voir réparer le scandale et disparaître en partie les maux produits par un aveuglement obstiné. Au centre même de la Picardie, dans la capitale de cette province, s'élevait un monastère que ses religieuses pourraient bientôt habiter.

Parmi les seigneurs de la cour du duc de Bourgogne et les conseillers les plus intimes de ce prince, se distinguait alors un noble et pieux gentilhomme, Philippe de Saveuse, gouverneur d'Amiens et d'Arras pour le duc de Bourgogne, à qui ces villes avaient été cédées par le traité d'Arras. Sincèrement chrétien Philippe de Saveuse ne pouvait rester indifférent à l'œuvre tout à la fois catholique et sociale, entreprise par sainte Colette. Heureux de voir enfin à Hesdin celle dont la renommée racontait de si grandes choses, il lui offrit ses services et mit à sa disposition sa fortune et sa personne. Il fut convenu que sa première œuvre serait pour Amiens. Il obtint d'Eugène IV une bulle d'érection datée de Florence le 7 juillet 1442. En même temps, il achetait une propriété convenable pour son dessein, en face de l'église paroissiale de Saint-Sulpice et de l'hôpital Saint-Jacques, dans le quartier rapproché de la citadelle.

Dès le mois de janvier 1442, à la requête de sainte Colette, le roi Charles VII avait accordé de Montauban des lettres d'amortissement et par une lettre spéciale, il avait recommandé aux autorités civiles et militaires de traiter la vénérable Mère Colette avec les égards dus à sa vertu qu'il louait beaucoup.

Dans l'acte officiel d'amortissement qui est en latin, quoique dans ces pièces on soit ordinairement bien sobre d'éloges, il parle ainsi : « Pour nous, marchant sur les traces de nos « prédécesseurs, à ces frères et sœurs et reli- « gieux très-dévots, loués de tous, comme nous « le témoignent plusieurs personnes dignes de « foi et qui attestent leur vie pure, leur dévotion « fervente et leur haute contemplation, nous « accordons...

La reine avait uni sa recommandation à celle du roi, elle disait : « Nous avons su que puis « trente ans et plus, par le moyen d'une dévote « religieuse, nommée sœur Colette, plusieurs « couvents de l'ordre et religion de Sainte-Claire « ont été réformés au pays de France et autre « part, à la gloire et louange de notre Créateur « et à l'exaltation de notre Mère la sainte « Eglise... »

En même temps que ces lettres, dans l'assemblée de l'échevinage du 13 juin 1445, fut lue aussi celle du duc de Bourgogne ; avec un ton plus accentué de maître, elle exprime des pensées très honorables pour sainte Colette et pour le prince chrétien qui l'adressait aux habitants d'Amiens. La voici tout entière.

« Notre amé et féal conseiller et chambellan,
« le seigneur de Saveuse fait édifier un couvent
« pour dévote religieuse sœur Colette et ses
« pauvres sœurs et pour ce que nous avons af-
« fection singulière aux dictes religieuses d'i-
« celle et que désirons le bien et augmentation
« d'icelle, nous escrivons par devers vous. Man-
« dons et requérons et arrêtons que, en tant
« que elles auront (rapport) avecques vous ou
« aucun de vous pour le bon soustènement et
« entretènement de leur dict couvent, vous les
« vouliez aider soustenir et favoriser de vos
« pouvoirs pour l'amour et révérence de Dieu,
« principalement comme aussi pour l'amour et
« contemplation de nous. Car avecques le mé-
« rite que pouvez vous acquérir vers Dieu vous
« nous ferez un singulier plaisir. » Dijon, 5 décembre.

L'achevinage d'Amiens n'accorda point immédiatement ce que lui demandaient de si hautes et si puissantes autorités. Nous ne l'en blâmons pas. On aime à trouver dans ces siècles calomniés une grande indépendance municipale. Quelques mois plus tard, 4 février 1443, le seigneur de Saveuse rappela cette affaire à l'attention des magistrats, ils remirent encore la décision à un autre jour. On voit dans le procès-verbal de la délibération que le couvent était dès lors bâti.

Enfin, le 20 février, ils acquiescèrent à l'arrangement proposé par le seigneur de Saveuse. Ils consentirent à l'amortissement, mais ne sacrifièrent point les intérêts de la cité. En effet, ils stipulèrent en leur faveur une rente de 47 livres au lieu de 27 à 28 livres que produisaient les biens amortis. Voici ce qu'ils disent :

« De tous nos cœurs désirons l'augmentation
« du service divin en la dicte ville et habitation
« de bonnes et religieuses personnes qui dévo-
« tement prient Dieu pour le Roi notre seigneur,
« la Reyne et leur noble progénie, pour notre
« seigneur le duc et madame la Duchesse, pour
« le bon état du royaume et le bien de la dicte-
« ville et des habitants d'icelle et nous incli-
« nant à la dicte requeste. »

On voit que ces bourgeois du XVe siècle, pour être pleins de foi, n'étaient pas moins bons gardiens des intérêts temporels de leur cité (1).

Il survint d'autres difficultés. Le curé de Saint-Sulpice, le chapitre et l'évêque lui-même, Jean Avantage, élevèrent quelques réclamations et firent opposition pour sauvegarder les droits qu'ils avaient.

(1) Ces faits et ces citations sont tirés des archives municipales d'Amiens.

Le curé de Saint-Sulpice se croyait lésé dans ses droits curiaux et pensait que la présence de pauvres volontaires causerait un détriment aux pauvres de sa paroisse. C'était le raisonnement de la sagesse humaine, la solution d'une question de charité par l'arithmétique. Il est vrai qu'une quantité limitée produit des portions plus ou moins petites selon le nombre des copartageants ; mais rien de plus puissant pour faire affluer les aumônes sur un point et accroître la charité, que la pauvreté volontaire. Elle distribue les biens qu'elle abandonne et accroît le détachement et la générosité des riches qui restent dans le monde.

Les intérêts du curé de Saint-Sulpice furent sauvegardés, et il comprit mieux ceux de ces pauvres. C'est pourquoi un acte réglant cette question fut dressé en 1443.

Le chapitre avait quelques droits seigneuriaux qu'il devait défendre ; il n'en était que le dépositaire.

L'évêque d'Amiens se préoccupa des questions de juridiction, surtout pour l'avenir. On ne se trouve pas toujours en présence des saints. Ils ont pour successeurs des hommes infirmes comme le reste des mortels. Des faveurs trop facilement accordées ouvrent, quelquefois la porte à des abus déplorables. Les questions pendantes entre l'évêque et le nouveau couvent furent terminées par un acte solennel, dans lequel l'abbesse et les sœurs, tant en leur nom personnel, qu'au nom de celles qui devaient leur succéder promirent de ne rien faire qui pût léser les droits ou l'autorité du prélat. Ainsi : 1° on n'admettra à l'inhumation dans le monastère que ceux qui auront élu leur sépulture sans fraude ; 2° les pères députés au service du couvent ne pourront administrer les sacrements de l'autel, du mariage, de l'extrême-onction à ceux qui sont étrangers au monastère ; 3° on respectera les interdits de l'évêque d'Amiens. Ces points avaient été discutés avec tout le calme et la charité désirable, car le litige n'arrêta pas la marche des travaux. Les parties étaient si assurées de s'entendre qu'avant la solution définitive l'évêque d'Amiens bénit le cloître, consacra l'église, et le chapitre prit part à ces solennités.

Outre ces oppositions de la part des autorités de divers degrés, il y en eut d'autres venant de religieux déjà établis dans la ville d'Amiens. Elles contribuèrent beaucoup à fortifier les premières. L'homme se retrouve partout avec ses faiblesses et ses petitesses, hélas ! trop peu réformées, trop peu combattues. Plus ou moins déchus de leur règle primitive, les Frères-Mineurs, les Dominicains, les Augustins ne pouvaient sans un certain déplaisir voir arriver des religieuses, dont l'austère régularité serait pour eux un reproche continuel. L'élan qui allait porter vers elles la population catholique, pourrait diminuer leurs moyens d'existence. Ils firent circuler des libelles défavorables. Le confesseur de sainte Colette se vit obligé de répondre par un écrit plein de charité et de modération, mais solide et vigoureux qui est conservé au monastère d'Amiens. Le commencement en ayant été rongé par le temps, on l'a attribué par erreur au P. Henri qui était mort depuis plusieurs années. C'est donc le P. Pierre de Vaux qui l'a écrit. Nous avons puisé dans ce document si sûr les renseignements précédents et ceux qui suivent.

Or, en ce temps, les erreurs fourmillaient ; les Bohémiens et les Hussistes se répandaient partout pour semer leurs hérésies. On exploita donc facilement contre sainte Colette et son œuvre le danger des nouveautés. Mais Pierre de Vaux répondit à ces insinuations malveillantes ; et pour démontrer à tous, même aux moins bienveillants, que l'entreprise de la vierge de Picardie, loin d'être téméraire et dangereuse, était l'œuvre de Dieu lui-même, il rappelle la soumission profonde de sainte Colette à l'Eglise et à ses pasteurs ; la mission qu'elle en avait reçue, la faveur dont l'honoraient les prélats et les princes ; l'empressement de tant de cités chrétiennes à bâtir des couvents ; les vertus héroïques qui se pratiquaient en ces nouveaux monastères. Qu'on ne craigne pas la diminution des aumônes. Tous les religieux dans les villes où sont déjà des couvents réformés, pourraient attester qu'elles augmentent plutôt que de diminuer.

A la fin de 1443 ou dans les premiers jours de 1444, sainte Colette, profitant du sauf-conduit du duc de Bourgogne, emmena de Besançon une nombreuse colonie composée de religieuses choisies dans les monastères voisins. Parmi elles se trouvaient les filles du roi Jacques de Bourbon et sa petite-fille encore enfant, que Bernard d'Armagnac avait confiée à ses tantes pour l'élever dans la pratique des vertus chrétiennes. La pieuse caravane arriva à Amiens à la fin de janvier 1444. En effet, le 26 de ce mois, fête de saint Polycarpe, l'évêque d'Amiens, sans être arrêté par les contestations à résoudre, bénit solennellement le cloître et mit les religieuses en possession de leur demeure. Ce fut une fête pour la population et un triomphe pour la réformatrice. L'autorité municipale, animée de sentiments chrétiens, voulut prendre part à la fête et y contribuer ; on voit, en effet dans les comptes de cette année pour la ville d'Amiens, cette mention curieuse : « *Au Saumon d'argent*, « le cinquième jour de mars, deux kaines de vin « à dix-huit sous le lot pour sœur Colette qui « était nouvellement venue en cette ville, pour « ce neuf sous, *au double Chercle*, le dit jour, « deux kaines de vin à seize sous le lot, pour « elle comme dessus, pour ce huit sous. »

Il est probable que ce ne fut pas le seul acte gracieux de la municipalité d'Amiens envers l'illustre abbesse qui venait se placer sous sa protection. L'éclat de ses vertus, qui avait triomphé de l'obscurité de sa naissance et des ténèbres où elle voulait se cacher, les merveilles par elle opérées et racontées par la renommée, l'appui des grands de la terre, la noblesse des disciples qu'elle conduisait avec elle, tout devait concilier à sainte Colette la vénération, le respect, la sympathie et le concours de la capitale de la Picardie.

Jeanne de Bourbon, l'aînée des filles du roi Jacques, fut chargée de gouverner le nouveau monastère en qualité d'abbesse.

L'année suivante, le 23 avril 1445, l'église fut enfin consacrée sous le vocable de Saint-Georges et de Sainte-Claire.

Des auteurs récents, trompés par quelques notes manuscrites d'assez fraîche date, prétendent que ce ne fut qu'en cette année 1445 que sainte Colette introduisit ses religieuses dans le monastère. Il serait assez étrange que la bénédiction du cloître et de tous les lieux réguliers eût été faite un an avant la prise de possession, et que sainte Colette n'ait usé du saufconduit du duc de Bourgogne, valable pour un an, que dix-huit mois après sa date. D'un autre côté, ces auteurs, n'ayant pas sous les yeux le document tiré des archives d'Amiens, font voyager la réformatrice dans d'autres provinces, alors qu'il est indubitable qu'elle était en Picardie. C'est l'ignorance d'une date qui les a induits en erreur. Mais ils étaient disposés à y tomber par une circonstance qu'il est bon de remarquer.

Il paraît que sainte Colette est retournée en Bourgogne, en 1444. On l'affirme d'après une procuration signée à Besançon le 14 juillet de cette année, pour terminer les contestations concernant le couvent d'Amiens. Quoique nous n'ayons pas été assez heureux pour retrouver cette pièce, elle est mentionnée trop exactement dans plusieurs inventaires, pour qu'elle n'ait point ici une véritable autorité. La réformatrice aura fait ce voyage pour terminer certaines affaires et pour ramener encore de la Bourgogne quelques religieuses, nécessaires à la bonne constitution des maisons qu'elle venait de fonder. Elle aura introduit ces nouvelles Clarisses à Amiens, en 1445. C'est ce fait qui aura été confondu avec le premier établissement qu'il faut nécessairement faire remonter à la bénédiction du cloître, le 26 janvier 1444.

Une autre preuve de la vérité de ce système de chronologie, c'est le langage même de la bulle dont nous allons parler. Déjà, depuis quelque temps, dit-elle, les religieuses habitaient leur monastère, lorsque des difficultés s'élevèrent entre le chapitre et l'évêque d'une part, les religieuses et les pères faisant fonction d'aumôniers de l'autre. Il y avait litige sur les droits funéraires, sur les droits de sépulture, sur l'administration des sacrements et autres actes de juridiction. Ces différents s'aplanirent; on convint de quelques articles qui furent soumis à l'approbation du souverain Pontife. Mais, trop éloigné pour juger par lui-même, comme il le dit, le Pape, par une bulle du 15 septembre 1445, commit Raoul, abbé de Saint-Martin d'Amiens, pour examiner, juger et ratifier les conventions arrêtées entre les Clarisses d'une part, et l'évêque, le chapitre et le doyen du chapitre de l'autre. L'abbé Raoul exécuta sa commission le 27 septembre 1446. Ces faits, cette affaire déférée à Rome, la bulle expédiée, ce qui exigeait un certain délai, prouvent que le monastère d'Amiens était habité dès 1444 et même auparavant.

On vient de voir que sainte Colette était retournée à Besançon dans l'été de 1444. C'est à la fin de cette année qu'elle dit un adieu définitif à cette ville et à la province qui lui avaient été si hospitalières. Ce ne fut pas sans une émotion profonde qu'elle quitta ces maisons où elle laissait des sœurs qui lui étaient si chères. Au moment de se séparer définitivement de ses filles de Besançon, elle fut saisie par l'esprit prophétique, et elle leur annonça deux fâcheux événements, afin que ces afflictions ne jetassent pas dans le découragement celles qui en seraient victimes. « Un incendie, dit-elle, dévorera cette « demeure, et ensuite une peste la rendra dé- « serte. On sera obligé, pour la repeupler, de « faire venir des sœurs des maisons voisines, « fondées par des enfants sorties de son sein. « Quand ces événements arriveront, aucune « de celles qui l'écoutent ne sera vivante. »

C'est pourquoi elle commande que l'on consigne ses avertissements par écrit ; ce qui fut fait immédiatement (1). Dans l'enceinte formée par les cloîtres, était la sépulture des sœurs ; au milieu des tombes s'élevait une croix de pierre d'une assez grande hauteur. Sainte Colette, l'apercevant, ajoute : « Vous voyez cette croix, quand « elle tombera, sachez que l'incendie est proche ; « que les sœurs portent tout ce qu'elles pour- « ront déplacer à l'extrémité du jardin où le feu « n'arrivera pas. » Or, soixante-six ans après, en 1510, une religieuse aperçoit de grand matin la croix renversée. Elle se rappelle avec effroi la prédiction dont les sœurs s'entretenaient quelquefois entre elles, et dont elles gardaient précieusement la preuve écrite. Elle donne l'alarme ; on s'empresse de se mettre en garde et de préserver tout ce qu'on peut emporter. Ne sachant d'où peut venir le malheur qu'on attend, on éteint les feux dans toute la maison, jusqu'à la lampe du sanctuaire, et on persévère dans la prière. Mais toutes les précautions n'empêchèrent pas la réalisation de la prophétie. Le feu se déclara dans une rue voisine, la rue Saint-Vincent, et bientôt, gagnant de proche en proche, triomphant de tous les obstacles et de tous les efforts, il atteignit le monastère lui-même, qu'il consuma entièrement avec l'église, sauf le

---

(1) L'abbé de Saint-Laurent a encore vu cette pièce au monastère de Besançon, au siècle dernier.

petit oratoire de la Sainte et la chapelle de Jacques de Bourbon.

Il fut rebâti. La peste vint quelques années plus tard, en 1544, réaliser l'autre prophétie. Elle frappa sur toute la ville, mais elle trouva des hosties pacifiques dans le cloître toujours animé de l'esprit de sainte Colette. Ces victimes choisies apaisèrent le courroux du Seigneur. La maladie cessa et épargna le reste de la cité. Le monastère était tellement dépeuplé, que pour remplir les divers offices nécessaires dans une maison religieuse, on fut obligé de faire appel aux monastères voisins. Peu de temps après, de nombreuses novices avaient repeuplé l'asile de la prière et de la mortification.

Dieu lui avait encore communiqué des lumières qui consolaient et réjouissaient le cœur de la réformatrice. « Par la protection de la sainte
« Vierge, dit-elle, la réforme durera dans les
« monastères de religieuses, jusqu'à la fin des
« temps. Ni les révolutions, ni la corruption
« du siècle, ni la diminution de la foi dans le
« monde, ne pourra éteindre ce flambeau allu-
« mé par Notre-Seigneur Jésus-Christ. Chez les
« religieux, il n'en sera pas tout à fait de même.
« Le nom de Colettin, leur existence séparée
« cesseront dans le siècle suivant, mais, grâces
« à Dieu, pour se fondre dans une réforme gé-
« nérale du premier ordre. Ainsi, les religieu-
« ses trouveront toujours dans de dignes en-

« fants de saint François des directeurs animés
« de l'esprit séraphique. »

En effet, dès les premières années du xvime siècle, le mouvement commencé par sainte Colette, et qui n'avait pas cessé de s'accélérer, produisit un ébranlement général. Presque tous les monastères revinrent à la stricte observance, et l'ordre de Saint-François se prépara à soutenir l'assaut du protestantisme par le renouvellement de son incomparable jeunesse.

Sainte Colette, pour consoler ses filles de son départ, laissa au couvent de Besançon ce qu'elle avait de plus précieux sur la terre, la parcelle de la vraie croix enchâssée dans l'or, qui lui avait été apportée du ciel, la croix de saint Vincent Ferrier et le bréviaire qui lui avait été donné par le Pape après sa profession. De quelle profonde vénération furent entourés ces monuments si précieux, il n'est pas besoin de le dire. Ils attestaient d'une manière si saisissante et la condescendance de Dieu pour sa servante et l'estime que le ciel et la terre faisaient de sa vertu.

Ayant affermi ses enfants dans la pratique des vertus héroïques, ses dispositions testamentaires envers elles étant terminées, l'illustre réformatrice quitta définitivement la Franche-Comté et la Bourgogne et revint en Picardie.

CHAPITRE XLIII.

Séjour à Amiens et à Hesdin.

Le 26 août 1445, sainte Colette, de retour à Amiens depuis quelque temps, était passée comme il lui arrivait si souvent de la prière dans l'extase. Revenue sur la terre, radieuse et pleine d'allégresse, dans ce premier moment d'épanchement presque involontaire qui suivait ces communications avec le Ciel : « Sachez, dit-elle à ses sœurs, que mon bien-aimé Père Jean Bassadan de l'ordre des Célestins, par l'intermédiaire duquel Dieu a daigné m'appeler à son service, s'est aujourd'hui dépouillé de son corps mortel à Aquilée et s'en est allé au ciel jouir de la gloire éternelle. Les habitants qui le vénèrent comme un saint, lui préparent de magnifiques funérailles ! » On remarqua le jour, et bientôt les Célestins d'Amiens apprirent que celui qui avait fondé leur maison, avait reçu la récompense de ses travaux et de ses vertus, le jour même indiqué par l'abbesse des Clarisses.

Sainte Colette termina à Amiens l'année 1445. C'est au commencement de 1446 qu'elle se rendit à Hesdin, car nous citerons tout à l'heure des lettres datées à Hesdin des premiers jours de mars qui ne peuvent se rapporter qu'à l'année 1446.

Elle avait déjà commencé à manifester des pressentiments de sa mort prochaine et même à en fixer presque la date. Ainsi, dès la fête de la Purification de 1445, elle dit qu'elle ne vivrait guère plus que deux ans. Une autre fois, elle engageait celles de ses filles qui voulaient lui parler, à le faire promptement, car elles ne le pourraient plus bientôt. Elle prenait toutes ses dispositions comme pour une mort prochaine, mettait ordre à ses affaires avec une grande diligence et donnait ses instructions à ceux qui devaient diriger sa réforme après sa mort. Ainsi, vers le mois de septembre 1445, à Amiens, elle appela auprès d'elle le P. Claret et lui fit mettre par écrit plusieurs avis importants ; sœur Elisabeth de Bavière qui était présente et nous rapporte ces détails, s'étonnait de cette conduite. « Elle ne la voyait pas plus mal, dit-elle, qu'à son « accoutumé. Même elle lui semblait mieux dis « posée qu'elle n'avait été depuis longtemps. »

Le jour de la solennité du Prince des Apôtres, en 1446, à Hesdin, elle entra selon sa coutume dans le sens le plus profond de cette fête ; c'était au reste, la pensée intime de toute sa vie, l'exaltation de l'Eglise, ses luttes, ses douleurs, ses humiliations et ses triomphes. Elle est ravie hors d'elle-même, mais ce n'est point pour goûter les délices de l'union divine. Jusque dans l'extase, elle ne cesse d'être une victime pour la pacification et la glorification de l'Eglise. Des douleurs en rapport avec la fête du pilote de l'Eglise, saisissent son âme prophétique. Voguant dans l'avenir sur la barque de Pierre, elle voit l'horreur des tempêtes, les ténèbres amoncelées par l'orage, beaucoup de passagers jetés dans les abîmes, par la violence des vents et périssant éternellement. Son regard pénétrant aperçoit après les derniers restes d'un schisme expirant, après quelques années de paix et de calme relatif, des vagues plus formidables soulevées contre le vaisseau qui porte les destinées du monde. Ce n'est plus une division momentanée, une contestation, funeste sans doute, mais non mortelle, sur la personne dépositaire de l'autorité, c'est la négation de cette autorité et de presque tous les mystères du christianisme. Cette révolte immense s'arme et exerce sa fureur contre les enfants fidèles de l'Eglise, surtout contre les vierges épouses de Jésus-Christ. Beaucoup sont obligées de fuir hors des asiles de la pureté et de la prière. Plusieurs sont victimes d'une rage satanique et impure. Colette, morte, endurera elle-même l'exil, et ses ossements, pour échapper aux injures des ennemis de Pierre et de l'Eglise devront quitter le lieu de leur repos, venir habiter Arras pendant quelques années. C'est alors que fondront sur ces fondations du Midi les malheurs qui lui ont été déjà révélés. Castres, Lésignan, Béziers, filles bien-aimées, quelles tribulations, quelles douleurs, quelles infortunes vous attendent!...

C'est après ce coup d'œil plongé avec effroi dans l'avenir que sainte Colette revenue à elle-même s'écria : « Bienheureuses seront celles qui mourront les premières ; elles ne verront pas les jours de la tribulation! » Ensuite elle exhorta ses filles à prier pour l'Eglise. C'était la noble fin de tant de sacrifices et de travaux.

D'un autre autre côté l'enfer redoublait de fureur. Depuis plusieurs années déjà ses attaques étaient, et plus fréquentes et plus terribles ; elles devinrent incessantes. L'œuvre de la réformatrice grandissait toujours ; son influence sanctifiante s'étendait de plus en plus. Ces succès enflammaient la rage d'un ennemi à qui des coups si sensibles étaient portés. Guillemette, abbesse d'Hesdin, nous fait ainsi connaître ces mystères : « Il n'y a créature qui puisse concevoir les peines « étranges, les meurtrissures et les afflictions « que lui faisait souffrir l'ennemi d'enfer et spé- « cialement la nuit. C'est ce qu'elle nous répé- « tait à toutes aux approches de la nuit : Vous « allez reposer, mes chères filles ; pour moi, je « vais commencer mon martyre. C'est le nom « qu'elle donnait aux tourments intérieurs « qu'elle éprouvait durant les nuits dont elle « passait la plus grande partie en oraison. « Aussi combien de fois, quand le matin était « venu, lui avons-nous vu la face toute meur- « trie par suite des tourments étranges qu'elle « avait endurés. » Mais toutes ces violences étaient inutiles et devenaient une source de confusion pour l'ennemi. La patience de la victime augmentait ses mérites et sa puissance. Les séductions ne pouvaient pas avoir plus d'empire sur une âme si bien trempée. Cependant, le démon eut recours à ce moyen. Sous des formes humaines plus ou moins parfaites et parées, les esprits mauvais essayaient de souiller les yeux si chastes de l'épouse du Christ par des représentations infâmes. Mais, vains efforts ! ils ne pouvaient ternir la pureté de cette âme toute resplendissante de la lumière divine et embrasée des flammes de la charité céleste. Ces assauts si violents qu'ils fussent, n'atteignaient point cet esprit qui habitait les régions les plus élevées de la vie mystique et rien dans cette âme séraphique ne pouvait la trahir ni livrer une entrée perfide à ses ennemis ; ses sens, si longtemps mortifiés et alors encore condamnés à une immolation incessante lui étaient parfaitement soumis. Vraiment reine dans son empire et couronnée d'un diadème brillant de grâces divines et de vertus acquises, cette grande âme pouvait être attaquée mais non vaincue, pas même agitée par la tentation. Vierge Colette, avancez donc heureusement, régnez, recevez les honneurs, que le Roi du ciel vous prépare.

Il semble cependant qu'un certain pressentiment de son triomphe futur triomphait parfois de son humilité. C'est pourquoi elle parlait avec bonheur de sa fin prochaine. Ainsi, à la Toussaint de 1446, un religieux augustin se présente pour recevoir l'habit de Colettin. On fait faire le vêtement. Mais quand on l'apporta à la réformatrice, elle dit joyeusement : « Cet habit sera pour moi et je serai ensevelie dedans. » En effet, il fut décidé ensuite que le frère ne prendrait pas alors l'habit ; il fut même dirigé en Bourgogne. Le vêtement resta ; nous le retrouverons à Gand.

Durant ce séjour de sainte Colette à Hesdin, il arriva une merveille que le fait précédent remet naturellement en mémoire. Un tailleur, nommé André, frère lai du couvent, se trouvait fort embarrassé. On lui donnait un morceau d'étoffe beaucoup trop petit pour faire un vêtement destiné au P. Pierre de Vaux. Il en manquait au moins une aune. La pauvreté se faisait sentir alors. « Prions le Seigneur, dit sainte Colette, et peut-être la pièce sera-t-elle plus longue. » Le frère et l'abbesse prient chacun de leur côté, et bientôt celle-ci l'invite à mesurer de nouveau, et tout étonné, il trouve plus même qu'il n'était nécessaire. Il en resta une partie que sœur Perrine conserva religieusement en souvenir de ce fait merveilleux.

Au monastère d'Hesdin se produisit, à un degré extraordinaire, un phénomène que nous avons déjà remarqué. Le jeudi saint, sainte Colette entra en extase après Vêpres et demeura ravie jusqu'à Matines. Chez elle, ce n'était pas extraordinaire, mais une circonstance plus rare augmenta l'admiration de la communauté. Pendant son ravissement, on avait déjà senti dans sa cellule un parfum délicieux. Mais quand elle en sortit pour aller à Matines, elle répandait partout sur son passage, une odeur si suave, si délicieuse que celles qui la ressentirent se déclarent incapables d'en exprimer la douceur et la délicatesse. Ce parfum se répandit dans tout le monastère et demeura longtemps très sensible. Il disparut avec le temps, mais l'oratoire le conserva pendant de longues années ; et longtemps après, aux jours de fêtes de la maison, ou quand une sœur devait bientôt recevoir la couronne de ses vertus, le parfum de sainte Colette se faisait de nouveau sentir. C'était, pour les habitantes de cette maison, comme une visite et un avertissement mystérieux de leur mère.

CHAPITRE XLIV.

Essai de fondation d'un couvent à Corbie.

Au début de sa carrière la grande réformatrice avait éprouvé à Corbie une immense désolation et une amertume inexprimable ; aux derniers jours de sa vie, son amour pour sa patrie remplit encore son cœur de douleur et de cuisants regrets. Elle essaye, mais en vain, de procurer à la ville qui fut son berceau le bienfait inappréciable d'une communauté vouée à la réparation et à l'expiation des péchés du peuple.

La bulle d'Eugène IV, du 7 juillet 1442, accordait à Philippe de Saveuse la faculté de fonder un monastère dans un des trois diocèses d'Amiens, d'Arras ou de Tournai. Il avait préféré Amiens ; mais sainte Colette, en cédant alors, ne pouvait oublier sa patrie. Philippe de Saveuse avait trop de vénération envers la servante de Dieu, pour ne pas s'occuper d'accomplir ses désirs. Il obtint donc une autre bulle par laquelle il était spécialement autorisé à construire un monastère de Sainte-Claire à Corbie, *alicujus super hoc minime requisita licentia,* sans avoir besoin de demander pour cela le consentement de qui que ce fût. Cette bulle est datée du 20 octobre 1445. Ce noble chrétien, guidé par une délicatesse admirable, dès le 14 mars précédent, s'était transporté à Corbie avec son épouse et avait obtenu de l'abbé (1) un consentement authentique à l'exécution de ses desseins. Il y a plus, le 25 avril 1445, Philibert de Wandre, conseiller et chambellan du duc de Bourgogne, avait assemblé les bourgeois et habitants de Corbie en l'hôtel de la Couronne et

(1) Michel Dauphin, troisième successeur de Raoul de Roye.

leur avait demandé leur consentement à la fondation du monastère. Ce consentement fut bien formel. Comme des hommes libres, les habitants de Corbie protestent de leur obéissance au duc de Bourgogne en toutes choses licites et raisonnables. On sent, en lisant ces pièces, un parfum de **vraie liberté** et un respect des droits acquis que **certaines histoires et certains auteurs** ne nous laissent pas apercevoir dans ces siècles qu'ils calomnient.

Philippe de Saveuse trouva un concours empressé dans les habitants de Corbie. L'un d'eux Jean Mouton donna un terrain qui fut agrandi par des acquisitions. L'abbé s'engagea à fournir le sable pour la construction. Pendant ce temps, le grand prieur et les religieux se remuaient, blâmant leur abbé de tolérer cette entreprise sans l'avis de ses moines, *absque auctoritate monachorum* (1).

Le zélé fondateur ne s'effraya pas de ce commencement d'opposition. Il était trop généreux pour refuser une indemnité, s'il y avait des droits lésés. Elle fut offerte, et, dès le mois de février 1446, l'abbé reconnaît que ses religieux ont consenti à proposer et à recevoir des dommages et intérêts. Malheureusement il est trop évident que ce n'était pas là le mobile principal de leur conduite. On n'ose point chercher à le deviner. C'est la suite des scènes de 1407. Ces dernières circonstances révèlent les vrais coupa-

(1) *Chronique Manuscrite* de Caulaincourt.

bles d'autrefois et font retomber la responsabilité des avanies sur l'autorité qui les a tolérées, peut-être encouragées. La population de Corbie était revenue de son égarement momentané, les moines n'avaient pas changé de sentiments. Leurs procédés seulement durent se modifier avec les circonstances. Sainte Colette n'était plus une pauvre fille sans appui et presque abandonnée dont on pouvait faire le jouet de la populace.

Ayant obtenu la promesse de dommages et intérêts, ce qu'ils croyaient sans doute qu'on ne leur eût pas accordé, les Bénédictins déclarèrent qu'ils ne pouvaient accepter aucune compensation parce qu'on portait atteinte à des droits inappréciables à prix d'argent.

Leur procédure fut très habile. Le Pape avait parlé. Ils prévoyaient sans doute que le roi lui-même serait favorable à l'entreprise. Ils eurent recours au Parlement, cette fontaine de justice, comme ils l'appellent dans le dernier acte de cette affaire. Cette cour, qui fut toujours jalouse d'étendre ses prérogatives, ne pouvait manquer l'occasion de s'immiscer dans une affaire ecclésiastique. Elle rendit un arrêt par lequel il était défendu de poursuivre les travaux et d'attaquer les opposants ailleurs qu'à son tribunal. Les travaux furent donc suspendus.

Philippe de Saveuse en référa à son seigneur et maître, le duc de Bourgogne. Ce puissant prince ne dédaigna pas d'avoir recours à la prière envers les religieux de Corbie. Six ou sept fois, dit la duchesse, son épouse, dans une lettre à la reine sur cette affaire, il leur écrivit, mais inutilement. On s'adressa alors au roi dont le parlement avait soutenu les opposants. La duchesse de Bourgogne écrivit à la reine. Sainte Colette elle-même adressa au souverain la requête suivante; dont il nous semble que l'original lui-même est conservé par le couvent d'Amiens :

Au Roy notre sire

Jésus-Christ

« Supplie humblement, la très inutile servi-
« teresse de J.-C. et votre très indigne oratresse
« sœur Colette, pauvre religieuse de l'ordre de
« Sainte-Claire, que comme il soit ainsi, que
« puis environ un an en ça, les seigneurs et da-
« mes de Saveuse mus de dévotion et par la sin-
« gulière affection qu'ils ont pour notre pauvre
« religion, ont eu la volonté de faire et de cons-
« truire un couvent et monastère du dit ordre
« de Sainte-Claire et de notre manière de vivre,
« dedans la ville de Corbie et à cette cause ont
« obtenu bulle et mandement de Notre Saint-
« Père le Pape, et pour les exécuter selon leur
« force et teneur, les ont présentés à mes sei-
« gneurs les abbé, prieur et couvent de Saint-
« Pierre dudit Corbie, comme il appartient. Eux
« **priant et requérant que humblement y volsis-**

« sent (voulussent) obéir, et soi à ce consentir.
« A quoi fût répondu par Mgr l'abbé, que ce
« n'était mie (pas) son intention de contredire
« aux bulles de Notre Saint-Père et depuis a
« toujours été et est content et aussi contents
« les bourgeois, manants et habitants d'icelle
« ville et moult le veulent et désirent. Mais les
« dits prieur et couvent nullement ne s'y vol-
« drent (voulurent) ne veulent consentir non
« obstant que par le dit seigneur et dame de
« Saveuse, à donc et depuis, leur fut offert et
« présenté de eux rendre et restituer tous in-
« térêts qu'à cette occasion y pourraient avoir,
« en quelque manière que ce fust ; et après leurs
« débours et présentations ainsi faites et eu le
« consentement du dit abbé, le dit seigneur et
« dame, de l'autorité de mon dit Saint-Père,
« ont fait commencer et édifier le dit couvent de
« Sainte-Claire et y ont jà très grandement la-
« bouré et à grands frais et missions, tant en
« ouvrages comme en provisions de matières,
« et pour empêcher le mur commencé, les dits
« religieux ont obtenu un mandement en cas
« de nouvelletés, en votre Parlement par vertu
« duquel on fait cesser les ouvrages ; qui est à
« très grand dommage et retardement du divin
« office et du bien commencé et encore depuis
« ont obtenu un autre mandement par vertu
« duquel est défendu à Mgr de Saveuse et à ses
« adhérents que à cette cause ou occasion, par
« vertu de bulles ou autrement, ne traictent les

« dits religieux ailleurs qu'en votre cour de
« parlement. Et quand Madame de Bourgogne
« a été avertie de leurs difficultés et contradic-
« tions, par pitié et compassion de la pauvre
« religion, comme elle vous rescrit, fait remon-
« trer et à eux même prié et requis que à ce se
« volsissent consentir. A quoi en quelque ma-
« nière finalement n'ont voulu accorder et pour
« ce que la chose est piteuse et concerne prin-
« cipalement l'honneur de Dieu, l'augmenta-
« tion de son divin service et le salut des âmes
« qu'il a créées et rachetées, retournons à vous
« comme à notre darrain (dernier) et souverain
« refuge en ce pauvre monde ; requérant en ce
« votre douce et piteuse miséricorde et que en
« suivant vos très nobles prédécesseurs rois très
« chrétiens, comme bien avez accoutumé de
« faire, sans avoir regard aux créatures mais
« purement et principalement au créateur,
« plaise à votre très-bénigne grâce humble et
« cordiale charité, donner faveur et telle pro-
« vision au bien commencé que brièvement
« puisse parvenir à perfection, tellement que
« Dieu puisse être servi très-promptement pour
« pur amour de J.-C., en révérence de sa piteuse
« mort et sacrée passion. Vous plaise amortir
« (mots effacés...) la place et lieu où se doit fai-
« re le dit couvent. Laquelle place jà de long-
« temps nous a été donnée pour Dieu et en au-
« mône. Et que en sus plus de l'autorité de votre
« majesté royale et puissance absolue, vous

« plaise par grâce spéciale donner congé et au-
« torisation de parfaire et accomplir le dit cou-
« vent, nonobstant la dite complainte en nou-
« velletés, en donnant et assignant juge propice
« et à ce convenable comme votre bailli d'Amiens
« ou autre pour connaître des dits intérêts
« comme il appartient, lesquels nullement ne
« devaient refuser puisque on veut leur rendre
« et restituer tel qu'il sera dit et trouvé et encore
« plus. Quel dommage ou préjudice pensent-ils
« en surplus avoir, vu que les pauvres religieu-
« ses ne peuvent, ne doivent avoir en temps
« quelconque, seigneurie ou juridication, rente
« cens ni revenus, mais vivant de pures aumô-
« nes suivant le conseil du saint évangile de
« J.-C. N.-S. Et pour ce de votre grâce et libé-
« rale miséricorde, en pitié et compassion, vous
« y plaise pour voir et vous ferez bien et aumô-
« ne et obligerez la pauvre religion de plus en
« plus prier pour votre très haute et sainte in-
« tention ; laquelle chose voudrions toujours
« faire de tous nos pauvres poumons, comme
« Dieu sçait et connaît et jà par votre bonne et
« noble aide, ont été faits les couvents de la cité
« du Puy en Auvergne et d'Amiens en Picardie ;
« sans laquelle n'eussent jà été faits, comme
« je crois piteusement et plusieurs autres biens
« en votre noble royaume dont Dieu soit garde.
« Amen. »

Le roi écrivit aux religieux ; il accorda l'amortissement demandé, mais les Bénédictins résis-

tèrent toujours. Craignant cependant, ou de perdre l'appui du Parlement, ou que cet appui devint impuissant, ils s'adressèrent à sainte Colette elle-même pour obtenir son désistement. Elle leur répondit en sacrifiant les plus ardents désirs de son amour pour sa patrie, mais avec une fermeté, une supériorité de raison qui aurait du faire rougir ses adversaires. Voici la lettre :

Jésus, Maria.

« A mes très-honorés et révérends seigneurs,
« mes seigneurs le Prieur et les religieux de
« Corbie.

« Mes très honorés et Révérends Seigneurs,
« Le plus humblement que je puis et sçais, en
« vos saintes prières et dévotes oraisons devant
« Notre-Seigneur Jésus-Christ ma pauvre âme
« je vous recommande : et vous plaise savoir
« que j'ai reçu vos lettres qu'il vous a plu m'écrire
« et m'envoyer, lesquelles contiennent comment
« Monseigneur de Saveuse veut édifier un monastère de notre religion en votre ville de
« Corbie, et plusieurs autres choses touchant
« icelle matière, qui seraient longues à réciter.
« Sur lesquelles lettres et le contenu d'icelles je
« vous certifie que non pas à ma requête, mais
« à l'instance et requête de mon dit Seigneur de
« Saveuse, par licence et autorité de Notre Saint-
« Père le Pape, et du consentement et bon plai-

« sir du R. P. en Dieu Monseigneur (l'Abbé) de
« Corbie donné et octroyé au dit Seigneur de
« Saveuse, pour l'honneur souverain et parfait
« amour de Dieu, exaltation de son sanctissime
« nom, et l'accroissement du bien spirituel et
« temporel de la dite ville, à l'édification et
« construction du dit couvent j'ai consenti, non
« pas qu'oncques j'eusse désir, intention et vo-
« lonté que le dit couvent fût à votre seigneurie
« ou juridiction préjudiciable, ni aux églises, ni
« aux pauvres privés ou étrangers dommagea-
« ble : parce que si ainsi était réellement, et fût
« le dit monastère par votre consentement et bon
« plaisir construit et parfaitement édifié, je n'y
« voudrais habiter ni demeurer ; car ce serait
« usurper à autrui. Mais je crois devant Dieu
« que la dite construction serait à l'honneur de
« Dieu et de vous, et à la recommandation du
« monastère et au profit d'icelui, et au confort
« de vous et de tous les habitants de la ville ;
« comme je l'ai toujours vu et su par expérience
« en tous les lieux où nos autres couvents fu-
« rent édifiés, desquels il y en a de grandes et
« moyennes et petites villes, et plus petites et
« plus pauvres que n'est Corbie : mais par la
« bonté de Dieu, je n'en vis oncques qui ne fus-
« sent pourvus sans faire préjudice ni domma-
« ge à autrui, ni que les seigneurs, ni les habi-
« tants, réguliers, séculiers, n'y eurent oncques
« déshonneur, ne dommage : mais spirituelle-
« ment et corporellement ils en ont profité et

« été consolés et confortés. Vous me requérez
« que je veuille désister de l'édification du dit
« couvent; laquelle chose je vais faire invie (*in-*
« *vita* à regret), car je ne doute pas qu'une fois
« devant le Seigneur qui juge, il ne vous con-
« vienne rendre compte d'empêcher un si grand
« bien. Néanmoins, à votre requête, je signi-
« fierai au dit Seigneur qu'il se veuille déporter
« du dit couvent et laisser l'ouvrage, et que
« vous avez tous conclu que vous ne souffrirez
« jour de vos vies que le dit monastère soit édi-
« fié, tant que votre résistance y puisse valoir.

« Très-honorés et religieux seigneurs, je prie
« humblement le Saint-Esprit que toujours, il
« vous veuille conserver en sa sainte grâce et
« finalement octroyer la gloire perdurable.

« Écrit à Hesdin, le 2ᵉ jour de mars.

« *Votre inutile oratresse,*

« Sœur Colette. »

Non contents de la promesse que leur faisait la sainte abbesse de demander à M. de Saveuse de renoncer à son entreprise, les Bénédictins lui répondirent aussitôt pour la presser de faire cesser les travaux et les procédures. Le 10 mars suivant, sainte Colette leur adressa le billet suivant :

« Très-honorés et révérends Seigneurs, sy
« très-humblement que je puis et sçais en vos

« dévotes prières et saintes oraisons ma pau-
« vre âme je recommande, et vous plaise sa-
« voir que j'ai reçu les lettres qu'il vous a plu à
« moi escrire et envoyer, esquelles sont conte-
« nues plusieurs choses touchant l'édification et
« fondation du monastère de notre religion que
« Monseigneur de Saveuse fait construire en
« votre ville de Corbie. Lesquelles vues, hasti-
« vement j'ai envoyé par devant mon dit Sei-
« gneur de Saveuse pour le requérir et prier très
« à certe que de la dite fondation il veuille dé-
« sister nonobstant que jà autrefois très-hum-
« blement je l'en avais requis et prié. Très-ho-
« norés et Révérends Seigneurs, je prie humble-
« ment le benoît Saint-Esprit que toujours il
« vous veuille conserver en sa sainte grâce et
« finalement vous octroyer la grâce perdurable.
« Amen.

« Escript à Hesdin, le 10e jour de mars,

« *Votre très-inutile oratresse* »

« Sœur Colette »

Les amis de sainte Colette ne se crurent pas obligés à tant de déférence envers les Bénédictins, et ils eurent recours à un autre moyen pour dompter l'opposition. La duchesse de Bourgogne se substitua au seigneur de Saveuse et devint la fondatrice du monastère de Corbie. En cette qualité, elle obtint d'Eugène IV une nouvelle bulle du 21 août 1446. Outre la clause déjà exprimée dans la première : « Sans avoir pour cela à demander le consentement de personne » cette seconde bulle renfermait des dispositions comminatoires pour les opposants et nommait des commissaires pour juger les plaintes et statuer sur les dommages qui pourraient être causés par l'établissement du couvent. Les commissaires étaient l'évêque de Soleure, l'abbé d'Éverbode (1) et le doyen de Saint-Pierre de Louvain. Libres d'agir ensemble ou séparément, ils laissèrent l'affaire à la discrétion de l'un d'eux, l'abbé d'Éverbode, qui le 30 octobre 1446, l'affaire ayant été discutée devant lui, rendit sa sentence. Il déboutait les Bénédictins de leurs prétentions et autorisait la construction du couvent nonobstant toute opposition. Il faisait appel au roi de France, au duc de Bourgogne, à l'archevêque de Reims, à l'évêque d'Amiens, aux abbés, prieurs, archidiacres, doyens, curés de la province, leur enjoignant, sous la menace de l'excommunication, de se joindre à lui pour procurer l'exécution des bulles de notre Saint-Père le Pape et de cette présente sentence.

Le croirait-on ? ce solennel jugement ne brisa pas les résistances. On ne sait comment les religieux de Corbie échappèrent aux censures qui étaient suspendues sur leur tête. Comment s'accomodèrent-t-ils avec leur conscience ? La duchesse de Bourgogne le faisait observer dans sa lettre à la reine à ce sujet. Ils se glorifiaient de

(1) Ou Averbode, près de Louvain (Belgique).

ne dépendre que du Saint-Siège sans aucun intermédiaire ; et leur supérieur unique, suprême, direct, le Pape, parle et menace ; cependant il n'est pas obéi.

Pendant ce temps, la conduite de l'abbé pourrait paraître louche. Elle ne fut que faible en présence de l'opposition de sa communauté. Il avait donné son consentement et même procuré des matériaux pour l'œuvre commencée. Puis, il laissa ses inférieurs se lancer et s'entêter dans cette déplorable opposition, tout en ayant soin de faire constater juridiquement son consentement, comme l'atteste un acte passé devant M⁰ Sénéchal, prévôt de Corbie. Craignait-il plus que sa communauté le déplaisir du duc de Bourgogne et du roi de France ?

Le duc et la duchesse de Bourgogne cédèrent alors l'honneur et les ennuis de cette fondation à la reine de France. Les nouvelles bulles furent signifiées le 6 août 1447. Elles n'obtinrent pas plus de soumission. Le 26 juin 1448, de la part du roi de France, se présenta à l'abbaye de Corbie, Guichard de Chissey, capitaine gouverneur de la Bastille, accompagné d'un notaire d'Amiens, Jean Duchesne, prêtre, et de témoins. Il était porteur de lettres du roi, de la reine et du confesseur-aumônier de leurs Majestés, l'évêque de Chartres. Après les avoir remises aux religieux, dans la salle capitulaire, il se retira pour laisser ces messieurs en prendre connaissance. Introduit de nouveau, il exposa sa commission de vive voix. Leurs Majestés sollicitent le consentement de l'abbaye à l'érection du couvent de Sainte-Claire en la ville de Corbie, en faveur de leur fils Charles, duc de Berry, que la reine déclare avoir conçu et enfanté par le secours des prières de sœur Colette. Le roi et la reine offrent les compensations et dédommagements désirables. Ils promettent leurs bonnes grâces et leurs faveurs comme récompense de ce consentement si désiré.

L'envoyé du roi se retira encore une fois, et, après avoir délibéré, les Bénédictins le rappelèrent et lui firent donner réponse par un sieur Levillain, d'Amiens, leur conseiller en cette affaire. Ils sont, disent-ils, gens de grande recommandation, de fondation royale, approuvée par vingt-deux prélats dont plusieurs sont saints. L'établissement du couvent projeté porterait atteinte à leur juridiction spirituelle et temporelle. Les femmes mendiantes dont il s'agit, se prétendraient exemptes contre la teneur des actes et la volonté des fondateurs. Cette atteinte est inappréciable à prix d'argent. Ils ne peuvent, sans blesser leur conscience, laisser ainsi amoindrir l'héritage qui leur a été transmis et contrevenir à la volonté des fondateurs. Les femmes mendiantes ne sont pas d'une si grande recommandation qu'on doive prendre le bien des autres pour le leur donner.

Ce Levillain méritait bien son nom. Il avait le style méprisant du mauvais avocat. Dans ces femmes mendiantes, on entend un écho des injures de 1407. On dirait qu'il s'agit de leur prendre la moitié de leurs revenus.

Ils continuent ainsi en substance. Les intérêts des pauvres et du clergé dans la cité souffriraient aussi de cet établissement. Enfin, et c'est un trait qui fait éclater plus vivement la vanité de toute l'argumentation, on se sent bien faible quand on a recours à de pareilles raisons ; enfin les frères Mendiants d'Amiens qui, venant prêcher ici, y trouvent une partie de leur subsistance, seraient aussi lésés par la fondation nouvelle. Ils terminent en disant que sœur Colette, convaincue enfin de l'injustice de cette entreprise avant de mourir, a prié le duc et la duchesse de Bourgogne de l'abandonner.

Pour ces causes, ils prient le roi de les laisser se défendre en la cour de son Parlement. Acte fut dressé de leurs dires, et c'est de cette pièce que nous avons extrait tous ces détails.

Il ne fut plus question de cette œuvre pour laquelle toutes les autorités spirituelles et temporelles, tous les degrés de la hiérarchie s'étaient mis en mouvement. Tous les efforts vinrent échouer contre l'obstination aveugle des Bénédictins.

On conçoit que dans leurs archives ils se glorifient de leur triomphe. Jamais peut-être ils n'avaient montré leur force d'inertie et leur puissance pour résister à toute pensée de réforme et de progrès spirituel. Mais le jour de cet acte peut être regardé comme le jour de leur condamnation. Ils aimaient mieux mourir, dit Caulaincourt, moine et historien du XVI⁰ siècle, que de donner leur consentement. Leur choix fut accepté, et rien ne s'opposait plus à ce que se réalisât cette prophétie de Colette : « Malheureuse patrie, on dira un jour : Ici fut Corbie. » Ils refusaient d'accorder sur leurs terres une pauvre petite résidence à la pauvreté évangélique ; leurs richesses devaient être dispersées. Cependant la patience de Dieu attendit et envoya des avertissements. Au siècle suivant, des incendies répétés, des guerres, ruinèrent plusieurs fois l'abbaye. Elle put se relever, construire de magnifiques monuments et de splendides habitations, mais l'édifice n'était pas solide, car il n'etait pas fondé sur le roc des vertus évangéliques et de la perfection chrétienne. Toutes ces pierres amassées péniblement ont été dispersées.

CHAPITRE XLV

Voyage et séjour à Gand.

Comme on vient de le voir, c'est à Hesdin que sainte Colette traitait l'affaire si pénible du couvent de Corbie. Elle demeura dans ce monastère jusqu'à l'automne de 1446(1). Alors l'Esprit-Saint lui fit comprendre que le temps était venu de s'acheminer vers l'autel où devait bientôt se consommer son sacrifice et où enfin devaient être heureusement rompus les liens de sa captivité terrestre.

Peu de temps avant son départ, le chapitre s'était assemblé pour délibérer sur l'admission d'une novice à la profession. Or, celle-ci pendant son noviciat, en travaillant à la cuisine, s'était si gravement blessée à l'œil qu'elle en était devenue borgne. Les sœurs, respectant avant tout la règle, qui exige que les novices soient saines de corps et d'esprit pour être soumises à la profession, se prononçaient contre l'admission de cette infirme. La vénérable abbesse leur représentait inutilement qu'elle s'était ainsi blessée au service de la maison où elle était entrée avec les qualités requises pour être religieuse. Ce n'était donc pas le cas d'appliquer la règle. Ne pouvant leur faire comprendre cette différence, ne voulant pas d'ailleurs paraître violer elle-même la règle, elle se contenta de répondre: «Je m'en vais bientôt, je l'emmènerai.»

Elle partit en effet le lendemain de la Saint-André, selon le langage si chrétien des chroniques. Dès le premier jour, elle rendit à la pauvre

---

(1) Pendant son séjour à ce couvent, elle adressa à l'abbesse de Besançon, sœur de Toulangeon, une lettre qu'on trouvera aux notes.

novice l'œil qu'elle avait perdu et put ainsi la faire admettre à la profession dans le couvent de Gand.

Son itinéraire la conduisit à Courtrai, où elle se reposa. Pendant le court séjour qu'elle y fit, elle fut visitée par le confesseur d'une recluse qui était l'objet d'une grande vénération de la part du peuple. En effet, la vie de cette personne paraissait bien extraordinaire. Elle ne mangeait pas ; on le croyait du moins. Elle avait envoyé son directeur saluer sainte Colette de sa part. Celle-ci adressa au prêtre des avis, des enseignements sérieux ; mais lorsqu'il parla de sa pénitente, la tristesse se peignit sur le visage de la réformatrice et se manifesta dans tout son maintien : elle changea aussitôt la conversation. Il revint à la charge ; sainte Colette l'interrompit toujours et il se retira assez mécontent. Les sœurs présentes furent étonnées de cette conduite de leur mère toujours si pleine de prévenance et d'indulgence pour le prochain. Elles lui en exprimèrent leur surprise et elles disaient: « Cette recluse est une sainte ; elle ne mange pas. — Non, dit-elle, mais ainsi fait le diable, il ne mange pas non plus. » Elles comprirent alors qu'il n'y avait là qu'illusion, ce qu'on découvrit peu de temps après. On acquit la preuve que la recluse mangeait en secret et que toute sa prétendue vertu n'était qu'orgueil et hypocrisie.

Sainte Colette arriva à Gand le jour de la fête

de saint Nicolas. Il est facile de s'imaginer avec quelle joie et quelle vénération les Colettines reçurent leur sainte mère. L'abbesse Odette, fille du duc de Bourgogne, estimait plus le bonheur de vivre dans la société de la servante de Dieu que l'éclat de la cour qu'elle avait quittée. Mais cette joie n'était pas sans alarmes. On apprit bientôt par ses compagnes, sœur Élisabeth et autres, les pressentiments qu'elle avait manifestés de sa fin prochaine et même la prophétie qui en avait fixé l'époque. Aussi une indisposition qu'elle éprouva peu de temps après son arrivée, inspira de vives alarmes aux religieuses et leur fit craindre de la perdre immédiatement. Cependant elle se rétablit promptement et put encore travailler à la perfection de ses filles; elle ne s'y épargnait pas plus qu'au premier jour de sa vie.

Au mois de février, elle fit assembler toute la communauté à la grille; les Pères Pierre de Vaux et Claret se tenaient de l'autre côté. Là, elle les avertit de sa mort prochaine et de quelques circonstances qui devaient l'accompagner, et au milieu des larmes et des sanglots qu'elle leur ordonnait de contenir, elle dit : « N'attendez pas que je vous entretienne à ma mort; je n'y parlerai point; je n'y dirai mot. » Puis, s'adressant à son confesseur, elle lui dit : « Mon Père, dites que ce que j'ai fait, de par Dieu je l'ai fait. Et nonobstant que je sois une grande pécheresse et toute défectueuse, si j'avais à re-

commencer, je ne sçais comme je ferais, si ce n'est en la manière que je l'ai fait. » Cette parole est rapportée textuellement par les premiers biographes. D'autres mémoires résument ses avis. Toujours dominée par la grande préoccupation de sa vie, pour conserver son œuvre, elle mettait ses enfants spirituels en garde contre les nouveautés, contre les interprétations de la règle inspirées par les sentiments trop humains des confesseurs, contre les rapports trop fréquents à la grille entre les religieuses et leurs directeurs, et, s'écriait-t-elle, dans le feu de son zèle : « De par Dieu ne leur suffit-elle pas la voie
« que je leur ai montrée. Je ne leur dis oncques
« ni ne fis faire chose que je ne susse que c'était
« la volonté de Dieu. » Rappelant un fait de la vie de saint Bernard, elle continue : « Tant que
« vous suivrez la voie que je vous ai enseignée,
« appelez-moi en vos nécessités et je vous aide-
« rai. Le saint abbé le fit. Mais ensuite, les mem-
« bres de son ordre étant déchus de leur pre-
« mière ferveur, il les abandonna dans leurs af-
« flictions. Ils l'invoquaient cependant. Mais il
« leur apparut et leur dit : Vous n'avez pas tenu
« mes voies ; c'est pourquoi je ne vous aiderai
« pas. Ainsi je ferai, ajouta sainte Colette. »

Sa sollicitude ne perdait pas de vue les besoins de ses filles les plus éloignées. Nous en avons une preuve dans une lettre adressée le second jour du carême au père directeur du couvent du Puy. Voici cette lettre :

Jésus.

« Au Frère Lanier, au Puy.

« Très-cher Père en Notre-Seigneur, tant chè-
« rement comme je puis, je me recommande à
« vous et à vos bonnes prières et oraisons. Je
« vous prie, mon cher Père, que vous aimiez et
« douptiez bien Notre-Seigneur en lui gardant
« bien entièrement tout ce que promis lui avez,
« selon votre puissance, et prenez bien en bonne
« patience votre faiblesse et ancienneté et recog-
« naissez bien les grâces qu'il vous a faites en
« la sainte vocation, à quoi il vous a appelé de
« sa bonté. J'envoye au Puy mon père, frère
« Jehan Frosseau pour être confesseur, car j'ai
« entendu que vous ne pouvez plus bonnement
« faire l'office et ne doubtez pas que tout le plai-
« sir qu'il vous pourra faire lui et les sœurs que
« on vous le fera ; car c'est mon plaisir et ma
« volonté que ainsi soit-il fait. Je vous merchie,
« mon cher Père, de tout le confort et service
« que avez fait à mes sœurs lesquelles se louent
« grandement de vous. Je prie à celui pour qui
« vous l'**avez fait,** qu'il vous en soit liesse per-
« durable. *Amen.*

« Escript à Gand, le second jour du Carême,

« Sœur Colette Boylet. »

CHAPITRE XLVI.

Mort de sainte Colette.

Enfin, le dimanche 26 février 1447, dès le matin, la sainte réformatrice se confessa et reçut la sainte communion avec une ferveur extrême. La nuit suivante, elle fut visitée par Notre-Seigneur Jésus-Christ. De mystérieuses communications s'accomplirent dans cette vision divine, car, dès ce moment, la pureté de la servante de Dieu resplendit d'un nouvel éclat. La sainte réformatrice semblait, dit son confesseur, « revenue à l'état d'innocence primitive. » Il y avait en elle quelque chose de tout céleste. C'était le séraphin qui se dévoilait et se préparait à briser sa fragile prison pour prendre son vol dans les cieux. Délivrée de tout soin temporel, elle était tout entière absorbée dans la prière ou dans une sorte d'extase. Son corps, si frêle, épuisé par les émotions des dernières communications célestes et par le feu de sa charité, parut près de se briser. C'est pourquoi son confesseur, croyant que c'était sa fin, lui administra l'Extrême-Onction, et lui lut ensuite les récits de la Passion par les évangélistes. A la fin de la nuit, elle reprit un peu de force, et le matin, étonnant tous les assistants par un changement si prompt, elle put entendre, avec sa ferveur ordinaire, la messe célébrée dans sa cellule. Le sacrifice, qui avait été sa vie et son bonheur, la présence de l'Époux divin dans son état d'immolation lui avait rendu une vigueur nouvelle. Elle versa des torrents de larmes comme elle avait accoutumé de faire en présence de la sainte Eucharistie. Il en fut ainsi tous les jours de la semaine, jusqu'au samedi où elle entendit la messe pour la dernière fois. Pendant tous ces jours, elle éprouvait une douleur intense, extraordinaire, qui ne la quitta pas jusqu'à son dernier soupir. C'était le dernier coup porté à l'hostie vivante qui s'immolait en l'honneur de Dieu. Forte toujours dans ces étreintes de la douleur, si elle repoussait toute occupation temporelle, elle ne cessait de prier. Toutefois, elle savait ce qui se passait dans le couvent, comme si elle avait été présente partout. Le P. Pierre de Vaux et son compagnon, craignant qu'elle ne mourût en leur absence, étaient entrés dans la clôture et ne se présentaient cependant pas devant elle. Elle dit qu'ils étaient dans la maison et les appela. Le vendredi soir, elle consola et les religieux et les sœurs avec de douces paroles.

Le samedi, après la messe, ayant pris congé de ses confesseurs, son oraison terminée, elle regagna sa couche. Alors, se marquant du signe de la croix, ainsi que son pauvre grabat ; « Voilà ma dernière couchée, » dit-elle ; et elle s'étendit sur sa misérable couche toute vêtue comme elle était selon son habitude. Elle mit elle-même sur sa tête le voile noir que lui avait imposé le souverain Pontife lorsqu'il reçut sa profession et l'institua abbesse. Alors, comme elle l'avait annoncé, elle ferma la bouche et les yeux pour ne plus les ouvrir. Pour la soulager, on lui apporta un oreiller de plumes, mais elle le rejeta aussitôt qu'elle le sentit.

Elle demeura ainsi quarante-huit heures dans la souffrance que Dieu lui envoyait, sans parler, sans regarder, sans goûter quoi que ce fût, sans faire aucun signe, sans mouvement ni dans ses traits, ni dans ses membres. Oh! admirable victime! ô âme héroïque! sous le couteau du sacrifice, sur l'autel où elle se consume, dans son respect pour la majesté divine, dans sa soumission aux arrêts de la justice de Dieu, elle demeure immobile! Tendre agneau, copie fidèle de l'Agneau divin qui s'est tu sous les coups de la mort.

Enfin, le lundi 7 mars 1447, à huit heures du matin, en présence de toutes les religieuses, des Pères Pierre de Vaux et Claret, l'âme virginale de sainte Colette, dans un dernier élan d'amour, s'échappa doucement de son saint corps. Le ciel, dans l'allégresse, la vit entrer immédiatement dans le chœur choisi des vierges qui suivent l'Agneau partout où il va.

Au même moment, à Rome, était élu Thomas de Sarzane, qui prit le nom de Nicolas V, et eut le bonheur de réconcilier à l'Église celui auquel sainte Colette avait donné des avertissements si salutaires, et pour lequel elle avait tant prié, l'antipape Félix et ses derniers adhérents. Depuis cette date, à jamais mémorable, on a vu s'élever des hérésies formidables, des assauts violents ont été livrés à l'Église et à la chaire de saint Pierre ; mais on n'a plus vu de schisme bien sérieux divisant même les vrais enfants de l'Église ; surtout plus de ces prétendants si nombreux autrefois, qui tentaient d'usurper la tiare. L'Église, plus unie que jamais à son chef, lutte heureusement contre l'hérésie et les assauts les plus violents de l'impiété. Les aspirations, les désirs des Catherine de Sienne et des Colette de Corbie, sont réalisés, et dans le ciel, elles semblent préserver la société catholique des maux qu'elles ont déplorés et expiés sur la terre. La lutte extérieure, quelque violente qu'elle soit, n'est pas aussi déplorable que le mal intérieur. Le malheur suprême, pour un corps moral comme pour un corps matériel, c'est en effet d'être décapité. Cette première pacification de l'Église, l'affermissement et la manifestation plus éclatante de son unité, a été la récompense de ces deux grandes âmes du XVe siècle.

Le corps de sainte Colette demeura douze heures dans le même état, sans aucun changement. Il devint ensuite blanc comme la neige. Sur cette blancheur éclatante, les veines se dessinaient en un bel azur. Ses membres avaient une souplesse parfaite et exhalaient une odeur suave inconnue à la terre. Ils étaient revêtus d'une grâce incomparable, d'une beauté qui avait quelque chose de céleste. C'est ainsi que Dieu manifestait la pureté, l'innocence de sa servante.

On voulut garder sa robe, il fallut en chercher une autre. L'abbesse trouva celle dont nous avons parlé au chapitre sur Hesdin et elle réalisa la prophétie de la défunte sans la connaître.

La nouvelle de ce trépas produisit dans la chrétienne cité de Gand une émotion profonde. Le cœur des bons habitants était ému de sentiments divers : d'un côté, le regret de perdre si tôt celle dont l'arrivée avait causé une si grande joie ; de l'autre, le bonheur de posséder sa dépouille mortelle, ces restes sacrés d'un holocauste qui s'était consumé pendant 66 ans pour le Seigneur. Bientôt la vénération, la confiance surnaturelle dans les mérites de la sainte abbesse, l'empressement pour recueillir les premières grâces que Dieu lui accorderait de distribuer aux hommes, poussèrent vers l'humble Bethléem une foule innombrable. Pour satisfaire sa dévotion, le corps saint fut exposé dans la chapelle sur une estrade. Le sanctuaire fut bientôt rempli et ceux qui arrivaient dans l'enceinte sacrée enfermaient ceux qui y étaient entrés. Il fallut percer une nouvelle porte pour laisser écouler des flots sans cesse renouvelés. Plus de trente mille personnes de tout âge, de toute condition, vinrent ainsi vénérer pendant ces trois jours l'humble fille du charpentier de Corbie. Ils faisaient toucher à son **corps virginal des chapelets et autres objets de** piété. Ces objets emportaient de ce contact un parfum céleste qu'ils conservèrent pendant plusieurs années. Une faveur ardemment désirée, que beaucoup ne purent obtenir, c'était de baiser son pied ou sa main. Nul n'avait peur de ce cadavre. La sainteté triomphe de la mort. On sentait une vie supérieure dans ces membres inanimés.

Pendant ces trois jours, on chantait trois messes : l'une du Saint-Esprit, l'autre de la sainte Vierge, et la troisième des morts. Mais sainte Colette, humble jusque dans la mort et voilant son humilité sous le désir de ressembler à Notre-Seigneur Jésus-Christ mourant nu sur la croix, et déposé dans un sépulcre emprunté, avait donné ses ordres et prévenu les manifestations de la piété catholique envers ses restes précieux. Il fallut l'inhumer le troisième jour sans suaire, sans cercueil, dans le cimetière commun des sœurs, lieu humide et d'une grande puissance pour opérer la décomposition d'un cadavre. Il fallait, avait-elle dit, rendre simplement son corps à la terre sa mère. Ce qui fut fait.

Dieu ne laissa pas sa servante sans gloire et sans honneur.

Dans plusieurs couvents qui étaient plus chers à la réformatrice, à cause de leur pauvreté, on entendit à l'heure de sa mort une multitude d'anges chantant une mélodie inconnue, mais très-harmonieuse. A Orbe, au milieu de ce concert, une voix angélique prononça ces paroles : « La vénérable religieuse sœur Colette est allée vers le Seigneur. »

A Castres, une sœur tourière, qui avait autrefois servi sainte Colette, récitait ordinairement cent *Pater* au milieu de la nuit. En s'acquittant de cette pieuse pratique, elle vit trois fois sa sainte mère dans son ancien oratoire, toute lumineuse, la tête surtout brillante comme le soleil, de sorte qu'elle ne put fixer son regard sur le visage éblouissant qu'elle avait tant aimé à contempler.

Une autre Colettine, qui n'avait jamais vu la réformatrice, désirait vivement ce bonheur. Elle s'adressait pour l'obtenir à la sainte Vierge, mère de Dieu. Déjà elle avait récité six mille *Ave Maria* à cette intention. Elle pensait que si seulement elle pouvait voir pendant une heure la servante de Dieu, elle en retirerait un avantage impérissable. Par l'intercession de la sainte Vierge, elle ne fut point privée de son pieux désir. La nuit qui précéda la mort de sainte Colette, elle entendit frapper trois coups distincts à la porte de l'oratoire autrefois habité par la réformatrice et qui était contigu au dortoir. Elle s'éveille, se lève, s'avance vers l'oratoire et voit une religieuse d'une haute stature et d'une beauté merveilleuse, dont tout l'extérieur respire la douceur et la noblesse. Son visage brille comme le cristal exposé aux rayons du soleil. La vision fait trois fois le tour de l'oratoire, et auprès d'elle un petit enfant, d'une grâce ravissante disait et répétait : « Voici sœur Colette. » La religieuse, au comble de ses vœux, voulait appeler ses sœurs et manifester sa joie et son bonheur, mais elle ne le put. Elle se rappela alors ce qui lui avait été raconté, pendant son noviciat, des visites mystérieuses de la sainte abbesse dans ses couvents, et elle crut que c'était ce qui avait lieu sous ses yeux. Enfin, la vision, ayant atteint la porte de l'oratoire, disparut. Le lendemain, à l'heure même du trépas de la vénérable abbesse, la même religieuse se rendait à l'église pour prier. A peine a-t-elle fléchi les genoux, qu'elle entend un nombreux concert de voix fortes, mais très harmonieuses et si agréables qu'il n'est pas possible d'en entendre de semblables en ce monde. Levant les yeux vers le lieu d'où venait l'harmonie, elle aperçoit le visage resplendissant de la religieuse, quelle avait vue après matines. Elle ignorait ce qui se passait à Gand à l'heure même ; cependant la pensée lui vint que c'était l'âme glorieuse de la vénérable sœur Colette que les anges conduisaient au paradis. Elle comprit plus tard qu'elle ne s'était pas trompée.

La sœur Jeanne Carmone, qui selon la prédiction de sainte Colette, devint abbesse de Moulins, obtint la même faveur.

Ailleurs une religieuse, très avancée dans les voies de la perfection, tomba en extase à l'heure même de la mort de sainte Colette. Elle vit s'avancer, dans un ordre admirable, une procession à la tête de laquelle marchaient Notre-Seigneur Jésus-Christ et sa sainte Mère, suivis des patriarches, des apôtres, des martyrs, des confesseurs, des vierges et d'une grande multitude de frères Mineurs et de Clarisses. Au milieu de ce cortège était l'âme triomphante de sainte Colette éclatante de gloire. Elle était suivie d'un autre groupe plus humble, mais plein de joie et de respect. Il y avait des hommes et des femmes de tout âge, de toute condition. Ils se tenaient par les mains et portaient la tête inclinée. Parmi eux, la religieuse reconnut sa mère, qui lui apprit que le premier groupe étaient des saints qui conduisaient l'âme de Colette dans les tabernacles éternels, et le second des âmes fidèles qui, par les prières et les mérites de la servante de Dieu, avaient été tirées des flammes du purgatoire. Elle était elle-même du nombre de ces heureuses affranchies, qui suivaient toutes leur libératrice.

CHAPITRE XLVII.

Dieu manifeste la gloire de sa servante.

Tandis que le souvenir des mortels vulgaires est enseveli avec eux dans la tombe et que le héros profane parvient à peine, après son trépas, à faire redire son nom avec plus ou moins d'honneur par un petit nombre de lettrés, le saint commence à sa mort une vie nouvelle; son lit funèbre est comme un autel où il achève son sacrifice et donne en même temps à ses œuvres leur consécration dernière. Elles vivent après lui; son esprit les anime, les conserve, les développe. Le mouvement qu'il a imprimé d'une main puissante à tout ce qu'il a touché, se transmet dans l'espace et dans les siècles.

Tout est vie dans le saint. Son pèlerinage sur la terre paraissait une mort continuelle, il s'immolait tout entier; sa chair surtout était en ses mains comme entre les mains d'un sacrificateur et voilà qu'elle même est vivante déjà. De sa tombe s'échappent des souffles de vie et c'est auprès d'ossements arides ou d'une poussière inerte que des vivants viennent chercher et trouvent la guérison de leurs maux, la santé du corps et de l'âme.

C'est cette seconde vie de sainte Colette qu'il nous reste à raconter, au moins dans ses principales circonstances. Les merveilles de la première, la sublimité des vertus de la sainte abbesse, l'éclat des grâces dont la bonté divine les avait déjà récompensées, doivent avoir préparé l'esprit du lecteur. Il parcourra donc ce récit avec la simplicité d'une foi éclairée, sans se laisser glacer par le souffle du jansénisme, sans heurter le pied aux vains sophismes, aux railleries de l'incrédulité. Au reste, nous ne rapporterons que des faits appuyés sur des témoignages tels que les exigences les plus sévères de la raison seront satisfaites.

La nouvelle de la mort de l'illustre réformatrice, se répandant dans le monde catholique, excitait partout des regrets mêlés d'espoir et de confiance. Ses amis les plus ardents ressentaient plus vivement la perte qu'ils avaient faite et éprouvaient le désir de connaître toutes les circonstances de son bienheureux départ pour le ciel. Parmi eux se distinguait Bernard d'Armagnac, gendre du roi Jacques de Bourbon, son héritier dans le comté de la Marche. Il n'eut pas plutôt appris qu'il ne devait plus revoir la servante de Dieu, qu'il envoya à Gand son aumônier, Jean Moulines, qui déjà de sa part, avait souvent visité la vénérable abbesse. Dans ces circonstances, le pieux aumônier avait pu se convaincre, et de l'esprit prophétique, et de la puissance des prières de sainte Colette. Ainsi, un jour lorsqu'il était sur le point de la quitter, elle l'avertit de dangers très graves qu'il allait courir et lui conseilla de se confesser, afin au moins d'assurer le salut de son âme, s'il ne pouvait sauver son corps. En effet, après deux ou trois jours de voyage, il tomba entre les mains de brigands qui le blessèrent si gravement que les chirurgiens n'osaient même plus le traiter. Mais pour lui, il leur commanda de travailler hardiment, et en effet, quelques jours après il était guéri.

Or, dans ce nouveau voyage qu'il entreprit, parvenu sur les rives du Cher, à Mennetou-sur-Cher, il trouve cette rivière débordée. Croyant suivre la route et gagner le pont, il s'égare, engage sa monture dans le torrent. Emporté par la violence des eaux, son cheval perd pied et s'enfonce avec le cavalier dans l'abîme. Le malheureux chapelain est désarçonné, dépouillé de son manteau et roulé par les flots furieux. Alors, se croyant perdu, il invoque la servante de Dieu : « Ma glorieuse Mère, dit-il, je vous ai visitée « plusieurs fois pendant votre vie et toujours « heureusement ; maintenant que je vais vous « visiter après votre mort, faut-il que je meure « ici ? » Aussitôt, merveille admirable ! revenu sur l'eau, il sent sous ses pieds un monticule sur lequel il se pose et attend tranquillement un batelier qui avait vu le danger et se hâtait de secourir le malheureux voyageur. Ce batelier assura n'avoir jamais rencontré d'éminence semblable en cet endroit de la rivière. L'abbé Moulines sentit s'accroître sa confiance en celle qu'il avait invoquée et continua sa route en glorifiant la servante de Dieu.

Il trouva la ville de Gand tout embaumée des vertus de sainte Colette, toute ravie d'admiration au récit des merveilles obtenues par son intercession et tout heureuse de posséder le trésor inappréciable de ses reliques.

On trouve dans les actes primitifs, dans les dispositions juridiques, jusqu'à 26 miracles ou faveurs extraordinaires dus à l'invocation de la thaumaturge du XVe siècle durant les premières années de sa mort. Il ne paraît pas utile de raconter tous ces faits, quelques-uns suffiront.

En 1448, Denyse Bricelle fut présentée au couvent de Gand par ses parents, originaires du Hainaut. Ils trompèrent sur l'âge de leur fille et sur l'état de sa santé. Elle n'avait pas encore 12 ans et était sujette à des accidents dont la description semble bien convenir au mal caduc. Cette infirmité alla en croissant. Un jour qu'elle semblait sur le point de mourir, les sœurs se souvinrent d'une nappe qui avait été à l'usage de la sainte fondatrice. Elles en couvrirent la tête de la mourante et elle fut aussitôt complètement guérie.

Catherine Sumenck, religieuse du même monastère, étant montée sur une très grande échelle pour fermer une croisée, tomba du haut de cette échelle et fut relevée par ses sœurs sans connaissance et près de rendre l'âme. Elle revint à elle ; mais elle ne pouvait faire un mouvement, et le feu eût été à son lit, dit-on, qu'elle n'aurait pas pu le fuir. Elle passa ce jour sans rien prendre. Ce fut bien en vain qu'elle tenta un effort pour se soulever, lorsqu'on sonna les Matines. A la fin de cet office, dans la pleine possession de toutes ses facultés, parfaitement éveillée, elle vit approcher de son lit sa sainte Mère, avec le vêtement et le manteau qu'elle portait pendant sa vie, mais si resplendissant que la cellule de la malade, au milieu d'une nuit d'hiver, était éclairée comme par le soleil dans son midi. Cette céleste visiteuse, pleine de sollicitude, prodigua à la pauvre blessée les soins de la garde-malade la plus attentive ; surtout elle la regarda de son regard profond et l'inonda ainsi de joie et de consolation. Le souvenir de ce regard fut impérissable dans la mémoire de l'infirme. Elle n'avait point la pensée de demander quelle était cette charitable visiteuse. Elle la reconnaissait bien, ayant vécu avec elle. Elle eut le bonheur de posséder cette présence bénie jusqu'à cinq heures. Aussitôt que l'apparition eut disparu, sœur Catherine se sentit guérie complètement. Les meurtrissures demeuraient, mais sans douleur ; c'était pour attester la gravité de la chute et des lésions qu'elle avait causées.

Blanche d'Haut, originaire de Normandie, religieuse au couvent de Gand, laissa tomber sur son pied une bûche enflammée. Pendant six semaines, les soins des chirurgiens ne purent guérir ce membre brûlé et meurtri en même temps. Au contraire, la plaie prit un mauvais caractère, le pied s'enfla démesurément et devint tout rouge. Alors la sœur abandonna les prescriptions des médecins et eut recours au Seigneur et à sa servante. Elle se fit apporter un peu de la terre de la tombe de sainte Colette et l'appliqua sur son pied. Aussitôt elle fut complètement guérie et ne ressentit même plus aucune gêne dans sa marche.

Sœur Élisabeth de Bavière fut aussi récompensée de son attachement et de sa dévotion envers la vénérable abbesse. Le froid de pieds lui causa à la tête une douleur extrême. Elle eût enduré l'application d'un fer rouge pour être delivrée de cette souffrance, tant elle était violente. Enfin a pauvre malade fut contrainte de demander une dispense et de porter des chaussures pendant quelque temps ; mais cet usage exceptionnel des souliers blessait son amour de la règle. Elle invoqua sa vénérable mère, et le jour de l'Exaltation de la sainte Croix, pleine de confiance, elle déposa ses chaussures et fit nu-pieds la procession autour du cloître du monastère. Dès ce moment, elle ne ressentit plus ses douleurs et n'eut plus besoin de dispense.

Louise de Sauchines avait été atteinte, peu de temps après la mort de sainte Colette, de maladies aussi douloureuses que répugnantes. Non seulement elle souffrait continuellement des douleurs atroces, mais elle était comme suffoquée par l'odeur infecte qu'elle exhalait. Ses vêtements pourrissaient sur elle en très peu de temps. Elle ne pouvait plus manger, et on ne peut comprendre comment elle put vivre pendant treize ans que ce martyre dura. Dès le commencement de sa maladie, elle avait eu confiance en sainte Colette, et sa foi ne s'était pas ébranlée. Ne pouvant aller prier sur la tombe bénie, elle but de l'eau sanctifiée par le contact des reliques de sainte Colette. Bientôt elle put s'avan cer jusqu'à la sépulture de la servante de Dieu. Là, fortifiée par une vision, elle reçut l'assurance de sa guérison prochaine, et en effet le lendemain, au moment de la communion, elle fut complètement délivrée d'un mal qu'un grand nombre de médecins avaient déclaré bien des fois incurable. La confiance de sœur Louise de Sauchines fut mise à l'épreuve encore plusieurs fois par des maladies nouvelles et des accidents très graves, et toujours guérie par l'intercession de son ancienne abbesse.

Guillaume Bier avait pendant six ans enduré le tourment de convulsions et de douleurs d'entrailles. De plus, une tumeur à la jambe rejetant par dix ouvertures un pus abondant, l'épuisait depuis deux ans. L'habileté de trois médecins n'avait pu surmonter aucune de ces infirmités. Profitant d'une occasion favorable, il se traîne comme il peut au tombeau de sainte Colette, et applique à ses plaies de la poussière de cette tombe, et il est guéri.

Ce n'est point à son tombeau seulement qu'on invoquait la vénérable abbesse. Tous ceux qui l'avaient connue, avaient confiance en son pouvoir auprès de Dieu. Un bourgeois de Troyes en Champagne avait eu le bonheur de lui donner l'hospitalité dans ses voyages; son fils fut plus tard atteint du mal caduc. Dans un accès, cet enfant se cassa le bras. Ses parents plus affligés que jamais demandèrent consolation et secours par l'intermédiaire de celle dont ils avaient autrefois admiré la vertu en l'hébergeant avec une charité respectueuse. Leur prière fut aussitôt exaucée que terminée. Quelque temps après, la même famille fut menacée d'un autre accident, la maison voisine de la leur était embrasée, et il semblait impossible qu'ils ne fussent pas eux-mêmes victimes de l'incendie. Ils prient encore au nom de sainte Colette et bientôt les flammes s'apaisent et leur maison est épargnée.

Il en fut à peu près de même dans tous les monastères et autres lieux où la réformatrice était connue. On l'invoquait, on vénérait les objets qui avaient été à son usage. Des grâces extraordinaires augmentaient la confiance et propageaient la vénération et la piété envers la servante de Dieu.

CHAPITRE XVIII.

Développement de la réforme après la mort de sainte Colette.

Pendant que la gloire de l'illustre réformatrice éclatait de plus en plus dans le monde, par des prodiges innombrables, son œuvre grandissait toujours et portait son nom jusqu'aux extrémités de la terre.

Nous allons indiquer dans un exposé rapide, cet admirable développement de la réforme. Appuyé sur le savant auteur des *Annales des Frères mineurs*, nous indiquerons beaucoup de faits qui n'ont pas été jusqu'ici remarqués, disséminés qu'ils sont dans les in-folio de Wading, de ce que nous avons puisé à d'autres sources; nous pouvons conclure que beaucoup d'autres faits très intéressants à la gloire de sainte Colette ont échappé à cet écrivain. La plupart des documents qui pourraient aider à le compléter, ont péri maintenant. Mais ce qu'on va lire pourra donner une idée de ce qu'on ignore et faire soupçonner du moins l'immense influence de la réformatrice sur la société chrétienne.

Les admirables filles de sainte Colette, toutes pénétrées de son esprit, ne paraissent pas s'être laissé abattre par la perte irréparable qu'elles venaient de faire. Elles s'encouragèrent par la pensée que celle qui leur avait donné pendant sa vie tant de preuves de son pouvoir auprès de Dieu, avait maintenant bien plus de puissance au sein de la gloire, et qu'elle les assisterait toujours dans leurs saintes entreprises. Elles mirent donc généreusememcnt la main à l'œuvre pour continuer la mission que leur sainte Mère leur avait transmise.

Le 4 juillet 1447, l'église du couvent de Gand étant enfin terminée, fut consacrée sous le vocable de saint Michel et des saints Anges.

Le monastère de Pont-à-Mousson était habitable. Une colonie désignée par l'abbesse générale avant sa mort, en prit possession le 21 septembre de la même année.

D'autres filles, dignes d'une si illustre Mère, s'établirent, en 1457, au couvent de Nantes, fondé par le duc de Bretagne et Françoise d'Amboise, son épouse.

En 1459, Philippe de Saveuse et Marie de Lulli se dédommagent de leur échec à Corbie : ils reportent sur Arras, le bienfait qu'ils avaient voulu faire à la patrie de sainte Colette.

Longtemps avant 1460, mais à une date inconnue, la réforme avait franchi les Pyrénées. Le monastère de Lésignan avait envoyé des sœurs fonder une nouvelle maison à Gandia, diocèse de Valence. Ce nouveau couvent eut une vie surabondante, qui lui fut annoncée dès sa fondation ; son directeur l'avait vu, dans une vision, couronné de sept étoiles brillantes. En effet, après avoir réformé, en 1461, le monastère de Perpignan, il envoya à diverses époques des colonies ferventes à Lisbonne, Valence, Alicante, Madrid et autres villes d'Espagne. Par les soins et la générosité d'Iolande de France, duchesse de Savoie, Chambéry et Genève virent avec bonheur se réaliser les prophéties de sainte Colette, la première en 1464, la seconde en 1477.

Le fils de Jacques Cœur, le malheureux argentier de Charles VII, Jean, archevêque de Bourges, sanctifia les biens échappés à la ruine de son père, par la fondation d'un couvent de Colettines à Bourges en 1470.

En 1475, Montreuil-sur-Mer reçut dans son sein, par les ordres du duc de Bourgogne, les sœurs que son père avait précédemment établies auprès de cette ville, dans un lieu appelé *Dubrez* où elles n'étaient pas en sûreté.

La ville de Grenoble suivit l'exemple des cités voisines et posséda, en 1478, un couvent de Colettines. Elle dut cette fondation à Jeanne Belle, fille du premier président du Dauphiné, qui en fut la première abbesse, et y mourut en odeur de sainteté.

Bourg-en-Bresse, avait vu commencer en 1412 un monastère de Clarisses, et ce projet était, ce semble, abandonné. En 1484, Charles, duc de Savoie, réalisa le projet de son aïeul.

Bruges en Belgique, obtint en 1481, des Colettines de Gand qui y emportèrent, comme une précieuse relique, la grille de la réclusion de leur Mère à Corbie. Ainsi, dès lors, les compatriotes de sainte Colette s'étaient laissé dépouiller d'un trésor bien précieux, d'un monument qu'ils auraient dû défendre avec un soin jaloux. A peine arrivées à Bruges, les Colettines donnèrent leur nom à la rue qu'elles habitaient.

Le couvent d'Amiens était devenu un arbre vigoureux capable de produire des rejetons. On en détacha pour Metz en Lorraine un rameau plein de sève ; celui-ci, à son tour, put bientôt fournir un rejeton plein de vie pour une nouvelle plantation à Paris.

Cette année, 1481, fut particulièrement féconde. En effet, le monastère de Nantes fonda aussi alors celui de Dinan.

L'année suivante, Péronne reçut avec vénération les filles de sainte Claire et de sainte Colette. Elles venaient d'Arras, et Philippe de Crèvecœur leur avait préparé un pauvre asile.

On le voit, les filles posthumes de sainte Colette n'étaient pas moins ferventes, moins fécondes que leurs aînées. Par l'éclat et l'attrait de leurs vertus, elles arrachaient au monde une multitude d'âmes d'élite, et les cloîtres devenus trop étroits, fournissaient de nombreuses colonies.

Rouen vit les Colettines arriver en 1483 ; Cambrai et Lille en 1490, Montbrison en 1497. Les princes ne furent pas moins empressés à leur élever d'humbles demeures. Marguerite de Lorraine, duchesse d'Alençon, bâtit le couvent de cette ville en 1498, et Jean de Bourbon celui de Gien dans le même temps.

Déjà Aix en Provence avait ressenti le souffle vivifiant de la réforme.

Il ne paraît pas utile de continuer plus loin pour les Colettines cette sèche nomenclature qui a cependant son éloquence.

Sur les Colettins, les renseignements sont encore plus incomplets. La raison en a été donnée au chapitre XXIII, où on a vu cependant, comme le Père Sylvère ne craint pas de l'affirmer, que les Colettins ont occupé un plus grand nombre de couvents que les religieuses. En effet, dès 1458, pour deux provinces seulement, celles de Saint-Louis et de Saint-Bonaventure, le pape Pie II nomme dans une bulle 12 monastères suivant la règle de sainte Colette. Cette bulle avait pour but de réprimer les prétentions des Frères-Mineurs qui voulaient s'assujettir complètement les couvents de la réforme de sainte Colette. Malgré les décisions pontificales et les décrets des Conciles, ils ne cessaient d'inquiéter les disciples de sainte Colette ; mais ceux-ci avaient des protecteurs zélés. Ainsi Bernard d'Armagnac, héritier des biens et des sentiments de Jacques de Bourbon et fidèle aux ordres testamentaires de son beau-père, obtint dès 1448 une sentence très favorable aux Colettins.

La réformatrice, pendant son séjour dans le Midi, avait rétabli la stricte observance dans le couvent d'Azille, au diocèse de Narbonne. Les Conventuels avaient repris l'autorité sur ce monastère réformé. Le Pape, averti par Bernard d'Armagnac, ordonna aux usurpateurs de rendre le couvent aux Frères de l'Observance, et nomma Bernard d'Armagnac protecteur des Colettins.

La même année, le couvent de Dôle, toujours trop peuplé, malgré les nombreuses colonies qu'il avait fournies, ne pouvant plus contenir le nombre croissant des Frères, obtint une bulle pour la fondation de deux nouveaux monastères. Le pape Nicolas V désignait Montbéliard pour le premier, et laissait au commissaire apostolique qu'il nommait, le soin de déterminer la ville qui serait dotée du second. Le commissaire, qui n'était autre que Thibaut de Rougemont, archevêque de Besançon, en profita pour procurer à sa patrie, Rougemont, un si utile établissement. Il paraît que la fondation de Montbéliard ne réussit pas alors et la bulle fut appliquée à Belley, où huit religieux de Dôle vinrent s'installer en 1451. C'était le duc de Savoie qui était le fondateur de ce monastère ; Donson, Myans et Charrières, reçurent des religieux en 1449, 1455 et 1456. La duchesse de Bourgogne obtint elle-même la bulle de fondation du premier de ces couvents.

Guillaume de Saint-Loup, seigneur de Thons, fonda un monastère dans sa seigneurie en 1452. La bulle qu'il obtint contient cette restriction expresse que ce serait pour des religieux de Dôle. Elle permettait la fondation de deux autres maisons à la même condition. Furent-elles fondées ? On l'ignore. Mais la restriction est bien remarquable.

En la même année, un gentilhomme de la chambre de Philippe de Bourgogne, Noble Janus d'Or, ayant été édifié de ce qu'il avait vu à Dôle, voulut aussi bâtir un couvent. Philippe, pour honorer cette fondation, s'en chargea et elle eut lieu à Châlons-sur-Saône.

Dans le même temps, les religieux de Dôle et de Chariez fondèrent ensemble un monastère dont le nom, incertain pour Wading, était probablement Briffons en Auvergne.

En 1460, des religieux venus de Dôle et de Belley s'établirent à Nozeroy, dans une maison donnée par Louis de Châlons, prince d'Orange. D'autres de Montluçon prirent possession d'un monastère à Châteldon, en Auvergne, en 1463.

Pour travailler à la conversion des Vaudois, on établit un couvent à Cluses, en 1471. Il fut occupé par des religieux venus de Myans, qui donna aussi un essaim pour Saint-Michel, en Tarentaise.

Le couvent de Châlons en envoya un, cette même année, à Isle-sous-Montréal.

Enfin, pour ne point fatiguer le lecteur par l'énumération de noms peu connus, contentons-nous de dire que nous comptons encore dix fondations nouvelles dans les quelques années suivantes, entre autres, Autun, où Dôle, toujours trop peuplé, épancha sa surabondance en 1479. Ce fut encore le couvent de Dôle qui envoya des Colettins à Paris, en 1502. Mais depuis longtemps la réforme avait franchi les frontières de la France et de la Bourgogne. Ainsi, dès 1446, Jean Maubert, vicaire du ministre général pour ces provinces, avait envoyé en Ecosse des Frères Belges, afin de rétablir l'observance dans les monastères de ce royaume.

Le silence des historiens sur d'autres faits semblables ne peut point détruire la conclusion qui ressort évidemment de ce que nous venons de dire dans ce chapitre. Le grand arbre de la réforme, plein de sève et de vigueur, étendait ses racines et ses rameaux dans toute la chrétienté. Les enfants de Sainte-Colette s'étaient multipliés d'une manière bien merveilleuse, car, en 1484, s'étant réunis en chapitre à Bruges, ils formèrent un nécrologe de huit cents frères morts depuis trois ans seulement. En calculant d'après les tables de mortalité ordinaire, ils étaient donc trente quatre mille frères travaillant à ranimer la vie chrétienne dans le monde.

Nous n'avons parlé jusqu'ici que des maisons nouvelles fondées par les Colettins. Les annales de Wading n'indiquent pas ordinairement les réformes opérées. Cependant beaucoup de maisons anciennes subirent l'ascendant de la vertu et rentrèrent dans la régularité parfaite. C'est ainsi que le couvent d'Abbeville qui, en 1442, avait refusé la réforme des mains des pères Aléaume, Dufour et Pierre de Vaux, accueillit en 1467 frère Pierre Chambon et Frère Bernardin venus de Dôle, et se rangea aussi sous la règle de l'illustre enfant de la Picardie. Ceux qui se sont occupés, il y a deux siècles, de la vie de sainte Colette, ont pu recueillir ce fait particulier qui s'était passé dans les lieux qu'ils habitaient et qui intéressait particulièrement l'Abbevillois historien de la réformatrice. Tous les autres faits semblables sont ensevelis dans l'oubli des hommes, mais ils comptent devant Dieu pour la gloire éternelle de sainte Colette.

Enfin, au commencement du XVIe siècle, l'esprit de réformation triompha complètement. Un mouvement général se produisit dans l'ordre de Saint-François. La rénovation fut à peu près complète. S'il y eut encore des Conventuels qui admettaient quelques modifications à la règle primitive, leur vie fut si bien réglée que ces déviations mêmes ne produisirent plus les effets désastreux d'autrefois. Mais le plus grand nombre revint avec courage à l'observance régulière. C'est alors que disparut le nom de Colettins qui n'avait plus sa raison d'être. Un nom différent était inutile là où l'esprit était absolument le même. La gloire de sainte Colette n'est pas diminuée par la disparition de ce nom. Il n'en est pas moins vrai que les trois ordres du patriarche d'Assise lui doivent leur renaissance à la vie et que sur sa tête se confondent les deux couronnes de saint François et de sainte Claire.

CHAPITRE XLIX.

Temoignages de la vénération publique envers sainte Colette. — Premières instances pour sa canonisation.

La vénération des Filles de Sainte-Colette pour leur mère ne tarda guère après sa mort à couvrir d'un abri sa tombe, d'où s'échappaient des parfums merveilleux et une odeur vivifiante. Mais si elles purent ainsi soustraire le vénérable corps à l'action des pluies, elles ne purent le préserver des eaux marécageuses dans lesquelles il était enseveli. En effet, le couvent de Bethléem étant dans la partie basse de la ville, la dépouille de ses morts était plutôt confiée à l'eau qu'à la terre.

Sous l'impulsion des sentiments de la piété, l'abri se transforma peu à peu en oratoire. Il n'en pouvait être autrement. La vénération, la confiance s'augmentaient au récit des merveilles obtenues par l'intercession de la sainte abbesse. Auprès de cette tombe, les âmes se sentaient éclairées et fortifiées. Que de généreuses résolutions avaient été prises, que de sacrifices difficiles accomplis, après un moment passé sur cette terre qui semblait inerte !

Des faveurs extraordinaires, des miracles éclatants obtenus fréquemment par l'intercession de la vénérable abbesse, enflammaient la piété de tous les chrétiens. Ce n'étaient pas seulement les Clarisses qui l'invoquaient avec une profonde confiance, tous les rangs de la société commençaient au tombeau, aux reliques de sainte Colerte, ce long pèlerinage qui, après plus de quatre siècles, n'est pas terminé, et déjà s'introduisait cet usage, auquel nulle femme chrétienne de Gand ne voudrait manquer, de se placer sous la protection de la servante de Dieu en se couvrant de son manteau.

Le Père Pierre de Vaux avait pieusement recueilli ses souvenirs et ceux des compagnes de la réformatrice et il en avait composé le tableau si simple, mais si éloquent des vertus et des prérogatives de sainte Colette. Sœur Perrine avait fait de même. Ces œuvres ont été appréciées dans l'introduction, il suffit de les rappeler ici.

Olivier de Langhe, prieur de Saint-Bavon, persuadé par le serment solennel que Pierre de Vaux fit en sa présence, traduisit bientôt en flamand l'œuvre du confesseur de la sainte abbesse et en reçut la récompense. La Sainte lui apparut pour le remercier et l'assurer de sa protection. Sainte Colette, protégez toujours celui qui consacre ses labeurs à votre gloire.

L'œuvre de Pierre de Vaux, devenue populaire par la traduction du prieur de Saint-Bavon, augmenta la confiance publique dans la protection de la sainte abbesse. En 1469, une peste violente désola la ville de Gand. Plusieurs protestèrent devoir leur salut à la puissance de sainte Colette qu'ils avaient invoquée. Aussi, l'évêque de Tournai ordonna, en 1471, une première information pour recueillir les faits miraculeux qui glorifiaient de plus en plus la servante de Dieu.

Philippe Courault qu'on a appris à connaître à Poligny, en ce temps-là, abbé démissionnaire de Saint-Pierre de Gand, ne crut pas devoir taire plus longtemps les bienfaits dont la vénérable abbesse l'avait comblé, lui et toute sa famille, et il en fit un récit succinct en forme de déposition juridique, daté aussi en 1471. La même année, on recueillait à Corbie, dans la même forme solennelle, les souvenirs des vieillards qui avaient connu la recluse (1).

Inspiré par ces éclatantes manifestations, héritier de la vénération du prince son père et de sa mère pour sainte Colette, Charles le Téméraire voulut aussi obtenir la protection de la thaumaturge en travaillant à sa gloire. En 1472, il envoya des ambassadeurs à Rome, pour solliciter sa canonisation. Sixte VI, qui avait été choisi dans l'ordre de Saint-François pour occuper le siège pontifical, accueillit très favorablement cette demande. Il répondit aux ambassadeurs : « Je regarderais comme une grande faveur de « pouvoir canoniser cette illustre vierge. Vous

(1) Voir note X.

« l'appelez vénérable, et moi, je la déclare bien-
« heureuse et sainte ». Aussi fit-il inscrire cette
cause au registre consistorial. Mais il avait entrepris la canonisation de saint Bonaventure qui
était bien antérieur, et il fallut attendre un
temps plus favorable pour s'occuper de la cause
de sainte Colette.

Pendant ce temps, la tombe de la vénérable
abbesse demeurait toujours dans le même état,
et ses restes mortels étaient toujours exposés à
l'action délétère du terrain marécageux auquel ils
avaient été confiés. Les pieuses Clarisses de Gand
eussent bien désiré entourer le tombeau de plus
d'honneur et préserver le corps saint des agents
destructeurs ; mais il fallait par-dessus tout
ne pas prévenir la décision des juges dans une
affaire si importante. La guerre de la succession
de Charles le Téméraire vint rendre plus difficile une situation déjà regrettable. Elle tint le
couvent de Gand dans une sorte de captivité. Il
ne pouvait plus communiquer avec ses supérieurs naturels, ni leur faire connaître ses besoins, ses désirs, ni en recevoir une direction
nécessaire. Les esprits troublés furent longtemps
dans l'agitation, et, en 1492, la grande cité belge fut soumise aux rigueurs d'un siège, mais
elle fut délivrée d'une manière merveilleuse. A
la faveur de la paix qui suivit, les visiteurs d'ordre purent enfin remplir leur importante mission. Le Fr. Jacques Bernard vint en cette qualité à Gand. On profita de sa présence pour réa-

liser un projet formé depuis longtemps, l'ouverture de la tombe et la recherche des restes de la vénérable abbesse. Mais, après quarante-cinq ans de séjour dans un terrain si humide, auraient-ils échappé à la grande loi des corps organisés, la décomposition complète? On n'osait l'espérer. C'est pourquoi on procéda à cette recherche en présence de témoins graves, et avec une certaine réserve.

Le 13 septembre 1492, des outils et des ustensiles neufs ayant été préparés pour ce saint usage, le visiteur et le confesseur du couvent, revêtus des ornements sacerdotaux en usage pour la messe, descendirent dans la fosse qu'on avait déjà en partie creusée, pour retrouver les saintes reliques. Ils découvrirent bientôt les cheveux et les ossements parfaitement intacts, encore adhérents les uns aux autres, aussi sains que s'ils avaient été placés pour un peu de temps dans une terre sèche, à l'abri de tout agent corrosif ou dissolvant. Un œil était même encore visible dans sa cavité. Ils recueillirent précieusement ces ossements et la terre qui les entourait, parce qu'elle était tout imprégnée du sang et de la chair de la bienheureuse. Avec des couteaux de bois, ils séparèrent cette terre des ossements qu'ils placèrent dans une boîte de plomb.

A la place même de la première sépulture, on fit un caveau avec tout le soin possible. Sur des barres de fer transversales fut placée la précieuse caisse renfermant les reliques, de manière qu'elle ne touchât le fond ni les pierres du caveau. Ceux-ci ayant été un peu exhaussés sur chaque face, on ménagea une petite ouverture au-dessus du sol par où on pouvait voir le précieux trésor, et à l'extrémité, du côté de la tête, une porte fermée par une grille d'airain. Pour couvrir ce caveau, il fallait une pierre convenable. On eut de la peine à la trouver. Pendant ces délais étonnants, ces difficultés insolites, une religieuse de Bruges, qui avait vu autrefois sainte Colette, fit observer que les saints ossements n'avaient pas été assez soigneusement ni assez honorablement purifiés. L'archevêque de Cambrai, venant visiter sa sœur, mère-vicaire de Gand, inspira l'idée de les laver avec du vin du Rhin que Marguerite d'Angleterre venait d'envoyer à la communauté. Ce qui fut exécuté l'année suivante, en 1493. Les saints ossements furent alors déposés dans une boîte de plomb revêtue à l'intérieur d'un verre très épais et renfermée dans une caisse de bois précieux. La pierre longtemps cherchée, étant enfin prête, on ferma le tombeau.

En attendant la canonisation, on avait gravé sur la pierre sépulcrale, l'inscription suivante :
« Chi gist le sainct corps de la saincte ancelle
« de Jhs-Crist, sœur Collette, première abbesse
« et réformatrice de l'ordre de Ste-Claire, laquelle
« trespassa l'an de la nativité de Notre-Seigneur
« MCCCC et XLVII le 6ᵉ jour de mars, et en ce lieu
« présent eslut sa sépulture simplement et par

« fond en la terre nue, auquel lieu Dieu par sa
« grâce a préservé ses saincts ossellements en
« beauté et entierté par l'espace de XLV et plus
« côme il apparut lorsqu'ils furent pour l'hon-
« neur d'elle révérement mis en plomb par notre
« léal visiteur et par le confesseur de cheans le
« XIII° jour de septer et remis en chestui cercus
« l'an MCCCC et XCII. » Sur le champ de l'épaisseur des côtés, on avait gravé cette légende dont
chaque mot était séparé du suivant par des croix
superposées:

DULCIS † ANCILLA † DEI † ROSA † VERMANS
STELLA † TU † MEMOR † ESTO † MEI † DUM
MORTIS † VENIT † HORA

Aux pieds, toujours sur l'épaisseur de la pierre, cette inscription se trouvait coupée par la
reproduction en grand du cachet de sainte Colette avec sa devise : « Mes sœurs, pensez à la
mort, il faut mourir. » L'emblème du cachet
était une main serrant la croix, les trois clous
et la lance. Après la devise du cachet, on avait
ajouté une hache; c'était comme les armoiries
de la fille du charpentier de Corbie.

Enfin sur l'extrémité supérieure de la pierre,
on lisait les noms glorieux de ceux dont sainte
Colette avait reçu et ranimé le double esprit:

FRANÇOIS, CLAIRE.

Ce tombeau monumental n'était pas encore
achevé qu'on s'occupa de recueillir, en divers

lieux, avec les formalités juridiques, un grand nombre de miracles opérés par l'intercession de la vénérable abbesse. L'acte dressé à Hesdin en rapporte 14, celui de Gand 15, celui d'Arras 4, ceux de Poligny et d'Auxonne un grand nombre. Les monuments écrits cités plus haut et renfermant son histoire, furent visés de nouveau et revêtus de nouvelles attestations d'authenticité et d'intégrité. En même temps, on en adressa des copies authentiques et scellées aux principales maisons de Clarisses. C'est sur un de ces exemplaires que nous avons collationné d'un bout à l'autre la traduction latine publiée par les Bollandistes.

Ce mouvement avait pour but de préparer une démarche plus solennelle auprès de la cour de Rome. En effet, les rois, les princes, les prélats, les cités réunis dans une sainte ligue voulaient faire un effort suprême pour la glorification de la thaumaturge du XV\ :sup:`e` siècle. Maximilien I\ :sup:`er`. roi des Romains, souverain des Pays-Bas par son mariage avec Marie de Bourgogne, l'archiduc d'Autriche, Marguerite d'Angleterre, duchesse douairière de Bourgogne, Réné, roi de Sicile et duc de Lorraine, Charles VIII, roi de France, l'évêque d'Amiens, Pierre Versé, natif de Poligny, les évêques de Cambrai et de Genève, l'abbé de Corbie et les bourgeois de cette cité, ainsi que ceux de Gand et d'Hesdin, envoyèrent à Rome des ambassadeurs avec des lettres pressantes, les unes adressées au Pape, les autres aux cardinaux les plus influents. Ils furent introduits dans le consistoire et leur demande favorablement accueillie, mais il s'éleva un doute sur la régularité de la première instance, faite en 1472, par Charles le Téméraire, de sorte qu'on ne put, cette fois, avancer l'affaire autant qu'on l'eût désiré. Elle fut du moins enregistrée avec soin afin d'éviter toute incertitude à l'avenir. Dès lors, l'issue était à peu près certaine, ce n'était plus qu'une affaire de temps. Aussi les postulateurs furent félicités du succès de leur ambassade, car la prudence romaine n'a pas coutume d'avancer aussi rapidement dans des causes d'une telle gravité.

L'année suivante, les mêmes princes et le roi de Portugal renouvelèrent leurs sollicitations, excepté le roi de France que ses démêlés avec le Pape empêchèrent d'agir avec eux d'une manière efficace. Il semblait donc que cette cause, ainsi sollicitée, se terminerait promptement; mais bientôt les troubles de l'Italie, la guerre du royaume de Naples, déterminèrent la cour de Rome à en remettre la poursuite à des temps plus calmes.

En 1508, Marguerite d'Autriche, gouvernante des Pays-Bas, et la ville de Gand essayèrent mais en vain, de faire reprendre cette affaire. C'était le moment de la ligue de Cambrai, de la guerre entre le Pape, les rois de France, d'Espagne et des Romains d'une part, et les Vénitiens de l'autre. Des circonstances à peu près semblables firent également échouer, en 1513, de nouvelles instances de Marguerite, de l'empereur Maximilien, des bourgeois de Gand et même d'Henri VIII, roi d'Angleterre, dont la lettre en latin mérite tout particulièrement d'être citée. En voici la traduction :

A notre très-saint et très-clément seigneur, le pape Léon X.

« Très-saint Père, humblement prosterné de-
« vant votre Sainteté, je baise ses pieds avec le
« respect le plus profond. Depuis que nous som-
« mes arrivés dans la Gaule-Belgique, nous
« avons entendu retentir de toutes parts le nom
« et les louanges de la glorieuse vierge Colette,
« si célèbre par la pureté, la simplicité, l'inno-
« cence de sa vie, mais surtout par son zèle ad-
« mirable et par son active charité. Nous avons
« compris comment, semblable à une diligente
« abeille, après avoir recueilli sur les fleurs pré-
« cieuses des plus rares vertus, ce miel exquis
« qu'elle a présenté au céleste Jardinier, elle a
« mis tous ses soins à produire ces essaims
« nombreux ; car c'est elle qui a enrichi non-
« seulement la Belgique, mais aussi la France,
« la Bourgogne, la Savoie, et bien d'autres
« pays, de ces monastères qu'elle a construits
« par ses soins et par son industrie, toujours
« sous la direction de l'Esprit-Saint, et qu'elle a
« remplis de chastes vierges qui offrent sans

« cesse au Dieu tout-puissant un sacrifice de
« louanges. Aussi, le Seigneur n'a-t-il pas per-
« mis que sa servante restât ensevelie dans l'obs-
« curité ; mais il s'est plu à la glorifier par d'é-
« clatants prodiges, dans le temps que son âme
« était encore retenue sur la terre par les liens
« du corps, et surtout depuis qu'elle jouit de la
« gloire immortelle qu'elle a méritée par ses
« travaux. On voit accourir chaque jour à son
« tombeau une foule considérable de fidèles, qui
« trouvent auprès de ses précieuses reliques le
« soulagement de leurs maux et l'accomplis-
« sement de leurs vœux. C'est pourquoi, il nous
« a paru étonnant que cette bienheureuse fille
« qui, au jugement de ce siège si saint et si vé-
« nérable, a été reconnue digne de recevoir sur
« la terre les honneurs qui lui sont dus, n'ait
« pas encore été inscrite au nombre des saintes
« Vierges. Nous venons donc, nous aussi, Très-
« saint Père, déposer aux pieds de Votre Sain-
« teté nos ardentes prières, et la supplier de la
« manière la plus pressante, de mettre au nom-
« bre des saintes Vierges, la bienheureuse Co-
« lette, que les suffrages des peuples y ont déjà
« placée, après toutefois que votre Béatitude
« y aura fait constater l'authenticité des vertus
« et des prodiges qu'on lui attribue. Cet acte
« solennel qui servira à l'accroissement de no-
« tre sainte religion et à l'honneur de Colette,
« contribuera en même temps à la gloire de Dieu
« tout-puissant, qui ne laisse jamais son Eglise

« stérile, et consacrera à l'immortalité le nom
« de Votre Sainteté.

« Que le Très-Haut accorde à Votre Béatitude
« une santé parfaite et l'accomplissement de
» tous ses désirs.

« Votre très-dévoué et obéissant fils.

« HENRI. »

CHAPITRE L.

Commencements du culte de sainte Colette.

On le voit, ce n'était pas un manque de vénération, de confiance envers sainte Colette qui faisait différer sa canonisation ; mais les circonstances de temps, de lieux, d'éloignement, les guerres, les troubles populaires, toutes ces difficultés étaient plus fortes que la volonté humaine. Enfin les souverains Pontifes suivirent une autre voie pour glorifier la servante de Dieu en attendant les procédures solennelles d'une canonisation régulière. C'est ce qui va faire l'objet du chapitre suivant.

On vient de voir avec quelle ferveur le XVe siècle vénéra sainte Colette et de combien de grâces il en fut récompensé. Mais ce sentiment qui avait pris naissance sur la tombe encore fraîche de la Bienheureuse était cependant local et individuel. Il tendait de plus en plus à se généraliser et à devenir public. Pour cela, il fallait la sanction de l'autorité ecclésiastique. Le tribunal de l'Eglise partageant les sentiments des fidèles, ne pouvait accomplir toutes les procédures nécessaires pour donner à son jugement toute la solennité et l'autorité nécessaires. Il suivit une autre marche. En attendant des temps meilleurs, par des actes moins solennels, il favorisa et encouragea la dévotion des peuples.

En 1536, le 25 mai, Nicolas Burilly, évêque de Sarepta, *(in partibus)* et coadjuteur suffragant de l'évêque de Tournai, se rendit à Gand, au couvent de Bethléem pour y faire une nouvelle reconnaissance des reliques de sainte Colette. La tombe étant ouverte au chant des psaumes, il s'avança pour enlever le précieux coffre qui les contenait. Il aperçut sur les murs du caveau de grosses gouttes qui demeuraient suspendues. A peine la sainte arche fut-elle enlevée que ces gouttes tombèrent en si grande abondance que bientôt le caveau fut plein. Ce fait remplit d'admiration l'évêque et tous ceux qui l'accompagnaient. Ils ouvrirent la caisse et trouvèrent en bon état non-seulement les saints ossements, mais même le damas dans lequel on les avait enveloppés. Dans un caveau humide, pendant plus de quarante ans, il n'avait rien perdu de sa fraîcheur. Ces circonstances parurent tellement extraordinaires au prélat que pour lui, dit-il, il n'aurait pas besoin d'autres preuves de la sainteté de la servante de Dieu pour procéder à sa canonisation. C'était l'avis d'un personnage grave, mais ce ne pouvait être celui de la cour de Rome bien autrement exigeante. Les reliques furent vénérées, la tête baisée par toute l'assistance. Puis, on répara la tombe qui fut un peu modifiée, car par l'ordre de l'évêque diocésain, les reliques ne furent point replacées comme auparavant au-dessus du sol, mais élevées et exposées à la vénération publique. Ce fait est très remarquable. C'était une espèce de béatification comme dans les siècles précédents. Les lois qui réservent ces causes au Saint-Siège n'avaient pas encore été promulguées avec la sévérité qui, depuis plus de deux siècles ne permet plus de se soustraire à leur empire. Une nouvelle inscription gravée sur la pierre tombale constata que c'était par ordre de l'autorité ecclésiastique que les reliques avaient été *mises à cette hauteur*.

Des jours malheureux se levèrent sur la Belgique. Les erreurs de la réforme protestante égarèrent quelques-uns de ses enfants et y allumèrent le feu de la guerre civile connue sous le nom de guerre des Gueux. Gand tomba au pouvoir des rebelles, et les filles de sainte Colette menacées durent chercher un asile sur la terre étrangère. Celles qui se réfugièrent auprès de leurs sœurs d'Arras, furent chargées par leurs compagnes de la conservation des chères reliques, et ainsi se vérifia la parole prophétique de sainte Colette qui, lorsqu'on lui proposa sur la fin de sa vie d'aller à Arras, répondit : « Si je n'y vais pas vivante, j'irai morte. » Ceci arriva en 1577, et les religieuses avec leur trésor ne retournèrent à Gand qu'en 1586.

A ces honneurs rendus à l'illustre réformatrice, il manquait encore quelque chose, ce qui importe le plus à la gloire d'un saint, la faculté de célébrer l'office public en son honneur. Cette grande faveur ne devait pas tarder. Il paraît même qu'elle avait été préparée dès le XVIe siècle par une concession intermédiaire. En effet Jean Molan, docteur de Louvain, mort en 1585, dans son martyrologe belge nous apprend que les Colettines de Gand chômaient le 6 mars et faisaient célébrer ce jour-là la messe de Notre-Dame et de tous les Saints pour honorer leur fondatrice. On leur avait même permis de célébrer l'office de la Bienheureuse en leur église, mais les PP. Mineurs s'y opposèrent en posant pour condition que la permission fût générale et s'étendît à tous les monastères de l'ordre. Molan n'indique pas la date de cette concession rendue inutile.

Sous saint Pie V on put croire que l'affaire allait recevoir de ce grand Pontife une solution définitive. Un P. Mineur du nom de Géric lui exposa de vive voix et sommairement les éléments de cette cause, que le Pape n'ignorait point d'ailleurs, car sa science était immense.

Il demanda quelques documents écrits pour accéder à la prière qui lui était adressée. Un évêché venait d'être érigé à Gand. C'était le savant Corneille Jansen qui occupait ce siège. Il rédigea les pièces demandées par le Pape. Mais, quand elles arrivèrent à Rome, Pie V venait de mourir et la cause subit de nouveaux délais.

Enfin en 1604, le 27 novembre, Clément VIII combla les vœux des Colettines de Gand en leur permettant de célébrer l'office de la Bienheureuse, tous les ans, au jour de sa mort. Cette permission fut étendue à tous les monastères de Saint-François en Belgique par Paul V, en 1610. Le monastère d'Amiens sollicita et obtint la même faveur de Grégoire XV en 1628. Aux instantes prières de Marie de Médicis, reine de France, le Pape Urbain VIII accorda la même permission à tous les monastères de France en 1629 et en 1635 à tous les religieux franciscains. Marie de Médicis faisait en même temps des instances très pressantes auprès de la cour de Rome pour la canonisation de sainte Colette.

Les fidèles de la Picardie prenaient part à ce mouvement. Sous l'inspiration d'un de ses plus grands citoyens, Nicolas Le Boucher, Seigneur d'Ailly, président et trésorier de France, ancêtre de la famille de Morgan, la ville d'Abbeville se distinguait par sa dévotion envers sainte Colette et dès 1631, commençait à célébrer en son honneur des fêtes solennelles à saint Gilles, chez les Cordeliers. Des faveurs miraculeuses consignées dans les procès-verbaux d'information pour la canonisation récompensaient ce zèle pour la gloire de la vierge Picarde.

La ville de Corbie ne pouvait rester indifférente à ce mouvement. Dès 1628, pour répondre aux désirs des pèlerins, l'official avait cru pouvoir permettre, dans la chapelle de la réclusion, des messes votives toute l'année et la messe solennelle le jour de la fête, en attendant les décisions de Rome. Le 13 août 1633, à la prière d'Henri de Lorraine, archevêque de Reims, abbé de Corbie, le Pape accorda à tous ceux qui habitaient Corbie, la permission de célébrer la fête de sainte Colette avec l'office et la messe du commun. Enfin, en 1672 les religieux réparèrent autant qu'ils purent les torts de leurs devanciers envers la vierge de Corbie, en célébrant dans leur propre église son pacifique triomphe. Cette même année les leçons et l'oraison composées par le savant cardinal Bona, furent approuvées par l'autorité apostolique. Ce n'est pas un petit honneur pour l'humble vierge d'avoir eu un tel écrivain pour résumer son histoire et interpréter les sentiments du peuple catholique envers elle.

Les Franciscains ont longtemps suivi un autre office particulier, très glorieux sans doute pour leur vénérable Mère, mais que sa forme très défectueuse a fait abandonner depuis.

Pendant ce temps, d'autres événements non moins utiles à la gloire de sainte Colette, se passaient à Corbie. Henri de Lorraine, fils puîné du duc de Guise, quoique très jeune, mais destiné à l'état ecclésiastique, avait été pourvu de l'abbaye de Corbie. Il avait puisé dans sa famille une grande vénération envers l'illustre réformatrice. Sous l'inspiration de sa pieuse mère, qui devait bientôt se consacrer à Dieu dans le monastère colettin de Pont-à-Mousson, il résolut de favoriser la piété de ses vassaux envers celle que sa famille honorait d'un culte spécial. Or, la cellule où s'était recluse l'humble vierge, transformée depuis longtemps en oratoire, était insuffisante pour satisfaire l'empressement des pèlerins étrangers et la dévotion des habitants de la contrée. On y venait, en effet, de bien loin, comme l'atteste une déposition juridique datée de 1545, faite par Matthieu Lecat de Canly près Compiègne. Apprenant, dit-il lui-même, les nombreux pèlerinages qui se faisaient au reclusage de sainte Colette et les grandes grâces obtenues, il vint y chercher et y trouva en effet la guérison de la lèpre.

En 1590, après les dévastations causées par la guerre, on voulut transporter dans l'église voisine la statue qui était vénérée dans la cellulle depuis bien longtemps. Tous les efforts furent vains. Un brancard neuf fait pour la circonstance se brisa ; mais quand on voulut remettre cette image à sa place, elle se trouva d'une extrême légèreté. Ces faits sont attestés dans une déposition juridique faite par des témoins oculaires très graves. Le modeste oratoire devenait donc pour la piété chrétienne le but de visites de plus en plus fréquentes ; mais il était beaucoup trop restreint. C'est pour suppléer à son exiguïté que l'abbé Henri résolut de bâtir auprès une chapelle plus spacieuse, communiquant avec le sanctuaire primitif, qui fut lui-même restauré d'une manière plus convenable.

A ces travaux, l'abbé de Corbie contribua pour six cents livres, sa mère pour cent cinquante. C'était le prix des vitraux dont elle donna elle-même le dessin. La duchesse d'Orléans paya quatre cent cinquante livres pour un tableau au-dessus de l'autel. La piété des fidèles fit le reste. Les travaux, les procédures étaient dirigés avec beaucoup de zèle et d'habileté par M. Vrayet, curé de Saint-Etienne.

Avant que cette chapelle fût complètement terminée, elle fut l'occasion d'un fait extraordinaire qui augmenta le respect pour ce saint lieu. Trois soldats de garde à un poste voisin enlevèrent pour alimenter leur feu trois pièces de bois de la porte. Ils tombèrent cinq ou six fois en les emportant ; l'un d'eux fut même blessé. Obstinés dans leur mauvais dessein et luttant contre la miséricorde divine qui les avertissait avec douceur, ils traînèrent néanmoins leur butin jusqu'à leur corps de garde. Mais alors un tourbillon extraordinaire dispersa le bois et les charbons de leur foyer, une première, puis une seconde fois. Le vent était si violent qu'il leur jetait les charbons à la figure et ils furent contraints de quitter leur poste et même le rempart. Les malheureux comprirent enfin le crime de leur vol sacrilège. On dressa un procès verbal authentique de ce fait, le 5 juin 1626.

Pendant cette construction, les princesses de la famille royale de France stimulaient par leurs nobles exemples la piété des peuples envers la servante de Dieu. Elles se souvenaient sans doute des rapports si heureux des Bourbons, leurs ancêtres, avec l'illustre réformatrice et espéraient de son intercession des grâces non moins précieuses.

La fille d'Henri IV, connue sous le nom d'Henriette d'Angleterre, allant prendre possession de son trône, séjourna à Amiens, au mois de juin 1625, pour vénérer à loisir celles des reliques de sainte Colette qui étaient conservées au monastère des Clarisses. L'épouse de Louis XIII l'imita quelques jours plus tard et la reine-mère vint aussi demander à la pauvre Clarisse les consolations et la force dont elle avait tant besoin dans ses tribulations. A la même époque, la duchesse d'Orléans envoyait son aumônier à Corbie célébrer et faire célébrer plusieurs neuvaines de messes.

Ces princesses furent priées d'employer leur crédit auprès de la cour de Rome pour faire reprendre la procédure de la canonisation. Elles **ne faillirent point à ce devoir de leur piété.**

Marie de Médicis surtout, écrivit et fit faire des sollicitations pressantes par l'ambassadeur de France. Le chapitre de la cathédrale d'Amiens, la commune de cette cité comprirent qu'il s'agissait là d'une gloire de Picardie qu'il fallait mettre en évidence et ils adressèrent des prières pressantes au souverain Pontife. La ville de Corbie, plus directement intéressée, imita naturellement la capitale de la Picardie.

Ces sollicitations obtinrent la reprise de la cause, et des informations solennelles et très complètes furent ordonnées dans toutes les contrées que sainte Colette avait habitées et dans celles où elle était honorée. Un formulaire de questions fut adressé aux autorités ecclésiastiques de ces différentes provinces. En vingt-neuf articles on demandait tous les détails possibles sur la vie, les vertus héroïques, les dons merveilleux, les miracles de sainte Colette, la vénération dont elle pouvait être l'objet depuis sa mort.

Ces enquêtes furent dirigées par le P. Sylvestre de Paris, capucin, confesseur des Clarisses d'Amiens, assisté toujours de personnages considérables et de notaires apostoliques. Elles produisirent un dossier volumineux qui fut envoyé à Rome, mais dont on garda une copie que possèdent encore les Clarisses d'Amiens. Les actes les plus remarquables sont ceux de l'enquête faite à Corbie. Outre les détails histoques sur la transformation des lieux sanctifiés par sainte Colette, on y trouve des dépositions solennelles sur plusieurs faveurs miraculeuses obtenues par l'humble vierge de Corbie. Ainsi François Joly, procureur et notaire royal à Corbie, déclare qu'il croit devoir aux mérites de sainte Colette la vie de son fils. Cet enfant âgé de six ans, après neuf convulsions, ayant perdu la parole depuis deux jours, était regardé comme mort par les apothicaires et les pharmaciens qui le virent. Alors Marie Vrayet, sa mère, fit vœu de faire chanter une messe dans la chapelle de sainte Colette. Un quart d'heure après la messe commencée, l'enfant recouvrait la parole, et deux jours après, il était totalement guéri.

Il y a bien d'autres faits semblables ou plus merveilleux. Jeanne de Brouilly, épouse d'Imbert de Billy (1) d'Essertaux reçut de si grands bienfaits et fut touchée d'une si vive reconnaissance qu'elle vint se fixer à Corbie. Elle donna une petite cloche à la chapelle.

Jean Henneberg, de la paroisse de la Neuville-les-Corbie, avait un fils unique, âgé de neuf ans ; mais il n'avait point d'espoir de le conserver : l'enfant était d'une complexion frêle, contrefait et d'une faiblesse si grande, qu'à l'âge de neuf ans, sa dentition ne s'était pas encore

---

(1) Sa déposition renferme un mot bien beau. On lui demande sa profession : — Noble, dit-elle, et vivre en la profession catholique et romaine. — Catherine Auxcousteaux répond à la même question : — Obéir à Dieu, à l'Eglise et à son mari.

et l'enfant put bientôt prendre part aux joyeux ébats des autres enfants de son âge.

Un jeune homme était affligé d'une hernie bien constatée et jugée incurable par tous les médecins. Sa mère, Pasquette Sanier, avait une grande confiance en sainte Colette ; elle lui recommanda son fils avec larmes. Depuis ce moment, l'enfant n'éprouva aucune incommodité ; il fut guéri parfaitement sans secours humain.

Ces procès-verbaux nous apprennent aussi l'immense affluence des pèlerins pendant toute l'année, mais surtout le 6 mars et les jours suivants. Le concours était si grand que beaucoup d'ecclésiastiques ne pouvaient parvenir à dire la messe. Les fidèles assiégeaient les tribunaux de la pénitence jusqu'après midi, mais tous ne pouvaient parvenir à communier dans la chapelle.

On rencontre aussi dans ces cahiers la très ample déposition du P. Sylvère, capucin d'Abbeville, qui venait d'écrire l'histoire de la Sainte. Les détails dans lesquels il entre, suffiraient pour faire connaître le véritable auteur de l'*Histoire chronologique de la bienheureuse Colette*, publiée en 1628. C'est par erreur qu'on a donné à cet auteur le nom de P. Séraphin. Au P. Sylvère seul convient bien la qualification qu'on opérée. Le père et la mère vinrent répandre leurs larmes dans la chapelle de Corbie, aux pieds de la Bienheureuse. Contre toute espérance humaine, une dentition soudaine s'opéra, les forces se développèrent, les difformités disparurent lui donne quelquefois : l'Abbevillois. Il était, en effet, natif d'Abbeville, alors âgé de 54 ou 55 ans, et habitait depuis quelques années le couvent des capucins d'Amiens.

Dans ces procès-verbaux d'enquêtes faites en divers lieux, nous avons compté jusqu'à 144 faits miraculeux attribués à l'intercession de sainte Colette depuis dix ans.

C'est vers la même époque, en 1629, que le P. Sylvestre, qui dirigeait tous les efforts pour la canonisation de sainte Colette, obtint pour la ville de Corbie, des religieuses de Gand, un os du bras de la sainte abbesse qui fut exposé à la vénération publique dans la nouvelle chapelle.

Ces sollicitations des princes, ces procédures considérables, ces actes volumineux sont des monuments de la piété publique envers sainte Colette. Il semble qu'ils devaient triompher de tous les obstacles et faire placer immédiatement sainte Colette sur les autels ; cependant, il n'en fut pas ainsi. Ils déterminèrent sans doute le souverain Pontife à accorder plus facilement l'extension de l'office de sainte Colette à tout l'ordre de Saint-François et bientôt à la ville de Corbie. Mais après cela, le silence se fit sur cette grande cause et ce silence dura un siècle et plus.

L'Europe était en feu par la guerre de Trente Ans et bien d'autres moins importantes ; nous ne pouvons voir dans ces événements temporels la véritable cause des délais mis par la Providence à la canonisation de sainte Colette. Cette illustre servante de Dieu a vécu dans un temps de tempêtes violentes pour la barque de saint Pierre. Elle s'est consumée pour obtenir le calme au vaisseau agité de l'Eglise. La manifestation de sa gloire était réservée à des temps semblables à ceux dans lesquels elle a vécu. Ses exemples devaient être proposés surtout à des générations tentées par l'esprit schismatique, à des enfants obligés de multiplier leurs prières pour la sainte Eglise leur Mère. Voilà, ce semble, la véritable raison de ces retards si longs.

Toutefois, ces procédures avaient encore eu un autre effet très avantageux à la gloire de sainte Colette. Elles avaient fait connaître des faveurs merveilleuses dues à son intercession, et la voix publique, à la faveur des circonstances, avait porté le culte de l'humble enfant de Corbie jusqu'aux extrémités de la terre. En effet les Espagnols longtemps dominateurs de la Belgique l'avaient reçu de leurs sujets et transporté en Espagne et de l'Espagne chez les peuplades innombrables de l'Amérique qu'ils civilisaient. Leur autorité y a péri ; le culte de sainte Colette y est encore vivant.

Les Français firent de même. L'innombrable famille de Saint-François, présente partout où il y a des pauvres à consoler, des âmes à encourager, des persécutions à souffrir, depuis le tombeau humilié du Sauveur jusqu'aux plages les plus inhospitalières, enseignait à toutes les nations, la vénération, le culte de son illustre réformatrice. Aussi la gloire de sainte Colette était dès lors bien grande, et si le jugement solennel de l'Eglise ne proclamait pas encore son héroïque sainteté, l'empressement tout spontané du peuple chrétien, la persévérance de sa vénération envers l'humble vierge, ne semblent que plus glorieux pour elle.

Le dessin et la gravure célébraient aussi la gloire de sainte Colette et propageaient son culte. En 1614, François-Nicolas de Hertoche, ermite augustin de Gand, retraça dans une estampe fort belle (in-4°) toute la vie de la réformatrice. Un dessin principal, au centre, représente la pieuse recluse de Corbie, au milieu des arbres, l'un grand et les autres petits, qui se produisirent miraculeusement dans sa cellule. Elle a auprès d'elle un agneau nimbé portant une couronne dans sa patte qu'il tient levée. Derrière, on aperçoit son confesseur et un ange; en face de la sainte, un Christ en croix lance des flèches vers elle; au-dessus de la jeune vierge apparaissent dans la gloire le Père éternel, Jésus-Christ et Marie sa mère. Quatorze médaillons formant encadrement reproduisent les principales circonstances de la vie de la réformatrice.

Les merveilles de sa réclusion semblent avoir exercé sur les artistes un attrait plus puissant, car un autre dessin reproduit en deux grandeurs l'une in-8° et l'autre petit in-4°, nous la montre en oraison dans sa cellule. Mais l'auteur ne s'est assurément pas inspiré de la vue de Corbie ni de la reclusion pour faire son œuvre. La demeure de la recluse est isolée dans une campagne fantaisiste pleine de rochers et de cours d'eau. C'est un travail sans mérite, il porte cependant la signature de Martin de Vos, dessinateur, et de Adrien Collaert, graveur.

Dans une autre gravure, sainte Colette est représentée dans le costume de clarisse avec un bâton de voyage à la main et sur la tête un grand chapeau à larges bords comme un chapeau de cardinal. C'est sans doute pour fixer l'époque où le dessinateur a prétendu saisir son sujet qu'il a placé au bas du dessin l'année 1410. En négligeant le bâton et le chapeau, les artistes pourraient, il nous semble, s'inspirer de cette gravure pour représenter notre Sainte. En effet, l'auteur de ce dessin qui ne s'est pas fait connaître, paraît s'être souvenu de ce qu'ont dit de sainte Colette, de sa taille et de ses traits, ses premiers biographes.

On trouve ces gravures à la Bibliothèque impériale, cabinet des estampes,

CHAPITRE LI.

La cause de la canonisation est reprise et terminée.

Lorsqu'approchaient les temps où la Chaire de saint Pierre devait avoir à subir des assauts plus formidables que tous ceux qui avaient jusque-là troublé et épouvanté le monde, la Providence inspira à ses ministres de reprendre la cause de la canonisation de la bienheureuse Colette.

Le P. Marie-Antoine Gravois fut nommé postulateur. Il fit valoir auprès de l'autorité pontificale les actes antérieurs par lesquels avait été glorifiée la servante de Dieu ; l'élévation de ses reliques par l'évêque de Sarepta en 1536, les diverses permissions de célébrer son office accordées aux monastères de Belgique, enfin à l'ordre de Saint-François tout entier et à la ville de Corbie. Appuyées par de tels faits, ses sollicitations obtinrent facilement un décret qui ordonna de reprendre la cause dans l'état où elle était. Ce décret fut signé par Clément XII, le 11 septembre 1739.

Mais Urbain VIII, en 1625, paraissait avoir posé à une heureuse solution un obstacle insurmontable. Ce Pontife avait défendu de procéder à la canonisation d'un saint qui a reçu un culte

quelconque sans l'autorisation du Saint-Siège. Mais il dut, en 1634, établir lui-même une exception en faveur des serviteurs de Dieu qui auraient été honorées d'un culte public immémorial et non interrompu. Il ne fut pas difficile d'établir que sainte Colette jouissait de cet honneur exceptionnel et qu'elle avait été béatifiée indirectement. C'est ce que Benoît XIV reconnut en déclarant (1740) « qu'il conste d'un culte immé-
« morial rendu à la bienheureuse Colette et que
« sa cause est dans l'exception prévue par la
« bulle d'Urbain VIII du 5 juillet 1634. »

Ces décrets semblaient annoncer une prompte solution; mais cependant des incidents divers vinrent encore entraver les procédures et causer des retards inattendus. L'examen de l'héroïcité des vertus ne fut terminé qu'en 1771 par un décret de Clément XIV.

Pendant ce temps, le Seigneur semblait par de nouveaux prodiges vouloir glorifier sa servante et dire aux hommes que le temps était venu de terminer ce long procès. En effet, en 1747, il avait fallu, c'était une des formalités à remplir, procéder à une nouvelle reconnaissance des reliques conservées à Gand. L'évêque, comme délégué du Saint-Siège, accomplit cette cérémonie avec un soin scrupuleux.

Or, il y avait en ce temps, au monastère de Gand, une Clarisse nommée Colette de Blœve, native de Bruges, âgée de 33 ans, religieuse depuis onze ans. Après sept ans de profession, elle avait complètement perdu la voix. Les médecins les plus habiles, ayant inutilement employé tous les remèdes possibles, avaient déclaré qu'elle resterait à jamais complètement privée de la voix. Cette extinction était telle que si près qu'on approchât l'oreille de sa bouche, quelques efforts qu'elle pût faire, on ne pouvait percevoir aucun son. Pendant ces quatre années d'épreuves, elle n'avait pas perdu sa confiance en celle qu'elle avait choisie pour protectrice en entrant en religion. Tandis que le prélat examinait les reliques et les présentait à la vénération des sœurs, elle l'invoqua avec plus de ferveur que jamais. Enfin elle sent un changement dans sa gorge ; elle s'essaie et croit s'entendre parler. Hésitante et émue, elle s'adresse à l'abbesse : « M'entendez-vous, ma révérende mère ? — Oui, ma fille ! Quoi ! vous êtes guérie ! » Et toutes se précipitent à genoux devant la châsse qu'on achevait de sceller. Colette de Blœve entonne elle-même d'une voix bien vibrante le verset : *Ora pro nobis, beata mater Coletta.*

Les commissaires apostoliques dressèrent un acte authentique de ce prodige en y joignant toutes les attestations des médecins qui, ayant traité la malade, connaissaient parfaitement son état antérieur. Ce fait fut proposé comme le premier des quatre miracles nécessaires pour une canonisation. Plus d'un lecteur pensera qu'il devait peser d'un grand poids dans le jugement qui allait être prononcé. Cependant, admirons la sévérité scrupuleuse du tribunal romain, il fut écarté dès le commencement de la discussion parce qu'un des docteurs de la commission d'examen avait dit que cette guérison soudaine de la sœur était *presque* naturellement impossible. Cette restriction dubitative de la part d'un seul membre du tribunal suffit pour faire juger le fait insuffisant.

Il n'en fut pas de même de la guérison de Roza Croës arrivée aussi en 1747. C'était une religieuse cistercienne de Gand. En se rendant à matines, le 29 novembre 1744, elle fit une chute et se brisa la rotule du genou gauche. Les remèdes furent inutiles. Après de nombreux essais toujours infructueux, les médecins renoncèrent à l'espoir de la guérir. Elle ne pouvait ni marcher seule, ni se mettre à genoux, ni se retourner. Il y avait d'ailleurs au genou fracturé des abcès continuels. L'infirme eut recours à sainte Colette. Elle commença une neuvaine avec sa communauté. Le troisième jour, pendant le chant du *Credo,* au verset *Incarnatus est,* elle sentit une impression étrange. Il lui semblait qu'une chaîne qui aurait lié sa jambe, se brisait, et immédiatement elle put monter un escalier de vingt marches et accomplir tous les mouvements qui lui étaient impossibles auparavant. Le médecin du couvent avait encore, trois jours auparavant, constaté qu'une distance de plus de deux doigts séparait les parties de la rotule brisée.

Le second miracle admis pour établir les droits de sainte Colette à un culte solennel, eut lieu en faveur de Marie-Thérèse Smidts, tertiaire séculière de l'ordre de Saint-François. En 1743, elle avait éprouvé une terreur profonde qui lui causa les accidents les plus graves. Elle était affligée surtout d'une tumeur intestine qui suppurait de toutes parts. Traitée successivement par plusieurs médecins et toujours en vain, elle voulut, le 19 juillet 1747, se rendre au monastère des Clarisses de Gand. Son habitation n'en était pas bien éloignée, on pouvait s'y rendre en un quart d'heure de marche ordinaire. Dominée par ses infirmités, elle mit une heure, et ce fut une heure de torture. Son bonheur fut grand quand elle aperçut enfin le couvent de Bethléem, des larmes de joie coulèrent de ses yeux. Aussitôt arrivée, elle but de l'eau de sainte Colette, baisa ses reliques, se couvrit de son manteau et aussitôt elle se sentit délivrée de son affreuse infirmité.

Ce fut encore en cette année 1747, qu'eut lieu le troisième miracle présenté au tribunal romain. Frère Romain Delamotte, âgé de 38 ans, était récollet à Bruges. Occupé comme tailleur, il contracta une pulmonie qui prit dès le début un caractère très grave. Le médecin lui conseilla bientôt l'air natal et il partit pour Gand au mois de juin 1747. Après quelques alternatives de mieux et d'aggravation, au milieu des accidents ordinaires de cette triste maladie, on fut obligé de lui administrer les sacrements le 19 juillet; on alluma même pour lui le cierge bénit, tant il paraissait près de la mort. Cependant ses confrères l'exhortaient à s'adresser à sainte Colette. Le pauvre malade, reconnaissant envers Dieu qui lui envoyait une longue maladie et lui montrait ainsi de loin la mort à laquelle il avait pu mieux se préparer, ne suivait pas ces inspirations. Enfin il se sentit intérieurement pressé d'invoquer l'illustre thaumaturge. Il le fit et fut aussitôt guéri. Il se leva, se présenta à ses frères qui n'en voulaient pas croire leurs yeux, et le lendemain il reprenait ses travaux habituels.

Voilà les faits qui ont été discutés, examinés sous tous les points de vue, ainsi que les témoignages sur lesquels ils reposaient. La science médicale la plus exacte, la critique la plus sévère, les ont tour à tour passés à leur creuset. Ces examens, ces discussions remplissent un in-folio qui est là sous nos yeux. Nous voudrions le faire voir à tous nos lecteurs et leur faire partager notre admiration pour la sagesse, la prudence de ce haut tribunal qui juge en quelque sorte les saints. Ah! si les ennemis de l'Eglise, si les blasphémateurs des saints voulaient un peu étudier ces questions, de quelles erreurs bien coupables ils se préserveraient, et que leur admiration égalerait bientôt leur mépris actuel.

Enfin, le 12 août 1781, fête de sainte Claire, Pie VI publia le décret qui constate les trois miracles admis par la Congrégation des Rites.

Le premier fait miraculeux ayant été rejeté comme douteux, il eût fallu recommencer de longues procédures et de lentes discussions pour en soumettre un autre au même examen. Les postulateurs de la cause sollicitèrent, et le souverain Pontife, par son décret du 21 avril 1790, accorda la dispense du quatrième miracle d'ailleurs admirablement suppléé par tant de prodiges inscrits dans les annales de l'histoire pendant quatre cents ans.

Aussi le 15 août suivant, fête de l'Assomption, après l'avis favorable de la Congrégation des Rites et des prières ferventes adressées au Seigneur, le vénérable Pie VI déclara solennellement qu'on pouvait procéder en sûreté à la canonisation de la bienheureuse Colette.

Mais l'illustre vierge de Corbie, victime volontaire pour l'expiation des péchés publics et pour le triomphe de l'Eglise, au moment de sa glorification, devait encore souffrir des iniquités des hommes et des tempêtes qui agitaient la barque de Pierre. Pie VI bientôt tombé entre les mains des ennemis du Christ et de son règne ne put achever son œuvre.

Circonstance vraiment remarquable ! cette grande cause de la canonisation de celle qui a si puissamment aidé les Pontifes romains dans la Pacification de l'Eglise, reprise par tant de Papes qui désiraient vivement la terminer, ne peut être conduite à son heureuse conclusion que par un Pontife qui va être victime des ennemis de l'Eglise et des fauteurs d'un schisme avorté. C'était bien le moment de glorifier l'amante passionnée de l'unité et de la paix de l'Eglise et une enfant de la France catholique ; en présence des constitutionnels et des révolutionnaires, une telle protectrice était nécessaire au Pontife et aux fidèles.

CHAPITRE LII.

Translation des reliques de sainte Colette de Gand à Poligny.

Membre glorieux du Christ, image vivante de ce divin Sauveur, associée à sa double mission de victime et de docteur, sainte Colette, dans sa vie d'outre-tombe, comme dans son existence corporelle sur la terre, devait toujours comme son divin Chef être persécutée au milieu de ses triomphes et ne triompher que par la persécution. Pendant que se préparait le jugement solennel qui devait mettre le comble à sa gloire, un orage violent s'amoncelait contre son œuvre et contre elle-même.

Les Pays-Bas étaient passés sous le sceptre de la maison d'Autriche et Joseph II venait de faire monter sur le trône impérial les préjugés, les erreurs de la secte philosophique. Devançant les folies de la révolution partout où elle triomphe, sous prétexte d'économie, de liberté, de progrès de la population, il voulait en réalité empêcher de pratiquer la perfection évangélique et de donner au peuple l'exemple des vertus qui sont la base la plus solide de la société. Le despotisme couronné, imité par le despotisme révolutionnaire, voulait chasser les séraphins terrestres des sanctuaires où ils prient pour tout le peuple et où s'alimente une charité inépuisable qui soulage toutes les misères.

La désolation fut extrême quand ces desseins insensés furent connus dans les monastères de la Belgique. Les Colettines de Gand espérèrent que le précieux dépôt des reliques dont elles avaient la garde pourrait les sauver; mais le gouvernement de Joseph II ne pouvait comprendre le respect que méritait un tel trésor. Alors elles s'adressèrent à leurs sœurs de Poligny qui furent heureuses de leur offrir un asile dans leur monastère. Les autorités religieuses et municipales approuvaient l'offre faite par les filles de sainte Colette. Mais le gouvernement français, déjà trop imbu des erreurs qui égaraient l'empereur d'Autriche, refusait son assentiment.

Madame Louise de France, carmélite à Saint-Denis, avait obtenu du roi son neveu, l'admission dans les monastères de France, des Carmélites, ses sœurs, expulsées elles aussi de leurs maisons de Belgique. L'abbesse de Poligny s'adressa à cette religieuse princesse en faveur des Clarisses de Gand. Ce ne fut pas en vain ; à la prière de la vénérable fille de sainte Thérèse, Louis XVI ordonna que les Colettines de Gand seraient reçues à Poligny. Cependant malgré ses ordres formels, ses ministres soulevèrent encore des difficultés, et pour calmer leurs excessives appréhensions, ils demandèrent aux magistrats de Poligny leur assentiment à la mesure projetée. Ceux-ci répondirent comme on pouvait l'espérer de chrétiens fervents et éclairés.

Dès lors, il fallait à Madame Louise de France un agent prudent, discret et habile, capable de négocier l'affaire avec le gouvernement des Pays-Bas et le prince évêque de Gand. Elle avait protégé et elle employait quelquefois comme instrument de ses bonnes œuvres, un prussien, calviniste converti, réfugié en France pour échapper à la colère de sa famille ; il avait reçu les ordres inférieurs et était pourvu d'une abbaye. C'est pourquoi il s'appelait l'abbé de Saint-Sulpice. Son nom et ses titres étaient Jacques-Antoine Reymond, abbé de Saint-Sulpice, chevalier noble de l'ordre de notre Saint-Père le Pape dit l'Eperon d'or, pensionnaire de Sa Sainteté, du roi très chrétien et de l'illustre clergé de France, etc. C'était par son intermédiaire qu'on avait obtenu la protection de la noble carmélite pour les Clarisses de Gand. Ce fut lui qu'elle chargea d'accomplir l'œuvre pour laquelle il avait sollicité son appui ; il partit le 15 juillet 1782.

Il trouva les filles de sainte Colette soumises à de bien dures épreuves. Comme si ce n'était pas assez d'injustice et de cruauté de les chasser d'une demeure qui leur appartenait et où elles avaient choisi de mourir, le gouvernement par toutes sortes de vexations leur rendait les derniers jours plus pénibles. C'était une longue agonie à laquelle il les condamnait. Les scellés avaient été apposés partout dans leur pauvre maison. Cependant les fidèles, connaissant les ordonnances, n'apportaient plus les aumônes ordinaires, ils ne voulaient pas, disaient-ils, enrichir un gouvernement ennemi de leur piété. Les sœurs étaient dans un dénuement affreux ; elles souffraient la plus extrême pauvreté ne pouvant pas même se servir de ce qui leur appartenait. La consommation de l'iniquité avait été fixée au mois de mars 1783, puis reculée au mois ce septembre suivant. En attendant l'époque fatale, l'abbé de Saint-Sulpice alla dans les autres villes belges consoler et soulager les autres religieuses au nom de la pieuse princesse de France.

Mais le point le plus délicat de sa mission restait encore à remplir. Il n'avait pas eu de peine à obtenir l'autorisation d'emmener en France les religieuses chassées de leur couvent, mais il lui fallait obtenir du prince évêque la remise de la châsse et des reliques de sainte Colette, qui, d'après les arrêts du pouvoir persécuteur, devaient être remises à la disposition du prélat. Dès la première ouverture qui lui en fut faite, l'évêque de Gand se récria et n'eut pas de peine à faire apercevoir toutes les difficultés de cette entreprise. Le peuple déjà irrité de la suppression des Clarisses laisserait-il enlever les reliques de celle pour laquelle il avait tant de dévotion et dont il avait reçu tant de grâces. Madame Louise, instruite des résistances, écrivit de nouveau au prélat. Elle fit observer que sainte Colette, née française, devait être rendue à la France qui ouvrait un asile à ses filles ; qu'il ne fallait pas séparer la mère de ses enfants. Le prince évêque se rendit à ces sollicitations. Edifié du zèle et des vertus de l'abbé de Saint-Sulpice, il lui conféra pendant ces délais les ordres majeurs et la prêtrise. Il lui donna même les pouvoirs de grand vicaire pour le gouvernement de la communauté qu'il allait emmener.

Les projets sur les reliques transpirèrent. Le clergé et le peuple s'émurent ; l'abbé même était menacé. Il devenait douteux qu'il pût sortir en paix de Gand. Il prévint toute opposition par sa promptitude. Une sœur converse déguisée fut chargée du précieux dépôt et sortit la nuit de Gand. Elle arriva heureusement à un faubourg où il l'attendait et en possession des reliques il partit aussitôt pour Lille où il déposa, chez les Carmélites, son inestimable trésor, ne le livrant que sur la foi des serments les plus solennels. Puis il revint à Gand faire agréer au prince évêque ses excuses de son départ précipité. Le prélat comprit que c'était la prudence qui l'avait guidé. Il ne put séjourner longtemps dans la ville qu'il avait dépouillée d'un si précieux trésor. Le peuple s'irrita ; soupçonnant l'enlèvement des reliques, il menaçait le ravisseur qui fut obligé de s'éloigner et d'aller attendre à Lille les religieuses qui devaient y être conduites par le supérieur du séminaire de Gand.

Enfin après de longs délais pleins de douleurs, employés par les commissaires impériaux aux inventaires, aux formalités, les Colettines purent quitter l'asile où elles auraient voulu reposer auprès de la tombe de leur mère, mais qui leur était devenu si pénible depuis quelque temps. Après avoir encore une fois entendu la messe dans leur chapelle et y avoir reçu le Pain des forts, dix-neuf religieuses prirent en gémissant le chemin d'un lointain exil. Les plus affligées furent encore celles que leur âge et les infirmités condamnaient à rester pour vivre désormais hors de leur couvent. Les exilées furent partout accueillies avec un respect, une vénération et une compassion inexprimables.

Mais, pour les reliques, le voyage fut un triomphe. Il fallut à Lille les porter de communautés en communautés pour satisfaire la piété des religieuses. Il en fut de même à Arras. Ces ossements durent tressaillir en rentrant dans la Picardie que sainte Colette a tant aimée. La vénérable caravane fut reçue à Doullens par les Cordelières qui n'eurent qu'une nuit pour témoigner à leur mère leur profonde vénération. L'abbé de Saint-Sulpice semble avoir craint les réclamations de la patrie de sainte Colette. Il ne fit que traverser la province et sa capitale et après un moment de repos à Amiens, il alla coucher à Breteuil. Là il se rencontra avec un régiment aussi en voyage. Les officiers s'empressèrent de céder leurs appartements aux religieuses exilées.

Enfin, ces pauvres proscrites arrivèrent à Saint-Denis au monastère des Carmélites, auprès de celle qui les avait si efficacement secourues. Il y eut entre ces cœurs purs et presque séraphiques, un échange admirable de respect, de vénération, de charité la plus vive. Les unes admiraient une princesse descendue du plus beau trône de la terre pour relaver la vaisselle des Carmélites ; l'autre vénérait celles qui confessaient si généreusement Jésus-Christ et les engagements sacrés de la vie religieuse. Après quelques jours passés dans ce lieu de repos, Madame de France ayant cédé ses droits sur les reliques à la ville de Poligny et ne retenant qu'un morceau du manteau de sainte Colette, les Clarisses se dirigèrent vers la ville qui leur offrait une généreuse hospitalité.

L'abbé de Saint-Sulpice avait des lettres qui obligeaient les maîtres de poste à obtempérer à ses réquisitions ; d'un autre côté, les maisons religieuses, les fidèles se disputaient l'honneur et le bonheur de posséder quelques instants, les précieuses reliques. Le voyage s'accomplit donc facilement. La pieuse caravane devait atteindre Poligny le 15 octobre, vers le soir.

Le marquis d'Astorgues, gouverneur et maire de la ville de Poligny, les députés de Monseigneur l'Archevêque de Besançon, s'étaient avancés jusqu'au village de Tourmont, à une lieue de la ville, au-devant des reliques et des religieuses. Après la présentation des lettres et des actes authentiques, la constatation des sceaux et la rédaction d'un procès-verbal, on s'avança vers Poligny entre deux haies de fidèles accourus de toutes parts pénétrés de vénération et de confiance. A la porte de la ville, le marquis d'Astorgues pria les religieuses de descendre de voiture. Le chapitre de la collégiale présenta à chacune une couronne de fleurs et une palme de lauriers, symboles de leurs vertus et du triomphe de leur foi. Aussitôt, au bruit des décharges de la mousqueterie et du canon, au son de toutes les cloches de la ville, la châsse renfermant les reliques fut placée sous un baldaquin richement orné ; et portée par de jeunes clercs, elle s'avança précédée de tous les corps civils et religieux et suivie des fidèles imitatrices de sainte Colette. On fit une station dans l'église des Ursulines. Une religieuse aveugle depuis sept ans recouvra la vue en baisant le châsse. Après une seconde station dans la collégiale on arriva enfin au monastère des Clarisses, dont le député de l'Archevêque de Besançon fit ouvrir les portes pour y introduire les pauvres exilées de Gand. Tous les cœurs étaient profondément émus. Les Colettines de Poligny, un cierge à la main pour honorer les reliques de leur mère et les glorieuses persécutées, pleuraient de joie en recevant ces restes sacrés de la fondatrice de leur monastère. Les murs eux-mêmes, le sol semblaient tressaillir en revoyant la servante de Dieu qui avait là opéré de si grandes merveilles et pratiqué de si hautes vertus. Quel noble et digne cortège conduisait comme en triomphe l'illustre réformatrice ! C'était de généreuses héroïnes qui s'étaient expatriées pour demeurer fidèles aux règles qu'elle avait tracées. Les vierges fidèles, après de si longues souffrances et des amertumes si profondes, pleuraient aussi de bonheur de se voir arrivées au port, au lieu de leur repos. Elles se jetèrent avec transport dans les bras que leur tendait la charité la plus pure. La population si catholique de Poligny, attendrie d'ailleurs par ce spectacle accueillait avec une allégresse extrême les saintes reliques de celle qu'elle invoquait toujours avec une confiance admirablement récompensée. Elle se rappelait les bénédictions que la sainte abbesse avait autrefois apportées à ses pères, et elle voyait avec raison dans ces événements le gage de nouvelles faveurs plus abondantes. Déjà le bruit de la guérison de la religieuse ursuline était parvenu à toutes les oreilles. Madame la marquise d'Astorgues, épouse du pieux magistrat qui déployait tant de zèle dans cette circonstance, obtint une faveur semblable. Malade depuis longtemps, elle s'était fait porter dans la chapelle des Clarisses. A peine la châsse fut-elle déposée qu'elle se sentit guérie ; elle l'était en effet complètement. Le lendemain, 16 octobre, fut encore un jour de fête pour Poligny. Un office solennel fut célébré dans la chapelle des Clarisses. Les Dominicains et les Bénédictins de Vaux, près Poligny, vinrent le vendredi offrir le tribut de leur vénération à la Sainte et solliciter ses bénédictions. Dom d'Epernon célébra sa gloire dans un panégyrique qui a été imprimé à la suite de la relation de ces faits.

La ville de Poligny se montra très reconnaissante envers l'abbé de Saint-Sulpice ; elle lui offrit des lettres de bourgeoisie dans une boîte d'argent et lui rendit toutes sortes d'honneurs pendant son séjour. Il ne le prolongea guère. Sa charité le fit retourner en Belgique pour rendre à beaucoup d'autres Clarisses le même service qu'à celles de Gand. Digne instrument de la pieuse charité de Madame Louise de France, il en plaça un grand nombre dans différents monastères de France.

Pénétrons un peu dans le couvent de Poligny.

A peine celles qui venaient de confesser si généreusement la foi et la fidélité aux vœux y sont-elles entrées, qu'elles se voient l'objet des soins les plus empressés. Leurs sœurs, pleines de vénération, veulent laver les pieds de ces nobles voyageuses qui, confuses, pendant longtemps résistent comme saint Pierre. Enfin, la charité l'emporte sur l'humilité, et les exilées sont obligées de subir cet honneur, se promettant bien de se dédommager dans d'autres circonstances.

Elles croyaient avoir trouvé un repos définitif. Plusieurs cependant devaient souffrir enfin une dispersion qu'elles avaient voulu éviter à tout prix. La Révolution française devait être plus terrible que Joseph II. Au moment où l'orage éclatait en France, les Clarisses belges purent croire que la paix, le repos leur étaient rendus dans leur patrie. Joseph mourait et son système persécuteur était abandonné. Celles que l'exil n'avait pas tuées regagnèrent leur patrie. Elles n'avaient qu'un regret et il était profond, c'était de quitter le corps de leur mère. On leur permit d'emporter son manteau. Elles formèrent à Gand le noyau d'une nouvelle communauté, mais l'impiété révolutionnaire ne tarda pas à y pénétrer et à disperser les filles de Sainte-Colette.

Ce ne fut qu'en 1814 qu'elles purent vraiment reprendre la vie régulière et le costume des Clarisses, mais non pas, hélas ! dans cette antique demeure où la vierge séraphique s'était, dans un élan d'amour, envolée au ciel et où ses restes avaient reposé si longtemps et opéré tant de merveilles. Ce monastère, vendu par le gouvernement spoliateur, fut transformé en habitations particulières et la chapelle démolie. Le cloître des religieuses est devenu un magasin, et la cellule, sanctifiée par le dernier soupir de sainte Colette, est maintenant déshonorée par les vieilleries, les rebuts qu'on y renferme. Le cimetière est un jardin profane et l'indifférent foule sans respect cette terre qui renferme encore la cendre de la grande réformatrice. Ce spectacle serre le cœur et le remplit d'amertume. Catholiques de Gand, ne réparerez-vous pas l'injure faite à celle que vous invoquez avec tant de ferveur et qui vous a accordé tant de grâces? Ne remporterez-vous pas cette victoire sur l'impiété? Fils dévoués et si généreux du Siège apostolique, enfants fidèles de Rome, imitez votre mère. Elle a marqué par un sanctuaire tous les points de son sol sanctifiés par une grande œuvre de la grâce ou un grand sacrifice de quelqu'un de ses enfants. Au moment où votre dévouement à la chaire de saint Pierre se manifeste d'une manière si considérable, soutenez votre courage, fortifiez votre foi, multipliez votre générosité en glorifiant de plus en plus celle qui vous a donné de si grands exemples d'amour pour la sainte Église. Qu'une âme généreuse et fervente transforme en oratoire l'humble réduit où se consomma le sacrifice de la séraphique vierge.

Toutefois après cette invitation à une œuvre nécessaire louons la piété de la ville de Gand et de toute la Belgique envers sainte Colette. Le sanctuaire du nouveau monastère des Colettines est riche encore des reliques de la grande réformatrice, son manteau, la robe dans laquelle elle a rendu le dernier soupir, quelques ossements, de nombreux objets qui ont été à son usage, des autographes etc... Ces reliques sont l'objet de la vénération non seulement des ferventes religieuses mais de tous les habitants de la cité et de la Belgique. Devant elles ils invoquent leur sainte protectrice dans toutes leurs nécessités spirituelles et temporelles. Surtout pas une femme chrétienne de Gand ne voudrait manquer à mettre le saint manteau, avant de devenir mère. D'autres le mettent pour une fin différente. Les nombreux ex-voto prouvent la multiplicité des grâces obtenues. La Hollande et la France même viennent puiser à cette source de bénédictions.

CHAPITRE LIII

Canonisation de sainte Colette.

Après le décret de Pie VI, du 15 août 1790, le grand acte de la canonisation de sainte Colette ne devait pas être longtemps différé. Mais la Révolution française, emportant dans sa fureur le bien lui-même avec les abus, commençait à bouleverser le monde. Débordant sur l'Italie comme un torrent dévastateur, elle se saisit du grand Pontife et l'amena mourir à Valence de douleur et de privations.

Pie VII, son successeur, longtemps plongé dans les mêmes tribulations, ou occupé à rétablir les principaux fondements de la religion en France, fut contraint de différer. Mais entre deux tempêtes, à la veille de l'occupation de Rome par les Français et de la captivité de Savone, dans une éclaircie de courte durée, le 24 mai 1807, au milieu des magnificences par lesquelles Rome sait si bien honorer la mémoire des Saints, le successeur de saint Pierre publia la bulle de canonisation que nous allons reproduire comme un abrégé de cet ouvrage et un témoignage de son exactitude. Le souverain Pontife plaçait en même temps sur les autels François Caracciolo, Benoît de Saint-Philadelphe, Angèle de Mérici et Hyacinthe Mariscotti.

PIE, ÉVÊQUE,

SERVITEUR DES SERVITEURS DE DIEU, POUR L'ÉTERNELLE MÉMOIRE DU FAIT.

§ 1. Le prophète royal, éclairé par l'Esprit-Saint, vit l'Eglise, épouse de Jésus-Christ, debout à la droite de son époux, comme une reine parée de vêtements enrichis d'or, et environnée d'ornements d'une admirable variété. En effet, les fleurs de toutes les vertus, qui ne peuvent croître que dans le sein de l'Eglise catholique, forment son riche et magnifique vêtement, et les divers caractères de sainteté qui brillent dans ses membres, le parent et l'embellissent de mille couleurs. Au premier rang paraît l'intrépidité des martyrs, la constance invincible des pénitents, l'humble piété des saintes veuves, l'inviolable chasteté des vierges et les innombrables vertus des autres fidèles qui soutiennent ainsi vaillamment le combat du Seigneur, et qui, après avoir achevé leur course, s'envolent enfin dans le ciel, pour y régner éternellement avec Jésus-Christ. Mais puisque plus la nature du combattant est faible, son sexe débile, plus grand est le mérite de son triomphe, il convient sans doute que notre joie augmente, lorsque Dieu, toujours riche en ses dons ne cesse de nous montrer, dans de simples vierges, malgré l'infériorité de leurs forces, les prodiges de sa grâce, et que, par les exemples frappants de ce sexe naturellement faible, il réchauffe, dans un monde qui s'engourdit, le feu de la parfaite charité, et excite d'une manière pressante tous les âges à tendre au sommet de la perfection.

§ 2. Or, si nous devons compter parmi les vierges sages toutes ces vierges qui, sous le joug d'une discipline régulière, n'ont point vécu selon la chair, et ont mis tous leurs soins à ne plaire qu'à Jésus-Christ, leur unique époux ; cependant, on doit un tribut de louanges tout particulier à ces âmes qui, s'élevant au-dessus de leur sexe, et, remplies de la faveur du divin Esprit, se sont appliquées à fonder un nouvel ordre de religieuses, ou, ce qui est d'un mérite à peu près égal, ont travaillé à faire revivre l'ancienne discipline d'un institut déjà fondé, et à y rétablir la sainteté de vie primitive : à ces âmes qui, après avoir elles-mêmes généreusement embrassé et heureusement parcouru la voie étroite de la vie spirituelle, ont appris aux autres et aux générations futures, par leurs exemples, à marcher dans le même chemin.

§ 3. Parmi ces saintes âmes, a brillé d'un éclat tout particulier, au commencement du XV⁰ siècle, l'admirable vierge Colette. Non contente d'avoir fait à Dieu, dès son jeune âge, un holocauste de sa personne, de sa volonté et de tous les plaisirs de la terre, enflammée du divin amour, embrasée de charité pour le prochain, elle entra dans le tiers-ordre de Saint-François, dont elle embrassa la règle, afin de suivre plus parfaitement les conseils évangéliques. Tandis qu'elle s'appliquait de toutes ses forces à faire son salut, et à retracer en elle toutes les vertus de la perfection religieuse, en affligeant son corps par les jeûnes et par les rudes macérations, en faisant tout pour la gloire de Dieu, et en rapportant tout à cette fin, elle se sentit appelée, par une inspiration secrète et non équivoque du Saint-Esprit qui souffle où il veut, à la réforme des ordres de Saint-François. Mais, par un sentiment de profonde humilité, elle ne pouvait se résoudre à se charger d'un si pesant fardeau; cependant, pressée par des prodiges célestes, elle commença cette réforme et l'exécuta promptement, de la manière la plus heureuse. Enfin, pleine de bonnes œuvres et de vertus, enrichie de dons célestes, elle mérita de recevoir la couronne de la gloire éternelle de la main de Jésus-Christ, l'époux des vierges, et la grande opinion qu'on avait de sa sainteté lui fit décerner des hommages solennels et un culte public, aussitôt après sa mort. Ayant donc soumis à un mûr examen, ainsi que le prescrivent les décrets pontificaux et l'usage établi dans l'Eglise, tout ce qui devait être discuté, savoir : le culte public légitime et non interrompu rendu à la bienheureuse Colette, la sainteté héroïque de sa vie, enfin les miracles que Dieu a opérés par son intercession, nous avons pensé qu'il était grandement de l'honneur et de l'utilité de l'Eglise catholique (à laquelle nous sommes préposés, non par nos mérites, mais uniquement par le choix de la Providence divine) de déclarer que la sainteté de la bienheureuse Colette, dans laquelle le Dieu de toute bonté a versé si abondamment et fait briller avec tant d'éclat les richesses de sa libéralité, était digne d'être présentée à la vénération et à l'imitation de l'Eglise militante. Nous avons appelé, en Notre conseil, Nos vénérables frères les Cardinaux de la sainte Eglise romaine, un Patriarche et plusieurs Archevêques et Evêques qui se trouvaient à la cour de Rome ; tous Nous ont donné leur assentiment, et alors, après avoir imploré le secours des lumières célestes, Nous avons placé la bienheureuse Colette au nombre et au rang des saintes vierges, Nous avons ordonné et décrété que tous les fidèles lui rendissent un culte pieux et les honneurs dus aux Saintes et Nous avons la confiance qu'on trouvera en elle des exemples sûrs pour la réforme des mœurs et des secours puissants pour obtenir la paix et la tranquillité des peuples.

§ 4. Cette servante du Seigneur naquit à Corbie, en Picardie, au diocèse d'Amiens, de pieux et honnêtes parents, aux Ides de janvier (13 janvier) l'an du Seigneur MCCCLXXX (1380). Dès sa plus tendre enfance, elle donna des signes admirables de sainteté : car, méprisant les amusements ordinaires de son âge et les plaisirs trompeurs du siècle, elle s'appliquait sans relâche à l'oraison et à la contemplation des choses célestes ; et elle trouvait tant de charmes dans ces exercices, qu'elle a mérité à bon droit l'éloge que les saintes Lettres accordent à Tobie dont il est dit, qu'étant encore fort jeune il ne faisait rien cependant qui ressentît l'enfance. Ensuite elle se prescrivit pour règle de vie de se contenter, pour toute nourriture, de pain et d'eau, de porter le cilice, de se flageller, durant le silence de la nuit, avec des disciplines de fer, et de n'accorder au sommeil qu'un temps fort court, à peine suffisant pour réparer les forces épuisées de la nature. Elle avait si bien contracté, dès sa jeunesse, l'habitude de soulager les misérables, qu'elle aurait pu dire comme Job avec vérité : « Dès mon enfance, la compassion pour les malheureux a grandi avec moi ; elle était sortie avec moi du sein de ma mère. » Elle prodiguait, en effet, les marques de la plus grande bonté aux malades, et de la charité la plus ardente aux pauvres ; elle s'étudiait à obtenir qu'on lui confiât les offices les plus bas, et tout ce qu'elle pouvait soustraire à sa dépense personnelle, ou à sa nourriture, elle le donnait en aumônes. Enfin, après avoir distribué aux pauvres tout ce qu'elle possédait, n'ayant de goût que pour la solitude, elle se voua à une clôture absolue. Là, fréquemment tourmentée par les démons, déchirée par leurs coups, elle n'en persévérait pas moins dans l'exercice de l'oraison avec tant de constance que, parfois ravie en extase, elle mérita de jouir de la vue et des entretiens des esprits célestes. Alors, ayant fait profession dans le tiers-ordre de Saint-François, quoiqu'il parût impossible de rien ajouter aux saintes cruautés qu'elle exerçait sur son corps, elle trouva moyen de les augmenter considérablement, marchant toujours nu-pieds, même pendant les rigueurs de l'hiver, et s'exténuant par des jeûnes continuels. Elle entreprit de mener une vie toute céleste, ne se proposant qu'une seule chose, la gloire de Dieu, à laquelle elle rapportait toutes ses paroles, toutes ses actions, toutes ses pensées. De là cette abondance de consolations et de délices spirituelles qui inondaient son âme ; de là ses soupirs. ses paroles de feu par lesquelles éclataient au dehors les ardeurs de la charité dont son cœur était embrasé ; de là ces ravissements admirables pendant lesquels l'esprit, élevant dans les airs son corps mortel, semblait le transporter jusqu'au ciel.

§ 5. Enrichie de tant de vertus, comblée de tant de dons célestes, la bienheureuse Colette, un jour qu'elle priait Dieu ardemment pour la conversion des pécheurs, entendit une voix céleste qui lui assura que la conversion des méchants, objets de ses ardents désirs, s'opérerait par la réforme des ordres fondés par saint François. Cette révélation tint en suspens l'humble vierge qui, réfléchissant sur l'avertissement du ciel, et le repassant en elle-même, le jour et la nuit, craignait d'être trompée par les prestiges du démon. Mais, les bas sentiments qu'elle avait d'elle-même l'ayant fait résister trop longtemps à la volonté divine, elle perdit l'usage de la vue et de la parole, jusqu'à ce qu'elle s'y fût soumise sans réserve. Dès lors, inspirée par l'Esprit divin, éclairée d'en-haut sur les moyens à prendre pour opérer la réforme, sans plus de retard, elle se met en devoir d'accomplir la mission qui lui était confiée. Mais plusieurs obstacles s'opposaient à ce qu'elle obtînt les pouvoirs qui lui étaient nécessaires : sa grande jeunesse, l'obscurité de sa condition et la rigueur extrême de l'institut qu'elle voulait réformer. Cependant, elle vint à bout, non sans un miracle, de vaincre tous ces obstacles ; non seulement elle obtint ce qu'elle demandait, mais elle fut contrainte par l'obéissance à accepter la charge d'abbesse des religieuses qui embrasseraient la réforme. Elle n'eut donc plus d'autre soin, d'autre pensée, que d'accomplir fidèlement l'œuvre dont Dieu l'avait chargée. La Savoie, où la plus haute réputation de sainteté l'avait précédée, vit, en 1407, les commencements de cette entreprise épineuse. Il serait difficile de raconter tout ce qu'elle eut à endurer, dès le début de son œuvre, d'injures, d'affronts, de calomnies, tant de la part des étrangers que de la part de ceux qui jusque-là lui avaient été favorables. On ne se contenta pas de la traiter de sorcière, de magicienne, d'invocatrice des démons, mais on poussa si loin les fausses imputations, que ce fut là ce qui l'obligea à quitter sa patrie. Dans ce déluge de maux, au milieu de ce torrent d'afflictions, la servante du Seigneur ne perdit rien de l'héroïsme de son courage et de sa constance, et elle prouva la vérité de cet oracle : qu'aucun accident, quel qu'il soit ne peut contrister le juste. Dans ce débordement d'invectives et d'insolences imprudentes, elle se conduisait de manière à montrer qu'elle y trouvait de vraies délices. Et dès ce monde même, elle reçut de Dieu une récompense signalée de cette patience admirable. Car, dans une maladie grave et dangereuse, elle fut visitée par la sainte Vierge Marie qui, après l'avoir consolée par sa présence et par ses entretiens, lui rendit la santé. De plus, par le secours de la divine Providence, elle vit la réforme se propager en peu de temps, grâce au grand nombre de sujets qui se présentaient de toutes parts, et à la multiplicité des couvents qu'on lui construisit en différentes provinces.

§ 6. Durant l'espace de quarante ans, Colette s'appliqua avec un courage invincible à l'exaltation du saint Nom de Dieu ; mais de telle matière cependant, qu'en même temps, elle construisait dans son cœur un édifice de vertus d'autant plus sublime, qu'elle l'avait fondé sur une humilité plus profonde. Quoique comblée des plus riches dons du ciel, et devenue l'objet des louanges singulières des peuples, des grands et des princes, elle avait néanmoins d'elle-même de si bas sentiments, qu'elle se disait et se croyait indigne de la lumière du jour. Elle n'avait reçu qu'à regret, et en se faisant une extrême violence, le gouvernement des monastères de la réforme, et quoiqu'il fût bien certain par là que c'était par l'ordre de Dieu lui-même qu'elle se trouvait placée à la tête de toutes les autres, elle s'appelait néanmoins la dernière et la plus méprisable de toutes. Ce qui la distinguait encore, c'était une austérité de vie à peine croyable, une brûlante ardeur de charité envers Dieu et envers le prochain, une assiduité admirable à ses devoirs religieux, sans jamais rien relâcher de ses veilles ni de ses travaux. Elle mettait tous ses soins à faire garder par les religieuses, avec la plus parfaite exactitude, toutes les observations régulières, et elle n'avait rien de plus à cœur, que de confirmer par ses exemples ce qu'elle avait enseigné par ses leçons. Affable, douce, prévenante, elle avait pour toutes la tendresse et la sollicitude d'une mère. Comme la renommée de ses vertus et de ses miracles s'était répandue en Italie, en France, en Allemagne et dans d'autres contrées, les peuples accouraient en foule à elle, pour obtenir de Dieu, par ses prières, toutes sortes de grâces spirituelles. On vit même des personnages distingués par leur vertu et par leur science, s'adresser à elle, pour trouver dans ses lumières la solution de questions obscures et élevées dans les matières qui regardaient la perfection chrétienne ; de ce nombre fut saint Vincent Ferrier, qui vint, de l'Aragon, la visiter comme un oracle de toute sainteté, et un modèle de la perfection chrétienne.

§ 7. La servante du Seigneur avait achevé sa soixante-sixième année. Avertie qu'elle était appelée aux noces célestes de l'Époux, afin d'entrer la lampe allumée, elle satisfit le désir ardent qui la consumait de recevoir la divine Hostie, et elle le fit avec tant de ferveur, que par les flammes de la charité qui étincelaient sur son visage et dans ses yeux, elle alluma dans le cœur de ses filles qui étaient présentes, le feu de la plus vive piété. Alors, abîmée dans la contemplation des douleurs de la passion du Sauveur, les pieds et les mains étendus comme ceux de Jésus-Christ sur la croix, au milieu des chants d'allégresse des chœurs angéliques, elle s'envola dans les bras du céleste Époux, à Gand le 6me jour de mars de l'année 1446. Après son trépas, la couleur et les traits de son visage furent tels, que son aspect parut plus agréable que pendant sa vie. Le bruit de cette mort étant répandu jusqu'à Corbie et dans toute la contrée, on vit accourir de toutes parts une foule immense de fidèles de toutes condition, des personnages distingués par leur naissance, des dames, des magistrats, des ecclésiastiques, en outre, des sourds, des muets, des paralytiques, des infirmes de toute espèce, qui avaient tous l'espérance certaine d obtenir leur guérison par l'intercession de la servante de Dieu : et tous répétaient d'une voix unanime : Colette est digne d'être comptée parmi les habitants des cieux Ainsi, aussitôt après son décès, elle fut honorée d'un culte public que le Siége apostolique a étendu depuis, en approuvant pour plusieurs maisons de la Réforme une messe et un office en l'honneur de la Sainte.

§ 8. La question de ce culte public ayant été proposée dans une réunion des Cardinaux de la Congrégation des Rites, il fut reconnu, d'un consentement unanime, que ce culte était appuyé sur des raisons si solides et si évidentes, qu'on pouvait sans difficulté former une commission pour la cause de la canonisation de la Bienheureuse. Ce jugement fut porté le 7 septembre de l'année 1739, et notre prédécesseur, le pape Clément XII, d'heureuse mémoire, l'approuva peu après, et nomma cette commission. Le 23 janvier de l'année 1740, la même Congrégation, après avoir discuté l'affaire avec soin, déclara qu'il constait du culte rendu de temps immémorial à ladite Bienheureuse, ou du cas d'exception désigné par les décrets apostoliques d'Urbain VIII, également notre prédécesseur d'heureuse mémoire. Clément XII étant mort sur ces entrefaites, le rescrit fut confirmé le 26 août de la même année, par Benoît XIV, aussi notre prédécesseur d'heureuse mémoire. Ce fut alors le lieu d'examiner l'héroïcité des vertus : dans la Congrégation ordinaire des Rites, le 17 août 1771. Les Cardinaux, d'un consentement unanime, répondirent qu'il constait de l'héroïcité des vertus théologales et cardinales, et de celles qui en dépendent, et qu'on pouvait passer à la discussion des quatre miracles. Ce jugement fut ratifié et approuvé par Clément XIV, notre prédécesseur d'heureuse mémoire, le 24 du même mois de la même année. Alors furent proposées quatre guérisons miraculeuses, attribuées à l'intercession de la bienheureuse Colette, pour être discutées, selon l'usage, dans trois Congrégations. Après la première Congrégation, les postulateurs de la cause eux-mêmes retirèrent une de ces quatre guérisons. Quant aux trois autres, Pie VI, notre prédécesseur d'heureuse mémoire, le 12 août de l'année 1781, décréta qu'elles devaient être regardées comme de vrais miracles, surpassant les forces de la nature, et il les tint en effet pour tels. De ces trois miracles, le premier arriva à la sœur Roza Croës : elle était depuis longtemps dans l'impuissance absolue de marcher, par suite d'une fracture transversale, multiple et mal remise de la rotule du genou gauche, et elle fut guérie en un instant ; le second eut lieu sur la sœur Marie-Thérèse Smidts, du tiers-ordre de Saint-François, qui fut délivrée sur-le-champ d'une tumeur avec ulcère au côté gauche, et d'autres infirmités très graves, dont elle souffrait cruellement; le troisième fut la guérison subite de François Romain de la Motte, profès laïc de l'ordre des Récollets de Saint-François, qui était attaqué d'une phthisie pulmonaire invétérée et jugée incurable, et qui recouvra pleinement ses forces.

§ 9. Alors les postulateurs, considérant que, pour plusieurs raisons favorables à cette cause, on pouvait espérer d'obtenir la dispense du quatrième miracle, adressèrent dans ce sens une supplique à Pie VI, notre prédécesseur, lequel, après avoir pris l'avis d'une congrégation spéciale nommée par lui à cet effet, et après avoir pesé les circonstances particulières de cette cause, accorda la dispense demandée, par un décret du 21 avril 1790. Après cela, on proposa à la Congrégation générale des Rites la question : si la bienheureuse Colette pouvait en toute sûreté être inscrite au catalogue des Saints. Quoique la Congrégation n'eût pas le plus léger doute à ce sujet, le pape Pie VI n'en continua pas moins à offrir de continuelles prières, pour obtenir la lumière dont il avait besoin, et enfin, le 15me jour du mois d'août de la même année 1790, il déclara qu'on pouvait désormais procéder à la canonisation de la bienheureuse Colette. Le pieux Pontife avait singulièrement à cœur de terminer cette importante affaire, mais les temps très difficiles qui survivent, ne lui permirent pas d'y mettre la dernière main.

Aujourd'hui que, par la disposition de la Providence, Nous lui avons succédé dans la charge pastorale et dans le gouvernement de l'Eglise catholique, Nous avons pensé qu'il était de la raison et de l'équité de mener à bonne fin cette œuvre si pieusement et si religieusement commencée, car Nous croyons et Nous espérons qu'en multipliant le nombre de nos intercesseurs, Nous obtiendrons du Dieu des miséricordes, qu'il abaisse sur Nous un regard favorable, et qu'il daigne enfin Nous arracher du milieu des calamités, si grandes et si nombreuses, qui Nous assiègent de toutes parts.

§ 10. C'est pourquoi, suivant les exemples et les traces de nos prédécesseurs, après avoir fait compulser soigneusement les documents authentiques déposés dans les archives de la Congrégation des Rites, Nous en avons fait extraire un précis de la vie, des vertus, du culte, et des miracles de la bienheureuse Colette, et l'avons livré à l'impression, afin que tous et chacun de ceux qui devraient donner leur avis dans cette cause pussent lire cet écrit et l'examiner à fond. Puis, dans un consistoire secret tenu en notre présence, le 23 mars de cette année, 1807, après que notre bien-aimé fils, Jules Marie della Somaglia, cardinal-prêtre de la sainte Eglise romaine, du titre de Sainte-Marie de la Minerve préfet de la Congrégation des Rites, eut exposé avec soin l'importance et l'état de la cause, tous nos vénérables frères les cardinaux de la sainte Eglise romaine qui étaient présents, déclarèrent d'un avis unanime qu'il fallait procéder à la cérémonie de la canonisation. Ensuite, le 28 avril dernier eut lieu un consistoire public convoqué par Nous, dans lequel notre fils bien-aimé, Augustin Valle, avocat de notre cour consistoriale, prononça en faveur de la canonisation de la bienheureuse Colette un discours dans lequel il nous mit sous les yeux avec beaucoup d'exactitude et d'éloquence, toutes les suppliques tant anciennes que nouvelles adressées à cette fin au Saint-Siège, en particulier celles de toute la famille des Récollets et des religieuses Clarisses. Enfin, dans le consistoire semi-public, tenu le 14 du présent mois de mai, où se trouvaient non seulement les Cardinaux de la sainte Église romaine, mais aussi le Patriarche, les archevêques et évêques que Nous avions appelés dans notre ville pontificale de toutes les parties de l'Italie, pour nous aider de leurs conseils dans une affaire si importante et pour donner par leur présence un plus grand éclat à cet acte solennel, Nous avons recueilli, suivant l'usage, les suffrages de tous et de chacun, pour la canonisation de la bienheureuse Colette et de quatre autres bienheureureux savoir: François Caracciolo, Benoît de Saint-Philadelphe, Angèle Mérici, et Hyacinthe Mariscotti. Tous, sans difficulté, déclarèrent, d'un suffrage unanime, que la sainteté éminente de la servante de Dieu, la bienheureuse Colette, et les miracles et prodiges opérés par son intercession étaient indubitables, d'après les actes juridiques de la Congrégation des Rites, que les honneurs du culte pouvaient justement lui être accordés par décret pontifical, et ils Nous supplièrent avec instance de les lui décerner. De tout, Nous avons fait rédiger des actes authentiques, et Nous avons fait recueillir les avis signés par chacun des prélats, pour les garder dans les archives de la sainte Église romaine.

§ 11. Tout avait été conduit à bonne fin et rien n'avait été négligé de ce qui pouvait assurer un plein succès. Cependant, à cause de la gravité et de la grande importance de cette affaire, Nous avons ordonné qu'on adressât de nouvelles prières à Dieu, et outre les jours de jeûne général prescrit dans Rome, Nous avons uni nos humbles et constantes prières aux supplications de tous les fidèles, conjurant le Très-Haut de Nous remplir de l'esprit d'intelligence, afin que dans une affaire si importante, Nous accomplissions sûrement sa sainte volonté.

§ 12. Enfin, aujourd'hui dimanche, 24 mai, jour auquel l'Église célèbre la fête de la Très sainte Trinité, après avoir rempli toutes les formalités prescrites par les sacrées constitutions et par les usages de la sainte Église romaine, Nous nous sommes rendus à la Basilique du Prince des Apôtres, ornée avec tout la pompe et la magnificence religieuse qui convient à la maison de Dieu, avec tout l'appareil usité dans les cérémonies solennelles, précédé du clergé séculier et régulier de tous les ordres et de toute la Cour romaine. Là, entouré de nos vénérables frères, les Cardinaux de la sainte Eglise romaine, le Patriarche, les Archevêques et Evêques, nous avons de nouveau entendu les prières que notre très cher fils Ignace Caracciolo, cardinal-prêtre, du titre de Saint-Augustin, revêtu de la charge de procureur et postulateur de la canonisation, Nous adressa, à trois reprises différentes, par lesquelles il Nous a supplié de glorifier la bienheureuse Colette, et Nous avons de grand cœur accueilli sa demande.

C'est pourquoi, après avoir imploré par la récitation des litanies, la miséricorde de la Très-sainte Trinité, et l'intercession de la Mère de Dieu, des esprits célestes et de tous les saints, après le chant d'une hymne spéciale pour demander à l'Esprit-Saint de nous envoyer le rayon de sa divine lumière, pour l'honneur de la sainte et indivisible Trinité, pour l'exaltation de la foi catholique, pour l'accroissement de la religion chrétienne et la gloire du culte de Dieu, par l'autorité de Notre-Seigneur Jésus-Christ, des bienheureux Apôtres Pierre et Paul, et de la nôtre, après avoir imploré souvent le secours d'en-Haut, de l'avis et du consentement unanime des Cardinaux de la sainte Eglise romaine, du Patriarche, des Archevêques et Evêques qui se trouvaient à Rome, Nous avons déclaré que la bienheureuse Colette Boilet, réformatrice de l'ordre de Sainte-Claire, admirable par l'éclat de ses vertus, comblée des dons célestes, illustrée après sa mort par des miracles et par des prodiges, est véritablement sainte : Nous l'avons ajoutée au nombre des saintes Vierges, et Nous avons défini, qu'en cette qualité, elle devait être honorée et invoquée, ainsi que par la teneur des présentes Nous le décrétons, Nous l'enregistrons, Nous le définissons, statuant de plus que chaque année, le 6me jours de mars, dans toute l'Eglise, on célèbrera pieusement sa mémoire comme d'une sainte Vierge et sous le rite convenable. Nous accordons miséricordieusement dans le Seigneur, que tous les fidèles qui chaque année, le jour de sa fête, étant vraiment pénitents, et s'étant approchés des sacrements de Pénitence et d'Eucharistie, visiteront le sépulcre où son corps repose, puissent gagner une indulgence de sept ans et sept quarantaines des pénitences qui leur auraient été enjointes, ou de toutes autres dont ils auraient contracté l'obligation.

§ 13. Aussitôt après, Nous avons présenté à notre Dieu et Seigneur, dans une hymne solennelle, nos adorations, nos louanges et nos actions de grâces, sur le maître-autel de la basilique, auprès des restes du bienheureux Pierre. Nous avons offert en esprit d'humilité le sacrifice non sanglant de notre salut, en y faisant spécialement mémoire de sainte Colette et des saints François Caracciolo, Benoît de Saint-Philadelphe Angèle Mérici et Hyacinthe Mariscotti que Nous avons également placés aujourd'hui dans les diptyques ecclésiastiques et au catalogue des saints. Enfin, Nous avons accordé dans les formes ordinaires de l'Eglise, et en vertu de l'autorité qui Nous vient du Ciel, l'indulgence plénière de leurs péchés à tous les assistants qu'un zèle religieux avait attirés en grand nombre pour la célébration d'une si grande solennité.

§ 14. Maintenant donc que sainte Colette a mérité ce culte religieux, qui permet d'ériger en son honneur des temples et des autels dédiés au Dieu tout-puissant, qui impose le droit de vénérer ses sacrées images, il est certainement convenable que les fidèles, auxquels cette solennité procure tant de joie, mettent tout leur soin à éloigner du temple de Dieu, c'est-à-dire de leurs âmes, ce qui peut être impur ou profane, à offrir à Dieu leur corps comme une hostie vivante, sainte et agréable, enfin à exprimer en eux et à y reproduire, avec zèle et avec le secours de la grâce divine, le modèle parfait des vertus de la Bienheureuse, et la ressemblance de sa sainteté.

Qu'il en soit ainsi, afin que Dieu, apaisé par l'intercession de sainte Colette et des autres saints daigne dans sa miséricorde éloigner de nous sa colère, et rendre à son Eglise une paix tant désirée.

§ 15. Enfin, le même Cardinal procureur Nous ayant humblement supplié de daigner faire connaître à l'Eglise universelle tout ce qui précède et donner et publier à ce sujet des lettres apostoliques qui en conservassent éternellement la mémoire, Nous avons volontiers accédé à sa demande, et, par la teneur des présentes, Nous certifions, Nous confirmons, Nous définissons et Nous décrétons de nouveau, tout ce qui est dit ci-dessus ; Nous ordonnons qu'on accorde aux copies qu'on en fera et aux exemplaires même imprimés, pourvu qu'ils soient revêtus de la signature d'un notaire public et du sceau d'une personne constituée en dignité ecclésiastique, la même foi qu'on accorderait à ces présentes, même si elles étaient montrées ou apportées en preuve.

§ 16. Qu'il ne soit donc permis absolument à qui que ce soit, d'enfreindre ce qu'ici Nous définissons, Nous décrétons, Nous écrivons, Nous commandons, Nous statuons, Nous rapportons, Nous voulons, ou d'aller contre par une téméraire audace. Si quelqu'un a la présomption de l'entreprendre, qu'il sache qu'il encourra la colère de Dieu tout-puissant, et des bienheureux Apôtres Pierre et Paul.

Donné à Rome, près Saint-Pierre, l'an de l'Incarnation de Notre-Seigneur, 1807, le 9 des calendes de juin (24 mai), de notre pontificat le 8me.

† Moi, Pie, Evêque de l'Eglise catholique.
Place du sceau.
Signature des Cardinaux présents à
la canonisation.

Glorifiée ainsi à Rome, sainte Colette ne put l'être alors en France dans sa patrie. La religion était loin d'y avoir relevé toutes les ruines amoncelées par la Révolution. Dépouillée de tous ses biens et ne recevant en échange qu'une aumône parcimonieuse, elle ne pouvait rendre au culte sa splendeur légitime. Les ravages causés dans les esprits et les cœurs par les mensonges et les erreurs du philosophisme étaient encore plus déplorables. Mauvaises dispositions pour entendre la voix du Pontife, pourtant toute pleine d'accents glorieux pour la France.

D'ailleurs le peuple français enivré des victoires de son Empereur, fier sous sa conduite de faire trembler le monde, était plus disposé à célébrer les guerriers tombés sur le champ de bataille après avoir ravagé quelques provinces qu'une héroïne qui par ses vertus avait fécondé plusieurs royaumes et contribué si puissamment à rasseoir les fondements ébranlés de l'ordre social. Ce grand fait passa donc presque inaperçu pour le plus grand nombre des compatriotes de sainte Colette. Ils entendirent à peine quelque écho lointain de la grande voix qui glorifiait une noble enfant de la France et la proposait à la vénération de toute la terre. Alors comme aujourd'hui encore, des maximes et des coutumes intolérables même dans d'autres temps et pour une société établie sur d'autres bases, mais en contradiction criante avec les principes libéraux proclamés dans ce siècle, prétendaient étouffer la parole du Vicaire de Jésus-Christ et du Docteur de toutes les nations. Arrêtée aux frontières, la bulle si glorieuse pour une Française ne fut pas même publiée dans l'Empire.

Cinquante ans après, le 24 mai 1857, sous l'inspiration d'un homme de foi et d'un généreux catholique, M. le baron de Caix de Saint-Aymour, maire de Corbie et conseiller général, la ville de Corbie célébra le triomphe de celle qui avait porté le nom de la petite cité jusqu'aux extrémités de la terre. On inaugura alors un magnifique autel dû à la générosité du maire, du clergé et des habitants, et un reliquaire dû la munificence de S. M. l'Empereur Napoléon III.

La parole du Pontife romain ainsi étouffée en 1807, alla cependant consoler dans leur dispersion les filles de Sainte-Colette, ranimer leurs espérances, les exciter à conserver précieusement l'étincelle céleste dont elles étaient dépositaires. Elle leur promettait de meilleurs jours. Il ne pouvait se faire que l'œuvre de la réformatrice pérît au moment où elle recevait le suprême honneur sur la terre et où sa gloire céleste était révélée au monde. Celui qui lit jusque dans le ciel pour instruire les habitants de ce bas monde venait de parler. Sa parole était un gage que la promesse de sainte Colette s'accomplirait et que son œuvre durerait jusqu'au dernier jour du monde.

Guidé par l'Esprit-Saint, le Pape avait senti

que c'était le moment de proposer à l'imitation des fidèles une âme dévouée jusqu'à la mort l'unité de l'Église et à la chaire de saint Pierre

Dans son égarement, le puissant dominateur de l'Europe devait bientôt faire briller aux yeux de prélats trop faibles le vain éclat de ses faveurs, pour tenter de reproduire dans l'Église les maux contre lesquels sainte Colette avait lutté pendant toute sa vie. Il eût bien voulu peut-être trouver un antipape ; au moins il voulait se passer du Vicaire de Jésus-Christ et diviser l'Église. Sainte Colette glorifiée priait au ciel pendant que ses filles dispersées, fidèles au milieu du monde à leurs sacrés engagements et à l'esprit de leur mère, se mortifiaient et priaient le Ciel de faire miséricorde à la terre. Cette nouvelle tempête passa sans entamer l'unité de l'Église. Bientôt les Clarisses qui avaient survécu à l'ouragan, purent se réunir et ranimer le foyer sacré dont elles avaient caché le feu au fond de leur cœur. Les unes au fond de leurs anciens couvents, les autres dans des asiles nouveaux dont la charité et la pauvreté firent tous les frais, mais toutes sous l'empire de la même règle et du même esprit d'abnégation, reprirent leurs pieux exercices et recommencèrent leurs saines austérités. Aujourd'hui encore, elles observent avec une fidélité inviolable les ordonnances de la sainte réformatrice qui a complété l'œuvre de sainte Claire et prévenu par sa sagesse toutes les défaillances.

La première règle n'avait pas duré un siècle dans toute sa pureté. Sa régénération par sainte Colette persévère depuis bientôt cinq siècles.

Au milieu des excès de l'impiété en France, les reliques de sainte Colette avaient été menacées de périr comme tant d'autres. Elles furent sauvées par le courage d'une ancienne Clarisse, Constance Parpandet. Des forcenés avaient dit au club de Poligny: Brûlons Mlle Colette et M. Hyppolyte (c'est le patron de Poligny); la résolution fut prise aussitôt d'exécuter ce sacrilège le lendemain. Conduite par la Providence, la fille de sainte Colette entendit ces paroles et aussitôt, au péril de sa vie, avec le concours de généreux chrétiens, elle enleva de l'église paroissiale où elle avait été transportée, la châsse de sainte Colette. Avec une piété infatigable, avec une prudence surnaturelle, elle sut toujours la soustraire aux profanateurs. En 1803, le précieux trésor fut rendu à l'église paroissiale.

C'est dans ce sanctuaire que le 14 mai 1807, eut lieu une nouvelle ouverture de la châsse et la reconnaissance des reliques, nécessaire avant la canonisation; on fit l'extraction des saintes reliques, une pour le souverain Pontife, la deuxième pour l'archevêque de Lyon, la troisième pour l'archevêque de Besançon, la quatrième pour l'évêque de Gand et la cinquième pour M. le Bouchet de Richemont, d'Abbeville. Cette dernière est honorée à Bouillancourt-en-Séry.

Enfin, le 12 décembre 1822, les filles de sainte Colette, rentrées depuis longtemps déjà dans la maison fondée par leur mère, eurent le bonheur d'y recevoir les sacrés ossements de leur fondatrice. Elles gardent ce trésor avec un soin jaloux et le défendent contre toute nouvelle ouverture et distraction.

Cependant le clergé et les fidèles de Corbie qui, par le malheur des temps, n'avaient pas eu part à la distribution faite en 1807, sollicitaient depuis longtemps la réparation de cette espèce d'injustice. Des doutes pouvaient être élevés sur la transmission et la conservation de l'ossement donné en 1659 par le monastère de Gand. Monseigneur Boudinet, évêque d'Amiens, désirait vivement enrichir son diocèse d'une relique incontestablement authentique et ranimer ainsi la dévotion envers l'illustre vierge de la Picardie. Ces vœux furent fortement appuyés par Monseigneur Nogret, évêque de Saint-Claude. Le 1er mai 1867, le curé de Corbie s'étant rendu à Poligny, les vénérables Colettines et l'administration municipale, M. Chevassu, maire de Poligny, chevalier de la Légion d'honneur, consentirent enfin à ouvrir la châsse et à en extraire une côte qui repose maintenant dans le vieux sanctuaire où sainte Colette a si longtemps adoré le Saint-Sacrement. Elle est placée à l'endroit même par où la recluse communiquait avec l'église et recevait la sainte communion.

L'âme chrétienne se sent pieusement émue et

pénétrée d'onction en priant dans ce lieu plein de souvenirs d'où s'élevaient autrefois vers le Seigneur des prières si ferventes et où se sont accomplis tant de profonds mystères de la grâce. Il semble qu'on sent s'échapper de ce sol béni une chaleur surnaturelle qui ranime la dévotion et fortifie la confiance.

Comme tant d'autres, ce temple témoin d'un glorieux passé avait été profané pendant la Révolution et servait de grange. Racheté depuis peu, il a été divisé en deux parties : l'une sert d'habitation à des tertiaires régulières de Saint-François de la communauté de Calais et aux orphelines qu'elles élèvent ; l'autre est une chapelle spacieuse qui jouit de tous les privilèges attachés aux sanctuaires de l'ordre des Frères Mineurs.

Les adversaires violents de sainte Colette ont disparu de Corbie ; cependant ses filles aînées, les Clarisses n'eussent pu y trouver des moyens suffisants d'existence ; leurs sœurs cadettes sont là et procurent à la patrie de l'illustre abbesse quelques-uns des avantages que cette âme charitable voulait assurer à ses concitoyens, par la fondation d'un monastère de Clarisses.

Il ne reste plus qu'un fleuron à ajouter à la couronne de la réformatrice de l'ordre séraphique, c'est que son culte devienne universel dans l'Église et que son office, inséré dans le bréviaire romain, soit rendu obligatoire pour tout l'univers catholique. C'est ce que nous espérons voir bientôt se réaliser. Pour obtenir cette faveur, une supplique dont Monseigneur Guilbert évêque d'Amiens, depuis Archevêque de Bordeaux a bien voulu prendre l'initiative, a été présentée à la signature des Evêques catholiques. Presque tout l'épiscopat français, tous les évêques de la Belgique, de l'Angleterre, un grand nombre de prélats Espagnols, plusieurs du Mexique et du Canada, des Etats-Unis, etc. ont signé cette pièce. Quelques-uns l'on fait en exprimant fortement leur approbation comme Mgr l'Archevêque de Burgos qui, déclare nos motifs très solides, l'évêque d'Ottawa qui se fait l'écho des fervents Canadiens, etc., etc. Toutes ces signatures réunies ont été présentées à la sacrée congrégation des Rites par le très révérend Père Bruno procureur général des capucins qui a bien voulu se faire le postulateur officieux de cette cause. Comme l'a dit très bien quelqu'un, c'est une sorte d'œcuménicité qui vient de se manifester en l'honneur de l'humble Vierge de Corbie et elle produit une grande impression à Rome. Nous espérons donc que le Vicaire de Jésus-Christ acquiescera à ce vœu presque unanime de l'espicopat auquel se sont joints des personnages du plus haut rang, des princes et des princesses de la maison de Bourbons. Nous croyons devoir donner ici cette supplique comme conclusion de ce travail et comme l'expression d'un désir qui sera partagé certainement par tous nos lecteurs. Qu'ils veulent bien se souvenir qu'il ne suffit pas de démander aux puissants de la terre ; qu'il faut surtout demander à Celui qui tient dans ses mains leurs cœurs et les tourne où il veut. Que tous ceux qui pensent ainsi, unissant leurs prières, afin que bientôt tout l'univers catholique chante les louanges de l'illustre réformatrice.

Pour que le Souverain Pontife daigne étendre le culte de sainte Colette à toute l'Église, vœu et exposé des motifs.

« Lorsqu'à la fin du XIVe siècle, une violente
« tempête menaçait la barque de saint Pierre,
« sainte Catherine de Sienne se dévoua tout en-
« tière pour la détourner, c'est pourquoi ses ver-
« tus et sa gloire sont célébrées par tout le peu-
« ple chrétien. La tempête ayant enfin éclaté, et
« la tunique sans couture du Christ étant déchi-
« rée par un schisme déplorable, le Seigneur
« dans sa bonté et sa miséricorde suscita en Ita-
« lie saint Bernardin de Sienne et saint Jean de
« Capistran, en Espagne saint Vincent Ferrier,
« en France sainte Colette de Corbie, qui, dans
« des contrées diverses, mais avec une ardeur
« égale et unis de sentiments, travaillèrent avec
« un courage infatigable à réformer les mœurs
« du peuple chrétien, à rétablir la paix dans
« l'Église et à apaiser la colère divine. Ces pre-
« miers personnages jouissent déjà depuis de
« longues années d'un culte universel dans

« l'Église. Or, la vierge de Corbie ne paraît pas
« moins digne d'un semblable honneur.

« En effet, dès ses tendres années, instruite
« surnaturellement, pratiquant de très hautes
« vertus, appliquée assidûment à la contempla-
« tion et aux pratiques d'une très austère péni-
« tence, remplie de l'esprit de prière, instruite
« des crimes et des maux du peuple chrétien et
« de la juste colère du Seigneur, dans de ferven-
« tes oraisons, elle demandait avec instance mi-
« séricorde pour les pécheurs et la paix et l'unité
« de l'Église.

« Pour obtenir ce grand bien, contrainte par
« la volonté divine, surmontant d'innombrables
« et très grands obstacles au prix de douleurs
« poignantes courageusement supportées, elle
« établit des règles très sages pour faire revivre
« l'esprit de saint François et de sainte Claire à
« peu près entièrement éteint; dans les nombreux
« monastères qu'elle fit construire, elle rassem-
« bla un grand nombre de vierges qui, comme
« des colombes, gémissaient sur les iniquités
« d'Israël. Enfin ayant rendu même au premier
« ordre de Saint-François en France, son anti-
« que splendeur, elle acheva heureusement l'œu-
« vre de la réformation et l'établit sur des bases
« toujours inébranlables.

« Un avertissement céleste amena à l'humble
« servante de Dieu saint Vincent Ferrier, afin
« qu'ils conférassent ensemble des maux publics
« et qu'ils unissent leurs vœux suppliants pour

« écrire au concile de Constance et lui donner
« l'assurance d'un heureux succès. Quelques an-
« nées plus tard, l'éminent cardinal de la sainte
« Église qui, par l'autorité apostolique, prési-
« dait le concile de Bâle, lui adressait des lettres
« qui prouvent son extrême vénération pour
« l'humble vierge. Il lui demandait des prières,
« des conseils, son secours même dans les diffi-
« cultés, dans les amertumes qu'il éprouvait à
« la vue des maux qui menaçaient de nouveau
« l'Église.

« Sainte Colette, de son côté, enrichie de dons
« célestes, opérant beaucoup de miracles, ressus-
« citant des morts, et en même temps tourmentée
« par des douleurs surnaturelles, n'interrompant
« ni ses veilles ni ses jeûnes, ni ses flagellations,
« ni ses prières pour apaiser la colère du Sei-
« gneur, et toujours dans les sentiments d'une
« profonde humilité, s'offrait comme une vi-
« ctime de propitiation. Douée de l'esprit de
« prophétie, elle prédit plusieurs choses concer-
« nant le schisme. Enfin, ce qu'elle avait tou-
« jours demandé, ce qu'elle s'était efforcée de
« mériter par ses macérations, fut accompli par
« la divine Providence et elle s'endormit dans le
« Seigneur. Elle mourut le jour où fut élu pape
« Nicolas V, qui eut le bonheur d'affermir la paix
« de l'univers catholique et de réconcilier le der-
« nier antipape avec l'Église. Les fidèles l'avaient
« vénérée pendant sa vie ; ils la vénérèrent bien
« plus encore après sa mort, et quoiqu'elle n'ait

« été inscrite au catalogue des saintes vierges
« que quatre siècles après son trépas, cependant
« elle était longtemps auparavant l'objet d'un
« culte fervent dans plusieurs provinces de
« l'Église. La famille de saint François récitait
« autrefois un office propre de la bienheureuse
« Colette ; la Picardie, la Bourgogne, les provin-
« ces Belges la fêtaient solennellement, les Es-
« pagnols sous la domination desquels elle reposa
« longtemps à Gand, apprirent aux peuples de
« l'Amérique à la louer et à l'invoquer.

« Aujourd'hui qu'une tempête non moins fu-
« rieuse assaille la barque de saint Pierre, le sou-
« verain Pontife qui tient le gouvernail avec au-
« tant de sagesse que de force, a jugé opportun
« de glorifier plusieurs saints qui se sont surtout
« dévoués pour la défense et l'exaltation du Siège
« apostolique. Il les invoque comme de nouveaux
« intercesseurs pour lui et pour les brebis du
« Christ. Parmi ces dévoués et très courageux
« défenseurs de la chaire de saint Pierre, n'est-il
« pas juste de compter sainte Colette et ne con-
« vient-il pas de la proposer au peuple chrétien
« dans les angoisses présentes, comme un se-
« cours et un modèle. Dans sa vie tous les fidèles
« apprendront quel est leur devoir dans les pei-
« nes de leur père commun et combien sont effi-
« caces les prières et les supplications pour
« obtenir à l'Eglise le bonheur de la paix. D'ail-
« leurs, il paraît juste que celle qui comme réfor-
« matrice d'ordre, thaumaturge, victime de pro-

« pitiation et avocate du peuple auprès de Dieu,
« n'est pas moindre que sainte Catherine de
« Sienne et sainte Thérèse, jouisse comme
« elles d'un culte et d'un honneur universels. »

« Il ne faut pas oublier que pendant la vie ter-
« restre de l'illustre réformatrice, la France en
« partie envahie par l'étranger, divisée par les
« discordes des princes et de sanguinaires fac-
« tions, ensanglantée de cruels forfaits et affai-
« blie par un déplorable schisme, paraissait arri-
« vée à l'agonie si elle n'avait été délivrée de tant
« de maux par une admirable intervention de la
« Providence divine. Ce merveilleux secours fut
« longtemps demandé par les prières des fidèles
« de l'un et l'autre sexe dans le cœur desquels
« était encore vivant avec la charité divine l'amour
« de la patrie. Parmi eux brille la vierge de
« Corbie qui par ses exemples, ses prières, ses
« conseils, ses exhortations aux grands, travailla
« avec un zèle infatigable à réformer la corrup-
« tion des mœurs, à persuader l'obéissance à l'E-
« glise et à apaiser les discordes des princes.
« Aussi d'après la très juste appréciation d'un
« écrivain récent dans la Revue des Deux-Mondes
« 1er Mai 1881, la fille du charpentier de Corbie
« mérite l'extrême attention de l'historien. Ce que
« pendant sa vie elle opéra par ses labeurs et ses
« macérations, maintenant régnant avec le Christ
« elle s'efforce de l'obtenir par des prières pour la
« patrie soumise à des épreuves différentes sans
« doute mais non moins déplorables.

« D'ailleurs dans notre temps tous se laissent
« aller à un genre de vie relâchée et soit dans le
« vêtement, soit dans la table, soit dans les habi-
« tations et les meubles on transgresse les lois
« de la modération et de la tempérance. Il est
« donc très utile de remettre devant les yeux un
« modèle achevé de pénitence et de pauvreté.
« C'est pourquoi il est souverainement désirable
« qu'aux chrétiens fidèles qui pleurent et qui
« prient pour leur patrie, sainte Colette soit pro-
« posée comme un exemple et une protectrice et
« que la récitation de son office soit rendue obli-
« gatoire pour tous les clercs.

« C'est pourquoi prosternés aux pieds du Sou-
« verain Pontife nous le supplions qu'il daigne
« fixer les yeux sur notre présente supplique et
« élever à l'honneur suprême cette très dévouée
« servante du siège apostolique en insérant son
« nom dans le calendrier universel de l'Eglise et
« en ordonnant à tous les clercs de réciter son
« office.

NOTES

LES ÉGLISES DE CORBIE AVANT L'AN 1756.

1. Saint-Pierre, ancienne église abbatiale, église paroissiale actuelle.
2. Saint-Jean l'Évangéliste, église aujourd'hui détruite.
3. Chapelle de Sainte-Colette, bâtie en 1624, aujourd'hui détruite.
4. Réclusion de sainte Colette, rebâtie en 1624, aujourd'hui détruite.
5. Saint-Étienne, aujourd'hui Notre-Dame, dont il ne reste que la nef, auj. Sainte Colette.

NOTES.

NOTE I (page 73).

Où était située la réclusion de sainte Colette ?

Sur cette question, le P. Sellier a été induit dans une erreur complète. Son dessin topographique est d'une inexactitude inexplicable ; il contredit les monuments anciens et les données plus récentes fournies par la tradition locale. Le vénérable religieux n'est cependant point condamnable. Il ne pouvait guère faire autrement que d'accepter avec confiance de la main qui les lui présentait, les plans les plus fautifs qu'il a publiés. 1º Il a donné une idée très inexacte de l'église Saint-Étienne, autrefois Notre-Dame. Elle avait des bas-côtés, un transept, mais non des chapelles absidales. Nous en possédons un vieux dessin parfaitement conforme à une vieille peinture d'imposte qu'on voit encore dans l'ancien presbytère de cette paroisse. M. Peigné-Delacourt, de Compiègne, vient de publier d'après d'autres données, un plan de Corbie qui est aussi d'accord avec ceux que nous indiquons.

2º L'erreur n'est pas moins complète sur la position

relative de l'église Saint-Jean l'Évangiliste, qui se trouvait entre Saint-Étienne et l'église abbatiale de Saint-Pierre. Des actes anciens et d'autres récents, comme le contrat de vente de cette église en 1793, déterminent la distance qui séparait Saint-Jean de Saint-Pierre ; elle n'était que de douze pieds environ et le portail de l'un était à peu près sur la même ligne que l'autre. Cette ligne prolongée passerait un peu au-dessus du chevet de Saint-Étienne. Ainsi l'église Saint-Jean était orientée comme les autres. C'est d'après ces monuments et ces indications qu'a été exécuté le plan des lieux ci-contre.

Il faut faire observer que l'enclos de l'abbaye avait pour clôture le bas-côté nord de Saint-Étienne et que es cimetières des paroisses ne pouvaient, par conséquent, s'étendre en aucune manière de ce côté.

Ces points fixés, interrogeons les monuments anciens et tâchons de les comprendre exactement. La permission accordée par l'abbé Raoul de construire la réclusion, nous donne une première indication. Il y est dit, en effet : « *In loco sacro seu benedicto inter cœmeteria beatæ Mariæ Virginis et sancti Joannis Evangelistæ*: Dans un lieu sacré ou béni entre les cimetières de la bienheureuse Vierge et de Saint-Jean l'évangéliste ». Ces paroles suffiraient, d'après l'observation précédente, pour exclure toute position de la réclusion au nord de Saint-Étienne. Mais ceci va devenir bien plus clair.

En 1624, il fallut réparer la réclusion qui tombait en ruines. On voulut en même temps bâtir une chapelle plus spacieuse. Avant de procéder à ce travail, on eut la sagesse de dresser un acte authentique décrivant exactement l'état des lieux. On retrouva même dans la muraille de l'église la place de la grille par laquelle sainte Colette communiquait avec le sanctuaire. Voici ce que nous lisons dans ce document si important :

En présence de Jean Dippré, official de Corbie, comparaissent Christophe Vrayet, maître ès-arts, curé de Notre-Dame autrement St-Etienne de Corbie, Philippe Auxcousteaux, procureur royal, cette année administrateur de la ville de Corbie, habitants de Corbie, économes fidèles chargés : 1º de réparer et de rétablir l'ancienne réclusion de la bienheureuse Colette, vierge de Corbie, presque détruite par la vétusté et qui était adjacente de deux côtés à la susdite église Saint-Etienne, et des autres côtés tournée vers la même église et l'autre sanctuaire de saint Jean l'évangéliste ; 2º de construire à neuf, pour les usages sacrés, un petit édifice, pour la plus grande gloire de Dieu et pour propager au loin de toute parts la renommée de cette vierge et transmettre à la postérité le souvenir de ce qui s'était passé...	Anno Domini 1624... in mei Joannis Dippre, presbyteri religiosi... officialis præsentia constituti... Venerabiles et discreti viri magistri Christophorus Vrayet, in artibus magister presbyter curatus Beatæ Mariæ, alias sancti Stephani protomartyris de dicta Corbeia, et Philippus Auxcousteaux regio diplomate procurator causidicus, hoc anno urbis præfectus et... Corbeiæ actualiter commorantes totiusque reparandi restituendique veteris et longua temporum vetustate prope diruti reclusorii beatæ Colettæ virginis Corbeianæ, præfatæ ecclesiæ sancti Stephani ex utroque latere adjacentis, cæterisque ad eamdem ecclesiam et ad aliam sancti Joannis evangelistæ vergentis, nec non de novo sacris usibus construendæ ædiculæ ad majorem Dei gloriam hujusque virginis famam longius latiusque propagandam et rei memoriam posterorum mentibus consignandam, fideles œconomi...

Ce texte si clair suffirait pleinement à résoudre la question. Cependant avant de conclure recueillons encore quelques autres textes qui seront comme des commentaires authentiques du premier. En 1628, le souverain Pontife permet de faire l'office de sainte Colette « *in ipso reclusorio et proxime adiacenti sacello* »; dans la réclusion elle-même et dans la chapelle tout à fait adjacente.

En 1625, le 28 avril, le P. Flugence, capucin de Paris, présentait un mémoire juridique pour l'affaire de la canonisation. Il parle ainsi : « Il faut remarquer que « peu de temps après sa mort, on érigea son reclusage « en chapelle où on dressa un autel et posa son image « en bosse comme il se voit encore, et ce lieu a été « visité de pèlerins des villes d'Amiens, d'Abbeville et « d'ailleurs, mais particulièrement de nautonniers qui « étant arrivés au port de Saint-Valery, venaient en « ce lieu rendre leurs vœux, comme me l'a récité un « religieux de Corbie. Les habitants dudit Corbie y « allaient tous les soirs faire leurs prières. Ce lieu, a « été rebâti depuis peu avec une chapelle tout proche « et est fort visité. Maintenant les personnes qui vont « à Notre-Dame de Liesse, repassent par Corbie ».

Plus tard, en 1629, les informations juridiques pour la canonisation, furent faites à Corbie. M. François de Bertin, curé de Saint-Jean l'Évangéliste dépose que, en 1624, il a vu jeter les fondements d'une chapelle *joignant ledit reclusage.*

Le curé de Saint-Etienne, Christophe Vrayet, nommé plus haut, dépose ainsi le même jour : « Le reclu« sage a toujours été révéré et visité. Il l'a toujours « vu en forme d'oratoire et en icelui son image (de sainte « Colette) taillée en pierre et qui est encore saine et « entière. Que de toutes parts les catholiques viennent « faire leurs dévotions et rendre leurs vœux. Même « que depuis qu'il a gouverné les affaires et adminis« trations de la dicte chapelle, il a vu y arriver plu» sieurs seigneurs, dames et autres notables personnes « pour les mêmes motifs que dessus, entre autres l'au« mônier de Mme d'Orléans, envoyé exprès de Paris, « lors de la maladie de la dicte dame, pour y célébrer « la messe et faire une neuvaine de messes qui furent

« célébrées en la dicte chapelle du dict reclusage, par
« les RR. PP. Bénédictins ; Mme la vidame d'Amiens,
« Mme la duchesse de Chaulnes, sa fille Mlle d'Heilly,
« etc. etc., une grande dame de Champagne et plu-
« sieurs autres tant de Paris, d'Amiens d'Abbeville,
« de Péronne même de Dreux et plus éloignées. »

Depuis longtemps, en effet, les fidèles allaient faire leurs dévotions au reclusage et si la chapelle était fermée, ils les faisaient à la porte, c'est ainsi que s'exprime un autre témoin.

En 1599 on avait essayé de transporter la statue. Un brancard neuf cassa. Pour la remettre on n'éprouva aucune difficulté.

Ces beaux souvenirs entraînent. Dans la solitude du présent on aime à voir passer les multitudes pressées d'autrefois. S'il y a des citations inutiles quant à la question qui nous occupe maintenant, on n'a pas oublié ces mots si décisifs : la chapelle joignant la reclusion... une chapelle tout proche... et enfin, adjacente des deux côtés à ladite église Saint-Etienne et des autres côtés tournée vers la même église et l'autre église de Saint-Jean l'Evangéliste.

Comment une construction adjacente à un édifice de deux côtés, peut-elle être par les autres tournée vers ce même édifice? Si ce n'est que placée dans un angle rentrant et dépassée par les parties saillantes de cet édifice elle lui est comme incorporée.

D'ailleurs, l'église Saint-Jean était au sud et un peu au-dessus de Saint-Etienne. Par conséquent, il n'y a qu'une place, qui convienne à la reclusion de sainte Colette, c'est celle indiquée par le numéro 4 sur le plan. D'ailleurs la chapelle bâtie en 1624 est restée plus longtemps debout que la reclusion. Son emplacement est nettement marqué sur les plans que nous avons reproduits ou cités. Les personnes qui l'on vu **debout, sont** encore faciles à trouver. Leur témoignage concorde parfaitement avec les dessins précédents et les textes cités plus haut.

On remarquera que ce petit bâtiment accolé à Saint-Etienne et touchant la chapelle de sainte Colette bâtie en 1624, convient parfaitement pour une cellule. Nous n'avons fait que reproduire les croquis assez grossiers qui nous le représentaient tel qu'on le voit sur le dessin. C'est donc bien certainement là la reclusion où sainte Colette passa quatre années d'une vie plus angélique qu'humaine.

NOTE II (page 75).

Permission de D. Raoul de Roye abbé de Corbie à sainte Colette de se faire construire une reclusion.

A tous ceux qui les présentes lettres verront ou recevront Raoulz par la grâce de Dieu abbé de l'église Saint-Pierre de Corbie salut en Notre-Seigneur. Comme Colette Boilette (sic) fille de feu Robert Boilet au temps de sa vie maître charpentier de notre église, nous eut et aist humblement supplié et fait suplier (sic) que pour le profit et salut de l'âme de lui et de l'âme de ses devanchiers nous lui voulsissions de notre grâce spéciale, donner et otroïer congié et liscence de en le chimentière de Notre-Dame de Corbye faire édifier une maison et mansion, en nom de renclusage, pour en y celle demourer sa vie durant, sans en yssir, comme on doit faire en tel estat, au cas que ce plairait aux manégliers, (Marguillier) de la dicte église et paroissiens, savoir faisons que y ceux appelés, nous inclinans à la supplication de la dicte Colette et veullant le salut de toutes âmes, avons à la dicte Colette, accordé, donné et ottroïé, accordons, donnons et ottroïons le dit congié de notre grâce spéciale, de faire édifier la dicte maison, laquelle et (sic) desjà de présent faite et édifiée; et de notre dicte grâce spéciale avons accordé aux dics manégliers et paroissiens que sitot que a dicte Colette yva de vie a trépas ou se partira d'y celle maison, que ils le puissent démolir ou faire le pourfit de la dicte église par le conseil de nous et pour le mieux, sans ce que ycelle Colette ne ses hoirz ne les aïauts de lui cause, y puissent, en quelque manière que ce soit, aucune cose demander ou faire demander mais avons volu et accordé, volons et accordons que la dicte maison deumeure au pourfit de la dicte église, ordenés que les dis manégliers et paroissiens, par notre conseil comme dit est.

En témoignage desquelles coses nous avons fait mettre à ces présentes notre scel, qui furent faites et données en notre dicte église le dix-septième jour de sétembre mil CCCC et deux.

Archives départementales de la Somm.e
fonds de Corbie.

NOTE III (page 76).

Sur les dates de l'entrée en réclusion et de la sortie.

Voici les raisons qui rendent très probables et même presque certaines les dates que nous avons indiquées soit pour le jour de l'entrée en reclusion soit pour le jour de la sortie.

1º L'abbé Raoul dans la permission qu'on vient de lire, dit que la reclusion *est déjà édifiée*; l'acte qu'il rédige a pour but d'assurer les réserves faites en faveur de l'église Notre-Dame autrement Saint-Etienne. Evidemment il était urgent de le faire alors que Colette Boilet entrait définitivement en possession de son petit réduit, or, l'acte est signé du dix-sept, fête des stigmates de saint François d'Assise. On sent que c'est ce jour que le R. P. Pinet fervent franciscain aura choisi de préférence pour le grand acte de l'entrée en reclusion d'une tertiaire franciscaine.

2º Sœur Perrine nous dit, ch. 4 de ses dépositions qu'une année sa sainte mère entra en extase la veille de Saint-Pierre aux Liens et qu'elle y demeura jusqu'au milieu de la semaine. En revenant à elle l'extatique dit : c'est à cette même heure que je suis sortie de ma reclusion. La bonne sœur a oublié de nous dire quel jour de la semaine tombait la fête de Saint-Pierre ; cette année mais elle indique suffisamment que l'extase de sainte Colette dura environ la moitié d'une semaine, c'est-à-dire 3 à 4 jours, nous sommes donc bien autorisés à fixer la sortie de la reclusion au 3 ou 4 août.

3º Ces observations sont confirmées par le texte de la permission accordée à sainte Colette de sortir de sa réclusion. Il y est dit qu'elle demeura dans sa cellule presque 4 ans et en effet du 3 ou 4 août au 17 septembre il y a six semaines qu'il faut retrancher de ces quatre années écoulées de 1402 à 1406.

NOTE IV (page 118).

Dispense du vœu de clôture en faveur de Colette Boilet.

Jean, par la miséricorde divine, évêque d'Amiens spécialement délégué par le siège apostolique pour la cause ci-dessous énoncée à tous et à chacun qui verront ces présentes lettres salut dans le Seigneur. Sachez que nous avons reçu du révérendissime Père et seigneur le cardinal de Challant du titre de Sainte-Marie *in via lata* nonce du siège apostolique avec plein pouvoir de légat à *la terre* auprès du roi de France, des lettres dont la teneur suit : Antoine par la miséricorde divine cardinal diacre sous le titre de Sainte Marie *in via lata*. De la part de Colette Boilette notre chère fille dans le Christ nous a été présentée une demande qui contenait ce qui suit. Depuis longtemps déjà enflammée du zèle de la dévotion elle a fait vœu entre les mains du vénérable père l'abbé du monastère de St-Pierre de Corbie de l'ordre de St-Benoit dans le diocèse d'Amiens mais relevant de l'église romaine sans aucun intermédiaire, de garder perpétuellement la vie solitaire et de demeurer renfermée dans un lieu désigné proche de l'église paroissiale de Ste-Marie de Corbie. Dans ce lieu par elle arrangé et choisi, elle est demeurée solitaire pendant presque quatre ans. Mais comme la supplique l'exposait, la dite Colette pour certains et raisonnables motifs ne peut plus y demeurer avec le repos de son âme et une conscience tranquille. Elle désire servir le Seigneur avec des femmes religieuses consacrées à Dieu, cloîtrées ou non cloîtrées et choisir sa demeure parmi elles pour le salut de son âme. C'est pourquoi de la part de la dite Colette on nous a humblement supplié que nous daignions miséricordieusement pourvoir au salut de son âme. C'est pourquoi nous qui désirons ardemment et procurons autant que nous pouvons le repos, la paix et le salut des âmes de tous les fidèles du Christ, parce que nous n'avons pas de ces choses une connaissance certaine, par ce présent écrit nous confions et nous mandons à votre prudence que vous fassiez et que vous dispensiez dans cette affaire selon que vous jugerez expédient au salut de l'âme de la dite Colette. Donné à Paris le 10 des Kalendes d'Août la douzième année du Pontificat de Benoît XIII ainsi signé Johannes.

Après la présentation de ces lettres de la part de la dite Colette, nous avons été instamment requis de procéder à leur légitime exécution. C'est pourquoi voulant exécuter avec diligence le mandat qui nous avait été donné comme nous y sommes obligés, parce que nous ne pouvions facilement voir nous-mêmes la dite

Colette, nous avons envoyé vers elle notre vicaire général pour faire une information certaine sur les causes et les motifs d'exécuter ces lettres. D'après son rapport et celui de beaucoup d'autres dignes de foi estimant et jugeant que le but et l'intention de Colette sont justes et saints prononçant et déclarant que les causes sont suffisantes et légitimes pour la dispenser selon la teneur de notre mandat et par l'autorité que nous exerçons nous l'avons dispensé du vœu et de la promesse qu'elle a fait entre les mains du vénérable père abbé de mener la vie solitaire et de demeurer recluse auprès d'une église paroissiale de Corbie et sans qu'aucune autre chose puisse s'y opposer elle peut sortir de ce lieu et de la ville et entrer dans l'ordre des religieuses de St-Benoît ou de l'ordre de St-François de la province de Reims ou de Bourges et librement faire profession dans cet ordre. Par ces présentes nous la dispensons et nous annulons le vœu et la promesse susdits pour la fin indiquée et nous l'absolvons de l'un et de l'autre. Donné à Amiens sous notre scelrond le premier jour d'Août l'an 1406, ainsi signé Bennart.

NOTE V (page 120).

Sur le pape d'Avignon.

Aujourd'hi les personnes instruites n'auraient point l'idée de blâmer Ste Colette de s'être adressée au Pape d'Avignon. Il paraît qu'il se trouve encore des esprits étrangers à la théologie, à l'histoire qui s'étonnent de ce fait. Pour éclairer leur doute et rassurer leur conscience il suffit de leur rappeler que St Vincent Ferrier le grand apôtre, fut pendant quelque temps le confesseur de Benoît XIII et lui resta fidèle pendant plusieurs années. Il était encore dans ces sentiments lorsque Ste Colette se rendit à Nice et il y persévéra même plus longtemps que la réformatrice. En effet elle adhéra bientôt à Alexandre V élu au concile de Pise en 1409 tandis qu'en 1410 St Vincent Ferrier était encore auprès de Benoît XIII en Espagne. Pour s'éclairer sur ces temps malheureux que les âmes droites écoutent les enseignements de St Antonin archevêque de Florence qui vivait peu après l'extinction du schisme. « Tout le temps que dura le schisme, chaque obédience avait pour soi des hommes très habiles dans l'écriture et dans le droit canon et même des personnes très pieuses et qui plus est, illustres par le don des miracles. Cependant la question ne put jamais être si bien décidée qu'elle ne laissât toujours du doute dans l'esprit d'un grand nombre, car encore qu'il faille croire que comme il n'y a pas plusieurs églises catholiques mais une seule, aussi n'y a-t-il qu'un seul vicaire de Jésus-Christ qui en soit le pasteur. Cependant, s'il arrive que par un schisme on élise plusieurs papes en même temps, il ne paraît pas qu'il soit nécessaire au salut de croire que c'est celui-ci en particulier ou celui-là qui est le vrai Pape, mais en général celui d'entre eux qui est élu canoniquement. Or les peuples ne sont point obligés de savoir quel est celui qui est élu Canoniquement de même qu'ils ne sont point obligés de savoir le droit canon : mais ils peuvent en cela suivre le sentiment de leurs supérieurs, et de leurs prélats. »

Il y avait un schisme, mais il n'y avait point de schismatiques formels c'est-à-dire de chrétiens sciemment et volontairement séparés d'un Pape certainement légitime.

NOTE VI (page 192).

Sur l'historien Fodéré et ceux qui contestent à sainte Colette son titre de réformatrice des trois ordres.

Rien n'est plus certain 1° que la remise par l'autorité apostolique du couvent de Dôle à la disposition de sainte Colette et de sa réforme ; 2° la visite mémorable de la réformatrice à ce monastère et les merveilles qui prouvèrent la divinité de sa mission ; 3° la multiplication des religieux réformés de Dôle et par eux la fondation et la réforme d'un nombre incalculable d'autres couvents. Sur ces faits les premières biographies de sainte Colette et les annales des Frères-Mineurs par Wading, sont claires et précises. Eh bien ! voici quelque chose d'inexplicable : Un historien qui prétend donner sur les monastères de la Bourgogne et de la Franche-Comté les notions les plus complètes, passe ces faits sous silence et dénature les noms des personnages qui ont joué un rôle dans les circonstances qu'il raconte. On a vu dans l'introduction que Fodéré est auteur de deux ouvrages où il est obligé de s'occuper per de sainte Colette. Le premier et le plus considérable est : *la Narration historique et typographique, etc. des couvents de Saint-François de la province de*

Saint-Bonaventure le deuxième est intitulé : *Vie des saintes, vierges et martyres*. Dans le premier, l'auteur exact sur les couvents de Poligny, Auxonne, etc., à l'occasion desquels il parle très bien de sainte Colette, tait complètement le nom de la grande réformatrice et son influence sur le monastère de Dôle. Ne pouvant complètement passer sous silence le séjour du P. Henri de la Balme dans ce couvent et l'action qu'il y exerça, il fait de ce religieux un P. Benoît de la Balme, dont il se garde bien de faire connaître ni la personnalité, ni l'origine. On voit bien cependant qu'il s'agit du P. Henri que nous connaissons. Les dates, les lieux, les personnes, tout concorde parfaitement, il n'y manque que le nom d'Henri qui est remplacé par celui de Benoît, et le nom de sainte Colette, ainsi que le récit des faveurs extraordinaires qui la manifestèrent à tous comme envoyée de Dieu.

Il en est de même au sujet de Chariez que le P. Henri de la Balme fonda vers le même temps, avec le concours de Guillaume de Vienne et de la duchesse de Bourgogne. Là encore le fondateur est appelé Benoît au lieu de Henri.

Fodéré, longtemps provincial de cette contrée dont il décrit tous les monastères avec exactitude, peut-il avoir ignoré des faits si importants ? N'a-t-il pas lu les écrits de Pierre de Vaux et de sœur Perrine avant de parler de sainte Colette ? Dans ses Vies des saintes vierges et martyres, il mutile singulièrement la biographie de la réformatrice et n'en fait vraiment pas connaître la substance. Il est encore excusable de n'avoir pas fait entrer ces faits dans un abrégé si court; mais dans son premier ouvrage où il a la prétention d'être complet et exact et où en réalité il raconte des faits beaucoup moins importants, son silence n'est-il pas une faute et le changement des noms une falsification de l'histoire ?

Ce qui peut donner, il semble, la clef de ce problème, c'est une opinion dont la fausseté a été démontrée dans l'introduction. En effet quelques hommes, sous l'inspiration d'un amour-propre mal entendu, consultant plus les susceptibilités d'un esprit étroit que les faits de l'histoire, ont osé contester à sainte Colette son titre de réformatrice des trois ordres de Saint-François. Quand on a étudié un peu cette figure historique, ce n'est point sans étonnement qu'on entend la première fois se produire cette opinion insoutenable. Mais il fallait l'avoir déjà entendu exprimer pour comprendre le silence calculé de Fodéré. Un sentiment qui ne se soutient que par de tels moyens est jugé. Quelle étrange prétention de vouloir imposer l'étroitesse de ses pensées à l'Esprit-Saint et lui prescrire le choix de ses instruments ? Et quel déshonneur y a-t-il pour qui que ce soit, à ce qu'une femme ait ranimé l'esprit séraphique et préservé la Règle de saint François des altérations qui l'avaient auparavant corrompue et dénaturée ? Oui, Dieu a choisi sainte Colette pour la réforme des hommes comme des femmes et lui a ainsi donné le titre de réformatrice des trois ordres, qu'elle porte légitimement. La grandeur de cette femme merveilleuse, son influence incalculable même sur toute la société laïque, sont le patrimoine et la gloire de l'ordre de Saint-François tout entier.

NOTE VII (page 230).

Sur l'entrevue de saint Vincent Ferrier avec sainte Colette.

Il y a une double question a examiner.

1º Cette entrevue a-t-elle été unique? ou bien faut-il admettre une première rencontre de ces deux saints à Besançon lorsque sainte Colette vint prendre possession du couvent des clarisses. Le P. Sylvère dit sur la foi des mémoires du monastère de Besançon que St Vincent Ferrier prêchait dans cette ville au moment de l'arrivée de la réformatrice. L'abbé de Saint-Laurent se tait sur cette circonstance. Le P. Sellier laisse le lecteur incertain. Cependant cette assertion a été répétée par différents auteurs et elle est certainement erronée. Au moment où sainte Colette prit possesion du monastère de Besançon, saint Vincent Ferrier était en Italie et bientôt repassait directement en Espagne appelé par le roi de Castille. Pour s'en convaincre il suffit de jeter un coup d'œil sur la chronologie de la vie de saint Vincent Ferrier dans les Bollandistes.

Il y a une deuxième question à résoudre.

2º Est-ce à Besançon ou à Poligny que les deux thaumaturges se sont rencontrés? nous ne voulons pas contester d'une manière absolue que saint Vincent Ferrier soit venu à Besançon. On cite pour le prouver des témoignages anciens d'un grand poids. Il peut se faire que sainte Colette se soit transportée à Besançon au moment où y prêchait le grand apôtre, mais rien dans les documents certains pour la vie de notre héroïne ne le prouve. L'abbé de Saint-Laurent ne parle que de la rencontre des deux saints à Besançon et ne dit pas un mot de Poligny. Or sœur Perrine (ch. 3) témoin bien autrement grave, dit expressément que sainte Colette était à Poligny lorsque Vincent Ferrier vint la voir et que c'est là que ces deux grands personnages, ont conféré des graves intérêts qui les préoccupaient uniquement. Voilà pourquoi nous ne parlons que de l'entrevue à Poligny. Si elle a commencé ou s'est continuée à Besançon, on ne le sait pas.

NOTE VIII (page 316).

Ce chapitre était écrit lorsque le savant hagiographe du diocèse d'Amiens, M. l'abbé Corblet signala à l'attention de l'auteur un des nombreux ouvrages de M. Vallet de Viriville, où cet écrivain s'occupe aussi de sainte Colette à l'occasion de Jeanne d'Arc. En effet, dans l'introduction du *Procès de condamnation de Jeanne d'Arc*, il donne une assez longue notice sur notre chère sainte ; mais en réalité, il ne fait point de parallèle ; il ne voit qu'un point de rapprochement, le rôle qu'a joué dans la vie de l'une et de l'autre le surnaturel dont il n'admet pas la réalité. Enfin l'abbé de Corbie, en face de sainte Colette, lui apparaît omme un sire de Vaucouleurs. Ceci est un peu forcé et de bien médiocre importance.

Cet écrivain n'admet pas l'entrevue de ces deux illustres vierges; nous ne la soutenions pas non plus, n'ayant point de documents certains. Mais, malgré ses assertions contraires, elle nous paraît aujourd'hui incontestable.

Après avoir lu le chapitre de M. Vallet sur sainte Colette, il n'est pas possible de ne pas exprimer sa douleur de voir la vie des saints travestie et dénaturée par des hommes sans foi. Ils lisent et ne comprennent pas, et pour harmoniser les faits avec leurs systèmes et leurs idées préconçues, ils tronquent et dénaturent les actes de nos héros; ils leur prêtent des sentiments, des calculs tout opposés à leurs plus intimes désirs et au sens de toute leur vie. Voici quelques-unes des étrangetés du lauréat de l'institut. Sainte Colette n'était point humainement savante, c'est vrai, mais elle avait fréquenté l'école populaire dès son enfance et avait appris à lire. Ses premiers biographes sont explicites sur ce point. Quoiqu'il paraisse les avoir lus, M. Vallet, négligeant leurs dépositions, veut faire sainte Colette plus ignorante qu'elle n'était. Voici comme il s'y prend.

On a vu que Jacques Guyot, frère du curé de Saint-Martin, confesseur de sainte Colette, allait auprès de la recluse apprendre le psautier, en d'autres termes, apprendre à lire. C'est ce qu'il a lui-même attesté lorsqu'il avait 76 ans, en 1471. De 1402 à 1406, époque de la reclusion de sainte Colette il avait donc de 7 à 11 ans. Pour M. de Viriville, c'était cet enfant qui enseignait la lecture à la recluse. Il a oublié sa grammaire latine comme les textes historiques, pour traduire ce mot de Jacques Guyot lui-même.... *Sibi docuit psal-*

terium, elle lui enseigna à lire ; par cet énorme contre-sens : il lui apprit à lire, p. 77.

Contrairement à tous les monuments anciens, l'entreprise de Colette est, assure-t-il, un coup monté par Pierre de Lune, qui ignorait en réalité l'existence de la recluse presque jusqu'au moment où elle arriva à Nice, p. 83.

Pour étayer un tel système, on ne craint pas de prêter aux principaux acteurs de cette œuvre, et par conséquent à sainte Colette elle-même, une duplicité, des mensonges qui sont la contradiction la plus criante de sa vie.

Après avoir représenté la réformatrice comme une ennemie du mariage, M. Vallet dénaturant ses rapports avec la comtesse de Genève, imagine que, par politique, elle aurait approuvé et encouragé le mariage de Mahaut de Savoie déjà novice sous sa conduite (p. 85). Jamais Mahaut ne prit l'habit de Clarisse.

Le savant mais incrédule écrivain n'a pas voulu lire dans les chroniques, qu'il a parcourues cependant, les traits si remarquables de la charité temporelle de sainte Colette: « Elle ne vit, dit-il, (p. 89), qu'une cause « métaphysique à servir, le salut spirituel des âmes ». Pour parler ainsi, il faut fermer les yeux du corps au récit des faits et les yeux de l'intelligence au plus simple raisonnement. A ce point de vue, Colette est une bienfaitrice de l'humanité. Elle a donné des exemples héroïques de charité et a dilaté les sources de cette reine des vertus.

Après avoir dissimulé et les actes de charité et les miracles même qui lui facilitèrent la pratique constante de cette vertu dans sa pauvreté volontaire, l'écrivain se plaît à relater quelques faits extraordinaires qu'il ne comprend pas et avec lesquels il prétend déverser le ridicule sur la servante de Dieu, p. 91.

Il n'est pas moins injuste et contraire à la vérité de représenter l'abbesse, modèle de la régularité la plus stricte, comme se dispensant elle-même des règles qu'elle imposait aux autres. Ses nombreux voyages n'étaient qu'une aggravation des rigueurs communes, et d'ailleurs ils ne prirent en réalité qu'une faible partie de ses quarante années de vie religieuse. Quelle injustice et quel aveuglement de dire, p. 91, que l'humble Colette allait se délasser dans le monde de l'ennui du cloître et s'y enivrait des applaudissements des hommes.

Nous serions obligés de recommencer presque la vie tout entière, si nous voulions montrer toutes les erreurs graves, tous les faits dénaturés, toutes les suppositions malveillantes et fausses qui remplissent les 26 p. in-8° consacrées à saint Colette par M. Vallet de Viriville.

Le principe de ces erreurs, c'est l'ignorance et même l'horreur du surnaturel. « Le miracle, dit-il, « c'est-à-dire l'anormal, le surnaturel (pour nous « l'impossible, la chose incompatible avec l'ordre su- « prême) était au moyen âge considéré comme possible, « normal et en harmonie avec l'idée qu'on se faisait de « l'ordre universel et de Dieu, p. 102, » et on avait bien raison ; et cette idée est très philosophique et appuyée sur des preuves qui n'ont pas encore été ébranlées et ne le seront jamais par ceux qui détournent les yeux pour ne pas les voir. Mais peut-on comprendre quelque chose à l'histoire, si on rejette le surnaturel qui apparaît à chaque page ?

D'ailleurs, quelle étrange idée des ennemis du surnaturel, de choisir de préférence pour sujet de leurs études, Jeanne d'Arc, sainte Colette, etc., les existences les plus surnaturelles qu'on puisse trouver. Le surnaturel qu'ils repoussent exerce sur ces esprits une fascination inexplicable : c'est pour eux un abîme insondable ; ils s'y précipitent, et leur droiture, leur jugement y périssent.

Cependant, à côté des imputations calomnieuses et du travestissement de ses actes, la réformatrice obtient quelques louanges. L'auteur que nous critiquons lui accorde de grandes qualités, une haute intelligence, de vastes desseins, des projets inouïs qu'elle aurait conçus même dans sa jeunesse. Ces éloges, outrés même en certains points, rendent les accusations plus dangereuses.

Nous avons cru utile d'offrir aux petits et aux simples qui nous liront, ce spécimen des égarements où tombent des hommes d'ailleurs savants, afin qu'ils se mettent en garde, dans le choix de leurs lectures, contre le venin de pareilles erreurs.

M. Vallet nous a cependant fourni sur un des personnages de cette histoire quelques renseignements dont nous avons profité, ch, 9, p. 115, note.

NOTE IX (page 426).

Sur le chapitre 43.

D'après quelques historiens, sainte Colette aurait fait un voyage à Chambéry, sur la fin de sa vie, pour voir encore une fois Amédée VIII, devenu antipape sous le nom de Félix V, et l'engager à rendre la paix à l'Église en renonçant à ses vaines prétentions. C'est l'abbé Saint-Laurent qui paraît avoir parlé le premier de ce fait ; car ceux qui s'appuient sur lui comme le P. Danaud et l'abbé Lacerneux, sont les seuls qui affirment ce fait. Mais sur quelles preuves ? Ils n'en présentent aucune, si ce n'est l'affirmation de l'abbé de Saint-Laurent. Tous les auteurs antérieurs sont muets sur cette circonstance si importante. Aussi le P. Sellier n'admet pas la réalité de ce voyage ; et il a raison. L'absence de preuves positives pour établir un fait aussi grave n'est pas le seul motif de le rejeter. Quand on suit la chronologie de la vie de sainte Colette, complétée par les récentes découvertes, il est presque impossible de trouver la place nécessaire pour un tel voyage et une entrevue qui aurait duré quelques jours, puisqu'on ajoute qu'il s'agissait de traiter de l'abdication et de l'état futur de l'antipape. Comment le P. Sylvère n'aurait-il pas eu connaissance d'une telle démarche ? Pour la contester, nous ne nous appuyons pas sur les réflexions du P. Sellier, qui la trouve indigne de sainte Colette. Certes, il n'est pas répréhensible, celui qui va trouver le pécheur public pour tâcher de le ramener dans la voie droite, surtout lorsqu'il n'agit que d'après les ordres de ses supérieurs, et c'est ce que supposent ici les partisans du voyage de Chambéry. Mais sur quelles preuves ? Pour un fait aussi nouveau inconnu jusqu'à la fin du XVIIIe siècle, il fallait produire des documents primitifs, et on n'en présente aucun.

On attribue à ce voyage un succès qu'il n'aurait pas eu d'ailleurs. C'est, dit-on, l'impression causée dans l'esprit du prince par les raisonnements et les exhortations de sainte Colette, qui aurait déterminé le retour à de l'unité de Félix V. Il aurait même, dès lors, pris sa détermination définitive, et des considérations politiques, des arrangements secondaires en auraient seuls retardé l'exécution. C'est bien forcé, et voilà une influence bien éloignée ou une conversion bien singulière qui ne se manifestent que cinq ans plus tard. En effet, la renonciation de Félix V à ses prétentions schismatiques, n'eut lieu qu'en 1449, cinq ans au moins après ce prétendu voyage. Il est donc à peu près certain que sainte Colette, après l'assentiment donné par Amédée VIII au Concile de Bâle, ne vit plus ce malheureux prince, mais continua, avec plus d'ardeur que jamais, de prier pour lui, soit sur la terre, soit dans le ciel. Ce sont ces prières qui obtinrent à l'antipape la grâce de rentrer dans le bercail fidèle et de mourir même en odeur de sainteté

NOTE X (page 482).

Déposition juridique des quatre bourgeois de Corbie traduction du texte des Bollandistes.

Au nom du Seigneur. Ainsi soit-il.

Par ce présent acte public que tous sachent et connaissent que l'an de l'incarnation de Notre-Seigneur 1471 la première année du pontificat de Sixte IV, le 6e jour du mois de mars en présence du notaire et des témoins soussignés ont comparu personnellement discrètes et honnêtes personnes, Jacques Guyot clerc de la cour spirituelle de Corbie, notaire assermenté âgé de 76 ans, Agnès de Vaudemont âgée de 84 ans, Guillaume de Baizieux âgé de 84 ans, et Roberte de Baizieux âgée de 78 ans habitants de Corbie, à la demande et requête des frères Baudoin Chrétien et Anselme Roi commissaires et procureurs du Père visiteur des pauvres Clarisses réformées par Ste Colette de bonne mémoire. Ils ont dit, reconnu, déposé et affirmé que dans leur enfance et leur jeunesse ils avaient connu, vu et fréquenté feue Sr Colette de bonne mémoire, religieuse professe de l'ordre de Ste-Claire. Cette sœur Colette comme ils l'ont dit et le savent, est née à Corbie rue de la Chaussée, de parents unis en légitime mariage. Son père s'appelait Robert et sa mère Marguerite. Elle passa son enfance dans leur maison, se faisant remarquer par son bon naturel, son humble obéissance, sanctifiant par la dévotion les prémices de son jeune âge, méditant continuellement la passion de Notre-Seigneur, suivant les exemples et les exhortations de sa mère par amour pour son Rédempteur. Fuyant les séductions de la chair et la fausse joie du monde, elle se consacra tout entière au service divin, à de saintes méditations et à des prières continuelles. Lorsqu'elle fut arrivée à l'adolescence, voulant pratiquer une vie plus parfaite et éviter les souillures de ce monde, elle entra chez le Béguines où elle demeura environ un an, menant une vie très louable, visitant pieusement les églises, les pieux sanctuaires. En ce temps plusieurs bourgeois et autres personnes dévotes frappées de sa renommée et de l'admiration qu'inspirait sa vie, accédant à ses saints désirs, surtout damoiselle Guillerme Gameline Vve de Jean le Sénéchal autrefois prévôt de la ville de Corbie, lui firent construire une maisonnette entre les cimetières de S.-Jean et de S.-Etienne. Dans ce reclusoir Jacques Guiot déjà nommé frère de Jean Guiot, curé de S.-Martin et confesseur de Ste Colette, la visita souvent par l'ordre de son frère afin qu'il fût initié à la pratique des vertus par ses conseils et ses exemples, et elle lui apprit le psautier. Le P. Jean Pinet gardien des frères Mineurs de Picardie la visita souvent, la forma à la vie régulière, c'était son confesseur principal. En son absence Jean, Guiot prit un grand soin de son âme. Dans ce lieu elle fit de tels progrès dans la perfection que l'odeur de ses vertus se répandit non seulement dans toute la ville mais dans les alentours, de sorte que beaucoup d'habitants de la ville et du dehors, des réguliers et des séculiers de l'un et l'autre sexe embrasés du divin amour affluaient auprès d'elle pour entendre ses saints avertissements et devenir par ses exhortations plus fervents dans la foi, la charité et le service divin. L'humble servante du Christ les consolait par les accents de la divine charité; et par sa parole et son exemple leur communiquait l'ardeur pour l'observance des commandements divins.

Pendant trois ans elle s'appliqua dans ce lieu au service divin, mais prévenue de beaucoup de révélations, sous le souffle de l'Esprit-Saint et l'inspiration de notre généreux Roi et pauvre Jésus notre Sauveur de l'avis et par le conseil des frères Jean Pinet et Henri de la Balme, hommes de science et de vertu, elle sortit de sa reclusion. Avec l'assistance de la dame de Brisay qui lui avait été envoyée par un ordre divin, elle alla trouver le souverain Pontife. Ayant terminé les affaires pour lesquelles elle avait entrepris ce voyage, elle retourna en Bourgogne, où, comme en France, en Picardie et en Flandre elle accomplit des merveilles de vertus comme l'attestent et ses très saints exemples et sa renommée très célèbre. De toutes ces choses les susdits commissaires m'ont demandé de leur faire et de leur donner acte public. Ce qui a été fait en présence de Jean Fouache le jeune, lieutenant du bailli du comté de Corbie, Jean Fouache l'aîné citoyens et bourgeois de Corbie, Pierre Guiot bachelier en décrets témoins habitant à Corbie pour ce appelés, Gérard Guiot notaire.

NOTE XI.

Nous donnons ici quelques lettres de Ste Colette qui n'ont pas pu trouver convenablement leur place dans le cours de son histoire. C'est avec celles qui ont été reproduites à leur place naturelle tout ce qui nous reste d'une correspondance qui a dû être considérable. Qui ne regretterait la perte de tant d'écrits où on retrouverait comme dans celles qui ont été conservées une logique vigoureuse, des sentiments tout célestes, une charité ardente, surtout l'expression d'une humilité profonde jointe à une fermeté invincible comme on le verra principalement dans les lettres à la Mère Agnès de Vaux et au Père Pierre de Vaux.

Nous avons écarté un discours que la réformatrice aurait adressé à ses religieuses peu de temps avant sa mort. Il se peut qu'il renferme quelques-unes de ses pensées mais il a été si évidemment remanié qu'on ne peut pas distinguer dans l'alliage l'or qui serait sorti des lèvres de Ste Colette.

Au frère Pierre de Vaux son confesseur.
Jhésus Maria.

Mon très chier et bien amé père en notre Seigneur Je vous recommande ma pauvre âme la plus pauvre de tout le monde. Hellas! que ferai-je, que deviendrai-je devant le souverain Juge! Cherte je n'ose penser à mes horribles offences car j'aurais cause de toute désespérance. Je suis sans sentiment des biens spirituels. Mon chier Père, de toute la puissance de ma pauvre âme, je vous prie que vous mettiez toute la peine que porrez d'amer Notre Seigneur, embrasez votre cœur en la benoiste passion de notre benoist sauveur. Portez et sentez ses peines comme vrai enfant; alez partout après par ardent désir, maiprisez toute autre amour que la sienne. Votre espérance soit tout en luy et j'ai espérance qu'il vous fera beaucoup de biens. Louez-le et le merciez (remerciez) souvent. Sa benoite tremeur (crainte) soit toujours en votre cuer. Mon père, n'ayez quelconque souci de moi et ne laissez à faire autre bien. Jésus-Christ aura plus pitié de moi que je ne suis digne. Jésus-Christ sauve votre âme.

Votre indigne fille. Sœur Colette

Lettre de Ste Colette à une religieuse d'Auxonne
Jésus Maria.

Ma très chière et bien aimée fille en notre Seigneur, tant humblement et chièrement comme je puis, je me recommande à vous et à vos bonnes prières devant le Seigneur, en vous chièrement priant que vous soyez toujours bonne fille, dévote, humble, patiente et obédiente à vos prélats et à toutes vos bonnes sœurs. Car je vous ai laissée au couvent d'Auxonne pour votre salut, car c'est un bon couvent et say de vray qu'il y a de bonnes religieuses et mettez parfaitement votre cœur en Dieu. Car nous qui avons quitté le monde, ne nous doit point chaloir de parens ne de amis, senon pour prier Dieu pour leur salut et me recommande très humblement à votre mère quand elle vous veura voir, à notre mère l'abbesse et à toutes mes bonnes sœurs. Je prie le saint Esprit qu'il vous ait à sa sainte garde, en accomplissant tous vos bons désirs. Amen

Sœur Colette.

Sur le dos de la lettre : A ma très chière et bien amée fille en Dieu sœur Louyse Bassand demourant au Couvent d'Auxonne. soit humblement présentée

A la sœur Agnès de Vaux.

Ma très chière Mère, tant que je puis je me recommande à vous et de mon pauvre état vous plaist savoir, sachez que je suis toudis bien pauvre et très incongnaissante comme Dieu sait. Hellas ! ma mère, Dieu le créateur m'a fait moult de biens comme il connait et quand je vois que je vis toujours sans connaissance de moi-même et de ma misère sachez que je chée (tombe) aucune fois en angoisse, grande tristesse tant périlleuse que Dieu sait. Car il m'est avis que je me damne en religion et que enfer n'est pas suffisant pour me punir. Car quand je considère mes grands péchés et profondes incongnaissances je suis comme désespérée. Hellas ! j'ai porté l'habit de religion sans faire nulle œuvre de religion. J'ai outrepassé ma sainte règle et ne sais si je fis oncques confession plaisant à Dieu. Pourquoi j'ai grande nécessité de retourner à vous comme celle qui a grand besoin de confort. Hellas ! ma mère, ma sœur, mon amie, ayez pitié de moi devant notre Seigneur Jésus-Christ pour qu'il ait merchy de moi et vous plaise me recommander à sœur Rabardelle, à Jeanne de Digeon, à Béatrix, à mes autres sœurs, et vous prie que sept jours vous et toutes mes amées sœurs disiez pour mes défauts miserere mei toute la semaine, que sans faute vous me aydiez.

Je ne sais que feray. Dieu sait garde de vous comme je le désire. Amen.

Plaise vous ainsi me recommander aux pauvres frère Gérard... à Brère benoit et à sa mère. J'avais pensé se il vous plairait à faire dire une messe de tous les saints où vous et tous les frères fussiez en priant les saints que il leur plaise prier Dieu que il aye miséricorde de à moy tout pardonner et se je puis rien faire pour vous je le ferai de bien bon cœur, Dieu soit garde de nous.

Sœur Colette

Lettre à l'abbesse de Besançon sœur de Toulongeon et à ses religieuses

Jhésus Maria. Francicus Clara

Ma très chère et bien amée mère en notre doux Sauveur Jhésus-Christ tant et si humblement et le plus affectionnement que je puis, en la vraie amour et parfaite charité de notre doux Sauveur Jhésus, je me recommande toujours à vous et à vos toutes bonnes filles qui toutes sont mes très aimées sœurs auxquelles toutes ensemble je me recommande à chacune d'elles aussi spécialement comme si je les nommais toutes par leurs propres noms. Je les supplie très humblement que moi et ma pauvre âme, ma pauvre personne toute ma charge et piteuse intention vous soit recommandée en vos oraisons devant Notre-Seigneur, lesquelles me sont bien nécessaires comme notre Seigneur le sait et connoit. Je regracie à Dieu et à vous de tous les biens que vous m'avez fait tant que j'ai été avec vous. Je prie Dieu qu'il vous soit parfait loyer, et si de moi vous plait à savoir, je suis comme vous savez que je suis, toujours forte au mieux que je puis, le corps affaibli, tandis que l'âme est comme Dieu le connait. Ma très chère et bien amée mère, je vous recommande toujours la sainte règle, les saintes déclarations et toutes les saintes ordonnances. Je vous prie de bien prendre garde que tout soit fait et bien gardé comme il appatient à faire et garder, afin que la charge qui vous est commise, vous en puissiez rendre un bon compte devant Dieu et que les défauts soient justement punis comme disent les saintes ordonnances et ayez en faisant votre office bonne patience car pour le labeur que vous avez vous recevez bon loyer. Je prie très humblement toutes les sœurs pour l'amour de Dieu et pour leur salut qu'elles s'étudient de tout leur pouvoir d'aimer et servir Dieu et qu'elles soient vraies religieuses, tendant à Dieu seulement, gardant loyaument toutes les choses que de leur franche volonté lui ont promis, la sainte règle, la sainte déclaration et toutes les saintes ordonnances, afin d'éviter les punitions pour telles transgressions et pour mieux avoir et posséder la vie perdurable qui leur est promise. Le labeur est brief, mais le repos est long. Pour un peu de peine on recevra grand loyer. Pour Dieu, ma mère, je vous recommande bien de toujours prendre garde que le saint silence soit bien gardé et la manière de parler au tour et à la grille comme vous savez qu'il se doit faire et vous plaise de me recommander humblement au bon père confesseur et à tous les bons pères et frères et vous recommande ma mère l'abbesse de Hesdin et aussi toutes les autres qui sont par deçà. Autre ne vous écris à présent fort que je prie le benoist Saint-Esprit qu'il soit toujours votre garde en l'âme et au corps et vous donne joie pour salut et vie perdurable. Amen

Écrit à Hesdin le 15ᵉ jʳ de Juillet 1446

Sœur Colette indigne serviteresse
de Jhésus-Christ.

FIN.

TABLE DES MATIÈRES.

		Pages.
Avertissement sur cette édition.		1
Introduction		5
Ch. I	Naissance de sainte Colette. Son enfance. — Son éducation humaine et divine. — Premières faveurs célestes	45
— II	Première jeunesse de sainte Colette. — Opérations merveilleuses de la grâce en elle. — Ses conférences spirituelles	53
— III.	Mort des parents de sainte Colette. — Premières délibérations sur sa vocation	60
— III.	Sainte Colette entre en reclusion	69
— V.	Sainte Colette dans sa reclusion.	79
— VI.	Visions, extases, révélations	89

— VII.	Humilité de sainte Colette . . .	100
— VIII.	Dieu manifeste à sainte Colette sa véritable vocation.	104
— IX.	Sainte Colette sort de sa réclusion.	113
— X.	Sainte Colette aux pieds du souverain Pontife.	120
— XI.	Nouvelles épreuves.— Persécution à Corbie.	130
— XII.	Heureux commencements de la réforme.	136
— XIII.	La nouvelle communauté est transférée à Besançon.	143
— XIV.	Le Seigneur glorifie sa servante par des miracles	150
— XV.	Autres faveurs extraordinaires accordées à sainte Colette . . .	156
XVI.	Mortifications et souffrances de sainte Colette.	166
— XVII.	Progrès de la réforme. — Vocations. Nouveaux établissements. Auxonne	173
— XVIII.	La réforme du premier ordre. — Le couvent de Dôle . . . . . ,	181
— XIX.	Opposition de quelques religieux de Dôle	189
— XX.	Fondation du couvent de Poligny.	195

TABLE DES MATIÈRES

— XXI.	Séjour de sainte Colette à Poligny.	202
— XXII.	Faveurs merveilleuses que sainte Colette obtient aux habitants de Poligny.	211
— XXIII.	La réforme devant le concile de Constance.	220
— XXIV.	Entrevue avec saint Vincent Ferrier.	230
— XXV.	Visite au monastère de Besançon et retour à Poligny.	237
— XXVI.	L'enfer attaque directement sainte Colette; le purgatoire l'invoque.	245
— XXVII.	Consolations. — Prérogatives accordées à sainte Colette . . .	253
— XXVIII.	Fondation des nouveaux couvents, Seurre, Moulins, Aigueperse. .	267
— XXIX.	Jacques de Bourbon et sa famille. — Fondation du monastère de Vevay.	280
— XXX.	Fondation du couvent d'Orbe. Premier voyage dans le Midi. . .	291
— XXXI.	Visite aux monastères fondés . .	299
— XXXII.	Ste Colette et Jeanne d'Arc. — Délivrance et pacification de la France.	309
— XXXIII.	Le couvent du Puy.	321

TABLE DES MATIÈRES

— XXXIV. Second voyage dans le Languedoc. — Jacques de Bourbon, franciscain réformé. 327

— XXXV. Constitutions de sainte Colette. . 337

— XXXVI. Concile de Bâle. — Le cardinal de Saint-Ange. — Amédée VIII, antipape 347

— XXXVII. Saint Jean de Capistran. — Ses rapports avec sainte Colette . . 356

—XXXVIII. Nouveaux progrès de la réforme. — Nouvelles épreuves, mort du P. Henri de la Balme 363

— XXXIX. La comtesse de Genève. — Sa famille et le monastère d'Heidelberg 379

— XL. Commencement des fondations de sainte Colette dans le Nord . . 390

— XLI. Couvents d'Hesdin et de Gand . . 399

— XLII. Fondation d'un couvent de Colettines à Amiens 411

— XLIII. Séjour à Amiens et à Hesdin . . 426

— XLIV. Essai de fondation d'un couvent à Corbie 432

— XLV. Voyage et séjour à Gand. . . . 448

— XLVI. Mort de sainte Colette. 454

— XLVII. Dieu manifeste la gloire de sa servante 462

TABLE DES MATIÈRES.

— XLVIII. Développement de la réforme après la mort de sainte Colette . . . 470

— XLIX. Témoignages de la vénération publique envers sainte Colette. — Premières instances pour sa canonisation. 480

— L. Commencement du culte de sainte Colette 491

— LI. La cause de la canonisation est reprise et terminée 507

— LII. Translation des reliques de sainte Colette de Gand à Poligny . . 514

— LII. Canonisation de sainte Colette . . 527

Notes. 561

FIN DE LA TABLE DES MATIÈRES.

Paris. — Imp. G. TÉQUI, rue de Vaugirard, 92

27 avril 44

OUVRAGES DU MÊME AUTEUR

Démonstration abrégée de la Divinité de la Religion Catholique. Prix 0 40

Sainte Colette et les clarisses Vengées, réponse au conseil municipal d'Amiens. 0 20

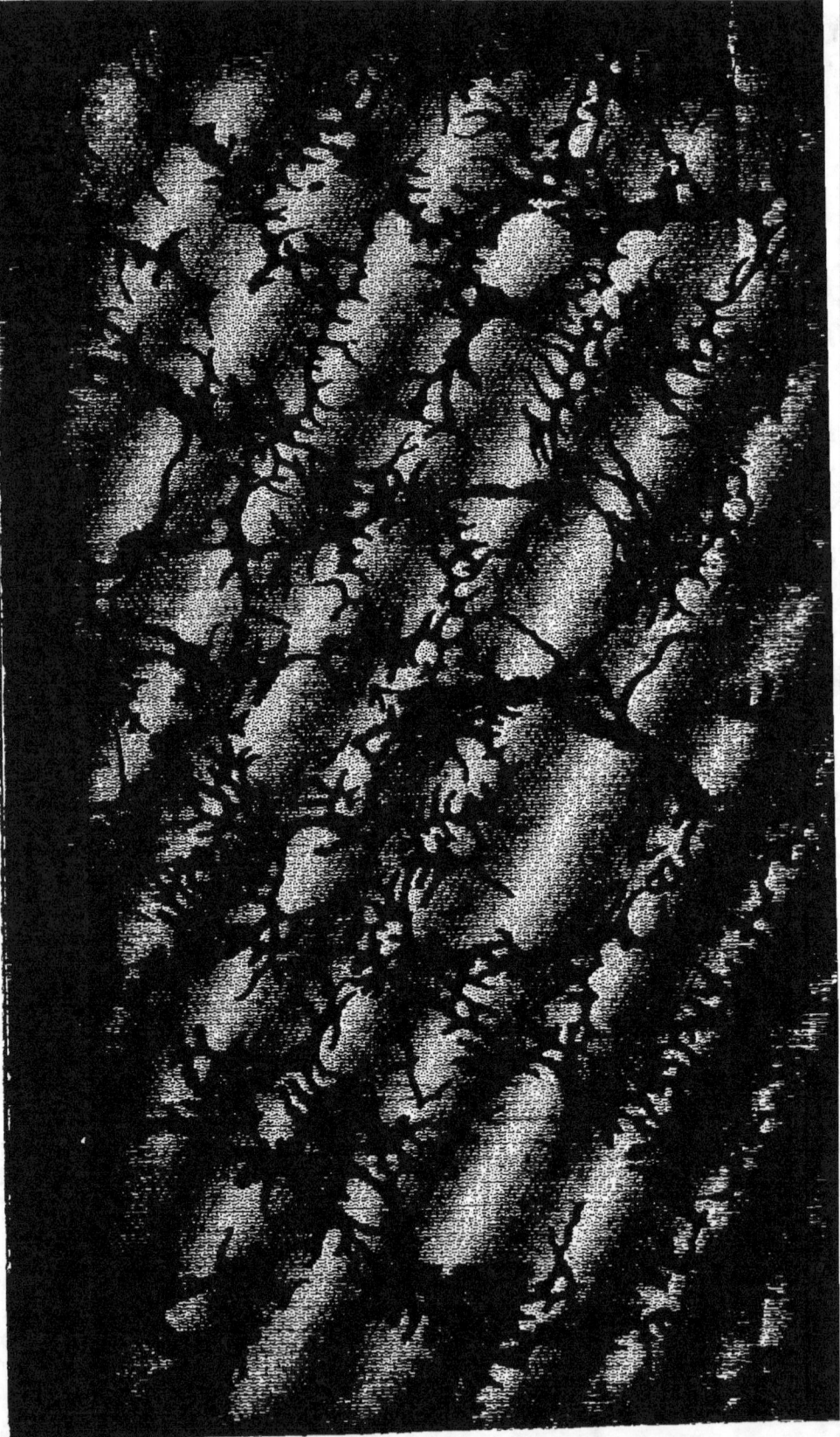

www.ingramcontent.com/pod-product-compliance
Lightning Source LLC
Chambersburg PA
CBHW051325230426
43668CB00010B/1153